KB273999

재외한인 사회단체 네트워크

저자

임채완 전남대학교 정치외교학과 교수, 전남대학교 세계한상·문화연구단 단장, 정치사회학박사
Chaewan Lim

지충남 전남대학교 세계한상·문화연구단 전임연구원, 정치학박사
Cungnam Ji

윤성석 전남대학교 정치외교학과 교수, 정치학박사
Sungsuk Yoon

이명남 전남대학교 정치외교학과 교수, 정치학박사
Myungnam Lee

오수열 조선대학교 정치외교학과 교수, 정치학박사
Sooyol Oh

전형권 전남대학교 세계한상·문화연구단 전임연구원, 정치학박사
Hyungkwon Jeon

나형욱 국회의원 보좌관, 정치학박사
Hyeongug Rha

전남대학교 세계한상·문화연구 3차총서 🔟

재외한인의 사회단체 네트워크

2008년 4월 20일 초판 인쇄
2008년 4월 25일 초판 발행

지 은 이 　임채완, 지충남, 윤성석, 이명남
　　　　　오수열, 전형권, 나형욱
펴 낸 이 　이찬규
펴 낸 곳 　**북코리아**
등록번호 　제03-01240호
주　　소 　121-020 서울시 마포구 공덕동 115-13 201호
전　　화 　(02) 704-7840
팩　　스 　(02) 704-7848
이 메 일 　sunhaksa@korea.com
홈페이지 　www.ibookorea.com

값 17,000원

ISBN 978-89-92521-57-4 94330
ISBN 978-89-92521-47-5 (전11권)

이 총서는 2003년도 한국학술진흥재단의 지원에 의하여 연구되었음
(KRF-2003-072-BL2002)

재외한인 사회단체 네트워크

Network of Social Organizations of Overseas Koreans

임채완, 지충남, 윤성석, 이명남, 오수열, 전형권, 나형욱 지음

북코리아

21세기에 들어서 세계적으로 가속화되고 있는 초국가적인 인구이동과 더불어 다문화시대가 도래하면서 민족간 공생의 개념이 점점 확산되고 있다. 이러한 시대적 배경 속에서 이 총서는 2003년 9월 한국학술진흥재단 기초학문육성사업 인문사회과학 분야의 연구과제로 선정된 전남대 세계·한상문화연구단의 '세계한상네트워크 구축과 한민족공동체 조사연구' 사업의 3차년도 연구성과를 집약하여 출판한 것이다.

이번에 출판으로 완성된 3차년도 연구과제는 제1차년도 재외한인 사회의 경제환경 및 문화영역, 제2차년도 재외한인 기업의 경영활동 및 사회·문화영역에 이어 각 영역별로 재외한인의 네트워크 실태를 진단하고 지구적 차원에서 민족네트워크 구축을 위한 전략 및 구체적인 대안을 제시하는데 초점이 맞추어져 있다.

제 1차 총서와 제2차 총서에 이어 세 번째로 발간되는 이번 총서는 『재미한인 기업의 네트워크』, 『재일코리안 기업의 네트워크』, 『중국조선족 기업의 네트워크』, 『러시아·중앙아시아 한상네트워크』, 『재외한인 민족교육 모형개발과 네트워크 구축』, 『재외한인 권익보호 단체와 활동가 네트워크』, 『재외한인 언론인 네트워크』, 『재외한인 여성공동체 네트워크』, 『재외한인 정보자원 생성과 변천』, 『재외한인 사회단체 네트워크』, 『재외한인 문화예술 네트워크』 등 총 11권으로 구성되어 있다. 각 지역별 재외한인사회의 특성을 반영하되 글로벌 수준의 디아스포라 네트워크 구축이라는 공통적인 주제로 집약되어 발간되는 이번 총서는 연구단이 1년간에 걸쳐 수행한 연구성과들이 체계적으로 집약되어 있다. 또한 세부과제팀별로 지구화 시대 글로벌 네트워크 구축이라는 큰 틀 속에서 재외한인들의 자본, 노동력, 정보교류의 특징 등을 상세히 분석하고 있다.

이번 총서는 2005년 9월부터 1년간 67명의 연구원을 비롯해 총 200여 명의 국내외 연구자와 현지조사자들이 투입된 연구결과물이다. 이 연구의 대상 및 국가는 재외한인들이 가장 많이 밀집되어 있는 미국, 일본, 중국, 러시아 · 중앙아시아 지역의 25개 재외한인 거점지역들이다. 연구단이 3차년도에 수집한 연구성과 중에서 재외한인 관련 데이터베이스 및 네트워크 구축의 가치가 있는 주요 성과들을 살펴보면 다음과 같다.

먼저 한상분야에서, 미국한상연구팀은 재미한인 기업연감 4,000개 리스트, 재미한인 9개 금융기관 리스트, 재미한인기업 리스트 252개, L.A. 재미한인 의류업 리스트 104개 등을 확보했다. 기타 재미한인 사회단체 리스트 341개, 사진 100장, 오디오 파일 20개를 입수했다. 재일한상연구팀은 기업가리스트 1,059개, 뉴커머 기업가 리스트 195개, 기업가 관련 사진 80장, 개인 디렉토리 12,000여건, 단체 디렉토리 20건 등을 확보하였다. 중국한상연구팀의 경우, 기업 디렉토리 300개, 명함 100장, 기업가 및 각종 사진 900장, 오디오 30여건 등을 입수하였다. 러시아 · 중앙아시아 한상팀은 고려인 기업 87개, 고려인 자영업자 48개, 고려인 단체 26개, 고려인 교민단체 39개, 한국진출기업 리스트 151개, 한국진출교민 자영업 리스트 191개 등을 수집하였다. 이처럼 풍부한 자료들은 그 동안 공식 · 비공식적으로 산재하였던 각종 문헌들을 재조사하거나 현지

조사 과정을 통해 직접 입수한 자료들로서 한상의 실태에 대한 학문적, 실용적 기초자료로서 가치를 지닌다 하겠다.

다음으로 재외한인 교육연구팀에서는 재미한인학교 100개, 재일조선인 학교 140개, 중국조선족 학교 240개, 러시아·중앙아시아 한인학교 230개 리스트를 확보하였고, 기타 관련사진 27장, 오디오 파일 33개를 수집하였다. 재외한인 사회단체팀에서는 미국한인단체 100개, 일본한인단체 100개, 중국한인단체 100개, 개인 디렉토리 60개, 단체 디렉토리 90개 리스트, 사진 55장을 수집하였다. 재외한인 언론팀에서는 개인 디렉토리 89개, 단체 디렉토리 86개, 국가별 신문과 언론인 사진 60장, 오디오 파일 6개 등을 수집하였다. 재외한인 법률인권팀에서는 개인 디렉토리 101개, 단체 디렉토리 65개 등을 수집하였는데, 구체적으로 중국조선족 변호사 리스트 110명, 중국조선족 변호사 인적사항 52명, 중국조선족 로펌 및 변호사 소개 32건, 재외한인 법적 분쟁 및 제한사례 208건, 재외한인 제한 법령 50건을 수집하였다. 재외한인 집거지 사회문화팀에서는 개인 디렉토리 197개, 단체 디렉토리 79개, 사진 200장, 비디오 및 DVD 1건, 재외한인 문화예술인 리스트 300개, 재외한인 문화예술공간 리스트 50개, 재외한인 집거지 사진 550매를 수집하였다. 재외한인 정보자원팀에서는 개인 디렉토리 65개, 단체 디렉토리 57개, 사진 1400장, 오디오 파일 28개, 중국 조선문 정보자원, 중국조선족 자작곡 및 악보, 동영상 및 영상, 러시아·중앙아시아 고려인 정보자원 등 다수를 발굴하였다. 재외한인 여성팀에서는 개인 디렉토리 377개, 단체 디렉토리 58개,

사진 209장, 오디오 파일 97개, 그리고 여성지도자 활동사 100건, 여성
활동가 103명, 재외한인 여성의 사회적 불평등사례 94건, 여성활동가 녹취
자료 85건, 재외한인 여성단체 및 복지기관 58개 리스트를 확보하였다.

  이처럼 제3차년도 연구총서는 세계 주요 국가에 분포한 재외한인을
대상으로 수집한 자료를 바탕으로, 그들의 경제와 교육, 문화, 사회, 언
론, 인권, 여성, 정보자원 등 광범위한 영역에 걸친 활동상황 및 네트워
크 구축실태에 관한 풍부한 정보를 담고 있다. 11권의 책들은 주요 한인
집중 거주지역인 5개 지역에 걸쳐 11개 팀의 연구자들이 그 동안 조사
한 자료를 바탕으로 수차례에 걸친 국제학술회의 등을 통해 전문가 집
단의 논평과 보완과정을 거쳤으며, 전문가 초청 집담회와 워크숍 등의
과정을 통하여 수정 보완한 내용들을 토대로 완성된 것이다. 이번 제3차
총서 발간을 계기로 해외 각지에 분포된 재외한인의 연결망과 교류실태
에 관한 더욱 실감나고 흥미 있는 정보들을 얻을 수 있을 것으로 기대한다.
주지하다시피 제1차 총서와 제2차 총서의 발간은 국내외 학계와 관련단
체는 물론 연구자들의 큰 관심과 반향을 불러 일으켰고 그 중 7권은 대
한민국학술원과 문화관광부로부터 우수도서에 선정되는 성과를 거두기
도 하였다.

  우리 연구단은 이번 총서를 통하여 재외한인 연구가 학문적으로 더
욱 심화되어 작금에 국내에서 논의되고 있는 '재외동포학' 내지 '디아
스포라 연구'가 새롭게 정초되는 기회가 되었으면 하는 바램을 가져본다.
이를 위해서는 재외동포사회에 대한 연구가 일회적 산물로 그치지 않

고, 향후 전문교재의 발간, 학제간 강좌의 개발 등 구체적인 프로그램 개발은 물론 '디아스포라와 인문학' '디아스포라 연구의 인문학적 지평' 등 인문학적으로 참신한 의제(agenda)를 개발하여 이를 한국사회 내에 담론화시켜 내는 데 성공해야 할 것이다.

이 총서가 발간되기까지 많은 사람들이 물심양면으로 지원을 아끼지 않았다. 무엇보다도 지난 3년간 현지조사과정에서 만났던 수많은 재외 한인 관련 단체장, 기업가, 연구조력자, 현지조사자의 노고에 깊이 감사드린다. 그분들의 순수한 열정과 도움없이는 이 총서가 완성되기 힘들었을 것이다. 또한 연구과제를 지원해 주고 연구과정이 원활하도록 배려를 아끼지 않으신 한국학술진흥재단의 허상만 이사장님과 관계자들, 전남대학교 강정채 총장님과 산학협력단 관계자들, 국내외 학술회의 참가자 및 전문가, 연구단 홍보를 위해 지원을 아끼지 않으신 사회단체 및 언론사 관계자, 비좁은 연구실에서 밤잠을 설쳐가며 함께 노력해 온 연구단 식구들께 진심으로 감사를 드린다. 또한 총서의 출간을 허락해 준 북코리아출판사 이찬규사장님과 편집자들께도 심심한 감사의 뜻을 전한다.

2008년 4월

용봉골 연구동에서

세계한상·문화연구단장 임 채 완

오늘날 우리 사회에서 초국가주의와 디아스포라에 관한 담론은 더 이상 낯선 주제가 아니다. 국경을 넘는 지구적인 인구이동 과정에서 새로운 삶의 터전을 형성한 이산민족 집단, 즉 '디아스포라(diaspora)'의 실존적 경험에 관해 한국사회가 학문적인 관심을 갖기 시작한 지 십년이 넘고 있다. 재외한인분야에서 시작한 이러한 관심은 점차적으로 타민족의 경험을 반영한 보편적 디아스포라 현상과 다문화주의에 대한 새로운 담론으로 증폭되고 있다.

한국사회가 건국 후 60년 만에 세계 10위권의 교역강국으로 부상하면서 세계의 주목을 받은 것처럼 재외한인들도 현지에서 경제적 지위나 문화적 영향력을 강화시키며 사회의 주역으로 성장해 왔다. 어느새 145년을 넘긴 한인디아스포라의 역사는 전 세계 174개국에 걸쳐 수많은 한인공동체를 정착시키고 있다. 재외한인은 한반도 전체인구의 10% 정도인 700만 명을 넘어섰다. 이들은 유럽과 북미지역뿐만 아니라 중국, 러시아, 일본, 아프리카, 알레스카, 브라질 등 다양한 지역과 영역에서 활동하고 있다.

재외한인들은 일찍부터 거주지에서 민족고유의 문화유산을 계승발전하면서도 다양한 민족과 교류하면서 현지화를 추구하였다는 점에서 모국에 살고 있는 한국인들보다 먼저 국제화의 길을 개척했다. 모국이 척박한 가난을 극복하고 선진국의 대열에 도달하는 동안에 재외한인들이 낯선 이역에서 정착해 온 과정은 결코 순탄치 않은 역경이었다. 그러나 민족의식을 결절(結節)로 한 초국가적인 네트워크의 출현으로 세계 각국에 분산되었던 한민족은 통합적인 구심력과 함께 원거리 디아스포라 공동체의 가능성을 얻게 되었다.

그런가 하면 세계 전역에 걸친 한인공동체의 존재만큼이나 한국사회 내에도 지구상의 어느 곳 못지않게 다양한 인종과 민족이 혼거하는 다문화사회로 변모하고 있다. 1980년대 말 이후 한국에 직장을 구해 장기적으로 체류하는 외국인력은 약 100만 명에 달하고 있다. 인구통계에 따르면 한국에서 국제결혼을 통해 성립된 다문화가정은 전체적으로 11만 쌍이 넘으며 출신국가도 무려 112개국에 달한다. 뿐만 아니라 2025년에는 한국에 상주하는 외국인의 규모는 250만 명에 달할 것으로 보인다. 이처럼 한국은 바야흐로 이민송출국에서 이민대상국으로 변모하고 있는 것이다.

지난 수년간 한국사회는 국제이주여성, 외국인노동자문제 등과 같은 다문화사회의 도전과 충격을 겪으면서 글로벌 시대에 대한 준비의 부족을 질책하는 목소리가 작지 않았다. 재외동포재단, 노동부, 법무부 등의 관련기관에 의해 부분적인 지원책이 모색되었지만, 글로벌 사회공동체 패러다임을 주도할 학술적 기반을 제공하는 전문기관은 많지 않다.

이 점에서 세계한상·문화연구단의 재외한인과 디아스포라 연구는 그동안 근대적 영토공간의 경계 안에 제한되어 있던 민족구성원에 대한 관심을 탈영토적인 공간으로 확장시켰으며, 초국가적인 인구이동의 흐름과 정착과정에 대한 생생한 경험들을 학문적으로 정립하였다는 점에서 의미를 높이 평가할만하다. 더욱이 재외한인에 대한 연구를 보편적인 '디아스포라' 현상에 대한 관점에서 바라보게 함으로써 최근의 다문화주의 담론과 연결시켜 생각할 수 있게 하였다는 점에서 우리 사회에 기여한 바가 크다 하겠다. 세계한상네트워크와 한민족문화공동체 조사연구가 가진 학술적 가치는 디아스포라, 국제인구이동, 해외정보, 초국가 민족연결망, 국제교류, 국제비즈니스 등에 걸친 다양한 학제적 연계성을 제공하는 단초를 마련했다는 점이라 할 수 있다.

전남대학교 세계한상문화연구단이 적극적으로 제기했던 디아스포라 연구의 중요성은 이제 사회적으로 큰 관심사로 등장하고 있다. 첫째, 초국가적 디아스포라 네트워크에 대한 관심이 크게 증가했다. 거대 중국대륙을 부활시킨 세계 화상(華商), 브릭스(BRICs) 경제권의 축인 인도인상(印商), 미국과 러시아 경제에 막강한 영향력을 가진 유대인네트워크는 글로벌 시대 국가경쟁력의 표상이 되고 있다. 둘째, 노동력의 국제이동에 따른 다양한 사회현상에 대한 관심도 크게 증가하고 있다. 중국, 중앙아, 동남아 외국인노동자의 국내유입이나 한국인의 캐나다, 인도, 호주, 중남미, 북미, 유럽 등 세계각지로의 초국가적 이동현상은 유출국과 유입국 모두의 관심을 증가시켰다.

이 책자는 지난 2003년 8월 이후 3년간 한국학술진흥재단의 지원을 받아 진행된 "세계한상네트워크 구축과 한민족공동체 조사연구"의 연구성과를 집약하여 연구총서 형태로 발간한 것이다. 총서의 매 책장 마다 지난 5년간 이 역작을 발간하는데 참여했던 연구책임자를 비롯한 연구원들의 땀과 노력의 흔적이 각인되어있다. 우리는 해외한인사회에 대한 다양한 기초조사를 바탕으로 엮어진 이 총서가 그 동안 관심영역 밖에 머물던 재외한인 문제에 대한 지속적인 관심과 통찰력 있는 시각들을 제공할 것으로 기대한다.

하나의 책자가 세상의 빛을 보기 위해 생명력을 가지는 첫걸음이 길고 지루한 활자화 과정이라면 두 번째의 생명력은 독자들에게 남겨진 몫이다. 여러 모로 한정된 연구의 제약여건을 극복하고 마침내 활자로 탄생한 이 책의 행간에 축약된 의미들은 독자들이 재해석하고 새롭게 보완해 가야할 것이다. 그렇게 함으로써 이 총서는 단순히 한 시대에 읽도록 재단된 책으로 끝나지 않고, 역사 속에 길이 쓰여지는 텍스트로 완성될 수 있을 것이다. 한 가지 덧붙여 강조하고 싶은 점은 이 책의 진정한 주인이 척박한 이역의 땅에서 민족의 맥을 이어온 재외동포들이라는 점이다. 총서의 한 장 한 장 마다 고난의 역사 속에서 재외동포들의 땀과 눈물이 숨어 있음을 기억하며 넉넉한 마음으로 일독할 것을 추천하는 바이다.

2008년 4월
희망제작소 상임이사 박 원 순

700만 재외한인들은 거주 국가에서 그들의 사회적 위상이 향상되자, 한인들 간 교류의 장, 민족 정체성 유지, 상호 협력, 권익 대변을 위해 다양한 사회단체를 결성하였고, 이를 발전시켜 나가기 위해 불철주야 노력하고 있다. 한인회를 비롯해 권익단체, 봉사단체, 경제단체, 체육단체, 종교단체, 연고단체 등 여러 한인 사회단체들이 각 지역에서 단합된 힘을 결집시키는 중심적 역할을 수행하고 있다.

특히 재외한인 사회단체들은 단체 간 네트워크를 통해 민족적·문화적 자주성의 보존과 발전 등 사회단체의 내적인 역량을 강화시켜 나갔다. 밖으로는 해외 한인단체간의 친교, 외국인 단체와의 교류 영역의 확장, 그리고 모국연대를 통해 한국정부나 단체와의 네트워크를 구축하여 자신들의 단체와 모국 발전에 기여하고 있었다. 결국 재외한인들의 단체 네트워크는 그들의 내·외적인 필요성에서 구체화되었음을 알 수 있었다.

전남대학교 세계한상문화연구단은 학술진흥재단으로부터 "세계 한상 네트워크와 한민족 문화공동체 조사연구"라는 과제를 선정 받아 2003년부터 2006년까지 사업을 수행하였다. 7개의 문화 팀 가운데 재외한인들의 사회단체를 집중적으로 연구한 결과, 1차년과 2차년의 연구 결과물로써 "재외 한인단체의 형성과 현황", "재외한인의 단체활동과 의식실태"라는 두 권의 총서를 발간하였으며, 3차년 과제의 결과물로 "재외한인 사회단체 네트워크"를 집필하였다.

세계 여러 지역에 걸쳐 재외한인들이 생활하고 있다. 미국, 일본, 중국, 러시아에 많은 한인들과 단체들이 활동하고 있다는 사실에 기인하여 그리고 이전 과제의 연속성을 유지한다는 측면에서 4개국을 중심으로 재외한인 사회단체 네트워크를 지역연대, 국제연대, 모국연대, 한민족연대로 분류하여 단체 네트워크를 분석하였다.

이 책의 구성을 보면 제 I 장에서 연구의 필요성 및 목적, 연구 내용 및 방법, 지역을 간략히 기술하였다. 제 II 장에서는 네트워크와 재외한인, 사회단체와 네트워크를 중심으로 이론적 논의를 살펴보았다. 제 III 장부터 제 VI 장까지는 재미한인, 재일한인, 재중한인, 재러한인 사회단체의 네트워크 실태를 분석하였다. 제 VII 장에서는 지금까지 살펴 본 4개 국가 사회단체의 네트워크를 비교하였다. 제 VIII 장은 결론 부분으로 연구 결과의 요약 및 단체 네트워크의 발전 과제를 중심으로 서술하였다.

이 책이 출판될 수 있도록 도움을 주신 여러 분들께 무한한 감사를 드립니다. 먼저 미국 현지 조사를 수행 해 주신 한길리서치 관계자 여러분, 일본의 이려화, 곽진웅, 중국의 유병수, 박영만, 이명선, 임국현, 윤형중, 러시아 연해주 지역의 김순한 선생님 등이 단체 조사에 많은 도움을 주셨다. 또한 연구단의 장윤수, 이장섭, 이선미, 장선미 박사님, 선봉규 선생님, 이춘호 선생님 그리고 곽영초, 조준형, 이소정 연구보조원 등 많은 분들께 감사의 마음을 전합니다. 미숙한 초고를 읽고 유익한 논평을 주신 세계한상문화연구단의 여러 전임연구원들께도 감사를 드립니다.

2008년 4월
공동저자 일동

| 차 례 |

■총서를 펴내며 /5   ■추천사 /10   ■서문 /14

I 머리말 23

1. 연구의 필요성 및 목적 23
2. 연구내용 및 방법 28
   1) 연구내용 /28
   2) 연구방법 및 지역 /35

II 이론적 논의 39

1. 네트워크와 재외한인 39
   1) 네트워크(network) /39
   2) 네트워크의 이론적 기반 /40
   3) 네트워크 유형 /42
   4) 네트워크의 효과 /44

2. 사회단체와 네트워크 45
   1) 사회단체의 네트워크 필요성 /45
   2) 사회단체의 네트워크 유형 /49
   3) 한인 사회단체의 네트워크 활용 /51

3. 선행연구 52

III 재미한인 사회단체 네트워크 57

1. 한인회 57
   1) 미주한인회총연합회 /57

    2) 뉴욕한인회 /68
    3) L.A.한인회 /86

  2. 권익·봉사단체 ·· 98
    1) 청년학교(YKASEC) /98
    2) 민족학교 /104
    3) 한인유권자센터 /109
    4) 재미한국청년연합 /115
    5) 뉴욕한인봉사센터 /121
    6) 뉴욕 한인 YMCA /126
    7) 남가주한인노동상담소 /129
    8) 한인건강정보센터 /133

  3. 노인단체 ·· 136
    1) 뉴욕 한인노인상조회 /136
    2) L.A. 한국노인상조회 /137

  4. 직능단체 ·· 140
    1) 뉴욕 한인 네일협회 /140
    2) 한인 의류협회 /143

  5. 종교단체 ·· 148
    1) 뉴욕장로교회 /148
    2) 나성영락교회 /150
    3) 퀸즈한인천주교회 /154
    4) 성그레고리 한인천주교회 /156
    5) 뉴욕 불광사 /159
    6) 나성 관음사 /162

Ⅳ 재일한인 사회단체 네트워크 ································ 167

  1. 한인회 ·· 167
    1) 재일본대한민국민단 중앙본부 /167
    2) 재일본대한민국민단 동경본부 /177
    3) 재일본대한민국민단 오사카본부 /183
    4) 재일조선인총연합회 /192
    5) 재일한국인연합회 /200

  2. 권익·봉사단체 ·· 208
    1) 재일한국청년회 /208
    2) 재일코리안청년연합 /212

    3) 코리아NGO센터 /217
  3. 직능단체 ··· 222
    1) 재일한국상공회의소 /222
    2) 동경 한국 청년상공회 /225
    3) 오사카 한국청년상공회 /229
  4. 종교단체 ··· 232
    1) 요한동경교회 /232
    2) 재일대한기독교 오사카교회 /236

V 재중한인 사회단체 네트워크 ························· 241

1. 한인회 ·· 241
    1) 재중국 한국인회 /241
    2) 길림성 연변 한국상회 /248
    3) 흑룡강성 재하얼빈 한국인회 /252
    4) 요녕성 심양 한국인회 /256
    5) 산동성 청도 한국상회 /261
2. 노인단체 ··· 265
    1) 흑룡강성 하얼빈 노년문화협회 /265
    2) 요녕성 심양시 조선족노인협회 /267
    3) 산동성 청도시 조선족노인협회 /270
3. 직능단체 ··· 272
    1) 북경 고려문화경제연구회 /272
    2) 길림성 연변 국제공공관계협회 /276
    3) 흑룡강성 하얼빈시 조선족사업촉진회 /279
    4) 요녕성 조선족경제문화교류협회 /281
    5) 산동성 청도 조선족기업협회 /284
4. 종교단체 ··· 288
    1) 성삼북경한인교회 /288
    2) 길림성 연길교회 /290
    3) 요녕성 심양시 중앙교회 /293
    4) 산동성 청도 한인교회 /295

VI 재러한인 사회단체 네트워크 ⋯⋯⋯⋯⋯ 298

1. 한인회 ⋯⋯⋯⋯⋯⋯⋯⋯⋯⋯⋯⋯ 298
   1) 블라디보스토크 고려인 민족문화자치회 /298
   2) 우수리스크 고려인 민족문화자치회 /301
   3) 나호드카 고려인 민족문화자치회 /305

2. 노인단체 ⋯⋯⋯⋯⋯⋯⋯⋯⋯⋯⋯ 307
   1) 우수리스크 노인단 /307

3. 봉사단체 ⋯⋯⋯⋯⋯⋯⋯⋯⋯⋯⋯ 309
   1) 동북아평화기금 /309
   2) 연해주 고려인 재생기금 /314
   3) 예딘스드보 기금 /316

4. 문화·예술단체 ⋯⋯⋯⋯⋯⋯⋯⋯⋯ 318
   1) 아르세니예프 고려인 민족센터 /318
   2) 아르쫌 민족문화센터 /320
   3) 고려신 문민족문화자치회 /321
   4) 아리랑 가무단 /324

5. 종교단체 ⋯⋯⋯⋯⋯⋯⋯⋯⋯⋯⋯ 326
   1) 사랑의 빛 교회 /326
   2) 가톨릭 성당 천주교회 /328
   3) 원불교 우수리스크 교당 /330

VII 재외한인 사회단체의 네트워크 비교 ⋯⋯⋯ 332

1. 지역연대 ⋯⋯⋯⋯⋯⋯⋯⋯⋯⋯⋯ 332
2. 국제연대 ⋯⋯⋯⋯⋯⋯⋯⋯⋯⋯⋯ 341
3. 모국연대 ⋯⋯⋯⋯⋯⋯⋯⋯⋯⋯⋯ 346
4. 한민족연대 ⋯⋯⋯⋯⋯⋯⋯⋯⋯⋯ 352

VIII 맺음말 ⋯⋯⋯⋯⋯⋯⋯⋯⋯⋯⋯⋯⋯ 356

■ 참고문헌 /366
■ 찾아보기 /370

표 차례

〈표 Ⅰ-1〉 분석단위 및 연구내용 /35
〈표 Ⅰ-2〉 재외한인 사회단체 네트워크 현황 및 활동 조사표 /37
〈표 Ⅰ-3〉 연구의 지역적 범위 /38
〈표 Ⅲ-1〉 미주총련 네트워크 현황 /69
〈표 Ⅲ-2〉 뉴욕한인회 네트워크 현황 /83
〈표 Ⅲ-3〉 L.A.한인회 네트워크 현황 /97
〈표 Ⅲ-4〉 청년학교 네트워크 현황 /103
〈표 Ⅲ-5〉 민족학교 네트워크 현황 /108
〈표 Ⅲ-6〉 한인유권자센터 네트워크 현황 /115
〈표 Ⅲ-7〉 재미한국청년연합 네트워크 현황 /121
〈표 Ⅲ-8〉 뉴욕 한인봉사센터 네트워크 현황 /125
〈표 Ⅲ-9〉 뉴욕 한인 YMCA 네트워크 현황 /128
〈표 Ⅲ-10〉 남가주한인노동상담소 네트워크 현황 /133
〈표 Ⅲ-11〉 한인건강정보센터 네트워크 현황 /135
〈표 Ⅲ-12〉 뉴욕 한인노인상조회 네트워크 현황 /137
〈표 Ⅲ-13〉 L.A. 한국노인상조회 네트워크 현황 /139
〈표 Ⅲ-14〉 뉴욕 한인 네일협회 네트워크 현황 /143
〈표 Ⅲ-15〉 한인 의류협회 네트워크 현황 /147
〈표 Ⅲ-16〉 뉴욕장로교회 네트워크 현황 /150
〈표 Ⅲ-17〉 나성영락교회 네트워크 현황 /154
〈표 Ⅲ-18〉 퀸즈한인천주교회 네트워크 현황 /156
〈표 Ⅲ-19〉 성그레고리 한인천주교회 네트워크 현황 /158
〈표 Ⅲ-20〉 뉴욕 불광사 네트워크 현황 /161
〈표 Ⅲ-21〉 나성 관음사 네트워크 현황 /166
〈표 Ⅳ-1〉 재일본대한민국민단 중앙본부 네트워크 현황 /176
〈표 Ⅳ-2〉 재일본대한민국민단 동경본부 네트워크 현황 /183
〈표 Ⅳ-3〉 재일본대한민국민단 오사카본부 네트워크 현황 /191
〈표 Ⅳ-4〉 재일조선인총연합회 네트워크 현황 /199
〈표 Ⅳ-5〉 재일한국인연합회 네트워크 현황 /207
〈표 Ⅳ-6〉 재일한국청년회 네트워크 현황 /211
〈표 Ⅳ-7〉 재일코리안청년연합 네트워크 현황 /216
〈표 Ⅳ-8〉 코리아NGO센터 네트워크 현황 /221
〈표 Ⅳ-9〉 재일한국상공회의소 네트워크 현황 /224

〈표 Ⅳ-10〉 동경한국청년상공회 네트워크 현황 /228

〈표 Ⅳ-11〉 오사카 한국청년상공회 네트워크 현황 /232

〈표 Ⅳ-12〉 요한동경교회 네트워크 현황 /235

〈표 Ⅳ-13〉 재일대한기독교 오사카교회 네트워크 현황 /239

〈표 Ⅴ-1〉 재중국 한국인회 네트워크 현황 /247

〈표 Ⅴ-2〉 길림성 연변 한국상회 네트워크 현황 /251

〈표 Ⅴ-3〉 흑룡강성 재하얼빈 한국인회 네트워크 현황 /255

〈표 Ⅴ-4〉 요녕성 심양 한국인회 네트워크 현황 /260

〈표 Ⅴ-5〉 산동성 청도 한국상회 네트워크 현황 /264

〈표 Ⅴ-6〉 흑룡강성 하얼빈 노년문화협회 네트워크 현황 /266

〈표 Ⅴ-7〉 요녕성 심양시 조선족노인협회 네트워크 현황 /269

〈표 Ⅴ-8〉 산동성 청도시 조선족노인협회 네트워크 현황 /271

〈표 Ⅴ-9〉 고려문화경제연구회 네트워크 현황 /275

〈표 Ⅴ-10〉 연변 국제공공관계협회 네트워크 현황 /279

〈표 Ⅴ-11〉 흑룡강성 하얼빈시 조선족사업촉진회 네트워크 현황 /280

〈표 Ⅴ-12〉 요녕성 조선족경제문화교류협회 네트워크 현황 /283

〈표 Ⅴ-13〉 산동성 청도 조선족기업협회 네트워크 현황 /287

〈표 Ⅴ-14〉 성삼북경한인교회 네트워크 현황 /290

〈표 Ⅴ-15〉 길림성 연길교회 네트워크 현황 /293

〈표 Ⅴ-16〉 요녕성 심양시 중앙교회 네트워크 현황 /294

〈표 Ⅴ-17〉 산동성 청도 한인교회 네트워크 현황 /296

〈표 Ⅵ-1〉 블라디보스톡 고려인 민족문화자치회 네트워크 현황 /300

〈표 Ⅵ-2〉 우수리스크 고려인 민족문화자치회 네트워크 현황 /304

〈표 Ⅵ-3〉 나호드카 고려인 민족문화자치회 네트워크 현황 /306

〈표 Ⅵ-4〉 우수리스크 노인단 네트워크 현황 /308

〈표 Ⅵ-5〉 동북아평화기금 네트워크 현황 /313

〈표 Ⅵ-6〉 연해주 고려인 재생기금 네트워크 현황 /315

〈표 Ⅵ-7〉 예딘스드보 기금 네트워크 현황 /317

〈표 Ⅵ-8〉 아르세니예프 고려인 민족센터 네트워크 현황 /319

〈표 Ⅵ-9〉 아르쫌 민족문화센터 네트워크 현황 /321

〈표 Ⅵ-10〉 고려신문 민족문화자치회 네트워크 현황 /323

〈표 Ⅵ-11〉 아리랑 가무단 네트워크 현황 /326

〈표 Ⅵ-12〉 사랑의 빛 교회 네트워크 현황 /327

〈표 Ⅵ-13〉 가톨릭 성당 천주교회 네트워크 현황 /330

〈표 Ⅵ-14〉 원불교 우수리스크 교당 네트워크 현황 /331

I
머리말

1. 연구의 필요성 및 목적

오늘날 국제사회는 근대주권국가 중심의 국제질서에서 탈피하여 지구촌 상호의존 및 경쟁, 지구환경, 세계시민사회, 정보통신시대라는 새로운 변혁기를 맞이하고 있다. 이는 일정한 영토에 대한 배타적 지배권을 기초로 성립된 근대주권국가에서 국경을 초월한 인력, 기술, 자원, 정보 흐름의 중요성이 커짐을 의미한다. 이러한 국제사회의 변화는 해외에 거주하는 재외한인 사회에도 많은 영향을 미쳤다. 재외한인 사회 내 한인단체활동은 지역중심에서 탈피하여 다른 국가 및 지역에 있는 단체 활동으로 영역을 확대하였고, 더 나아가 모국의 사회단체나 정부와의 교류로까지 확장되었다. 재외한인들의 네트워크의 확장은 재외한인 사회단체 네트워크를 통한 '한민족공동체'[1] 구축에 대한 기대로까지 이어지고 있다.

재외한인들은 거주 국가에서 그들의 사회적 위상이 향상되자 한인들 간 교류의 장, 민족 정체성 유지, 상호협력을 위해 한인 사회단체를 결

[1) 한민족공동체는 남북한과 해외에 거주하는 한민족이 한민족의 혈통과 문화적 공통성을 기초로 한민족 구성원들 간에 다양한 상호작용을 통해 공동의 유대와 귀속감을 발전시키고, 문화적·경제적 교류를 증진하며, 이를 통해 민족구성원들의 생존, 안녕, 발전, 복지를 함께하는 공동체를 말한다. 이만우(1999, 9-41); 한국방송공사(1999, 164-166); 재외한인학회(2002). 『재외한인연구』제12권 2호 참조.

성하였고, 이를 발전시켰다. 지역에서 재외한인 사회단체의 결성과 발전의 결과, 거주국 내 한인 사회단체는 한인들 간 친목 도모, 단체의 위상 강화, 협력의 장 구축과 함께 거주국 사회와 정부를 상대로 한인들이 권익과 권리를 획득하는 데 집중된 힘을 결집시키는 차원에서 한인 사회단체 간 네트워크를 추진하였다.

다시 말해 재외한인들은 단체 네트워크를 통해 민족적·문화적 자주성을 보존하고 발전시키는 등 한인단체의 내적인 역량을 강화시켜 나갔다. 밖으로는 거주 국가에서 사회적·정치적 개혁에 동참하여 외적인 역량을 증대시키는 수단으로 활용하였다. 국제연대를 통해서는 한인단체 간의 친교 및 외국 시민사회단체와의 교류를 통해 활동 영역을 확대시켜 나갔다. 그리고 모국연대를 통해 한국정부나 사회단체와의 네트워크가 형성됨으로써 단체 발전 및 조국의 발전에 기여할 수 있었다. 따라서 재외한인들의 단체 네트워크는 그들의 내·외적인 필요성에서 구체화되었다.

해외에서 생활하고 있는 재외동포는 2005년 기준 175개국 6,638,338명이다. 외교통상부 자료에 의하면 국가별 재외동포 수는 중국 2,439,395명(36.7%), 미국 2,087,496명(31.4%), 일본 901,284명(13.5%), 독립국가연합 532,697명(8.0%) 순이다.[2] 한편 이들 국가에서 활동하고 있는 재외동포 단체의 현황을 보면 2002년 기준 중국 91개, 미국 뉴욕 167개, L.A. 207개, 일본 동경 69개, 오사카 55개, 독립국가연합 92개 단체로 파악되어 있다.[3]

미국에는 L.A.를 중심으로 '남가주 5개 카운티' 광역권에 26만 명

---

2) 외교통상부 재외국민이주과의 2005년 1월 기준 통계치이다.
   http://www.okf.or.kr/bbs/bbs.jsp?biID=stat&mode=V&bID=1795 참조.
3) 외교통상부 재외국민이주과의 2002년 기준 통계치이다.
   http://www.okf.or.kr/data/groupStatus.jsp 참조. 외교통상부의 재외한인단체의 현황에서 친북성향을 띠고 있는 일본의 조총련은 단체현황의 합계에서 누락되어 있다. 뿐만 아니라 중국에서도 조선족이 중심이 되어 만든 단체는 제외되어 있다.

(24%), 뉴욕을 중심으로 '뉴욕-롱아일랜드-북뉴저지-코네티컷-펜실바니아' 광역권에 17만 명(16%)이 살고 있다. 도쿄도(東京都)에 10만 명, 오사카부(大阪府)에 15만 명이 거주하고 있다. 중국의 경우, 조선족의 97.1%인 1,868,377명이 동북 3성에 집중되어 있다. 길림성에 1,183,567명(61.5%), 흑룡강성에 454,091명(23.6%), 요녕성에 230,719명(12.0%)이 살고 있다. 특히 길림성의 연변조선족자치주에 83만 명이 거주해 길림성의 조선족 인구 69.5%를 점유하고 있는 것으로 나타났다. 한편 러시아 연해주에도 3만 여 명의 고려인이 살고 있다.

사회단체는 정부 및 사업 부문과는 무관한 자발적 단체를 의미한다. 정부부문을 제1부문, 이익을 추구하는 사업부문을 제2부문이라고 한다면 사회단체는 제3의 부문으로 분류된다. 흔히 사회단체는 비영리단체, 시민단체, 민간단체 등으로 불리면서 이들 단체와 혼용되어 사용되고 있다. 사회단체의 넓은 의미는 시민사회 내에서 일정한 사회적 목적을 가지고 일반인의 가치관에 영향을 미치기 위해 결성된 자발적 결사체이다. 반면 좁은 의미의 사회단체에는 두 가지 요소를 내포하고 있다. 첫째, 국가를 상대로 국가권력에 대한 견제와 비판을 하며 둘째, 이러한 활동을 통하여 사회변혁을 지향한다(박상필 2001, 76-77). 결국 사회단체는 개별이익을 추구하지 않으며, 집단이익과 공공선을 추구하기 위해 뜻을 같이하는 사람들이 중심이 되어 결성된 단체, 조직, 결사체를 말한다. 연고단체, 교육기관, 교회, 직능 단체, 평화운동단체, 환경운동단체, 인권단체와 같은 사회 관련 활동을 하고 있는 거의 모든 단체가 사회단체 범주에 포함될 수 있다.

비공식적이고 비영리부문으로 구분되는 사회단체는 결사체에 참여하는 자발적 시민들의 가치 공유 및 헌신적 활동에 토대를 두고 있다(Serrano 1994, 3-15). 재외한인 사회단체는 재외한인으로 구성된 모든 종류의 비영리 및 공익활동을 하는 단체를 의미한다. 한인회를 중심으로 시민단체, 향우회, 동창회, 종친회 등 연고단체, 한인의 권익을 보호

하는 권익단체, 지역사회에 봉사하는 봉사단체, 직능단체, 종교단체 등
으로 재외한인들의 대중적 단체이다.

현재 재외한인 사회단체는 1990년대를 전후해 비정부기구(NGO: Non
Govern- mental Organization) 혹은 비영리기구(NPO: Non Profit Organization)
등으로 지칭되는 시민사회단체(CSO: Civil Society Organization)로 발전
하였다. 한인단체는 한민족의 힘을 결집시켜 상호이해와 협력을 촉진시
키고 있으며, 또 한편으로는 한인들의 권익과 연관된 문제들을 포함하
여 정치적·사회적 문제들, 특히 개별적으로 해결하기 어려운 문제들을
네트워크를 통해 해결하려 한다. 이러한 경향은 궁극적으로 한민족공동
체의 형성과 연관되어 있다. 한민족공동체는 세계에 흩어진 한민족의
혈통, 전통과 문화적 공동체를 기초로 한민족의 일원으로 소속감을 가
지고 구성원들이 시공을 초월하여 상호 교류 협력할 수 있는 새로운 네
트워크이다. 재외한인 들의 교육, 언론, 법률, 집거지역, 예술, 여성, 사
회단체 등의 분야는 한민족공동체를 구축하는 하나의 부분이다. 한인
사회단체에 대한 연구는 한민족공동체 구축에 있어 토대를 제공하고
있다.

재외한인들의 "사회단체"4)를 통한 네트워크 필요성은 다음과 같다.
첫째, 경제·사회·문화적 측면에서 한민족의 상권과 민족공동체를 형
성하고 모국과 재외동포 간 통합을 위한 매개체로써 한인단체 네트워
크의 중요성이다. 재외한인 사회단체는 한민족공동체 구성원으로서의
유대의 정도를 알 수 있는 척도가 되며, 장차 한민족공동체 구축을 위

---

4) 사회단체라 함은 영리가 아닌 공익활동을 수행하는 것을 주 목적으로 하는 단체를 의미
한다. NGO, CSO는 모두 NPO라는 의미를 갖고 있다. UN의 설명에 따르면 NGO는
비국가적, 비영리적, 임의조직들을 설명할 때 사용되며, CSO는 시민사회의 사회영역 안
에 있는 사람들에 의해 만들어진 비국가적, 비영리적, 자생적 기구의 의미를 갖고 있다
(김동춘 외 5인 2001) 참조. 재외한인 단체에서 미국과 일본의 한인단체는 CSO의 활동
을 하고 있지만, 중국과 러시아의 경우 시민단체의 활동은 거의 전무한 반면, 사회단체
의 활동이 주를 이루고 있다. 따라서 본고의 조사 대상국인 4개국에서 재외한인 단체의
활동을 모두 함축할 수 있는 용어는 사회단체이다.

한 토대가 될 것이다. 예를 들면, 남북한이 분단된 구조에서 민단—조총련 간 그리고 중앙아시아 지역에서 한인 사이에 정치적 균열을 극복하여 민족화합을 이루는 밑거름이 될 것이다. 정부로 하여금 통일사업의 일환으로 한인 사회단체를 지원하고, 국제사회에서 통일에 대한 국제여론형성에 중요한 파트너로서 역할을 할 수 있을 것이다.

둘째, 정보기술의 발전으로 사회구조는 보다 정교하고 복잡한 네트워크 구조로 변화하고 있다. 미디어를 통한 원격 네트워크, 인터넷 등의 데이터 네트워크, 통신기술의 확산에 따른 커뮤니케이션 네트워크 등 다양한 영역에서 네트워크화가 진행되고 있다(민병원 2003, 105-106). 또한 정치, 경제, 문화, 제도, 민족차원에서도 구성원들 사이의 네트워크가 추진되고 있다. 정보화시대에서 한인단체들은 공간을 초월하여 다양한 민족단체들과 활발한 교류를 맺어야 한다.

셋째, 재외한인 사회단체의 활동은 한인사회 내에서 교류의 장을 제공하고, 민족의 이해를 대변하고, 민족문화 행사 조직과 모국어 학습 진행 등 다방면에서 역할을 하고 있다. 재외한인들은 국가와 지역에서 한인단체를 결성, 한인 사회의 발전과 친선, 민족 문화의 전승 및 한글 교육의 확대를 위해 노력하고 있다. 재외 한인단체 간 보다 많은 정보교류 및 협력을 위해서는 네트워크가 활성화되어야 한다.

이상과 같이 기존의 재외 한인사회에 대한 인식의 전환과 더불어 발전적인 한인사회의 구성을 위해서는 재외한인 사회단체의 네트워크가 필요하고, 또한 이에 대한 연구가 요구되고 있다. 따라서 재외동포들이 가장 많이 거주하고 있는 중국, 미국, 일본, 러시아 등 4개국 재외한인 사회단체의 네트워크 실태, 연대 특징과 문제점, 지역의 단체 간 비교, 네트워크 구축에 대해 알아보고자 한다. 이를 위해 첫째, 4개국 11개 지역에서 활동하는 재외한인 사회단체 중 한인회, 권익·봉사단체, 연고단체, 직능단체, 종교단체, 문화·예술단체 등으로 분류하고, 이들 단체를 중심으로 활동을 파악한다. 둘째, 사회단체의 활동을 지역·국제·

모국·한민족연대로 구분하고, 단체 간 네트워크 현황과 문제점을 분석한다.[5] 셋째, 4개국의 한인단체를 4개 연대를 중심으로 비교한다. 넷째, 요약 및 재외한인 사회단체의 네트워크의 발전에 대해 논의하겠다.

2. 연구내용 및 방법

1) 연구내용

재외한인들의 사회 구성에 필요한 요소는 공동의 주거지역, 공동조직, 그리고 집단의식이라고 말할 수 있다. 재인한인 사회를 이해하기 위해서는 단체의 형태를 띠고 있는 공동조직에 관한 연구가 행해져야 한다. 한 사회 속에서 단체는 힘의 결집체이다. 재외한인 사회를 이해하는 중요한 단서는 바로 한인들이 중심이 되어 결성한 단체의 이해에 있다 (전형권 2004, 346). 재외한인 사회의 구심점 역할을 하고 있는 재외한인들의 사회단체 활동을 통해 지역 내에서의 역할과 위치, 국제적 교류, 모국과의 네트워크 실태, 각 국가별로 분산되어 있는 재외한인 사회단체 간 상호협력을 의미하는 한민족연대 실태 등을 분석함으로써 재외한인 사회단체의 네트워크 실태 및 문제점, 발전방향을 모색해 볼 수 있다.

이 연구는 재외한인 사회단체를 대상으로 단체의 목적과 대·내외적 활동, 다른 단체와의 관계에서 나타난 특징 등을 분석하여 한인 사회단체의 네트워크를 규명하고자 한다. 거주국 사회에서 이들 한인단체의 기능, 활동, 역할에 대한 규명은 재외한인들의 사회화 과정과 지역사회

---

5) 이 연구에서 사용하는 연대의 지속성과 교류 강도의 기준은 단체 간 접촉하는 빈도에 따라 결정된다. 즉 3년 이상 매년 1차례 정도 조직적 접촉이 있을 경우, 지속성을 갖고 있으며, 1년에 2번 이상 교류나 연대가 행해질 경우, 연대의 강도가 높은 것으로 해석할 것이다.

에서의 지위와 역할을 파악하는 데 단초를 제공하기 때문이다. 기본적으로 재외한인 사회단체의 지역·국제·모국·한민족 네트워크를 파악하여 언제, 어떤 목적으로 다른 단체나 기관과 교류 또는 연대하고 있으며, 단체의 네트워크 문제점과 발전방향을 모색하고자 한다.

위와 같은 목적을 달성하기 위해서는 먼저 거주 국가별 특징을 고려하여야 한다(나형욱 2005, 129-131). 그 이유는 첫째, 재외한인들의 역사적 경험과 거주국가의 정치·경제·사회·문화적 조건에 따라 사회단체 간 차이를 보이고 있다. 즉, 재외 한인단체의 형성과 발전은 거주국가와 시민사회 간의 관계, 거주국가의 성격, 이주형태, 모국과 거주국가와의 관계, 한인사회의 성장의 정도, 이주민에 대한 정책에 따라 다르게 진행되었다. 그리고 동일한 거주 국가 내에서도 지역별로 도시와 농촌, 주거지역과 상권지역, 한인밀집지역과 분산지역에 따라 단체 현황이 차이를 보인다.

둘째, 재외한인 사회단체는 거주국가의 시민사회와 정치체제의 성격에 따라 조직적 차이를 보이고 있다. 해당 거주 국가에서 시민사회가 국가에 대하여 상대적으로 얼마나 자유로운지, 한민족공동체의 결집력과 상호 네트워크가 어느 정도 형성되고 있는지를 단적으로 표현해 준다. 미국과 일본은 경쟁적 자본주의 정향(competitive capitalism orientation)을 가지고 있는 반면 중국과 러시아는 사회주의적 정향(socialist orientation)을 갖고 있다. 이 같은 환경은 한인단체의 형성과 발전에 많은 영향을 미쳤다. 미국과 일본의 경우, 사회부문의 성장과 더불어 국가주의적 성격이 다소 완화되면서 사회단체의 자율성이 강화되었다. 사회단체의 성장은 수적인 팽창뿐만 아니라 질적인 면에서도 성장을 달성한 것으로 평가되고 있다. 이러한 현상은 재외 한인사회에도 적용되었다.

한편 '중국'6)과 러시아는 한인단체들의 설립과 운영 및 자율성 등에

---

6) 중국의 사회단체는 "사회단체 등기관리조례"의 법률적 관할하에 있는 조직을 말한다. 이 법안의 제2조에 의하면 사회단체란 중국 공민이 자발적으로 조직한 것으로, 회원공

있어 상당히 제한을 받아 왔다. 한인단체의 규모나 숫자 자체가 한인사회의 자율성과 유기적인 활성도를 시사한다고 보기는 어렵지만, 현재 중국과 러시아 등 사회주의 혹은 탈 사회주의권 국가는 여전히 국가와 시민사회의 관계는 경직된 의존 관계이다. 또한 사회단체의 위상과 활동내용 등이 여타의 국가들과는 상이한 점이 많다. 특히 한인사회 형성의 차이점, 즉 한국인-조선족공동체, 한국인-고려인 공동체를 하나의 설명 틀로 분석하기가 곤란한 실정이다. 그럼에도 불구하고 이들 국가 내에서 한인단체의 수는 증가율을 보이고 있으며, 활동 내용면에서도 이전과는 진전된 변화양상을 보여주고 있다. 뿐만 아니라 같은 정향의 체제에서도 각 국가의 정치, 경제, 사회, 역사적 조건에 따라 각기 다른 형태의 한인단체들이 성장하였다.

셋째, 지역별로 한인단체의 현황과 단체 활동이 차이를 보이고 있다. 즉, 도시와 농촌, 주거지역과 상권지역, 한인밀집지역과 분산지역에 따라 단체의 현황이 차이를 보인다. 주거 중심보다는 상권 중심의 단체 형성으로 친목·이익단체가 생겨나고 경제적 기반이 잡히면서 권익·봉사단체가 결성되는 등 활발한 활동을 벌이고 있다. 한인 사회단체들은 과거의 연고·친목 중심의 활동 영역에서 탈피하여 경제, 스포츠, 정치 등 다방면에서 한인들의 이익을 위해 활동하고 있다.

넷째, 재외한인 사회단체는 현지국가의 정부와 모국과의 관계에서 이중적 관계를 보이고 있다. 이들의 관계는 한 국가 내에 사회구성 주체에서 시민 - 시민단체 - 정부라는 3자적 관계보다 훨씬 복잡한 관계를 가지고 있다. 모국과의 관계에서 볼 때, 재외한인 단체의 성장은 재외한인들의 결집된 목소리를 통해 우리 정부의 재외동포정책에 영향력을

통의 염원을 실현하기 위해 장정(章程)에 따라 활동을 전개하는 비영리적 사회조직을 의미한다. 중국의 사회단체는 정치성을 배제한 순수한 민간단체이다. 따라서 노조, 공상연맹, 화교연맹, 대만동포연맹, 부녀자동맹, 공산당청년단, 과학기술협의회, 문화연맹 등의 8개 인민단체는 정치협상회의의 정식 구성원이므로 사회단체가 아니다. 하도형(2005); 김윤태(2002) 참조.

행사하였고, 미진하나마 모국 내 시민사회단체와의 연계 고리를 형성하기 시작하면서 재외동포에 대한 관심과 지원을 유도하고 있다. 이러한 점에서 한인단체는 한인사회의 새로운 공동체적 틀을 형성하고 통합의 장을 마련함과 동시에 거주국은 물론 모국과의 관계에서도 해외 한인의 사회적 위상을 향상시키는 데 중요한 가교역할을 하고 있다. 재외한인 단체가 양적·질적으로 발전하고 있는 것은 사실이지만, 이민의 역사가 흘러갈수록 한인커뮤니티에 새로운 문제점들이 부각되고 있다. 한민족으로서 정체성의 위기(Identity Crisis)를 비롯해 거주국내 차별, 세대 간 갈등, 청소년·노인문제 등의 현안이 발생되고 있다.

다섯째, 재외한인사회는 내부적으로 한인의 정체감을 발양시키거나, 참여를 유도함은 물론 외부적으로 각종 차별과 모순을 철폐할 장치가 미흡하다. 수많은 재외동포 교회나 각종 사회단체도 그러한 기능을 다하지 못하고 있다. 뿐만 아니라 대다수의 재외한인 사회단체는 거주 국가 한인사회와 모국과의 관계에서 체계적인 결집이 미흡한 편이다.

따라서 이 같은 상황에서 재외한인 사회단체의 네트워크가 하나의 통일된 틀을 형성하는 것은 매우 어려운 일이다. 각 국가별, 지역별, 단체별 특징을 고려하여 다음과 같이 연구내용을 구성한다. 첫째, 지역연대란 거주국 내의 특정 지역에서 활동하는 사회단체 간 또는 사회단체와 정부기관과의 교류 및 연대를 말한다. 연대의 목적은 친목, 자원의 교환, 지원, 상호공동의 이익 획득, 정보 획득, 단체의 발전 및 위상 강화 등 다양하다. 지역연대의 항목은 3개이다. 한인단체, 외국인단체, 정부기관 등이다.

외국인단체와의 교류는 지역의 소수민족 또는 주류단체를 의미한다. 한인 사회단체 간 지역연대는 한민족이라는 정체성과 동질성 차원에서 행해지기도 하며, 또는 유사한 목적을 가지고 활동하고 있는 단체 간 상호의존과 협력 차원, 그리고 재외한인 전체와 관련된 문제에 대해 지역연대 차원에서 네트워크를 갖고 있다. 한국정부의 뉴욕총영사관과 미주총련 또는 뉴욕한인회와의 교류는 지역연대로 분류된다.

지역연대 차원에서 재외한인 사회단체의 활동 내역을 파악한 후, 이들 단체의 지역내 교류협력, 활동 등의 네트워크를 분석한다. 재외한인 사회단체들의 주요한 네트워크는 무엇이며, 네트워크를 행함에 있어 어떤 문제점을 내포하고 있는가를 살펴보겠다.

둘째, 국제연대이다. 국제연대란 국가를 달리하는 단체 및 외국 정부기관과의 연대를 의미한다. 재외한인 단체와 다른 국가에 있는 한인단체 또는 외국단체 및 정부기관이 해당된다. 국제연대의 등장 배경은 두 가지이다. 하나는 국제적인 접촉의 확대이다. 교통과 통신기술의 발달은 정보의 유통을 촉진하고 사회단체 활동가들의 접촉을 용이하게 만들었다. 정부 간 기구의 수의 증대 및 국제회의의 잦은 개최는 국제연대를 위한 초점을 제공하였다. 이러한 요인들로 인해 국제적인 접촉을 위한 기회가 현저하게 늘어나면서 문화의 전환을 가져왔고, 문화의 전환을 통해 전지구적인 시민사회의 형성으로 이어졌다. 1992년 리우회의, 덴마크 코펜하겐에서 열린 '사회개발정상회의', 세계무역기구(WTO) 각료회의가 홍콩에서 개최되었다. 홍콩WTO반대민간연대가 주최한 회의에 반대하기 위해 한국의 전국농민회를 비롯 일본, 인도네시아, 대만, 필리핀 등 세계 각지의 반세계화 단체들이 참여하는 국제연대를 과시하였다.

다른 또 하나는 문제의 국제적 다면성이다. 정치 · 경제 · 사회 · 문화 등 어떠한 성격의 것이든 대부분 어느 한 나라에 국한된 문제가 아닌 국제적인 측면을 가지고 있다는 점이다. 예컨대 1997년 일본 교토에서 '기후협약회의'가 열렸다. 이산화탄소로 인한 지구의 온난화 문제는 한 국가의 문제가 아니다. 일본 동경에서 2000년 종군위안부 문제에 관한 국제모의법정이 열렸다. 한국, 중국, 필리핀, 인도네시아, 대만 등 각국의 시민사회단체 대표들이 참여하여 일본을 규탄하였다.

사회단체들은 현재 매우 다양한 형태의 국제연대, 즉 국제교류와 연대, 협력 사업을 진행하는 네트워크를 구축하고 있다. 국제연합을 비롯한 국제기구들이 주최하는 국제시민사회회의에의 참석, 사회복지 관련 단체들이 중심이 된 선진국 사회단체와 개발도상국 사회단체와의 개발협력사업, 특히 여성, 인권, 환경, 세계화 분야에서 국제연대는 두드러진다. 환경과 세계분야를 제외한 다른 분야에서의 국제연대 및 협력은 1970년대 이전부터 지속되어 왔고, 환경은 1980년대 중반 이후부터, 신자유주의적 세계화와 관련된 국제교류는 1990년대 후반부터 활발히 이뤄졌다.

국제연대에서 각 국가 및 지역의 재외한인 사회단체가 다른 국가 및 지역에서 활동하고 있는 단체와 어떤 목적으로 네트워크를 전개하고 있으며, 그 활동 양상을 살펴볼 수 있다. 서로 다른 국가에 뿌리를 두고 있는 사회단체의 국제연대 활동을 이슈 및 지역 범주에 따라 구분할 수 있다. 재외한인 NGO들의 이슈의 차원에서 보면 인권, 여성, 평화, 환경, 난민, 아동, 소수민족보호, 정보 등 다양한 분야에 걸쳐서 활동하고 있다. 그러나 이러한 국제연대 활동은 서로의 정보교류와 의견을 나누는 포럼의 수준에서 크게 벗어나지 못하는 경우가 다반사이다. 현재 단체들 간에는 느슨한 형태의 협력네트워크가 구성되었다는 점에서 네트워크의 의미를 찾을 수 있다.

셋째, 모국연대는 재외단체와 모국의 정부기관 또는 사회단체와의 네트워크를 말한다. 한인 사회단체가 세미나, 학술대회, 단체 간 협력 및 지원, 친선교류, 사업추진 등의 목적으로 한국(북한)의 정부, 사회단체와 네트워크를 갖는 것이다. 외교통상부는 재외한인 사회단체의 실상을 정확히 파악하지 못한 상태에서 특정 한인단체에 대한 지원과 네트워크를 구축하고자 했다. 실질적이고 효율적인 재외한인 단체와 모국과의 네트워크를 위해서는 재외한인 사회단체가 한국정부를 포함한 모국의 사회단체와 어떤 목적으로 교류나 협력을 하고 있는가를 파악함으로써 재외한인 단체와 모국 단체와의 네트워크를 활성화시킬 수 있다.

넷째, 한민족연대이다. 기본적으로 모국의 단체나 정부를 포함하며, 국가를 달리하는 재외한인 사회단체 2개 등 최소한 3개 국가의 단체가 교류 및 연대를 갖는 것이다. 다시 말해 2개국 이상의 재외한인 사회단체와 한국정부, 또는 사회단체와의 연대를 의미한다. 한·미·일, 한·중·러, 한·일·중·러 단체 간의 교류나 연대이다. 한민족연대의 대표적 사례는 재외동포재단이 주최·주관하는 세계한상대회, 한인회장대회, 차세대한인지도자육성대회 등이 있다. 또 다른 예는 민족화해협력국민협의회(이하 민화협)는 2005년 6월 '한반도 평화와 통일을 위한 한민족청연교류회'를 주최하였다. 민화협은 해외동포 청년 간의 화해와 협력을 증진하고, 한반도 평화에 대한 상호간의 이해 확대와 인식의 확대, 지속적 연대와 교류의 계기를 마련하고자 해외 청년동포들을 초청하였다. 한국의 민화협이 주최하고, 일본의 민단청년회, 재일본코리아청년회, 평화통일연합, 미국의 재외한민족센터, 중국의 연변대 한국조선문화연구소, 연변동북아경제문화교류협회가 참석하였다(http://www.kcrc.or.kr).

이상과 같이 재외한인 사회단체 네트워크 연구는 4개 범주의 연대를 통해 재외한인 사회단체 네트워크 실태와 문제점, 그리고 지역, 국제, 모국, 한민족 네트워크를 활성화시키는 발전 방안에 대해 고찰함으로써 궁극적으로는 한민족공동체 네트워크를 유기적으로 결합하는 토대를 제공할 것이다. 한편 재회한인 사회단체의 네트워크 행태를 연대기적으로 기술하고자 한다. 이는 독자들의 편의와 그리고 보다 정확한 연대 실태를 알기 위함이다. 미국 21개, 일본 13개, 중국 17개, 러시아 14개 등 총 65개 재외한인 사회단체를 조사하였다. 〈표 Ⅰ-1〉에 분석단위 및 연구내용을 요약하였다.

<표 Ⅰ-1> 분석단위 및 연구내용

분석단위	연구내용
거주국가별 네트워크 (지역연대)	① 재미한인 사회단체 네트워크: 한인회, 종교, 권익·사회봉사단체 ② 재일한인 사회단체 네트워크: 민단, 조총련, 재일한인회 등 ③ 재중한인 사회단체 네트워크: 조선족 사회단체, 한인회 등 ④ 재러한인 사회단체 네트워크: 고려인민족문화자치회, 봉사단체 ⑤ 지역연대 문제점과 발전방향
거주국가간 네트워크 (국제연대)	① 재외한인단체 교류실태: 미일, 미중, 중러, 중일 간 연대 ② 재외한인사회 이슈의 차원에서 국제연대 내용: * 공익: 보건, 교육, 복지, 인권 * 종교: 기독교, 카톨릭, 불교 ③ 국제연대 문제점과 발전방향
모국과의 네트워크 (모국연대)	① 오프라인 네트워크 구축: 교류실태, 협력내용, 발전방향 ② 모국연대 문제점과 발전방향
한민족연대 (다지역과 한국)	① 한민족공동체 네트워크 구축: 교류실태, 협력내용, 발전방향 ② 한민족연대 문제점과 발전방향

2) 연구방법 및 지역

(1) 연구방법

① 문헌조사

현지연구의 경우, 해당 국가의 조사지역 관련 단체를 방문하여 수집한 자료, 그리고 한인단체 소속 회원들을 상대로 한 면담조사 결과를 활용하였다. 또한 지역별로 산재한 단체의 조사를 위해 현지 연구자들의 협조 속에서 자료를 수집 분석하였다.[7] 시사성이 떨어지는 문헌자료의 한계를 극복하기 위해 각종 현지신문·기관지, 관련단체 단행본 및 소식지, 홍보책자, 비책자 자원(비디오, 오디오, 필름) 등의 간행물을 참

---

7) 미국조사는 한길리서치, 일본 동경은 이려화(오차노미즈 박사과정), 오사카 곽진웅(코리아NGO센터), 중국 북경 유병수(차이나—코리아닷컴), 청도 박영만(흑룡강신문사 산동지사), 길림성 이명선(연변심리학연구소), 흑룡강성 임국현(흑룡강출판사), 요녕성 윤형중(심양진출한국기업컨설던트), 러시아 연해주 김순한(동북아평화기금 지역연대) 선생님 등 여러분이 현지조사를 담당하셨다.

고하였다. 한인단체의 홈페이지가 있는 경우, 인터넷 사이트 검색자료 등도 활용하였다.

② 단체 조사표

이 연구는 거주 국가에서 중심적으로 활동하고 있는 단체를 선정하여, 지역 간, 국제 간, 모국 간, 한민족 간 네트워크의 실태를 파악하기 위해 조사표를 중심으로 면접조사를 실시한다. 조사표의 내용은 각 거주 국가 중심 한인단체를 상대로 지역연대, 국제연대, 모국연대, 한민족연대로 구분하여 참여단체의 현황, 연대활동과 내용, 문제점과 발전방안 등으로 구성되어 있다.

〈표 I -2〉는 재외한인 사회단체 네트워크 현황 및 활동 조사표이다. 조사대상 단체의 기본 현황을 알기 위해 단체명, 주소, 전화, 팩스, 단체의 대표자 및 직위, 조사표 작성자, 홈페이지, 이메일, 단체성격, 주요 활동 등으로 구성되어 있다. 이를 토대로 단체의 기능을 구분한다.

지역연대의 조사항목은 한인단체, 외국인단체, 정부기관 등 3개 항목이며, 연대단체명, 교류일, 연대내용으로 구성되어 있다. 문제점과 발전 방향에 대해서는 응답자의 설명을 기입하였다. 국제연대의 항목은 한인단체, 외국인단체 및 정부기관으로 구분하였다. 다른 국가에 있는 한인단체나 외국인단체 및 정부기관과의 네트워크가 주 내용이다. 모국연대는 재외한인 사회단체와 한국에 본부를 둔 국내단체 및 정부기관과의 교류, 연대에 관한 내용이다. 한민족연대는 다(多)지역과 한국의 단체 또는 정부기관과의 네트워크이다.

<표 I-2> 재외한인 사회단체 네트워크 현황 및 활동 조사표

단체 기본현황	단체명 :		
	주 소 :		
	전 화 : http://		팩스 : E-mail :
	대표자 :		조사표 작성자 :
단체성격 주요활동			
지역연대	단체명	교류일	연대내용
	한인단체		
	외국인단체		
	정부기관		
	지역연대 문제점과 발전방향 :		
국제연대	단체명	교류일	연대내용
	한인단체		
	외국인단체 및 정부기관		
	국제연대 문제점과 발전방향 :		
모국연대	단체명	교류일	연대내용
	국내단체		
	정부기관		
	모국연대 문제점과 발전방향 :		
한민족연대	단체명	교류일	연대내용
	한민족연대 문제점과 발전방향 :		

(2) 연구지역과 대상

1차, 2차년도 연구의 연속선상에서 수행되고 있는 재외한인 사회단체의 네트워크에 관한 내용이다. 연구의 계속적 진행과 효율성을 높이기 위하여 연구지역의 대상을 미국의 L.A., 뉴욕, 일본의 도쿄와 오사카, 중국의 동북 3성, 산동성, 북경, 러시아 연해주 지역으로 한정하였다. 이들 지역은 재외한인들이 집중적으로 거주하고 있으며, 재외한인 사회단체가 가장 많으며, 활동 또한 활발한 지역이다.

〈표 I-3〉 연구의 지역적 범위

국 가	조사연구 대상지역
미국	L.A., 뉴욕
일본	도쿄, 오사카
중국	길림성, 흑룡강성, 요녕성, 산동성, 북경
러시아	연해주(우수리스크, 블라디보스토크 등등)

재외한인 사회단체는 그 범위가 너무 포괄적이고 다양한 성격의 단체를 포함하고 있을 뿐만 아니라 특수한 역사적 배경을 지닌 단체들이 많기 때문에 그 유형화가 매우 어려운 상황이다. 재외한인 단체를 광의적으로 보면 재외한인들이 참여하여 조직한 모든 부류의 사회적인 단체를 총칭하는 개념으로 사용한다. 즉, 재외한인들에 의해 자생적으로 조직된 단체로서, 한인회, 권익·봉사단체, 직능단체, 전문가 단체, 연고단체, 종교단체, 문화예술단체, 시민(군중)단체, 친목동호회 등이 포함되는 광범위한 개념으로 규정할 수 있다. 협의적으로 재외한인 단체는 '정부와 기업으로부터 독립적이며 시민들의 자발적인 의사로 결합되어 사회적 공공재를 창출하고 사회변화를 위해 노력하는 개인적 혹은 조직적 노력을 하는 비영리, 공익단체'를 의미하며, 이를 수행하기 위한 조직을 재외한인 사회단체라고 규정할 수 있다.

II
이론적 논의

1. 네트워크와 재외한인

1) 네트워크(network)

정보기술의 발전은 사회구조를 정교하고 복잡한 네트워크 구조로 변화시켰다. 미디어를 통한 원격 네트워크, 인터넷의 데이터 네트워크, 통신기술에 의한 커뮤니케이션 네트워크 등 사회 분야에서 구성원들 사이에 네트워크화가 진행되고 있다. 이러한 네트워크 구조로의 변화와 진행을 마뉴엘 카스텔(Manuel Castells, 2003)은 '네트워크 사회의 도래'라고 칭했다. 21세기는 네트워크 시대이다. 네트워크는 미래 사회의 신경체계가 될 것이며, 우리는 이러한 하부구조가 과거 상품과 사람을 운반하기 위한 도로의 건설보다 더 큰 영향을 우리의 사회 전체와 개인의 삶에 미칠 것으로 예상할 수 있다(반 다이크, 2002, 8). 이렇듯 개인, 조직, 사회, 국가에 영향을 미치면서 그리고 이들과 밀접한 연관성을 갖고 있는 네트워크란 무엇인가?

네트워크에 대한 학자들의 다양한 정의를 보면, 최배근은 네트워크를 자율과 협력을 기본으로 하여 개체와 집단이 유기적으로 조화를 이루는 새로운 관계망으로 보고 있다(2003, 8). 조영복·김성규는 둘 이상의 조직이 장기적인 관계를 갖는 것(2004, 77-87), 성경륭·이재열(1999,

131)은 네트워크는 관계의 집합으로서 구성원 간에 국경을 초월하여 혈연, 지연, 학연, 업연, 교연 등 다양한 관계들을 상호 연결시켜 주고, 응집성을 갖게 해주는 것으로 정의하였다. 오툴(O'Toole, 1997, 45)에 따르면 네트워크는 다수의 조직이나 당사자를 포함하고 구조적 안정성을 나타내며, 제도적 매개를 통하여 얽혀 있는 관계를 포괄하는 상호의존의 구조라고 보고 있다. 키커트·클리즌·코펜젠(Kickert, Klijn & Koppenjan, 1997, 6) 등은 네트워크를 상호의존적 행위자들 간에 이루어지는 사회 교류 관계의 다소 안정적인 패턴으로 정의하였다.

이상과 같이 네트워크에 대한 다양한 개념 정의가 '상호의존적 관계'를 중심으로 설명되고 있다는 측면을 고려한다면, 결국 네트워크는 사람들이 일련의 상호의존적 관계에 의해 모인 연결망을 의미한다. 따라서 네트워크는 개인 대 개인, 개인 대 단체, 개인 대 사회, 단체 대 단체, 단체 대 사회, 단체 대 정부 등 사회 교류적 관계를 그 특성으로 하고 있다. 네트워크 개념을 단체와 관련시켜 정의하면, 단체 네트워크는 상호의존으로 구성되는 단체들 간의 연결이며, 사회 네트워크는 행위자들이 서로 교류하고 관계를 맺는 사회적 공간을 의미한다.

2) 네트워크의 이론적 기반

(1) 거래비용론

신제도학파가 발전시킨 거래비용이론은 거래관계의 구조와 특성을 규명하고 분석하는 이론이다. 사회 구성원들의 면밀한 선택을 통해 특정제도가 형성된다. 즉 여러 대안적 제도들 각각이 나름의 생산비용 하에서 서비스(상품)를 생산한다고 가정하고, 거래비용의 차이가 이들 여러 대안적 제도들 간의 선택을 결정하는 요인이라는 것이다. 또 시장, 기업, 혹은 그 혼합된 제도형태 중 거래비용을 최소화하는 방식으로 자원배분이 이뤄지며, 그 과정에서 특정 조직(기업)의 범위가 결정된다고 보았다(이민창·김정부, 2002, 57).

윌리암슨(Williamson, 1985)은 기업조직은 시장메커니즘에 의한 경우보다 더 낮은 비용으로 구성원간 경제적 거래를 조정할 수 있기 때문에 존재하는 것이라고 했다.[8] 거래비용경제에 따른 접근방법의 핵심은 개별적인 거래를 분석의 기본단위로 설정하고, 이러한 거래를 이행하는데 수반되는 비용, 즉 거래비용을 최소화하는 거래구조를 선택하는 것이 가장 경제적이라는 논리이다(조영복·김성규, 2004, 79-80). 한편 조직이 네트워크 방식으로 협력관계를 구축하는 것은 거래비용이 낮아진다는 가정 외에도 네트워크화로 인한 적극적인 편익이 존재할 뿐만 아니라, 이 편익이 충분히 커야 한다는 것이다. 네트워크를 통한 편익이 거래비용보다 높아야만 조직이나 기업은 적극적 네트워크를 추구할 것이다.

(2) 자원의존론

한 조직이 다른 조직에게 의존하게 되는 동기는 생존을 위해 필요로 하는 부족한 자원을 보충하기 위해서이며 이로 인해 자원을 가진 조직과 그렇지 못한 조직 간에 권력관계가 형성된다고 한다.[9] 따라서 의존도의 수준은 필요한 자원이 얼마나 중요하고 희소한가에 따라 달라진다.

자원의존이론은 조직을 환경과 상호작용하는 주체로 보고 상호작용

---

[8] 윌리암슨은 기업(조직)이 반드시 이윤추구적일 것이냐에 대해서는 명시적으로 논의하지는 않고 있다.

[9] 자원의존론은 주로 기업 간 관계를 설명하기 위해 발전하여 왔기 때문에 기업형태가 아닌 조직들에게도 정확히 적용될 수 있는지는 의문의 여지가 있다. 물론 공공조직, 비영리단체들에게도 자원이 필요한 것은 사실이다. 그러나 경제적 자원획득이 곧 조직의 생존을 위해 필수불가결하다는 믿음은 기업만큼 강하지는 않다. 조직생존에는 자원외에도 정치적 혹은 사회적 요인 등 비경제적 요인이 네트워크에 참여하게 되는 동기로 작용할 수도 있다(김동원 2005, 159-160).

의 대상물인 광의의 자원을 효율적으로 관리, 통제하는 것이 조직의 유효성 증대에 필수적이라는 전제하에 조직행위를 분석, 설계하려는 조직－환경론적 이론이다. 이 이론은 사회학의 교환이론을 배경으로 하며 에머슨(Emerson, 1962)의 권력모델에서 조직 간 관계의 적용으로부터 발전된 권력통제이론, 자원통제이론이 통합되어 자원의존모델로 불리우고 있다. 조직과 조직 간, 조직과 여타 환경과의 상호의존을 기본 개념으로 적용하고 있으며, '교환 － 상호의존 － 규제 및 관리'라는 기본 틀을 근간으로 하고 있다.

(3) 네트워크론

네트워크 교환관계는 사회학, 인류학에서 나온 개념으로 많은 참가자들이 관계를 맺고 있다는 의미로 사용되고 있다. 정보통신분야에서는 정보유통 경로인 통신회로와 정보의 송수신 및 통합을 위한 컴퓨터 등의 정보기기가 구성하는 정보통신 조직을 의미한다. 과학의 발전과 더불어 정보의 유통이 활발해지고, 독립적으로 움직이던 많은 조직들이 공통의 정보를 공유할 기회가 많아지면서 네트워크는 조직관리 측면에서 광범위하게 활용되고 있다. 즉 사회적·정치적·경제적 네트워크 등에서 연구가 활발히 진행되고 있다.

사회적, 정치적, 경제적 네트워크 연구에서 핵심이 되는 가정은 사회적 시스템에 참여하는 어떤 거래자는 다른 거래 참가자들의 의사결정에 중요한 준거점을 가진다는 것이다. 따라서 구성원 간 관계는 거래참가자의 지각, 신념, 행위에 영향을 주고 있다. 그리고 이들 간의 네트워크는 상호의존성을 지니고 있다.

3) 네트워크 유형

네트워크는 분석초점에 따라 에고 네트워크(ego-network), 양자 네트워크(dyadic network), 전체 네트워크(total network)로 구분이 가능하다.[10] 에고 네트워크는 한 개인 'EGO'를 중심에 위치시키고, 그 개인과 다른 노드(node)와의 연결을 표현한 네트워크이다. 이때 다른 노드를 타자 (alter)하고 한다. 이 에고 네트워크는 EGO라는 하나의 중심에서 밖으로 퍼져나가는 스타(star) 모양을 가지게 된다. 에고 네트워크는 한 사람을 중심에 두는 것이므로 그 중심과의 관계로 모든 사항이 집약된다. 에고 네트워크의 대표적 샘플은 그레노베터(Granovetter, 1974)의 '직업찾기 연구'에 뿌리를 두고 있다.

둘째, 양자(兩者) 네트워크는 두 사람 사이의 네트워크이다. 두 사람의 쌍(pair)을 분석단위로 한다. 만약 N명의 행위자가 있다면 모두 N(N-1)/2 만큼의 쌍이 분석대상이 된다. 두 친구 사이의 관계, 한 부품 업체와 그 업체가 납품하는 완제품업체와의 관계, 한 중소기업과 그 중 소기업의 주거래 대기업의 거래관계, 미주총련과 뉴욕한인회의 교류, 민족학교와 청년학교의 교류 및 연대 등이 양자 네트워크의 예이다.

셋째, N명 전체 행위자로 구성된 것을 전체 네트워크라고 한다. 가장 보편적으로 지칭하는 네트워크이다. 대표적 예는 시장(market)이며, 이 시장에 참여한 행위자들 전체가 구성하는 네트워크가 바로 전체 네트 워크이다. NGO 네트워크에 의한 세계적 협력체제가 좋은 예이다. 재 외한인 단체와 연관시켜 말하자면 재외한인회장들의 모임인 '한인회장 대회', 재외한인 사업자들의 경제 네트워크인 '세계한상대회', 국내를 비롯해 재외한인 시민사회단체들의 모임인 '재외동포 NGO대회', 재외 한인 무역업자 중심의 'World-Okta 대표자 회의' 등이 있다.

---

10) 분석초점 외에도 네트워크 참여자 사이의 관계 모양에 따라 스타형, Y형, 체인형, 서 클형도 있지만, 현실 세계에서 이 4개의 유형과 똑같은 단순한 관계망은 극히 드물다. 손동원(2005, 6-9).

4) 네트워크의 효과

(1) 정보획득효과

정보획득은 네트워크라는 연결망에 속하게 됨에 따라 이전에 가질 수 없었던 정보를 얻게 되는 효과를 말한다. 이 효과는 정보탐색의 비용절감과 정보의 질을 향상시킬 수 있다. 즉 네트워크를 통하면 원하는 정보(자원)를 얻는 데 드는 비용과 시간이 줄어들어 얻은 정보의 질도 우수하게 된다는 의미이다. 이전에 교류가 없었던 익명의 사람, 또는 단체와의 관계에서는 정보탐색에 시간과 비용이 들며, 얻은 정보에 대해서도 질적인 점검이 필요하다. 그러나 네트워크를 이용하면 그동안 관계했던 사람이나 단체에 대해서는 정보탐색 시간과 비용이 축소될 뿐만 아니라 정보에 대한 평가도 불필요해진다. 이것이 바로 적합한 정보를 적은 비용으로 짧은 시간에 얻게 되는 효과와 가치인 정보획득효과이다.

(2) 지원효과

지원효과란 네트워크에 의해 맺은 다른 사람, 단체로부터 정서적·물질적 지원, 자문 등을 얻는 효과를 뜻한다. 한 네트워크에 속한 사람, 단체와 긴밀한 관계를 맺고 있으면 이러한 지원효과가 커지는 것으로 나타났다. 정보획득 및 지원 네트워크 효과는 동시에 발생하는 것은 아니다. 참여자들 간 관계의 조건, 즉 참여자들 간 관계의 정도에 따라 차별적으로 발생하고 있다. 관계의 정도란 관계의 친밀도를 의미하는데, 약한 연결과 강한 연결이 있다. 약한 연결은 행위자 간 또는 단체 간 접촉하는 빈도가 낮은 관계이고, 반면에 강한 연결은 접촉의 빈도가 높은 관계를 의미한다.

따라서 약한 연결과 강한 연결은 각각 상이한 네트워크 효과를 갖고 있다. 구체적으로 약한 연결은 어쩌다 만나는 사람 또는 단체로부터 참신한 정보를 얻을 수 있는 정보획득효과를 가지며, 강한 연결은 친분관계가 있는 사람이나 단체들 간의 관계이기 때문에 정보제공자의 의도와 정보의 질을 면밀히 생각해야 하는 작업이 줄어든다(손동원, 2005, 10-12).

(3) 가교효과

네트워크는 구조와 행위자라는 사회현상의 두 주체에 대해 가교를 놓아주는 역할을 수행하고 있다. 사회현상을 만드는 주체가 구조이냐 아니면 행위자이냐에 대한 논란이 있어 왔다. 사회 네트워크의 이론적 뿌리는 '구조'에 가깝다. 네트워크라는 행위자들의 관계망 자체가 하나의 구조이기 때문이다. 사회 네트워크 분석은 그 구조인 네트워크와 행위자와의 연관성을 명쾌하게 짚어낼 수 있다. 즉 행위자가 구축하는 구조의 의미, 행위자가 그 구조의 능동적 주체라는 점을 명확하게 보여주고 있다. 따라서 구조를 구성하는 주체가 바로 행위자이며, 네트워크의 변화도 행위자에 의해 초래되고 있음을 쉽게 파악할 수 있다. 이렇듯 네트워크는 구조에 뿌리를 두고 있지만, 행위자의 능동성을 쉽게 전달한다는 점이 이론적 특징이다.

2. 사회단체와 네트워크

1) 사회단체의 네트워크 필요성

네트워크는 둘 이상의 행위자 간의 상호적 필요성과 자원의 교환, 협력을 통한 이익의 인식에 의해 발생하고 있다. 사회단체 네트워크는 사회단체들 사이에서 상호의존의 교류나 연대 등의 관계를 맺는 공간을 말한다. 사회단체들의 네트워크 형성은 동일한 성향을 지닌 단체끼리의 친목 도모 또는 특정 쟁점에 대한 정책적 연대를 위해 상호의존의 형태로 나타나고 있다.

사회단체의 수가 증가하면서 단체들의 관심은 환경, 평화, 여성, 인권, 생명, 문화, 청소년 문제, 에너지 위기, 인구, 지역분쟁, 난민 등의 분야로 세분화되었다. 이 과정에서 단체의 활동이 단편화, 중첩화되면서 경쟁적으로 변모하고 있다. 또한 사회단체들은 국제기구, 정부를 상대로 그들 단체의 영향력을 증대시키기 위해 노력하고 있다. 위와 같이 사회단체들은 활동의 문제점을 극복하기 위안 대안, 그리고 단체의 영향력 증대를 위해 다른 단체와 공식적 혹은 비공식 관계를 맺는 경우가 많으며, 이러한 관계는 새로운 통신기술의 발달과 더불어 더욱 촉진되고 있다.

사회단체는 정부의 탄압과 제재, 인적·재정적 취약성, 조직 내부의 비전문성과 운영 미숙에 따른 어려움, 단체의 자체 역량강화 및 권익옹호, 역량결집을 통한 정책결정 과정에의 영향력 제고, 정부의 지원금 확보 등 다양한 목적을 위해 네트워크를 추구하고 있다. 이 같은 활동은 각국의 사회단체 활동과 정부의 지원 및 규제 정도, 문화적 배경에 따라 조직형태나 역량이 달라지고 있다(김혜경, 2000, 194).

사회단체가 네트워크를 추진하는 이유는 다음과 같다(박재영, 2003, 309-316; 이민창·김정부, 2002, 60-62). 첫째, 집단적인 정당성의 제고이다. 사회단체는 국내·국제활동에서 특정 이슈를 중심으로 연대를 형성하고 있다. 예컨대, 국내에서 전라북도의 새만금 방조제 공사와 관련하여 환경운동연합, 녹색연합 등 전국의 환경단체들이 연대하여 반대운동을 전개하였다. 국제연대의 예로는 일본의 역사 교과서 왜곡과 관련하여 경실련, 참여연대 등 한국의 대표적 시민사회단체가 반일 규탄대회를 벌였다. 일본의 교과서 왜곡을 통한 군국주의의 부활 기도에 대해 주변 국가들과의 공동 대응이 필요하다는 판단에서 중국, 필리핀, 대만의 시민사회단체와 연대하여 교과서 검정철회를 위한 공동대응 방침을 확정하였다.

둘째, 수단의 부재이다. 일국의 정부가 인권 등을 훼손하거나 인권을 인정하기를 거부할 때, 한 개 단체의 힘만으로 이러한 문제를 해결하기가 어렵다고 판단되면 유사한 성격을 지닌 시민사회단체와 연대하여 대항하는 경우가 많다. 이러한 문제는 국제연대를 통해 해결을 시도하기도 한다. 불법 외국인 노동자에 대한 강제 추방에 맞서 천주교 인권위는 강제추방의 중단을 촉구하였으나 정부는 외국인 추방을 계속 집행하였다. 이에 천주교 인권위를 비롯 민중연대, 외국인 노동자대책협의회 등 20여 개 단체가 '서울경기인천 이주노동자노동조합'에 대한 탄압과 강제추방 중단을 촉구하는 대규모 시위를 벌였다. 정부가 외국인 노동자 검거를 완화하는 제스처를 취하면서 검거는 소강상태로 접어들었다.

한편, 수단의 부재와 관련한 국제연대의 경우, 국내 시민사회단체들은 자신의 국가에 대해 외부로부터 압력을 가하기 위해 자국 정부를 통하지 않고 국제연대를 추구하게 된다. '민주사회를 위한 변호사 모임'은 국내에서 양심적 병역거부자에 대해 대체복무, 양심에 따른 병역 거부권 인정을 요청하였다. 정부는 아무런 반응을 보이지 않았다. 이에 민변은 국제연합 인권위원회에 참여하고 있는 각국의 시민사회단체 관계자 및 언론인을 상대로 국제연대를 전개하였다. 그 결과, 국제연합의 인권고등판무관이 한국정부에 대해 양심적 병역거부권 보장을 위해 관계법령의 재검토를 요청하였다.

셋째, 사회단체의 위상 제고이다. 단체의 활동가들은 조직의 위상을 제고하기 위한 수단의 하나로써 연대를 구성하기도 한다. 사회단체 간 정보를 공유하고, 많은 대중들에게 다가가며, 제도적인 접근의 채널을 배가하고, 자신들의 단체를 돋보이게 함으로써 조직이 하는 일을 증진하고자 할 때 연대를 구성하려 한다.

넷째, 단체 활동의 중첩을 조정하기 위해서이다. 사회단체의 수가 증가하면서 동일한 지역을 대상으로 유사한 활동을 하는 사회단체의 수가 증대되었다. 그 결과 이들 사이의 경쟁과 활동의 중복이 사회단체 내에서 중요한 현안으로 부상하고 있다. 이러한 경쟁과 활동의 중복을 없애고 사회단체 활동의 효율성을 제고하기 위한 수단으로써 연대를 구성하기도 한다.

다섯째, 규제에 대한 공동의 방어이다. 사회단체들 간의 연대구축이 정부의 간섭에 맞서는 효과적인 수단이 되어 왔다. 정부가 사회단체의 활동을 규제하는 경향을 보이자, 공동으로 대응하기 위해 연대를 구성하고 있다. 어떤 경우에는 합의를 구축하고 정부당국에 대항하여 공동전선을 펴기 위해 전국적인 연대를 선택하기도 하고, 또 다른 경우는 통제를 가하려는 정부당국의 가시적 목표가 되는 것을 회피하기 위해 중앙집중식 연대와 거리를 두는 경우도 있다. 즉 단일 조직하에 여러 개별단체들이 소속되는 식의 네트워크 형태이다(피터 반 토이질, 2000, 81-82). 트루크메니스탄에는 시민단체가 단 두 개 밖에 없다. 하나는 과거 소련 치하에서 점진적 행정절차를 거쳐 등록이 되었고, 다른 하나는 소련 붕괴 후 잠깐 동안의 정치적 해빙기를 틈타 등록할 수 있었다. 니조아프(Niazov) 대통령 정부는 그 이후 시민단체와 시민사회의 역할에 억압적인 태도로 일관했다. 그 결과, 시민단체 활동을 시작하려는 사람은 공식적 등록은 엄두도 못 내고 약간의 독립성을 지닌 두 개 단체 중 어느 하나의 산하단체로 가맹하는 편법을 써 단체 활동을 하고 있었다.

여섯째, 유연성을 확보할 수 있다. 조직의 비대화, 관료화는 유연성 감소의 원인이 된다. 그러나 네트워크가 구축되면 상대 단체를 통해 신속한 정보를 수집할 수 있고, 이들 단체와의 협력을 통해 탄력적인 단체운영을 할 수 있다. 또한 단체 간 네트워크의 형성은 상호의존성의 신뢰관계를 통해 단체생존과 발전이라는 공존공영의 길을 모색할 수 있다. 그러므로 네트워크의 구축은 계층구조의 단점인 유연성의 감소를 줄일 수 있다.

일곱째, 더 큰 영향력 행사가 가능하다. 동일한 쟁점에 대해 1개 단체가 독자적으로 행동하는 것보다는 다른 사회단체와 협조하여 공동 연대를 형성하면 그 효과는 훨씬 더 크다. 예컨대, 현재 미국정부의 반이민법 개정에 대해 뉴욕, L.A.에서 한국, 중국계, 남미계 등 소수민족 단체가 중심이 되어 이민법 반대 시위를 전개하고 있다. 그 결과 미국정부 및 의회가 반이민법의 완화를 고려하고 있다.

한편 사회단체들 사이에 생겨나는 긴밀한 협력 네트워크는 전략적인 이유에서 확산되고 있다. 사회운동에서 네트워크의 중요성이 대두되는 이유는 자원동원과 자원배분의 효과 때문이다. 틸리(Tilly, 1978)에 의하면 네트워크로 연합된 조직들이 동원한 자원을 어느 정도 효율적으로 사용하는가에 따라 운동의 승패가 갈라진다는 것이다. 사회운동 단체나 로비집단이 동원된 자원을 효과적으로 사용하지 못한다면 동원된 자원은 낭비되고 운동이 실패할 위험성이 높다. 운동이나 로비가 성공하려면 동원된 자원이 정책결정을 담당하는 핵심집단에 제대로 전달되거나 압력으로 작용하여야 한다. 이를 위해서는 운동집단과 정책결정 집단 사이에 네트워크가 필수적이다(김용학, 2004, 4-5). 결국 사회단체의 네트워크는 자원을 획득하거나 이를 효과적으로 사용하는 수단일 뿐만 아니라 제도적인 후원과 정당성을 획득하는 도구가 되고 있다.

2) 사회단체의 네트워크 유형

보수와 진보단체의 연대의 정도, 가입경로, 중앙과 지방의 연대 형태를 비교하면 다음과 같다(윤민재, 2004, 144-145). 한국의 대표적 보수단체인 자유시민연대, 재향군인회, 성우회, 인터넷독립신문, 한국기독교총연합회, 납북자가족모임 등은 진보단체에 비해 단체간 약한 연대를 추구하고, 가입경로도 주로 연줄망을 이용하는 경우가 많았다. 또한 연고주의를 바탕으로 폐쇄적 연결망을 구축하고 있다.

진보단체로 분류되는 민주주의민족통일전국연합, 조국통일범민족연합남측본부, 반미여성회, 민족화해자주통일협의회, 전교조, 경실련, 참여연대 등은 사안에 따라 다소 차이는 있지만, 보수단체에 비해 강한 연대를 갖고 있었다. 단체의 가입경로는 자발적인 경우가 많았다. 보수단체는 지방단체나 조직과의 연대 없이 중앙조직에서만 주로 활동하고 있지만, 진보단체는 지역 간, 부문 간 연대활동을 중시하고 있다. 즉 보수단체는 중앙 중심의 연결망을 지향하고, 진보단체는 지역 간의 연결망도 중시하고 있었다.

이슈를 중심으로 사회단체 간 네트워크 정도를 살펴보면, 이슈에 따라 네트워크의 연대 강도가 다르다. 사회단체 간 약한 네트워크가 강한 네트워크로 나타나기도 한다. 예컨대, 비정치적인 사안을 고집하던 사회단체도 정치적 민주화를 위한 범사회운동단체들의 연대활동에 동참하여 정치적인 활동을 한다. 미국 의회와 행정부의 반이민법인 '센센브레너 킹' 법안을 규탄하는 시위에 한인들의 봉사단체 다수가 권익단체와 연대하여 참가하였다. 일반적으로 특별한 이슈가 없는 운동의 소강국면에서는 사회단체 나름대로의 경계를 유지하면서 자신의 위치에서 활동을 하지만, 사회단체의 참여가 필요한 사안에 대해서는 일종의 '힘신기' 차원에서 강한 연대활동을 하는 탄력성을 보여주었다.

사회단체 간 연대는 유사한 성향과 이슈를 다루는 조직, 그리고 동일한 지역에서 활동하는 조직 사이에서 활발한 연대가 있었다. 즉 비슷한 활동영역과 지역에서 유유상종의 경향이 나타나고 있었다. 그러나 때로는 어떤 이슈냐에 따라 단체 간 약한 연대가 강한 연대로 결집되는 현상도 보이고 있다.

한편 사회단체들이 하나의 공통된 쟁점을 중심으로 연대를 벌이면서 그 활동영역과 영향력을 확대해 나가는 사례가 자주 나타나고 있다. 종교단체가 인권문제 및 노동권 확립운동에 참여하거나, 교육단체가 교육주권운동으로부터 소비자 주권운동으로 나가는 것이 그 예이다. 사회운동의 이슈가 하나로 모아지기 어렵고 시민들의 관심이 여러 방면으로 분산되어 있을 때, 이런 통합적 연대활동은 커다란 전략적 효과를 창출한다.

사회단체들의 연대의 가능성은 시민생활에 지대한 영향력을 미치는 전국적 쟁점이 발생했을 경우에 높아진다(송호근, 2001, 239-240). 예를 들면 낙동강 페놀오염사건이 발생하여 식수원을 더럽히고 국민위생을 위협하였을 때 환경연합과 소비자단체 간의 긴밀한 연대운동이 벌어진 적이 있으며, 여기에 노동조합이 가세하여 주범기업의 비도덕적 행위를 고발하고 재발방지를 위해 노력한 사례가 있다. 핵폐기물처리장과 댐건설을 둘러싸고 전개되었던 지역 환경단체, 학생과 주부연합체, 반핵단체 등의 협력적 연대운동도 좋은 예이다. 미국의 반이민법에 대한 재민한인 사회단체의 전국적 반발, 남북한의 6·15정상회담이 일본에서 민단과 조총련의 특정 사업이나 축제에서 연대하게한 동기를 부여하였다.

3) 한인 사회단체의 네트워크 활용

재외한인 사회에서 구심점 역할을 하는 조직은 사회단체이다. 재외한인들의 사회단체를 통한 네트워크의 활용은 한국과 재외한인 사회를 직접·간접으로 연결할 수 있는 통로이며, 재외한인 사회단체와 한국과의 관계도 현재보다 더욱 더 발전될 것이다. 또한 재외한인들의 한국에 대한 인식 역시 더 긍정적인 방향으로 변화될 수 있다. 기본적인 관계의 발전과 확대를 통해 재외한인 사회단체는 모국인 한국과 각자가 거주하고 있는 국가를 연결하는 네트워크에서 중심적 역할을 수행해 나갈 수 있다(한국외국어대학교 역사문화연구소 편, 2003, 14-15).

다양한 한인 사회단체가 가진 장점의 이용은 재외한인 네트워크의 효율성을 증대시킬 수 있다. 첫째, 모국과 한인단체와의 유대관계의 형성은 본국의 동포정책에 관한 홍보의 파트너가 될 수 있다. 둘째, 한인

간의 정보교류의 장을 제공한다. 셋째, 상이한 유형의 한인단체 간의 교류는 그 지역에서 정보의 중심으로 자리매김할 수 있다. 넷째, 지역과 지역이 네트워크로 연결된다면, 협력관계는 대도시에서 소도시에 거주하는 한인들에게까지 이어지며, 그 수도 증가할 것이다.

재외한인들의 사회단체는 연고적인 성향이 강한 집단이다. 혈연, 지연, 학연과 같은 연고단체에 대해 강한 애착과 관심을 보이는 있다. 이러한 성향은 사회단체의 가입에서도 나타나고 있었다. 사회단체의 자원 동원과정을 보면 연고에 기초하여 가입하는 경우가 많았다. 연고단체의 긍정적인 기능은 공동체의 결속을 강화하고 상호 협력할 수 있는 기초를 제공한다는 데 있다. 재외한인들이 가지고 있는 이러한 연고의 긍정적 기능이 사회단체에 대한 공동체 관심과 배려를 지속적으로 제공할 수 있는 중요한 사회적 자원으로 활용되고 있다.

지역의 한인 사회단체 간 교류를 포함한 지역연대, 더 나아가 국제연대, 모국연대, 한민족연대 등의 네트워크의 확대는 궁극적으로 자생적이고 강고한 세계 차원의 한민족공동체 네트워크 형성의 토대를 제공함으로써 세계 각지의 재외한인 및 한국정부 모두에게 정치, 경제, 사회, 문화 등의 분야에서 아주 유용할 것이다.

3. 선행연구

재외동포재단은 2000년 '재외동포관련 문헌자료 목록'이란 책을 출간하였다. 이 자료에 의하면 재외동포에 관한 연구물은 일반연구 343건, 일본지역 1,186건, 미국 653건, 중국 652건, 러시아 및 중앙아시아 305건 등으로 밝혀졌다(이구홍·안영진, 2000). 이들 연구물 대다수는 각 지역의 사회문제, 각종 정책영역, 문화 및 역사에 집중되어 기술되어 있었다. 이후 5년간의 기간 동안 재외한인에 대한 연구는 여타 분야와 마찬가지로 국내에서 매우 활발하게 진척되었다.

재외한인 연구는 재외동포와 관련된 정치, 경제, 정책, 사회, 문화, 언어, 역사, 교육, 지리, 인권 등을 전체적으로 다룬 연구와 지역적 연구로 분류할 수 있다. 이 연구에서는 사회단체와 직접 연관이 있는 선행 연구를 중심으로 살펴볼 것이다.

미주 한인여성단체인 대한여자애국단의 광복운동을 분석한 박용옥(1994)의 연구, 미주한인회를 다룬 이계승(1998), 한미동포재단·미주한인 이민 100주년 남가주 기념사업회(2002)는 미주한인 이민사를 주제별·지역별로 분류한 내용을 발간하였다. 미주한인회 총연합회(2003)는 미주한인회 100년사 및 미주총련 25년사를 통해 미주 총련 및 지역 한인회의 형성과정과 분포현황 그리고 활동을 기술하고 있다.

그 밖에도 미주 한인사회를 통해서 한민족공동체를 형성하는 방안과 미국 내 한민족 네트워크에 대한 제안을 연구한 이신행(1985, 321-337), 단체 활동을 통한 재미동포의 문화적인 생활 및 사회활동의 실제를 분석한 임성희(1983, 7-16)의 연구 등이 있다. 미국에서 한인단체의 연구는 특정지역의 한인회 활동을 소개하거나 홍보하는 차원의 자료가 다수를 차지하고 있다.

이전(2003, 31-46)은 미국 조지아주 애틀랜타 한인 교회를 중심으로 한인 이민 교회의 성장과 그 기능을 분석한 결과, 한인교회는 한인들 간 사교와 친교의 장을 제공하며, 한인 전통과 문화를 유지하는 역할을 수행하며, 한인들의 삶에 필요한 정보 제공, 신도 네트워크를 통한 상부상조의 기능을 수행하고 있다고 했다. 나형욱(2004, 359-380)은 L.A., 뉴욕, 시카고에서 활동하고 있는 한인단체의 활동 및 조직적 특징을 분석하였다. 한인단체의 활동이 부실하고, 단체 간 갈등 및 지도부의 운영 문제 등으로 인한 갈등이 한인커뮤니티에 부정적 영향을 주고 있는 것으로 해석하였다.

일본의 한인단체에 대한 연구는 민단과 조총련 연구가 주류를 이루고 있다. 이유환(1971)은 해방 후, 재일 한국인 사회가 민단과 조총련으로 분열, 발전하는 과정에 초점을 두어 연구하였다. 전준(1972)의 조총련연구, 재일본대한민국거류민단(1977)의 형성과정을 기술한『민단 30년사』, 재일본대한민국대판부지방본부(1980)가 발간한『민단대판 30년사』등이 있다.

국내에서 재일한인에 관한 연구물은 재일한국인의 장래를 논한 서용달(1987, 8-16), 일본의 재일동포를 분석한 민관식(1990), 재일동포의 실태조사인 홍승식·한배호(1977, 1-52) 등의 연구가 있었다. 송승재(2004, 35-43)는 일본사회에서 재일동포가 생존, 성장하기 위해서는 재일동포나 단체 스스로의 변화가 필요하며, 재일동포는 다양성을 적극 수용하여야 한다고 역설하였다. 재일민단과 조총련의 협력과 협동은 재일동포의 이익에 크게 공헌할 것으로 전망하였다.

허상림(2004, 36-42)은 중국에서 조선민족의 정체성과 우수성을 지켜나가기 위해서는 문화공동체를 건설해야 하며 이를 위해 민족교육, 언론과 인터넷을 통한 민족문화의 전파, 민족NGO인 조선족사회단체의 적극적 활동이 필요하다고 역설하였다. 오동일(2005, 49-58)은 조선족교회의 현황과 가능성을 살펴보았다. 기독교와 중국정부와의 조화 문제를 갈등 발생적 차원, 가치 차원, 역사적 차원에서 분석하였다. 조선족교회의 과제로써 지도력 육성, 교회 간 연대, 조선족교회와 사회와의 생산적인 연대를 주장하였다.

중국 한인사회단체의 현황과 특성을 분석한 전형권(2004, 345-375)은 중국 내 한인단체를 한국교민과 조선족으로 분류하여 한인단체를 국적별, 거주 지역별, 기능적 분화의 관점에서 고찰하였다. 한인단체는 양적으로는 증가하였지만, 사회단체로서는 그 기능이 뚜렷이 분화되어 있지 못하고, 또한 참여의 수준도 낮은 것으로 평가하였다. 조선족의 경우, 군중단체와 전문직능단체가 한인공동체 통합에 중요한 역할하고 있었다. 한국인 단체 역시 조선족 단체와 큰 차이가 없었다.

중앙아시아 고려인의 재이주와 민족NGO의 활동을 최이윤(2005)이 분석하였다. 그는 민족NGO의 활동을 통해 고려인 재이주의 문제점과 대안을 제시하였다. 민족NGO들이 그동안 쌓은 경험을 바탕으로 초국적 시민사회의 일원으로서 국제난민이나 소수민족 문제에 있어 국제NGO와 함께 해결해 나갈 것을 주장하였다.

다음은 네트워크에 대한 연구이다. 한국방송공사(1999)는 한민족네트워크공동체 형성에 관한 의식을 조사하였다. 한국인과 재외동포를 대상으로 생활상, 정체성, 한민족네트워크공동체, 한반도 통일·미래에 대한 의식 등을 분석하였다. 손기섭(1999, 148-162)은 화인네트워크, 일본인 교포사회의 네트워크를 분석하였다. 화인은 현지인과는 다른 언어, 문화, 관습에 근거한 정체성을 가지고 있었다. 일본인 교포사회의 네트워크는 해외일계인협회(海外日系人協會)는 1957년 이래 매년 동경에서 재외일계인대회를 개최하여, 세계 각지의 일계인 상호간의 유대와 친목을 도모하며, 일본정부의 지원책을 공동으로 요청하는 등 이민사회의 개선을 위해 노력하고 있다. 중국과 일본의 성공적인 재외동포네트워크 사례를 통해 한민족네트워크공동체의 실현 가능성이 높음을 시사하였다.

임영상·황영삼(2003, 124-163)은 CIS 및 발트지역 고려인 사회의 민간네트워크를 연구하였다. 고려인 사회의 이해, 나아가 한국과 이들 사회의 공동의 이익을 마련하기 위한 네트워크 구축방안을 제시했다. 고려인협회의 대표성 및 조직 간 갈등, 주요 대도시의 한국관련 정보 독점의 폐단, 언어의 문제 등을 실태와 문제점으로 제시한 반면 대안으로 첫째, 고려인 자체조직에 대해 민간수준 혹은 국가수준의 후원을 지원, 둘째, 고려인의 한국 방문을 쉽게 하여 모국에 대한 친밀감을 형성한다. 셋째, 인터넷을 통한 온라인 상의 네트워크를 구축한다.

재외한인 사회단체 간의 네트워크 연구는 기존의 조직단위연구와는 구별되는 다양한 유용성을 가질 수 있다(권태환·이재열, 2001, 186-187).

첫째, 구성원의 집단적 이익을 달성하기보다는 집합적 정체성과 유대감을 확산시키려는 목적을 추구한다. 따라서 이념의 확산을 추구하는 과정 연구에서 단체 간 그리고 행위자 간의 연대 구조를 밝힐 수 있다. 둘째, 단체에 대한 네트워크 분석은 다양한 영역의 단체 조직들 간의 상호연계 구조를 파악할 수 있게 해준다. 셋째, 개별조직의 특성이 아닌 조직들 간의 '관계'를 중심으로 파악하게 되면 '연대 활동' 자체를 분석의 대상으로 할 수 있다. 즉 조직들 간의 연대활동의 여부를 결정하는 것은 조직의 특성만이 아니라 조직들 간의 관계적 유사성이나 상이성에 의해 설명될 수 있다.

재외한인들은 각 지역에서 다양한 정치·경제·사회·문화적 활동을 하고 있다. 그러나 지금까지 재외동포에 관한 다수의 연구물은 사회학적·경제학적·인류학적 관점에서 접근하고 있으며, 이 연구의 주제인 재외한인들의 사회단체의 활동에 대한 연구는 미미한 편이다. 또한 재외한인 사회단체에 대한 전반적 연구보다는 국가의 개별단체 수준에서 연구가 행해지고 있었다. 한편 재외한인 사회단체에 대한 연구 그 자체가 부진한 상황에서 이들 사회단체에 대한 네트워크 연구는 거의 부재한 것으로 나타났다. 이런 점이 기존연구와의 차별성을 부각시키는 요인이다.

Ⅲ
재미한인 사회단체 네트워크

1. 한인회

1) 미주한인회총연합회

(1) 지역연대[11]

○ 1978년 3월 : 미국의 카터 행정부와 접촉하였다. 3만5천여 워싱턴 지역 한인을 비롯해 전 미국에 산재해 있는 한인들은 카터 행정부의 성 공적인 정책수행과 정부 시책의 지지를 밝혔다. 카터 행정부는 미주총 련 및 한인사회의 번영과 성공적인 미국 정착을 기원한다는 답신을 보 내왔다.

○ 1979년 7월 : 시카고 노스 웨스턴대에서 각 지역회장들의 참여하 에 L.A., 워싱턴, 볼티모어, 앤아버, 밀워키, 뉴저지, 뉴욕, 오클라호마한 인회 등이 '이민 사회의 비전'이라는 주제로 세미나를 가졌다.

○ 1980년 7월 : 주미대사를 초청하여 한인 회장단과 한국의 민주주 의, 동포 권익의 옹호, 본국 정부와의 적극적 교류 등을 논의하였다.

○ 1984년 4월 : '제2회 미주지역 한인사회 지도자 회의'가 열렸다.

---

11) 미주총련과 각 지역 한인회와의 교류에서 미주총련 회장단의 지역한인회 회장 이취임 식 참석, 지역한인회장단의 미주총련 방문 등은 한인회의 일상적인 업무에 해당된다. 따라서 접촉이 매우 빈번한 관계로 대표적 활동만 선정하였다.

조도식 회장을 중심으로 전 미주 한인 사회를 조직적으로 결속, 미 정치에 참여하여 동포 사회의 위상을 높이고 미국 사회 정착을 위한 정치적 힘을 기르자고 결의하였다.

○ 1987년 4월 : 제9대 미주총련은 재미 의사협회 및 교수협회, 과학자협회, 한글학교대표자협회 등 전국 조직을 가진 동포 단체 100여 회원들을 대동하고 백악관을 방문하는 대외활동을 폈다.

○ 1990년 7월 : 미주총련 회장단 일행은 레이건 대통령, 깅리치 공화당 간부와 오찬을 갖고, 미주 동포사회의 현안문제 등을 협의하였다.

○ 1990년 9월 : '재미 아시아계 유권자 연맹'과 미주총련은 한인을 비롯한 소수계 이민자들의 투표권 행사력 제고에 대하여 연합활동을 펴기로 했으며, 또한 연맹사업을 격려하였다.

○ 1992년 4월 : L.A. 폭동 사건이 발생하였을 때, L.A.총영사 및 브래들리 시장과 만나 사태 진정 및 해결책을 논의하였다. 또한 미주총련은 재일민단으로부터 동포지원의 성금으로 20만 달러를 받아, L.A.총영사에게 전달하였다.

○ 1994년 12월 : 연세대학교 송자 총장 해임을 계기로 주미한국대사관, 미주중앙일보, 미주한국일보 등에 해외동포의 국내 법적 지위향상을 위한 건의문을 발송하였다.

○ 1996년 1월 : 미주총련과 한국인권문제연구소가 공동으로 '이중국적 허용' 서명운동을 전개하였다. L.A.한인회, L.A.동부한인회, 오렌지카운티한인회, 밸리한인회 등 L.A.지역 한인회가 특히 적극적으로 동참하였다.

○ 1999년 11월 : 미국 연방 상무성의 '성과 센서스 2000' 업무 관련 협력의정서를 체결하였다.

○ 2002년 5월 : 미주총련은 '2002 미주한인지도자대회'를 개최하였다. 이 대회에는 워싱턴, 뉴욕, 동남부, 뉴저지, 펜실바니아, 플로리다, 중남부, 중서부, 서남부 등 9개의 지역한인회장을 비롯해 지역 한인회 산하 단체 150여 명의 전 현직 회장들이 대거 참석하였다.

○ 2002년 9월 : 태풍 루사의 희생자 가족을 위하여 미주 전 지역 한인회에 긴급 협조전을 발송하였고, 1,500,000달러의 기금을 모아 대한적십자사에 전달하였다.

○ 2003년 2월 : 대구 지하철 방화사건과 관련하여 200만 재미 한인들을 대신하여 심심한 애도와 위로의 헌화, 조의금을 미국대사관에 전달하였다.

○ 2003년 6월 : 한미동맹 50주년 기념행사 및 공연이 있었다. 미주총련은 한국정부에 협찬하였고, 행사는 성황리에 끝났다.

○ 2004년 1월 : 북한의 인권 및 탈북자 보호를 위한 법안이 미국 의회에 상정되자 북한 민주화 법안지지 운동의 전국 확대를 위해 각 지역 한인회를 지원하였다. 재외동포재단에 미주총련의 핵심 추진사업과 일반사업에 대한 사업계획서 및 예산 신청서를 제출하였다.

○ 2004년 2월 : 연변 조선족 자치주 국제공공관계협회와 미주총련과의 협력방안 협의서 비준에 동의하였다.

○ 2004년 5월 : 한국계 혼혈인의 미 시민권 자동부여 법안 통과를 위해 각 지역 한인회 및 연합회에 청원 서명 및 청원서를 작성하여 하원 법사 위원회에 송부하도록 공문을 발송하였다. 한편 같은 달 말경에는 L.A. Evans 하원의원과 Jim morn 하원의원이 공동 발의한(H.R 3897) 한국계 혼혈인 미국시민권 자동부여를 위한 모금 행사에 참석하였다.

○ 2004년 8월 : 8·15 광복절을 경축하기 위해 워싱턴 한인연합회가 체육대회를 개최하였다. 회장단이 참석하여 격려하였다.

○ 2004년 10월 : 독고영식 캔사스 한인회장이 주관하는 '한인 정착 55주년 기념 2004 한인 문화제'에 미주총련을 대표하여 김창범 이사장이 참석하여 축사하였다.

○ 2004년 12월 : '한·미 여성 총연합회' 실미아 패튼 회장이 주최하는 '희망의 집' 기금모금 및 연말 파티를 겸한 행사에 참석하여 축사하였다.

○ 2005년 5월 : 미주총련 정기총회가 주미한국대사, 재일민단 김재숙 단장, 재외동포재단 이광규 이사장, 재미대한체육협의회 김남권 회장, 미주한인드라이 클리너 총련합회 신천성 회장 등이 참석한 가운데 성대히 개최되었다.

○ 2005년 7월 : 한국학 중앙 연구원이 주최한 '일본교과서의 역사왜곡 비판' 토론회에 미주총련, 뉴욕한인회, L.A.한인회, 브루클린한인회, 뉴욕플러싱한인회, 퀸즈중부한인회, 시카고한인회장, 디트로이트한인회 등이 참석하였다.

○ 2005년 10월 : 일본의 독도 영유권 주장에 대한 서명운동을 전개하였다. 시마네현이 '다케시마의 날' 조례안을 통과시키면서 대한민국의 영토에 대한 야욕을 드러내었다. 이에 미주총련은 대한민국 영토에 대한 야욕을 버리고 시마네현의 '독도의 날' 제정 조례안을 즉각 철회하도록 하는 내용의 서명운동을 전개하자는 공문을 지역 한인회에 발송하였다.

○ 2006년 1월 : L.A.에서 미주총련은 한미경제개발연구소 및 밝은미래재단 주최로 '제1회 미국한인경제컨퍼런스: 미주한인의 경제적 지위' 세미나를 열었다. 미주총련, L.A.한인회, 뉴욕한인회, 주나성 총영사관, L.A. 한인상공회의소, 미주상공인 총련합회, 재외동포재단, 해외한인무역협회 등이 후원하였다.

미주총련의 지역연대는 3가지로 분류된다. 첫째, 지역 한인연합회 및 지역한인회와의 연대이다. 이들 단체는 미주총련의 산하단체이며, 한인회 회원들은 한국과 직·간접적 연관을 맺고 있는 사람들이다. 한국인이라는 동질성 공유가 단체 회원 간 긴밀한 연대를 갖게 해 줌으로써 연대의 지속성과 강한 연대를 갖게 만들었다. 한인회 간 친목도모, 미국에서의 한인 전체와 관련된 문제에 대한 협조체제의 구축, 정보의 상호공유 등을 위한 협력의 네트워크를 갖고 있다.

둘째, 한인회 소속 단체는 아니지만, 한인들이 중심이 된 각종 직능, 전문가, 언론사, 비영리 사단법인 등과의 교류이다. 이들 모두는 기본적으로 한국인이라는 점에서 긴밀한 그리고 상호협력의 교류가 진행되고 있다. 셋째, 소수민족단체로 분류되는 재미아시아계유권자연맹과 일회성 교류가 있었지만, 외국인단체와의 네트워크가 아주 빈약하다. 넷째, 미주총련은 한인들의 권익을 대변·보호하기 위해 미국 연방정부와 자주 접촉하려고 노력하고 있었다. 한편 한국의 대사관, 영사관은 한국 정부를 대표하는 기관이다. 미주총련의 대사관 및 영사관과의 네트워크는 상호 이익을 위한 차원에서 매우 긴밀하게 형성되고 있었다.

(2) 국제연대

○ 1987년 2월 : 재일민단과 미주총련이 공동으로 해외동포들을 모아 '해외한민족대표자협의회'를 결성키로 합의하였다.

○ 1987년 4월 : 미주총련 회장단 일행은 제시 잭슨 목사와 함께 일본을 방문하여 재일동포 지문날인 철폐운동에 동참하였다. 임 회장은 재일민단과 캐나다한인회총련합회 간 자매결연을 추진하는 작업의 일환으로 서한을 전달하여 주었다.

○ 1992년 4월 : L.A. 폭동 사건이 발생하였을 때, 미주총련은 재일민단으로부터 동포지원의 성금으로 20만 달러를 받아, L.A.총영사에게 전달하였다.

○ 1995년 1월 : 일본 고베지진이 발생하였다. 재일동포들을 돕기 위해 미국 전역에서 20만 달러의 성금을 모아 재일민단에 전하였다.

○ 1998년 2월: '제6차 해외한민족대표자회의' 사전 준비 회의로 서울에서 대외한민족대표자협의회 운영위원회 회의가 열렸다. 재일민단, 미주총련 등 운영위원회 일동은 북한과 재일 조총련 참석 권장 등을 내용으로 하는 합의문을 채택, 공포하였다.

○ 2002년 9월 : 연변 조선족 자치 50주년 기념행사에 참여하면서 길림성 하얼빈 한인회와 협력을 논의했으며, 한국주간 행사에 미주총련 대표자로 참가하였다.

○ 2003년 7월 : 김재숙 재일민단 단장과 간담회를 가졌는데 첫째, 민단과 협력을 다짐하였고 둘째, 세계 지도자대회를 금년은 그대로 진행할 것에 대해 합의하였고 셋째, 세계 한민족대회는 별도로 격년제로 개최할 것에 대한 합의를 이끌어 내었다.

○ 2004년 11월 : 재외국민의 선거권 부여를 위한 헌법소원 준비를 위해 캐나다한인회 총연합회와 공동으로 보조를 맞출 것을 결의하였다.

○ 2005년 2월 : 연변 조선족 자치주 공공관계 협회 안동주 부회장이 미주총련 본부를 방문하여 두 단체 간 앞으로의 협력관계에 대해 진지한 논의를 했다.

○ 2005년 4월 : 미주총련 회장단이 중국을 방문하였다. 연길시장 초청 간담회 및 오찬에서 연길시장이 미주총련과의 교류협력을 요청하였다. 훈춘시 방문에서는 훈춘시장 초청 간담회 및 오찬을 가졌으며, 훈춘시장은 미주총련과의 교류협력 관계 구축을 희망하였다. 연변 조선족 자치주 정부의 서문순기 부주장과도 간담회 및 기자회견을 가졌다.

○ 2005년 5월 : 미주총련 정기총회에 재일민단, 재외동포재단 이사장, 재미대한체육협의회 회장, 미주한인드라이 클리너총련합회 회장 등이 참석한 가운데 성대히 개최되었다.

미주총련의 한인단체와의 연대는 주로 국제 한인회 회의와 관련하여 네트워크가 형성되고 있었다. 미주총련은 일본의 재일민단과는 재외 한인단체의 중심적 역할을 수행한다는 점에서 매우 긴밀한 관계를 갖고 있으며, 캐나다한인회총연합회와도 각종 한민족 관련 회의에 같이 참석함으로써 장기적 그리고 연대 강도가 높은 네트워크를 갖고 있는 것으로 나타났다. 외국인단체 및 정부기관을 보면 중국에서 건너온 조선족 상당수가 미국에서 활동하고 있다. 따라서 중국의 길림성 연변 자치주 정부와 교류가 있지만, 강도가 높은 네트워크는 아니다.

(3) 모국연대

○ 1984년 5월 : 미주총련 모국 방문단은 본국 정부에 동포 재산보호 등 동포 권익 보호 정책 수립을 건의하였고 동포 사회를 상대로 하는 정부 주도 사업을 지양토록 촉구하는 등 본국과의 협력체제 구축에 노력하였다.

○ 1994년 5월 : 미주총련 회장단이 통일원 장관과 면담하였다. 장관은 미주총련의 한반도 평화통일에서의 적극적 역할을 부탁받았다.

○ 1994년 12월 : 연세대학교 송자 총장 해임을 계기로 본국 문교부, 청와대, 외무부 등에 해외동포의 국내 법적 지위향상을 위한 건의문을 발송하였다.

○ 1995년 7월 : 제16대 회장 당선 후, 미주총련 대표 20여 명이 대통령을 면담하여 동포정책 전담기관을 대통령 직속기구로 설치하도록 건의하였다. 대통령은 이를 긍정적으로 검토해 보겠다는 답변을 했다.

○ 2003년 7월 : 미주총련 회장단이 한국의 민주평통을 방문하여 미주지역 평통위원 임명 및 미주총련과의 긴밀한 협력을 요청하였다. 또한 국정원을 방문하여 미주지역 친북 인사 및 총련과의 협력방안을 논의하였다. 이수성 새마을운동중앙 본부장을 방문하여 새마을운동본부와 미주총련과의 연대에 합의하였다.

○ 2003년 8월 : 부산광역시 청년연합회 주최로 미주총련 환영만찬이 있었다.

○ 2004년 1월 : 북한의 인권 및 탈북자 보호를 위한 법안이 미국 의회에 상정되자 북한 민주화 법안지지 운동의 전국 확대를 위해 각 지역 한인회를 지원하였다. 재외동포재단에 미주총련의 핵심 추진사업과 일반사업에 대한 사업계획서 및 예산 신청서를 제출하였다.

○ 2005년 3월 : 국회 소강당에서 세계한민족공동체 재단과 미주총련이 공동 주최하는 공청회를 개최하였으며 공직선거 및 부정선거 방

지법 개정을 중심으로 재외국민 참정권에 대해 토론하였다. 미주총련 본부는 시마네현 의회가 제안한 다케시마의 날 제정과 관련하여 독도 영유권 주장에 대한 성명서를 주미 일본 대사관, 일본정부, 시마네현 의회에 발송하였다.

○ 2005년 5월 : 미주총련 정기총회가 재외동포재단 이광규 이사장이 참석했다.

○ 2005년 7월 : 한국학중앙연구원이 주최한 '일본교과서의 역사왜곡 비판' 토론회에 미주총련을 비롯한 여러 지역한인회가 참석하였다.

○ 2006년 1월 : L.A.에서 미주총련은 한미경제개발연구소 및 밝은미래재단 주최로 '제1회 미국한인경제컨퍼런스: 미주한인의 경제적 지위' 세미나를 열었다. 재외동포재단, 해외한인무역협회 등이 후원하였다.

미주총련의 국내단체 네트워크는 한민족 관련 회의를 주최하는 재외동포재단과 자주 접촉하고 있다는 점에서 지속성과 연대의 강도가 높은 네트워크를 갖고 있었다. 다른 사회단체와는 친선 교류 차원, 한국의 통일문제를 중심으로 교류가 있었다. 정부기관과의 연대는 미주총련 회장단이 한국을 방문했을 때, 특히 활발한 교류가 있었다. 한국정부와 접촉이 잦은 반면 입법부와는 재외동포 관련 법안을 가지고 접촉하고 있다. 정부와는 접촉 강도가 높지만, 국회와의 연대 강도는 낮았다.

(4) 한민족연대

○ 1985년 2월 : 한국정부가 주최하는 '88 서울 올림픽' 세미나를 위해 미주총련, 뉴욕한인회, L.A.한인회, 시카고한인회 등 미국 대표 67명이 한국을 방문하였다. 이 세미나에는 재일민단, 독일한인회, 캐나다한인회총련합회 등 36개국 183명의 해외 동포들이 참가하였다. 이 세미나를 통해 해외동포들이 조국 발전을 위하여 기여할 수 있는 역할과 후

원 방안들이 논의되었으며 국회 및 각부 장관들을 예방하여 동포사회 실상을 알리는 데 크게 기여하였다.

○ 1987년 11월 : 재일민단이 주관하여 일본 동경에서 '제1차 해외한민족대표자대회'[12]가 개최되었다. 미주총련, 뉴욕한인회, L.A.한인회, 시카고한인회, 독일한인회, 캐나나한인회총연합회 등 31개국 303명이 참가하여 상호간 우호, 한국의 발전, 재외동포의 역할에 대해 진지한 대화를 나누었다.

○ 1989년 6월 : 6월 22일부터 25일까지 워싱턴 D.C에서 '제2차 해외한민족대표자대회'가 개최되었다. 세계 33개국 300여 명의 한인단체 대표들이 모인 가운데 열렸다. 미주총련과 9개 지역 한인회를 비롯해 재일민단, 캐나다한인회총연합회, 브라질한인회, 독일한인회, 프랑스한인회, 스위스한인회, 싱가포르한인회 등이 참석하였다.

○ 1991년 6월 : 독일 베를린에서 열렸던 '제3차 해외한민족대표자대회'에 참가하였다. 해외 한인 동포사회의 경제, 민족교육과 권익옹호, 발전을 위한 토의가 있었고, 해외 한민족으로서 조국의 통일을 촉진시킬 수 있는 방안을 모색하기도 하였다. 회의에는 재소련고려인협회, 재일민단, 미국의 미주총련, 뉴욕한인회, 시카고한인회, L.A.한인회, 호주한인회, 오스트리아 한인회, 캐나다한인회총련합회, 아르헨티나한인회 대표가 참석하였다.

○ 1993년 5월 : 해외한민족대표자협의회가 주최하고 외교부가 후원하여 서울에서 '제4차 해외한민족대표자대회'가 열렸다. 재일민단과 미주총련이 협동으로 회의의 완벽한 준비와 재정 부담을 담당하였다. 캐나다한인회총련합회, 스위스한인회, 독일한인회 등 여러 나라의 한인회장들이 참석하여 해외동포의 역할, 조국과 해외 한인회와의 협력체제 등에 대해 의견을 나누었다.

---

12) 해외한민족대표자협회의가 주최하는 해외한민족대표자회의는 1차대회 이후 1989년, 1991년, 1993년, 1996년, 2001년 2003년, 2005년 등 주기적으로 열리고 있다.

○ 1996년 6월 : 워싱턴 D.C에서 제5차 해외 한민족 대표자 회의가 열렸다. 해외 33개국 370명의 대표들이 참석한 가운데 '모국 통일과 거주국의 주류사회 참여'라는 주제로 5백만 해외동포들의 권익 옹호와 조국 통일을 위한 동포 사회의 역할을 모색하자는 데 회의의 초점을 맞추었다. 민단 중앙본부, 동경민단, 오사카민단, 브라질한인회, 독일한인회 총연합회, 중국한국상회, 태국한인회, 시드니한인회, 태국한인회 등이 참석하였다.

○ 2000년 7월 : 한국 재외동포재단이 주관한 세계한인회장 워크숍에 참석코자 서울을 방문하여 김대중 대통령을 예방하였다. 대통령에게 신남북 시대 해외 동포의 역할, 재외동포 교류 센터 건립 요청, 재외동포 특례법의 특정 거주지역 동포 차별조항 시정 등을 요청하였다. 세계한인회장 워크숍은 한인회 회장 및 주요 간부 138명이 참석, 600만 해외동포 사회지도자들이 각종 현안 문제들을 토의하였다.

○ 2003년 8월 : 재외동포재단 주최로 '세계한인지도자대회'가 열렸다. 이 대회에는 미주총련, 재일민단, 재중한국인회, 탄자니아한인회 등 다수의 재외한인단체 대표가 참석하였다. 또한 대회 기간 중 박관용 국회의장, 김기춘 국회 법사위원장, 고건 국무총리, 최병렬 한나라당 대표, 정대철 민주당 대표를 면담하여 재외동포 특례법 개정안의 연내 통과를 요청하였으며 면담자 모두가 이에 동의하였다.

○ 2004년 5월 : 재외동포재단이 주최한 '2004 세계한인회장대회'에 미주총련회장단이 참석하였다. 50개국 270여 명이 참가하여 동북아중심 건설관련 재외동포의 역할, 재외동포법 개정 후속 대책, 한인이주기념사업에 대한 동포사회의 지원방안 등을 결의하였다. 미주총련이 주관하고 뉴욕한인회, 재일민단, 스위스한인회, 재중국한국인회, 외교통상부 장관 등 다수의 정부관계자 및 한인단체장이 자리를 함께하였다.

○ 2005년 5월 : '해외한민족대표자협의회' 운영위원 및 회장단 회의에 참가했다. 미주총련이 중심이 되어 6·15 공동선언 및 광복 60주년

남북해외 공동 행사, 제8차 해외한민족대표자대회, 재외동포재단이 주최하는 '2005 세계한인회장대회' 개최 등의 문제를 협의하였다.

○ 2005년 7월 : 재외동포재단이 서울에서 주최한 '2005 세계한인회장대회'에 미주총련, 뉴욕한인회, L.A.한인회 브루클린한인회, 뉴욕플러싱한인회, 퀸즈중부한인회, 시카고한인회, 재일민단, 캐나다한인회총련합회, 독일한인회, 싱가포르한인회, 스위스한인회, 브라질한인회, 멕시코한인회, 필리핀한인회, 재중국한인회 등이 참석하여 재외한인회의 발전, 재외동포정책에 대한 한국정부 입장 등을 논의하였다.

해외한민족대표자대회, 세계한상대회, 세계한인지도자대회가 개최되면 미주총련은 재일민단과 함께 중추적 역할을 함으로써 전 세계 재외동포 한인회의 중심 단체이다. 미주총련은 재일민단과 고도의 협력체제를 갖고 한민족연대 활동에 중심적 역할을 수행하고 있다.

(5) 연대의 특징과 문제점

재미한인들의 대표 단체인 미주총련은 4개 연대 모두에서, 특히 한인 관련 단체나 기관과 폭넓은 네트워크를 갖고 있었다. 지역한인회 및 한인 중심의 이익단체와 밀접한 교류나 연대를 행하고 있다. 문제는 미주총련의 지역연대가 주로 한인 중심의 네트워크라는 것이다. 소수민족이나 주류사회단체를 포함하는 외국인단체와의 네트워크가 거의 없는 것으로 나타났다. 한인들이 미국 사회에서 주류로 편입하기 위해서는 한인 중심의 네트워크에서 벗어나 미국 정부, 외국인단체와 네트워크를 구축하여야 한다. 미국 정부 또는 주류사회단체와의 네트워크가 형성되지 않는다면, 미국 내에서 한인과 한인단체는 영원히 소수민족과 단체로 남아 있을 것이다. 미국에서 생활하는 유태인과 유태인 단체의 활동을 모델로 삼아 미국 정부 및 주류사회단체와의 교류의 기회를 자주 가져야 한다.

둘째, 국제연대의 경우, 주로 각 국가에서 활동하는 한인회 중심으로 교류가 행해지고 있다. 국제연대에서 한인회 중심의 교류에서 탈피하여 다양한 한인 이익단체들, 즉 경제 관련 한인단체 외에도 봉사, 인권, 환경 관련 한인 사회단체와도 네트워크를 형성하여야 한다. 또한 외국인 단체 및 정부기관과의 네트워크도 중국의 길림성 연변 자치주와 네트워크가 있는 단선적 네트워크를 갖고 있다. 재외한인들이 많이 활동하고 있는 일본, 러시아 등의 단체나 정부와도 네트워크를 구축하는 노력을 해야 한다. 셋째, 미주총련의 모국연대에서 재외동포재단을 제외하고는 1~3회성의 교류가 많았다. 그리고 정부를 중심으로 네트워크가 이루어져 있었다. 특정 쟁점에 대해서는 국회와 교류하고 있었다.

넷째, 한민족연대는 주로 한인회 관련 모임이 계기가 되고 있다. 미주총련과 재일민단은 재외동포재단 및 외교부와 함께 한민족연대 구축에 적극적이다. 문제는 미주총련과 재일민단 중심으로 대회가 운영됨으로써 다른 국가에서 참가한 한인회로 하여금 대회 운영에 불만을 갖게 만들었다. 즉 대회가 한인들간 형식적 교류의 장으로 전락하고 있다는 여론이 제기되고 있다. 따라서 한인회 간 형식적 교류가 실질적 교류의 장이 될 수 있도록 미주총련은 노력해야 한다. 〈표 Ⅲ-1〉에 미주총련의 연대 활동을 정리해 놓았다.

2) 뉴욕한인회

(1) 지역연대

○ 1962년 12월 : 뉴욕한인회는 뉴욕 한인교회에서 '뉴욕 한국어학교'를 설립하여 동포 2세들의 국어 쓰기 운동을 전개하였다.

○ 1966년 8월 : 뉴욕총영사관이 주최한 광복절행사에 참석하였다.

○ 1972년 7월 : 뉴욕한인회 임원진 일동은 뉴욕한인청과상조회의 창립식에 축하 인사차 방문했으며, 회장에는 전홍규가 선출되었다.

<표 Ⅲ-1> 미주총련 네트워크 현황

구 분		연대단체
지역 연대	한인단체	워싱턴한인연합회, 뉴욕한인연합회, 동남부한인연합회, 뉴저지한인연합회, 펜실바니아한인연합회, 플로리다한인연합회, 중남부한인연합회, 중서부한인연합회, 서남부한인연합회, L.A.한인회, 워싱턴한인회, 볼티모어한인회, 앤아버한인회, 뉴저지한인회, 밀워키한인회, 뉴욕한인회, 오클라호마한인회, 시카고한인회, 재미의사협회, 재미교수협회, 재미과학자협회, 한글학교대표자협회, 미주중앙일보, 미주한국일보, 한국인권문제연구소, L.A.동부한인회, 오렌지카운티한인회, 밸리한인회, 서북미연합회, 미주한인드라이클리너총련합회, 재미대한체육협회, L.A.한인상공회의소, 미주상공인총연합회, 해외한인무역협회, 한.미여성총연합회, 한미경제개발연구소, 밝은미래재단, 미주동아일보, 한겨레, 미주세계일보, 캔사스한인회, 브루클린한인회, 뉴욕플러싱한인회, 퀸즈중부한인회, 디트로이트한인회
	외국인단체	재미아시아계유권자연맹
	정부기관	연방정부, L.A.시, 연방상무성, 주미한국대사관, L.A.총영사관
국제 연대	한인단체	재일민단, 캐나다한인회총련합회, 독일한인회, 브라질한인회, 프랑스한인회, 스위스한인회, 싱가포르한인회, 재소련고려인협회, 호주한인회, 오스트리아한인회, 아르헨티나한인회, 길림성하얼빈한인회, 재중한국인회, 탄자니아한인회, 연변조선족공공관계협의회, 멕시코한인회, 필리핀한인회
	외국인단체 및 정부기관	중국 연길시, 중국 훈춘시, 연변조선족자치주
모국 연대	국내단체	재외동포재단, 대한적십자사, 부산광역시청년연합회, 세계한민족공동체재단, 새마을운동중앙본부, 한나라당, 민주당
	정부기관	한국정부, 통일원, 교육부, 청와대, 외교부, 국가안전기획부, 국회, 한국학중앙연구원, 민주평화통일자문회의
한민족연대		88서울올림픽 세미나, 해외한민족대표자대회, 세계한인회장대회, 세계한인지도자대회

○ 1974년 8월 : 뉴욕한국여성회가 창립되었고, 회장에 염진호가 선출되었다. 뉴욕한인회 회장단이 창립행사에 참석하여 축하해 주었다.

○ 1974년 11월 : 뉴욕한인회가 각 직능단체의 발족에 많은 도움과 지원을 하였다. 그 결과 뉴욕한인의사회가 창립되었고, 초대회장에 이광수가 선출되었다.

○ 1975년 5월 : 뉴욕지구 한인교회연합회가 발족하였다. 회장에 유태영 목사가 선출되었으며, 뉴욕한인회와 협력하기로 결의하였다.

○ 1975년 12월 : 한국문화센터와 공동으로 '코리안 나이트 볼' 행사를 열어 뉴욕 거주 한인 다수가 참가하여 서로의 정을 나누었다.

○ 1977년 12월 : 한국의 '이리역 폭발사고' 이재민 돕기 모금위원회를 결성하여 2,300달러를 모금하였고, 뉴욕총영사관에 전달하였다.

○ 1979년 8월 : 뉴욕한인회 요청으로 뉴욕시장이 '한국의 날'을 선포하였다.

○ 1982년 8월 : 뉴욕한인회가 주최한 '광복기념 대합동 야유회 및 체육대회'에 뉴욕한인의사회, 뉴욕한인청과상조회, 뉴욕한국여성회을 비롯해 15,000여 명의 교포가 참석하여 즐거움을 함께하였다.

○ 1983년 6월 : 뉴욕에서 민주화 시국강연회를 개최했다. 뉴욕한인교회, 플러싱제일교회 등 지역의 교회 및 한인단체 회원들이 김대중의 강연을 들었다.

○ 1985년 2월 : 뉴욕한인회는 '뉴욕지구 한인변호사협회' 발족을 적극적으로 지원하였으며, 이를 계기로 상호협력을 약속하였다.

○ 1986년 4월 : 뉴욕과 시카고 한인회가 중심이 되어 한국의 대통령 직선제 개헌서명 운동을 펼쳐 교포 5천 명이 서명에 동참하였다.

○ 1986년 6월 : 미주중앙일보사와 공동으로 '사면자 가족상봉 사업'을 추진한 결과, 미국정부의 서류 미비자에 대한 특별 사면조치로 많은 동포들이 사면을 받자 고국에 있는 가족들과 상봉하였다.

○ 1990년 6월 : 1990년 1월 뉴욕한인청과상 레드애플 앞에서 흑인들의 불매운동과 한인상인에 대한 배척시위가 있었다. 이러한 사태를 예방하는 차원에서 6월에 뉴욕시 소수민족들로 구성된 '한미친선 방문단'을 구성하여 한국을 방문하였다. 한국 방문 후에는 '소수민족화합위원회'를 결성하였다.

○ 1996년 1월 : 미국 전역에서 이중국적 허용 서명운동을 전개하였다. 이 운동은 뉴욕한인회를 비롯하여 브루클린한인회, 로체스터한인

회, 뉴저지총연합회 등 동·서부지역 한인회 및 한국인권문제연구소가 중심이 되었다.

○ 1997년 6월 : 뉴욕한인회관 내에 한인 진료소를 설치하고 의료보험 등의 프로그램을 공동 추진하기로 뉴욕한인회와 뉴욕한인봉사센터가 정식합의서를 체결하였다.

○ 2000년 1월 : 뉴욕의 62개 유대인 단체를 대표하는 뉴욕 조이쉬지역 관계회의(JCRC)와 모임을 갖고 양 커뮤니티의 협력을 모색하였다.

○ 2001년 9월 : '9·11 테러 피해자 돕기' 성금운동을 전개하여 49만8백45달러를 미국적십자 뉴욕지부 및 뉴욕시에 전달하였다.

○ 2001년 12월 : 뉴욕 WB11 TV의 한인 개고기 식용 왜곡 방송에 항의, WB11로부터 유감표명의 서한을 받았다.

○ 2003년 5월 : 한인교회협의회의 청소년 농구대회, 미동부해병전우회 회장 취임식, 뉴욕 원광한국학교의 어린이 민속잔치, 한국부인회의 훌륭한 어버이 시상식, 뉴욕시경찰청(NYPD)이 주최한 Asian American Heritage Celebration에 회장단이 참석하였다.

○ 2003년 5월 : 권익신장위원회, 청년학교, NY/NJ 유권자센터에 정치력신장기금을 각 1,000달러씩 기부하였다.

○ 2003년 6월 : 뉴욕한인회장단 일행은 YWCA 늘푸른 대학 졸업식, 무지개의 집 기금모금 행사, 라이온스클럽 회장 이·취임식, 한미문화재단 창단식에 참석하였다. 6월 말에는 회장 및 집행부 임원이 청과협회를 방문하였다.

○ 2003년 8월 : 뉴욕한인가정상담소장이 뉴욕한인회관을 방문하여 상호 관심사에 대해 토의하였다.

○ 2003년 10월 : 지역단체장 모임에 스태튼아일랜드한인회장, 브루클린한인회장, 퀸즈중부한인회장, 웨체스터한인회장, 플러싱한인회이사장이 참석하여 뉴욕 한인들의 문제를 논의하였다. 재미한국부인회의 예지원 창립기념식에 참석하였다.

○ 2003년 11월 : 브루클린노인회의 기금마련 행사에 회장단 일행이 참가하였다.

○ 2003년 12월 : YWCA 노인잔치 및 상록회 노인잔치에 뉴욕한인 회장단 일행이 참석하여 금일봉을 전달하였다.

○ 2004년 1월 : 뉴욕한인회장단은 한미장애인재활협회 후원의 밤, 브롱스터미널마켓 상인번영회 행사에 참석하였다.

○ 2004년 2월 : 충청인의 밤, 호남향우회 행사에 참석하였다.

○ 2004년 9월 : 롱아일랜드 노인회 창립식 및 한인문화교육협의회가 주최한 추석맞이 행사에 참가하였다. 또한 뉴욕한인회, 정치력신장위원회, 유권자센터, 청년학교, 한인봉사센터, 코리안아메리칸 시민활동연대(KALCA) 대표 및 실무자 등이 모여 정치력신장 간담회를 갖고 우의를 나누었다.

○ 2004년 12월 : 국제팬클럽 한국본부 미동부지회 창립 심포지엄에 참석하였으며, 중부 뉴저지 한마음 요양원 관계자를 방문하여 뉴욕한인회가 도울 수 있는 문제에 대해 논의하였다.

○ 2005년 1월 : 뉴욕 총영사관의 문덕호 영사가 지진해일 피해 성금을 전달하기 위해 한인회를 방문하였다. AWCA(NJ여성사회봉사센터) 오픈하우스 행사, 플러싱한인회의 '음력설 대축제 기금모금' 만찬에 회장단 일행이 참석하였다.

○ 2005년 2월 : 강원도민회 '구정의 밤', 충청인의 밤, 호남 향우회 행사, 재미한국부인회의 예지원이 주최하는 '정월대보름' 행사 등에 회장단이 참석하여 기쁨을 나누었다.

○ 2005년 3월 : 조선족동포협의회에 뉴욕한인회가 컴퓨터를 전달하였다. 독도침탈 야욕 규탄집회와 관련하여 뉴욕일원의 뉴욕한인회, 브루클린한인회, 뉴욕플러싱한인회, 퀸즈중부한인회 회장단이 긴급회의를 가졌다. 영남향우회 신임회장 이·취임식에 참석하였다.

○ 2005년 4월 : 회장단이 롱아일랜드한인교회의 동화구연대회에 참석하였다.

○ 2005년 5월 : 뉴욕한인회장단이 커네티컷한인회 야유회에 참석하였다. 뉴욕한인회 주최로 뉴욕시의회 Gifford Miller 의장과 간담회를 가졌다.

○ 2005년 6월 : 뉴욕기독군인회가 주최한 6·25 제55주년 상기예배 및 기념식이 뉴욕 그리스도의 교회에서 열렸다. 미주체전 참가와 관련하여 뉴욕한인회, 총영사관, 뉴욕한인총연합회등이 뉴욕대한체육회에 격려금 전달차 회동하였다.

○ 2005년 7월 : 한국학 중앙 연구원이 주최한 '일본교과서의 역사왜곡 비판' 토론회에 미주총련, L.A.한인회, 브루클린한인회, 뉴욕플러싱한인회, 퀸즈중부한인회, 시카고한인회장 등이 참석하였다.

○ 2005년 8월 : 한국재향군인회장의 미북동부지회 방문을 축하하기 위해 뉴욕재향군인회가 만찬을 베풀었다. 뉴욕한인회가 초청받아 참석하였다.

○ 2005년 8월 : 뉴욕조선족동포회 창립대회에 뉴욕한인회장단이 참석하여 축하해주었다. 미주총련 김영만 회장이 뉴욕한인회의 한인회관을 방문하여 회장단과 간담회를 가졌다.

○ 2005년 9월 : 쓰나미 성금 전달차 퀸즈중부한인회 최재복 회장과 뉴욕한인회총연합회 김근옥 회장이 뉴욕한인회관을 방문하였다. 또 미동부 승가회, 마하선원, 원적사, 보리사, 불광사에서 카트리나 성금을 전달하기위해 뉴욕한인회를 방문하였다.

○ 2005년 10월 : 호남향우회의 모국 소년소녀 가장돕기 기금마련 골프대회, 청년학교의 이민자 개혁법안 관련 기자회견에 참석하였다. 뉴욕한인제일교회가 카트리나 성금을 전달하기 위해 한인회를 방문했으며, 회장단과 간담회를 가졌다.

○ 2005년 11월 : 퀸즈 YWCA 바자회에 회장단이 참석하였다.

○ 2005년 11월 : 사단법인 미주한인국악진흥회가 주최하고 뉴욕한인회 및 뉴욕한인직능단체장협의회, 뉴욕총영사관, 뉴욕한국문화원 등이 특별 후원하는 '제5회 전 미주 전통국악 경연대회'가 열렸다. 미주지역 한인 1.5세 2세 청소년들을 대상으로 한국 전통문화 예술의 저변확대를 도모하는 대회이다(미주세계일보 05.11.02).

○ 2005년 12월 : 뉴욕한인경제인협회가 주최한 '경제인의 밤', 뉴욕한인건설협회가 주최한 '2005년 건설인의 밤' 및 신·구 회장 이·취임식, 대 뉴욕지구한인상록회가 주최한 노인위안잔치 및 효행효부효자 시상식에 참석하였다.

○ 2005년 12월 : 애틀란타 한인회장으로 당선된 박영섭 회장은 뉴욕한인회(회장 이경로)를 방문하여 향후 미동부한인회협의회에 적극 동참할 것을 약속했다(미주세계일보 05.12.14).

○ 2005년 12월 : 뉴욕한인회가 연말을 맞아 플러싱의 양로원 3곳을 방문하여 한인 노인들에게 선물을 전달했다. 또한 플러싱매너너싱홈과 35애브뉴매너너싱홈, 유니온플라자너싱홈을 방문하여 선물을 전달하였다(미주중앙일보 05.12.20).

○ 2006년 1월 : 뉴욕한인회와 뉴욕총영사관, 민주평통뉴욕협의회 등은 뉴욕한인회관에서 합동 신년하례식을 갖고 한인사회 화합에 힘을 모으기로 다짐하였다(미주중앙일보 06.01.04).

○ 2006년 1월 : 충청총연합회가 주최하는 '2006 충청인 신년의 밤' 행사가 있었다. 뉴욕한인회, 브루클린한인회, 뉴욕플러싱한인회, 퀸즈중부한인회, 뉴욕직능단체협의회, 뉴욕상록회, 뉴욕한인봉사센터, 호남향우회장단 일행이 참석하여 자리를 빛내 주었다.

○ 2006년 2월 : 전미조선족동포회가 주최한 '설날맞이 조선족 문예의 밤' 행사에 한인 회장단이 참석하여 축하해 주었다.

○ 2006년 3월 : 뉴욕한인회를 비롯해 브루클린한인회, 뉴욕플러싱한인회, 퀸즈중부한인회, 롱아일랜드한인회, 뉴욕맨해튼한인회, 뉴욕웨체

스터한인회 등은 청년학교, 뉴욕이민자연맹, 뉴욕한인봉사센터, 뉴욕가정상담소, 무지개의 집, 원로자문회의, 원불교 뉴욕교당, 퀸즈한인교회 등과 함께 이민자 권익옹호단체들을 중심으로 반대 운동을 전개하였다. '미국 하원에서 통과된 반(反)이민법안은 이민자 입장에서 보면 가장 악랄한 법'이라고 비판하면서 미국 상원에 합리적인 이민법 제정을 촉구하는 집회와 로비를 하였다(미주동아일보 06.03.28).

○ 2006년 4월 : 불법체류자의 미국 내 취업을 전면 봉쇄하여, 영주권 기회를 막는 임시취업비자 형태의 신분 유지 자격에 관한 센센브레너 킹 법안이 연방하원과 법사위원회를 통과, 상원의 심사만을 남겨두었다. 반이민법 시위에 많은 한인 단체들이 참가하였다. 청년학교, 뉴욕한인회, 뉴욕지구 한인회연합, 뉴욕지구 한인교회협의회 등은 뉴욕의 히스패닉계 이민자단체, 아랍계 인권단체, 각 아시안아메리카연맹, 종교단체 등과 함께 뉴욕시청까지 행진하면서 반이민법반대 평화시위를 전개하였다(http://www.hani.co.kr/arti/international/america/114539.html).

뉴욕한인회의 지역네트워크를 살펴본 결과 첫째, 뉴욕한인회는 미주총련의 산하단체로서 미주총련, 그리고 동일 지역의 한인회인 브루클린한인회, 플러싱한인회, 퀸즈중부한인회, 맨해튼한인회, 웨체스터한인회 등과 한인문제, 친교차원에서 매우 활발한 네트워크를 갖고 있었다. 따라서 이들의 교류는 지속성을 띠고 있었다. 연대의 강도는 강한연대이며, 거래비용의 편익, 그리고 상호의존의 자원 보충이라는 의미에서 적극적 네트워크를 추구하고 있다.

둘째, 지역한인회를 제외한 직능, 전문가, 종교, 시민, 연고, 예술단체 등과 일상적 네트워크를 갖고 있는 것으로 나타났다. 이들 단체에서 활동하는 회원들은 넓게는 뉴욕한인회 소속의 회원이다. 특히 뉴욕한인회는 종교단체와의 교류를 폭넓게 행하고 있었다. 뉴욕한인 가운데 상당수가 교회 신자라는 점을 고려한다면 한인회가 종교단체와 네트워크를 구축하는 데 있어 적극성을 띠는 요인으로 작용하고 있다. 이들 단체와의 교류는 지속성, 연대의 강도는 중간이다. 뉴욕한인회와 이들 단체와의 네트워크는 자원의 보충 측면에서 상호의존적 관계를 형성하고 있었다.

셋째, 한국정부를 대표하는 뉴욕총영사관과 긴밀한 협력 체제를 형성하고 있었다. 한국인 관련 문제는 뉴욕한인회의 문제이자 뉴욕총영사관의 문제이다. 따라서 총영사관은 한인회의 활동에 적극적 협조를 하고 있으며, 한인회 또한 한국인으로서 조국 발전에 협력 혹은 기여한다는 측면에서 교류나 연대에 매우 적극성을 보이고 있다. 연대의 강도는 높은 편이며, 지속적 교류관계를 구축하고 있다.

넷째, 사회복지단체에 대한 지원을 매년 정기적으로 행하고 있었다. 뉴욕과 뉴저지에 있는 사회복지 시설을 방문하여 이들을 위로, 지원하고 있다. 한인회의 단체 활동 목적 중 하나가 봉사 활동이기 때문이다. 다섯째, 2000년 이후, 뉴욕한인회는 뉴욕에 거주하는 한인들의 정치력 신장을 위해 유권자센터, 청년학교 등과 연대하여 한인들의 유권자 등록, 투표참여를 독려하고 있다. 한인들의 투표참여가 높으면 높을수록 선출직 정치인에게 보다 많은 압력과 로비를 펼칠 수 있으며, 이는 곧 지역에서 활동하는 한인단체의 위상을 높이는 결과로 나타나기 때문이다.

여섯째, 외국인단체와의 교류를 한인단체 간 교류와 비교하면 특정 사안에 대해 연대하는 정책적 연대 형태를 보여주고 있으며, 강도는 약한 편이다. 일곱째, 뉴욕시를 비롯한 정부기관과의 네트워크는 강한 연대나 약한 연대가 아닌 중간 정도의 연대 형태를 보여주고 있다. 접촉의 횟수는 많지 않지만, 뉴욕에 거주하는 한인들의 권익과 지역사회에 대한 기여 차원에서 한인회가 적극성을 띠고 있다.

(2) 국제연대

○ 2004년 8월 : 뉴욕한인회 회장단 일행은 유럽 스페인 마드리드에서 열리는 '한인총연합회 체육대회 및 문화행사'에 초청받아 자리를 함

께 하였다. 재독일한인회 초청으로 김기철 회장단이 베를린을 방문하여 두 단체 간 상호 우의를 다졌다.

○ 2005년 3월 : 독일한인회와 친선을 도모하는 차원에서 독일한인회와 뉴욕한인회가 축구대회를 함께하였다.

○ 2005년 4월 : 독일 하노버한인회장이 한인회를 방문하였다. 두 단체는 교류확대에 대해 논의했으며, 지속적인 교류관계를 갖기로 하였다.

○ 2005년 5월 : 연길시 정부의 통상사절단 환영회를 가졌다. 독일한인과 뉴욕 지역 한인들 간의 상호교류와 우의를 다지기 위해 뉴욕한인 교류단이 독일을 방문하여 양 한인회 간에 수평적 교류의 시도와 양측의 상호협력을 다짐하였다.

○ 2005년 6월 : 중국 신천의 강희방 한인회장, 중국이우 한국상회 차봉규 회장이 한인회관을 방문하였다.

○ 2005년 9월 : 독일한인회, 프랑스한인회, 스페인한인회 등 재유럽 한인사회 교류 방문단의 뉴욕 도착 환영식을 뉴욕한인회가 개최하였다.

뉴욕한인회의 국제연대를 보면 유럽, 아세안, 아메리카 지역에서 활동하는 한인단체와 네트워크를 갖고 있었다. 특히 독일한인회, 재일민단과 한인회 차원의 친목도모, 그리고 한민족 회의와 관련하여 긴밀한 교류나 연대를 맺고 있다. 이들과의 연대 강도는 높은 편이며, 지속성을 띠고 있었다. 독일과 재일민단을 제외한 다른 국가의 한인회와는 연대의 강도가 낮고, 주로 한민족대회가 있을 경우, 접촉한 사례가 많았다. 캐나다한인회총연합회와의 접촉은 한민족대회가 열리는 경우에 접촉함으로써 지리적으로는 가깝지만 일상적 교류는 아주 빈약하다.

한편 외국인단체 및 정부기관과의 연대는 거의 없는 것으로 나타났다. 이는 뉴욕한인회가 미주지역을 대표하는 한인단체가 아니기 때문이다. 중국 연길시와의 교류가 있었다. 중국의 조선족 중 상당수가 연변의 조선족 자치주인 연길시에서 생활하는 관계로 조선족들이 많으며, 또한 일부 조선족이 미국의 뉴욕에서 생활하면서 전미조선족동포회를 결성하였다. 조선족도 같은 한국동포이기 때문에 뉴욕한인회가 도움과 지원을 하고 있다. 바로 이런 이유에서 연길시와 뉴욕한인회가 네트워크를 형성하고 있었다.

(3) 모국연대

○ 1972년 9월 : '뉴욕 아시아 축제의 밤'을 뉴욕한인회가 개최하였고, 공연으로 태권도 시범, 고전무용, 의상전시 등을 선보였다. 이를 계기로 한국국기원과 교류관계를 맺었다.

○ 1994년 11월 : 재외동포재단의 초청으로 서울에서 열린 '동포사회 바로 알고 바로 알리기' 심포지엄에 참석했다. 한국 정부에 한글학교 설립을 요청하고, 정부가 2세 교육에 특별한 관심을 보여 줄 것을 당부하였다.

○ 1995년 6월 : 뉴욕동포들이 한국의 경희의료원에서 진료와 치료를 받을 경우, 본국의 의료보험 수혜자와 동등한 비용과 대우를 적용하는 의료계약을 뉴욕한인회와 경희의료원이 체결하였다.

○ 1998년 5월 : 한국 연예인들이 아틀란틱 카지노에서 공연하는 것이 동포사회의 도박을 부추기고 있다는 탄원서를 한국의 청와대에 제출하였다. 이에 한국가수분과위원회는 탄원서를 수용하고 카지노 공연을 자제하겠다는 통보를 보내왔다.

○ 2003년 5월 : 충청남북도 농특산물 전시회 설명회가 뉴욕한인회관에서 있었다.

○ 2003년 5월 : 노무현 대통령의 뉴욕방문을 기념하는 초청만찬에 회장단 일행이 참석하였다.

○ 2003년 8월 : JC 한국청년회의소 회장단이 한인회를 방문하여 간담회를 가졌다.

○ 2003년 11월 : 전남도지사가 뉴욕한인회를 방문, 교류증진에 대해 대화하였다.

○ 2003년 12월 : 이광규 재외동포재단 이사장이 뉴욕한인회를 방문하였다.

○ 2004년 11월 : 민주평통 이재정 수석부의장의 '뉴욕 환영 및 통일문제 간담회'가 뉴욕 평통 주최로 열렸다. 뉴욕한인회, 플러싱한인회장단 등이 동석하였다.

○ 2005년 4월 : 심대평 충남도지사가 뉴욕한인회를 방문하여 회장단과 우의 및 교류를 다졌다.

○ 2005년 6월 : 뉴욕한인회가 주최, 서초구청이 주관한 한미친선음악회를 가졌다.

○ 2005년 7월 : 한국학 중앙 연구원이 주최한 '일본교과서의 역사왜곡 비판' 토론회에 미주총련, L.A.한인회, 브루클린한인회, 뉴욕플러싱한인회, 퀸즈중부한인회, 시카고한인회장 등이 참석하였다.

○ 2005년 8월 : 한국의 재향군인회 이상훈 회장의 미북동부지회 방문을 축하하기 위해 뉴욕재향군인회가 만찬을 베풀었다. 뉴욕한인회가 초청받아 참석하였다.

○ 2005년 9월 : 정찬용 NGO 대사가 주최한 동포간담회에 회장단이 참석하였다.

○ 2005년 11월 : 뉴욕한인회 이경로 회장 일행은 한국의 충청남도를 방문하였다. 심대평 도지사와 만나 환담을 나누었다. 환담장에서 이 회장은 뉴욕한인회 활동상황과 애로사항을 설명하고 한인회의 활성화 방안을 논의하는 한편, 한인회가 구상하고 있는 한민족글로벌축제 'KOREAN WEEK(한국 주간)'에 대한 홍보를 하고 충남도의 적극적인 협조와 지원을 건의했다. 심 지사는 한민족글로벌축제가 성공적으로 개최되기를 기원한다면서, 2006년 9월에 개최되는 금산세계인삼엑스포에 많은 해외동포들이 참여할 수 있도록 한인회의 적극적인 협조를 당부했다.

○ 2006년 1월 : 대한불교조계종 총무원 관계자들이 뉴욕한인회관의 뉴욕한인회를 방문하여 카트리나 허리케인의 피해를 입은 한인 지원금

14만 여 달러를 미동부승가회와 뉴욕불교조계종사원연합회에 전달했다
(미주중앙일보 06.01.11).

뉴욕한인회의 모국연대는 국내단체 6개, 정부기관 7개 등 13개 단체
및 기관과 네트워크를 갖고 있었다. 국내단체와의 연대는 특정한 쟁점
과 관련해 연대가 행해지고 있었다. 특히 재외한인들과 가장 밀접한 업
무를 담당하고 있는 재외동포재단과의 네트워크가 가장 활발한 것으로
나타났다. 재외동포재단과 뉴욕한인회와의 연대 강도는 높으며, 관계는
지속적이었다. 그러나 나머지 단체와는 비일상적 관계이다. 정부기관과
의 연대는 약한 편이다. 뉴욕총영사관이 한국정부의 대표로서 뉴욕한인
회와 협력관계를 구축하고 있기 때문에 한국정부와 뉴욕한인회 간 직
접 접촉의 기회가 낮은 관계로 강도 또한 낮다. 한국 대통령의 뉴욕 방
문 시 뉴욕한인회장단 일행이 동포간담회에 참석하는 정도이다.

(4) 한민족연대

○ 1984년 12월 : 세계문제연구소 주최로 '제1차 해외한민족회의'가
열렸다. 뉴욕한인회, L.A.한인회, 재일본대한민국거류민단(이하 재일민
단), 브라질한인회, 캐나타한인회총연합회 등 세계 12개국 49명 대표가
참석한 가운데 뉴욕에서 개막되었다. 본 한인회를 포함하여 여러 한인
사회단체들이 참가하였다.

○ 1985년 2월 : 한국정부가 주최하는 '88 서울 올림픽' 세미나를 위
해 미주총련, 뉴욕한인회, L.A.한인회, 시카고한인회 등 미국 대표 67명
이 한국을 방문하였다. 이 세미나에는 재일민단, 독일한인회, 캐나다한
인회총연합회 등 36개국 183명의 해외 동포들이 참가하였다. 이 세미
나를 통해 해외동포들이 조국 발전을 위하여 기여할 수 있는 역할과 후
원 방안들이 논의되었으며 국회 및 각부 장관들을 예방하여 동포사회
실상을 알리는 데 크게 기여하였다.

○ 1987년 11월 : 재일민단이 주관하여 일본 동경에서 '제1차 해외한민족대표자대회'[13]가 개최되었다. 미주총련, 뉴욕한인회, L.A.한인회, 시카고한인회, 독일한인회, 캐나다한인회총연합회 등 31개국 303명이 참가하여 상호간 우호, 한국의 발전, 재외동포의 역할에 대해 진지한 대화를 나누었다.

○ 1989년 6월 : 워싱턴 D.C에서 '제2차 해외한민족대표자대회'가 개최되었다. 세계 33개국 300여 명의 한인단체 대표들이 모인 가운데 열렸다. 미주총련과 9개 지역 한인회를 비롯해 브라질한인회, 프랑스한인회, 스위스한인회, 싱가포르한인회 등이 참석하였다.

○ 1991년 6월 : 독일 베를린에서 열렸던 '제3차 해외한민족대표자대회'에 참가하였다. 해외 한인 동포사회의 경제, 민족교육과 권익옹호, 발전을 위한 토의가 있었고, 해외 한민족으로서 조국의 통일을 촉진시킬 수 있는 방안을 모색하기도 하였다. 회의에는 재소련고려인협회, 재일민단, 미국의 미주총련, 뉴욕한인회, 시카고한인회, L.A.한인회, 호주한인회, 오스트리아 한인회, 캐나다한인회총연합회, 아르헨티나한인회 대표가 참석하였다.

○ 2002년 7월 : 재외동포재단이 주최한 '세계한인회 회장단 회의'가 서울 개막되었다. 미주총련, 재일민단, 캐나다총연합회, 호주총연합회, 독일한인회, 뉴욕한인회, 플러싱한인회, L.A.한인회, 재중국한국인회, 북경한인회 등이 참석하였다.

○ 2003년 8월 : 재외동포재단이 서울에서 주최한 '세계한인지도자대회'에 참가하였다. 뉴욕지역 한인회를 비롯해, 미주총련, 캐나다한인회총연합회, 재독일한인회, 호주한인회, 재중국한국인회, 북경한국인회, 재일민단, 스위스한인회 등 각 지역 대표자들이 서로 우의를 다졌다.

○ 2004년 5월 : 재외동포재단이 주최한 '2004 세계한인회장 대회'에 뉴욕한인회장단이 참석하였다. 50개국 270여 명이 참가하여 동북아중

---

13) 해외한민족대표자협회의가 주최하는 해외한민족대표자회의는 1차대회 이후 1989년, 1991년, 1993년, 1996년, 2001년 2003년, 2005년 등 주기적으로 열리고 있다.

심 건설관련 재외동포의 역할, 재외동포법 개정 후속 대책, 한인이주기념사업에 대한 동포사회의 지원방안 등을 결의하였다. 미주총련이 주관하고 재일민단, 반기문 외교통상부장관, 스위스한인회, 재중국한국인회 등 다수의 정부관계자 및 한인단체장이 참석하였다.

　○ 2005년 7월 : 재외동포재단이 서울에서 주최한 '2005 세계한인회장대회'에 미주총련, L.A.한인회 브루클린한인회, 뉴욕플러싱한인회, 퀸즈중부한인회, 시카고한인회, 재일민단, 캐나다한인회총연합회, 독일한인회, 싱가포르한인회, 스위스한인회, 브라질한인회, 멕시코한인회, 필리핀한인회, 재중국한인회 등이 참석하였다. 재외동포의 조국 발전에 대한 기여, 재외동포정책에 대한 한국정부의 입장, 한인회 간 교류 등을 논의하였다.

　한민족연대는 주로 다수의 국가에 산재해 있는 한인단체들이 대회를 매개체로 하면서 접촉이 이루어지고 있었다. 2000년 이전까지는 재일민단과 미주총련이 주최한 '한인회장대회'가 재외한인 단체들의 네트워크 형성에 도움을 주었다. 2000년 이후에는 재외동포재단과 해외한인회장협의회가 공동으로 한인회장대회를 개최하고 있다. 다지역(국가)에서 활동하고 있는 한인단체와 한국과의 네트워크는 1년 또는 2년 주기로 열리는 회의를 토대로 교류나 연대가 이루어진다는 점을 고려하면 한민족 연대의 강도는 약한 네트워크이다. 그러나 한인대회가 주기적으로 열린다는 점에서 일회성 교류는 아니다.

　뉴욕한인회는 미주총련 및 지역 한인회와 함께 한민족 관련 대회에 거의 참석하고 있다. 한인회장대회의 특성은 각 국가의 지역에서 재외한인들의 대변자 역할을 하고 있는 한인회의 목적이 유사하다는 점이다. 단체의 목적과 활동이 비슷함으로써 재외한인회 상호간 교류가 쉽게 이루어질 수 있다. 〈표 Ⅲ-2〉는 뉴욕한인회의 네트워크 현황이다. 뉴욕한인회의 네트워크를 지역연대, 국제연대, 모국연대, 한민족연대를 분류하여 정리해 놓은 표이다.

〈표 Ⅲ-2〉 뉴욕한인회 네트워크 현황

구 분		연대단체
지역 연대	한인단체	뉴욕한인교회, 뉴욕한인청과상조회, 뉴욕한국여성회, 뉴욕한인의사회, 뉴욕지구한인교회연합회, 청과협회, 한국문화센터, 미주중앙일보사, 한국인권문제연구소, 플러싱제일교회, 뉴욕지구한인변호사협회, 시카고한인회, 로체스터한인회, 뉴저지총련합회, 뉴욕한인봉사센터, 미동부해병전우회, 권익신장위원회, 청년학교, 뉴욕·뉴저지유권자센터, 뉴욕한인상공인대회, 스태튼아일랜드한인회, 브루클린한인회, 퀸즈중부한인회, 웨체스터한인회, 브루클린노인회, 대뉴욕지구한인상록회, 한미장애인재활협회, 브롱스터미널마켓상인번영회, 한인문화교육협의회, 롱아일랜드노인회, 뉴욕한인총련합회, 정치력신장위원회, 코리안아메리칸시민활동연대, 뉴욕한인청년회의소, 뉴욕한인가정상담소, 원광한국학교, 재미한국부인회, 뉴욕YWCA, 한미문화재단, 라이온스클럽, 직능단체협의회, 플러싱한인회, 뉴욕한인식품협회, 뉴욕한인수산인협회, 퀸즈YWCA, 뉴욕기독군인회, 재미강원도민회, 뉴욕호남향우회, 민주평화통일자문회의뉴욕협의회, 국제펜클럽한국본부미동부지회, 뉴욕충청향우회, 미주한인회총련합회, 커네티컷한인회, 미동부승가회, 뉴욕한인경제인협회, 뉴욕한인건설협회, 뉴욕한국문화원, 미주한인국악진흥회, 애틀란타한인회, 플러싱매너너싱홈, 35애브뉴내너싱홈, 유니온플라자너싱홈, 한인노인상조회, 충청총련합회, 마하선원, 원적사, 보리사, 불광사, 뉴욕한인제일교회, 원불교뉴욕교당, 퀸즈한인교회, 무지개의 집, 뉴저지한마음요양원, 뉴욕한인직능단체협의회, 롱아일랜드한인회, 영남향우회, 뉴저지여성사회봉사센터, 세계문제연구소, 뉴욕맨해튼한인회, 뉴욕웨체스터한인회, 시카고한인회, 전미조선족동포회, 플러싱한인경로센터, 한국인권문제연구소
	외국인단체	소수민족화합위원회, 뉴욕이민자연맹, 아시아아메리카연맹, 뉴욕조이쉬지역관계회의, 미국적십자사뉴욕지부, WB11 TV
	정부기관	뉴욕시, 뉴욕총영사관, 뉴욕경찰청, 뉴욕시의회
국제 연대	한인단체	재독일한인회, 독일한인총련합회, 독일하노버한인회, 중국신천한인회, 중국이우한국상회
	외국인단체 및 정부기관	중국 연길시
모국 연대	국내단체	한국국기원, 경희의료원, 재향군인회, 대한불교조계종, 한국가수협회, 재외동포재단, JC한국청년회의소
	정부기관	충청남도, 충청북도, 전라남도, 민주평화통일자문회의, 한국정부, 서울시 서초구청, 한국학중앙연구원
한민족연대		88 서울올림픽 세미나, 2002 세계한상회장대회, 2003 세계한인지도자대회, 2004 세계한인회장대회, 2005 세계한인회장대회, 해외한민족회의

(5) 연대의 특징과 문제점

뉴욕한인회는 미주총련 산하 9개 지역 한인회 중 가장 활발한 활동을 펼치고 있는 단체이다. 뉴욕한인회 네트워크에 있어 특징과 문제점 그리고 발전 방향에 대해 논의하면 다음과 같다.

첫째, 뉴욕한인회는 지역 한인회라는 제약에도 불구하고 지역, 국제, 모국, 한민족연대 등에서 미주총련에 버금가는 활동을 하고 있다는 점이다. 특히 지역연대의 활동과 관련하여 보면, 뉴욕에는 500개를 상회하는 한인 단체들이 활동하고 있다(http://www.nykorean.org/intro/intro.asp). 뉴욕한인회는 이들 한인단체 중 상당수 단체들과의 교류관계를 갖고 있다는 사실을 보면 뉴욕한인회가 동포사회에서 신뢰를 토대로 제일 핵심적 역할을 하고 있음을 알 수 있었다.

둘째, 뉴욕에 거주하는 한인들의 생존과 관련된 문제에 대해서는 그 어느 단체보다 열성적이었다. 미국정부와 의회의 '반이민법' 제정에 맞서 한인 사회단체를 중심으로 반대 시위를 전개하는 한편 외국계 소수민족 단체와도 연대하여 반대 시위를 벌이고 있다. 셋째, 뉴욕한인회는 뉴욕 정부기관과 협력적 네트워크를 구축하고 있었으며, 한국정부를 대표하는 뉴욕총영사관과도 긴밀한 관계를 갖고 있는 것으로 나타났다. 또한 뉴욕한인회는 국제연대에서 유럽, 아세아, 아메리카 대륙의 한인회와 지속적 네트워크를 형성하고 있었다.

뉴욕한인회의 네트워크와 관련된 문제점으로 첫째, 지역연대에서 한인단체와의 네트워크는 활발한 반면 외국인단체와의 교류나 연대가 매우 빈약하였다. 이는 뉴욕한인회의 지역연대가 다양화되지 못하고 한인회 쪽으로 편중되어 있음을 알려주고 있다. 뉴욕한인회가 주류사회로 진출하기 위해서는 뉴욕의 주류단체와의 네트워크 확대에 많은 노력을 기울여야 한다. 이를 위한 대안으로는 뉴욕시 발전에 기여할 수 있는 교류 기회를 모색하거나 또는 쟁점을 중심으로 주류 단체와의 접촉 기회를 증대시켜야 한다.

한편 소수민족단체와의 네트워크 증진에도 결코 소홀해서는 안 된다. 반이민법 제정 반대 시위에서 알 수 있듯이, 반이민법 제정은 한인과 소수민족 모두에게 불리한 법안이다. 한인단체와 소수민족단체가 연대한 대규모 시위는 미국정부를 비롯해 의회의 법 제정을 압박하는 요인이 될 수 있다. 인종에 대한 편견과 차별이 존재하는 사회에서 소수민족의 생존과 권리를 위해서는 협력과 단결이 절대적으로 필요하다. 소수민족단체와의 네트워크 확산은 장기적으로 뉴욕한인회의 발전을 위해 필요한 요인이다.

둘째, 국제연대에서 외국의 사회단체나 정부기관과의 네트워크가 거의 없었다. 미국 뉴욕에서 생활하는 조선족들의 단체를 뉴욕한인회가 지원한 관계로 중국의 길림성 연길시 정부와 교류 관계를 맺었다. 지역연대에서 외국인단체와의 연대가 빈약하였다는 사실을 상기하면, 이들 단체와 네트워크를 확대하는 방법은 이들의 정부기관 또는 사회단체와 연대를 추진하는 것이다. 외국인단체의 정부나 사회단체와의 네트워크 형성은 자연스럽게 뉴욕에서 활동하는 소수민족단체와의 네트워크를 유도·유인하는 방법이 될 수 있기 때문이다.

셋째, 뉴욕한인회의 모국연대는 국내단체 6개, 정부기관 7개 등 총 13개였다. 앞으로 뉴욕 동포사회의 주력이 재미한인 2세, 3세라고 판단한다면, 그리고 이들 한인 2세, 3세들에게 한민족의 정체성을 심어주기 위해서는 모국과의 네트워크를 현재보다 더 확대하는 쪽으로 노력해야 한다. 재미한인들이 공통적으로 겪는 아픔이 있다면 그것은 정체성 위기이다. 자신들이 뿌리인 한국 문화나 삶에 있어서 소외되어 있고, 미국 사회의 문화에서도 소외되어 있다(나형욱 2005, 134). 따라서 뉴욕한인회는 재미한인들의 공통 문제인 정체성 위기의 해소, 그리고 민족 정체성의 이식을 위해 미주총련을 비롯한 각 지역한인회와 공동으로 한국의 시민사회단체, 중앙정부, 지방정부와 긴밀한 협력 네트워크를 구축하여야 한다.

넷째, 한민족연대와 관련하여 뉴욕한인회의 활동은 적극적이었다. 일본 동경, 나고야, 워싱턴, 베를린, 서울 등 여러 국가의 도시에서 개최된 대회에 회장단 일행이 매번 참석하여 여타 국가 한인회와 교류의 폭을 넓혀가고 있다. 문제는 한인회장대회가 행사위주의 대회가 됨으로써 한인단체 간 그리고 한국과 한인단체 간 이익에는 실효성이 적었다. 뉴욕한인회는 한인회장대회의 이 같은 취약점을 극복하고 실리를 챙기는 네트워크 형성에 주력하여야 한다.

3) L.A. 한인회

(1) 지역연대

○ 밸리한인회(1975년 1월 창립), 오렌지카운티한인회(1979년 4월 창립), L.A.동부한인회(1991년 1월 창립)와 함께 지역 한인들의 문제를 공동으로 대처하기 위해 정기적으로 교류하고 있다.

○ 1973년 6월 : L.A.한인회는 L.A.총영사관에 남가주 한인회관 건립 보조금으로 10만 달러를 지원해 줄 것을 건의하였다. 총영사관은 이를 수용하여 한국정부에 한인회관 건립비 10만 달러 지원을 요청하였다. 한국정부는 이후 15만 달러를 정부보조금으로 지원하였다.

○ 1973년 12월 : 한국인교향악단과 L.A.한인회는 공동으로 한인회관 건립을 위한 음악회를 개최하였다. 한국일보사가 후원하였다.

○ 1975년 1월 : L.A.시장과 한인회장단이 면담을 가졌다. 시장은 시청에 한국어를 할 수 있는 직원을 두어 한인커뮤니티와 보다 긴밀한 협조 체제를 이루어 나가겠다고 했다.

○ 1975년 11월 : L.A.한인회의 한인회관 개관식 및 현판식이 거행되었다. L.A.총영사가 참석하여 축하해 주었다.

○ 1977년 3월 : L.A.한인회는 1977년부터 1978년까지 2년 동안 L.A.시로부터 매년 3만 달러의 경비를 받아 법률상담, 노동문제, 취업소개,

의료무료봉사 등 각 사업에 봉사하여 한인들에게 도움을 주었다.

○ 1992년 4월 : L.A.경찰들의 로드니 킹 구타와 관련하여 흑인들이 폭동을 일으켜, 한인 상인들이 막대한 피해를 입었다. 2,300여 개의 한인업소가 파괴, 소실, 약탈되었다. L.A.한인회는 한미동포재단의 재정후원으로 6개월간 2만 건에 이르는 각종 민원상담을 하여 지역 한인들에게 많은 도움을 주었다.

○ 1994년 2월 : L.A.한인회는 L.A.시에 제퍼슨과 벤 뉴렌이 만나는 곳을 '도산광장'으로 명명해달라고 요청하였다. L.A.시가 이를 수락하여 '도산광장'으로 지정하였다.

○ 1995년 1월 : 일본 고베에서 지진이 발생하였다. L.A.한인회는 고베지진 피해 재일동포 모금운동을 전개하여 2만4천 달러를 재일민단중앙본부에 전달하였다.

○ 1996년 1월 : 미주총련과 한국인권문제연구소가 공동으로 '이중국적 허용' 서명운동을 전개하였다. L.A.한인회, L.A.동부한인회, 오렌지카운티한인회, 밸리한인회 등 L.A.지역 한인회가 적극 동참하였다.

○ 1997년 4월 : 남가주 기독교교회협의회와 L.A.한인회는 공동으로 북한에 옥수수 1천 톤 보내기 운동을 전개하였다. 그 결과 30만 달러를 모금하여 우리민족서로돕기운동 L.A.본부단에 전달하였다.

○ 1999년 10월 : L.A.오렌지카운티한인회가 주최하는 '한인축제' 개막식이 열렸다. L.A.한인회, L.A.동부한인회, 밸리한인회장단이 참가하여 동포들과 우의를 다졌다.

○ 2000년 12월 : 남가주한국학원이 재정난으로 폐교 위기에 처하자, L.A.한인회, L.A.동부한인회, 오렌지카운티한인회, 밸리한인회 등 지역 한인단체가 중심이 되어 모금운동을 전개하였다. 2백28만 달러를 모금하여 남가주한국학원에 전달하였다.

○ 2001년 4월 : 한국, 중국, 필리핀, 일본계 130여 개 단체회원 약 200명은 L.A.에 있는 일본영사관 앞에서 역사 왜곡 교과서 규탄시위를

벌이고 일본 정부에 즉각 시정을 촉구했다. L.A.한인회, 오렌지카운티 한인회, 밸리한인회, 2차 세계대전 피해배상청구한인연합회, 민족학교, 재미한국 6·25참전동지회 등 100여 개 한인단체 회원들은 이날 일본군 전범행위 완전 공개 및 일본정부 연루시인, 전범희생자 피해배상, 전법재연 방지를 위한 진실교육 등 3개항의 공동성명을 채택한 뒤 성명서를 일본 영사관에 전달하였다(미주동아일보 01.04.18).

○ 2001년 11월 : L.A. 한인타운을 한 선거구로 묶기 위한 모임이 있었다. L.A.한인회장, L.A.한인상공회의소, L.A.한인노인상조회 등 실무 관계자들은 시의원 선거구 재조정 작업에 관한 커뮤니티 차원의 대응책을 논의하였다.

○ 2002년 2월 : L.A.한국교육원의 민족교육관 준공식에 회장단이 참석하였다.

○ 2002년 10월 : L.A.한인회, 밸리한인회, 오렌지카운티한인회 등은 한국에서 태풍 피해를 입은 수재민을 위해 70만 달러를 모금하여 L.A. 총영사관에 전달하였다.

○ 2004년 8월 : 19년 전 목선을 타고 표류하던 베트남 난민을 구한 전제용 씨의 인도적 행동을 기려, 전씨를 난센상 후보자로 추천하려는 움직임이 미국 로스앤젤레스 한인·베트남 지역사회를 중심으로 추진되었다. 이 운동에는 로체타 산체스 연방 하원의원과 루 코레아 캘리포니아주 하원의원, L.A.한인회, 오렌지카운티한인회, 한미연합회 오렌지카운티 지부, 난민구호재단 등이 동참하였다(한겨레 04.08.06).

○ 2004년 8월 : 한미동포재단은 L.A.한인회에 1만 달러의 후원기금을 전달하였다. 또한 동포재단의 목적이 한인회 지원인 만큼 재정이 허락하는 범위 내에서 한인회를 지속적으로 지원하기로 약속하였다.

○ 2004년 8월 : 제59주년 광복절 경축행사 및 타종식이 샌피드로 우정의 종각에서 열렸다. L.A.한인회와 민주평통 L.A.지회가 공동 주최한 이날 행사에는 이윤복 총영사, 제임스 한 L.A.시장 등 300여 명이 참석해 한국의 광복을 축하하고 한미 양국의 우정 증진을 기원했다.

○ 2004년 9월 : L.A.한인회, 한미은행 L.A.지점 등 한인 봉사단체 및 기업이 매주 금요일 경찰과 타운 합동순찰을 도는 '코리아타운방범순찰대'를 결성하였다.

○ 2004년 10월 : 유권자 등록 캠페인을 전개한 민족학교, 한인청소년회관, 한미연합회 등에 한인회가 포상하였다.

○ 2004년 12월 : 재외동포 참정권 국회청원 기자회견을 로텍스 호텔에서 오렌지카운티한인회, 미주총련 등과 함께 하였다.

○ 2004년 12월 : L.A.한인회는 나눔선교회와 양로병원을 방문하여 세밑 훈훈한 인정을 나눴다. 나눔선교회를 방문하여 1,000달러의 성금과 도서 2박스, 최희섭 선수 사인 야구공 20개와 운동용 가방 등을 전달했다. 한인회는 이어 그랜팍 양로원으로 자리를 옮겨 양말 200켤레와 떡 3상자 등을 기증했고, 가주양로호텔에는 양말 200켤레와 과일 3상자 등을 전달하였다.

○ 2005년 1월 : 한국축구국가대표팀의 L.A. 경기를 지원하는 차원에서 L.A.한인회와 L.A.체육회가 함께 만찬을 베풀었다.

○ 2005년 2월 : L.A.시장 선거와 관련하여 미주한인사회가 생긴 이래 처음으로 시장 후보 4명이 21일 한인타운에서 정견 발표회를 갖고 한인 표심 잡기에 나섰다. L.A.한인회, 민족학교, 한인청소년회관, 한미연합회 및 한인교회 연합 등이 주축이 된 한인정치력 신장 운동(KAPAM)이 주최한 행사에서 이들 후보는 타운 경제 활성화와 한인 경관 증원, 주민의회 지원 강화, 한국기업 유치 등 저마다 한인사회를 위한 정책을 내세우며 지지를 호소했다.

○ 2005년 2월 : 코리아타운 주민의회와 L.A.한인회가 한인사회 발전적 미래를 위해 상호 협조와 공조를 다짐하였다. 월셔센터-코리아타운 주민의회 대의원들은 L.A.한인회를 방문하여 타운 내 치안과 교통문제 해결에 상호 협조를 약속하였다.

○ 2005년 3월 : 일본 시마네현의 '독도의 날' 선포에 대한 항의로 L.A.한인사회의 100명이 넘는 한인들이 일본 L.A.총영사관 앞에 모여 일본의 억지 주장을 강력히 규탄하는 시위를 벌였다. 또한 오렌지카운티한인회, L.A.한인회 이용태 회장과 강상윤 이사장은 일본영사관을 방문하여 관계자들에게 항의서한을 전달했다.

○ 2005년 7월 : 한국학 중앙 연구원이 주최한 '일본교과서의 역사왜곡 비판' 토론회에 미주총련, L.A.한인회, 브루클린한인회, 뉴욕플러싱한인회, 퀸즈중부한인회, 시카고한인회장 등이 참석하였다.

○ 2005년 8월 : '북한 핵문제와 한미동맹관계'라는 주제로 통일문제 미주세미나를 개최하였다. L.A. 가든 스위트호텔 회의실에서 열린 세미나는 평화문제연구소 미주후원회와 민주평통 L.A.협의회가 주최하였고 통일부와 L.A.한인회, 한·미인권연구소, 한·미평화협회가 후원하였다.

○ 2005년 9월 : 한국노인상조회와 한국노인회는 노인회관을 L.A.한인회에 기증하기로 공식 서명하였다. 이에 노인복지회관 건립이 가능해졌다. 한인회 사무실에 열린 모임에서 상조회와 노인회 모두 노인복지회관 건립은 한인 노인들을 위한 회관으로 건립에 최선을 다하자고 다짐하였다.

○ 2005년 9월 : 허리케인 카트리나 이재민을 돕기 위한 온정이 줄을 잇고 있는 가운데 나성영락교회가 10만 달러의 거액을 구호성금으로 쾌척했다. 나성영락교회는 L.A.한인회를 방문해 사상 최악의 허리케인으로 삶의 터전을 잃은 이재민들에게 용기와 희망을 주기 위해 10만 달러를 전달했다.

○ 2005년 10월 : 노인복지회관의 효과적인 공간 활용을 위한 공청회가 L.A.한인회 사무실에서 열렸다. 노인복지회관 추진위원회와 L.A.한인회는 시설을 이용하는 노인들의 의견을 적극 반영하였다. 공청회에는 한국노인회, L.A.한국노인 상조회, 금란노인 상조회 등 한인 노인단체 관련자들이 참석하였다.

○ 2005년 10월 : 아놀드 슈워제네거 캘리포니아 주지사가 한인타운을 방문, 코리아타운 갤러리에서 한인들과 시간을 보내며 11월 8일 특별선거에 부쳐질 4개 발의안에 대해 지지를 호소했다. 주지사는 한인타운, 이란 커뮤니티와 리틀 사이공도 방문했지만 주류 방송들은 모두 코리아타운 방문에 대해 집중 보도하면서 특별선거를 의식해 소수민족 커뮤니티에 처음으로 관심을 보이는 주지사의 행보를 전달했다.

○ 2005년 10월 : L.A.한인회가 카트리나 성금 추가분 2만 9,000여 달러를 미국적십자 L.A.지부 윌리엄 홈킨스 국장에게 전달하였다.

○ 2005년 10월 단기 4338년 개천절 기념식에서 단군을 '신화가 아닌 실화'로 보는 애니메이션이 상영되고 이에 바탕한 한민족을 위한 중심철학의 필요성을 설명하는 강연이 진행되었다. 또한 막연한 과거지향적 선민의식을 벗어나 이를 현재적 의미로 재해석한 행동철학임이 강조되었으며 이런 흐름에는 L.A.단센터 및 국학원이 주도적으로 참여하고 있었다. 이날 행사는 L.A.한인회가 주관하고 L.A.총영사관, L.A.평통, 근우회 등 한인단체들이 대거 참여했다.

○ 2005년 11월 : 사할린 노인동포 L.A. 방문 환영 및 오찬에 한인회장, 총영사관, 민주평통회장, 한국노인회장, 한국노인상조회장, 금란노인상조회장, 맨하탄노인아파트회장, 대한노인동우회장, L.A.카운티노인복지위원회, 주요언론사 기자 등이 참석하였다. L.A.한인회는 사할린 노인동포에 대해 많은 관심과 지원을 약속하였다.

○ 2005년 12월 : L.A.한인회는 나눔선교회를 방문해 청소년을 위한 위로금을 전달했다. 한인회가 직접 청소년을 선도하진 못하지만 나눔선교회를 통해 불우 청소년을 도울 수 있게 돼 기쁘다고 전하였다.

○ 2005년 12월 : L.A.한인회와 재미어머니봉사회가 중앙양로병원을 찾아 외롭고 소외된 노인들을 위로하는 경로잔치를 가졌다. 한인회와 어머니봉사회는 팥죽 등 식사와 선물을 제공했고 한미무용연합회 회원들이 부채춤과 라인댄스로 흥을 돋우었다. 또한 이용태 한인회장은 노인들에게 식사를 대접하였다.

○ 2006년 1월 : L.A.한인회 산하 노인복지회관 건립추진위원회는 가주한인건설협회가 최소의 비용으로 복지회관을 건설하는 데 협력하겠다고 밝혔다. 건설협회는 한인사회 봉사라는 점을 고려하여 최종 공사비용을 결정할 예정이다.

○ 2006년 1월 : 민주평통자문회의 L.A.지역협의회의 신년하례식, 남가주 충청향우회 회장 이·취임식, 남가주 호남향우회 회장 이·취임식, 설날 큰 잔치에 참석하였다.

○ 2006년 1월 : 역사적인 제막식을 갖고 모습을 드러낸 다울정 앞에서 이윤복 L.A.총영사를 비롯해 이용태 한인회장, L.A.한인상공회의소 신구현 회장 등 관계자들과 허브웨슨 시의원 등이 태극기과 성조기를 흔들며 축하하였다. 연방의회가 선포한 첫 '한인의 날'을 맞아 곳곳에서 태극기가 게양되고 애국가가 울려 퍼짐으로써 또 다른 이민 100년의 발걸음은 힘차게 시작되었다.

○ 2006년 2월 : 2006 독일 월드컵을 앞두고 L.A.한인사회가 한인회와 체육회를 중심으로 한 대규모 후원회를 발족시키고 제2의 대한민국 열풍을 이어가기로 했다. L.A.한인회, 재미대한체육회, 재미대한축구협회, L.A.축구협회가 공동으로 가진 이날 기자회견에서 각 단체장들은 발족하게 될 월드컵 후원회의 문호를 활짝 열어 L.A. 한인사회의 모든 단체들이 참여하기를 기대한다면서 L.A. 붉은 악마와 함께 뜨거운 응원전을 펼치겠다고 밝혔다.

○ 2006년 2월 : L.A.노동상담소와 함께 생활임금 캠페인을 L.A.시에서 실시하였다.

○ 2006년 3월 : 미주예총의 무용 심포지엄 행사에 한인회장단이 참석하였다.

○ 2006년 3월 : 남가주기독교교회협의회가 중심이 되어 '반이민법 HR:4577' 저지운동을 전개하였다. 교회협의회는 새 법안이 교회의 봉사를 제한하고 있다고 주장하였으며 시위에는 한인회, 한인의류협회,

재미 해병대전우회 서부연합회 등이 함께 참가했다. 특히 한인의류협회는 850여 개 봉제공장이 모두 문을 닫고 시위에 참가하였다(크리스천투데이 06.03.27).

○ 2006년 4월 : 한미평화협의회가 주최한 시인 김지하 초청 특별강연회, 재미대한해병대전우회 서부연합회의 창립 27주년 기념식에 회장단이 참석하였다.

L.A.한인회는 미주총련을 비롯해 8개 한인회연합회와 한인문제에 공동으로 대응과 협력하고 있다. 따라서 이들의 연대는 지속성을 갖고 있으며, 연대의 강도가 높게 나타났다. 또한 L.A.한인회 소속의 산하 지역한인회와는 캘리포니아주 내의 한인 문제와 관련하여 자주 접촉하는 네트워크를 형성하고 있었다. L.A.한인회는 지역한인회 외에도 양로원과 노인 단체, 북한 옥수수 보내기, 고베지진 성금 지원 등 물질적 지원을 하고 있으며, 한미동포재단으로부터는 물질적 지원을 받고 있었다. 그 이외의 사회단체와는 특정 쟁점을 중심으로 혹은 친목 교류차원에서 네트워크를 형성하고 있지만, 강도는 높지 않았다.

둘째, 외국인단체와의 교류는 일본의 역사교과서 왜곡에 대해 아시아계 단체의 집단적 항의에 동참하는 수준이었다. 단발성 교류였다. 셋째, L.A.한인회의 지역 내 주류사회단체와의 네트워크는 복지와 관련하여 적십자사, 노인복지위원회와 교류하고 있었다. 넷째, L.A.한인회가 상대하는 정부기관은 한국정부를 대신하는 총영사관 중심의 네트워크였으며, 지속성과 강한 연대의 네트워크이다. L.A.주·시정부와의 교류는 선거, 안전, 한인권익, 그리고 상호 친목의 수준에서 네트워크가 행해지고 있었다.

(2) 모국연대

○ 2005년 7월 : 한국학 중앙연구원이 주최한 '일본교과서의 역사왜곡 비판' 토론회에 미주총련, L.A.한인회, 브루클린한인회, 뉴욕플러싱한인회, 퀸즈중부한인회, 시카고한인회장 등이 참석하였다.

○ 2005년 8월 : '북한 핵문제와 한미동맹관계'라는 주제로 통일문제 세미나가 개최되었다. 평화문제연구소 미주후원회와 민주평통 L.A. 협의회가 주최하였고 통일부와 L.A.한인회, 한·미인권연구소, 한·미평화협회가 후원하였다.

○ 2006년 1월 : 한국기독교총연합회 최성규 회장이 허리케인 카트리나로 피해를 입은 한인이재민들에게 이상호 뉴올리언스 한인재해대책위원장을 통해 42만 5,407달러의 성금을 전달하는 행사에 L.A.한인회장이 참석하였다.

○ 2006년 2월 : 강명득 법무부 출입국관리국장을 L.A.한인회가 초청하여 동포간담회의 자리를 가졌다.

재외동포재단과 L.A.한인회는 한민족 관련 대회 때문에 긴밀한 네트워크가 이루어지고 있었다. 그 이외의 단체와는 접촉이 있지만 연대의 강도가 높지는 않은 네트워크였다. 한편 정부기관과의 네트워크는 L.A.에 많은 한인들이 거주하고 생활하기 때문에 긴밀한 유대관계가 형성되고 있었다.

(3) 한민족연대

○ 1984년 12월 : 세계문제연구소 주최로 '제1차 해외한민족회의'가 열렸다. 뉴욕한인회, L.A.한인회, 재일민단, 브라질한인회, 캐나다한인회총연합회 등 세계 12개국 49명 대표가 참석한 가운데 뉴욕에서 개막되었다.

○ 1985년 2월 : 한국정부가 주최하는 '88 서울 올림픽' 세미나를 위해 미주총련, 뉴욕한인회, L.A.한인회, 시카고한인회 등 미국 대표 67명이 한국을 방문하였다. 이 세미나에는 재일민단, 독일한인회, 캐나다한인회총련합회 등 36개국 183명의 해외 동포들이 참가하였다. 이 세미나를 통해 해외동포들이 조국 발전을 위하여 기여할 수 있는 역할과 후원 방안들이 논의되었으며 국회 및 각부 장관들을 예방하여 동포사회 실상을 알리는 데 크게 기여하였다.

○ 1987년 11월 : 재일민단이 주관하여 일본 동경에서 '제1회 해외한민족대표자대회'가 개최되었다. 미주총련, 뉴욕한인회, L.A.한인회, 시카고한인회, 독일한인회, 캐나다한인회총련합회 등 31개국 303명이 참가하여 상호간 우호, 한국의 발전, 재외동포의 역할에 대해 심도있는 대화를 나누었다.

○ 1989년 6월 : 6월 22일부터 25일까지 워싱턴 D.C에서 '제2회 해외한민족대표자대회'가 열렸다. 재외동포의 화합과 교류증진 및 연대의 강화를 논의하였다. 세계 33개국 300여 명의 한인단체 대표들이 모인 가운데 열렸다. 미주총련과 뉴욕한인회, L.A.한인회 등 9개 지역 한인회를 비롯해 재일민단, 캐나다한인회총련합회, 독일한인회, 프랑스한인회, 스위스한인회, 싱가포르한인회 등이 참석하였다.

○ 1991년 6월 : 독일 베를린에서 열렸던 '제3회 해외한민족대표자대회'에 참가하였다. 해외 한인 동포사회의 경제, 민족교육과 권익옹호, 발전을 위한 토의가 있었고, 해외 한민족으로서 조국의 통일을 촉진시킬 수 있는 방안을 모색하였다. 회의에는 재소련고려인협회, 재일민단, 미국의 미주총련, 뉴욕한인회, 시카고한인회, L.A.한인회, 호주 한인회, 오스트리아 한인회, 캐나다한인회총련합회, 아르헨티나한인회 대표가 참석하였다.

○ 2002년 7월 : 서울에서 재외동포재단 주최로 '세계한인회 회장단' 회의가 열렸다. 미주총련을 비롯해, 뉴욕한인회, L.A.한인회, 캐나다한

인회총련합회, 재일민단, 스위스한인회, 브라질한인회, 독일한인회, 재중국한인회 등 세계 각지의 한인회장단이 참석하였다.

○ 2003년 8월 : 재외동포재단 주최로 '세계한인지도자대회'가 열렸다. 이 대회에는 미주총련, L.A.한인회, 재일민단, 재중한국인회, 탄자니아한인회 등 다수의 재외한인단체 대표가 참석하였다. 또한 대회 기간 중 국회의장, 국회 법사위원장, 국무총리, 한나라당 대표, 민주당 대표를 면담하여 재외동포 특례법 개정안의 연내 통과를 요청하였으며, 면담자 모두가 이에 동의하였다.

○ 2004년 5월 : '2004 세계한인회장대회'에 참석한 한인회장단은 한민족과 세계 동포사회의 발전에 힘을 모으겠다고 결의하였다. 밸리한인회, 오렌지카운티한인회, 미주총련, 뉴욕한인회 등이 함께하였는데, 재외동포재단이 주최한 이번 회의에 50개국 270명의 한인회장들이 참여하였다.

○ 2005년 7월 : 재외동포재단이 서울에서 주최한 '2005 세계한인회장대회'에 미주총련, L.A.한인회 브루클린한인회, 뉴욕플러싱한인회, 퀸즈중부한인회, 시카고한인회, 재일민단, 캐나다한인회총련합회, 독일한인회, 싱가포르한인회, 스위스한인회, 브라질한인회, 멕시코한인회, 필리핀한인회, 재중국한인회 등이 참석하였다.

한국 정부, 재외동포재단 및 해외한민족대표자협의회 주최의 각종 한민족 국제회의가 해외 한인들의 만남을 제공함으로써 한민족 네트워크가 이루어지고 있었다. 〈표 Ⅲ-3〉에 L.A.한인회의 네트워크 현황을 요약해 놓았다.

(4) 연대의 특징과 문제점

L.A.한인회는 지역연대 항목에서 한인단체 간에는 활발한 네트워크 관계를 구축하고 있는 반면 외국인단체와는 특정 쟁점을 가지고 정책연대를 펴고 있으며, 정부기관과는 한인들의 대표단체로서 긴밀한 교류

<표 Ⅲ-3> L.A.한인회 네트워크 현황

구 분		연대단체
지역 연대	한인단체	밸리한인회, 오렌지카운티한인회, L.A.동부한인회, 브루클린한인회, 뉴욕플러싱한인회, 퀸즈중부한인회, 시카고한인회, 한국인권문제연구소, 남가주기독교회협의회, 우리민족돕기L.A.본부, 한국인 교향악단, 한국일보사, 세계문제연구소, 남가주한국학원, L.A.한국교육원, 한미은행L.A.지점, 코리아타운방범순찰대, 한인정치력신장운동, 2차세계대전피해배상청구한인연합회, 민족학교, 재미학교6.25참전동지회, L.A.한인상공회의소, L.A.한인노인상조회, 미주총련, 뉴욕한인회, 한미연합회오렌지카운티지부, 한미동포재단, 한인청소년회관, 나눔선교회, 그린팩양로병원, 가주양로호텔, 재미대한체육회, L.A.체육회, L.A.축구협회, 재미대한축구협회, 한인교회연합회, 코리아타운주민의회, 평화문제연구소미주후원회, 한미인권연구소, 한미평화협회, 한국노인회, 나성영락교회, 금란노인상조회, 근우회, 맨하탄노인아파트회, 중앙양로병원, 대한노인동우회, 재미어머니봉사회, 한미무용연합회, 가주한인건설협회, 남가주한인목사협의회, 한인의류협회, 재미해병대전우회서부연합회, 남가주충청향우회, 남가주호남향우회, L.A.한인노동상담소, 미주예총, 한미연합회, L.A.단센터, L.A.국학원, 민주평통L.A.지부
	외국인단체	재미중국동포연합, 2차대선사보존연합회(ALPH:L.A.), 글로벌얼라이언스, 오키나와평화네트워크L.A.지부, 난민구호재단, 적십자L.A.지부, L.A.카운티노인복지위원회
	정부기관	L.A.시, L.A.총영사관, 윌셔경찰서, 캘리포니아주정부
국제 연대	한인단체	
	외국인단체 및 정부기관	
모국 연대	국내단체	재외동포재단, 한나라당, 민주당, 한국기독교총연합회
	정부기관	한국정부, 통일부, 법무부, 국회, 한국학중앙연구원
한민족연대		88 서울올림픽 세미나, 세계한인회장대회, 세계한인지도자대회, 해외한민족대표자회의

를 하고 있었다. L.A.시가 여러 인종과 민족들이 함께 생활하는 공간이라면 외국인단체 및 정부기관과도 네트워크를 가질 수 있는 기회를 마련해야 한다.

모국연대는 재외동포재단 위주이다. 한민족연대는 2000년 이전에는 주로 해외지역에서, 2000년 이후는 한국에서 한민족대회가 개최되기 때문에 각 지역의 많은 한인회원들이 참여하기보다는 회장단이 중심이 되어 참여함으로써 재외한인단체 일반 회원들의 참여가 아주 미약한 실정이다. 이 같은 점은 한인회 모두의 공통 사항이다.

2. 권익 · 봉사단체

1) 청년학교(YKASEC)

(1) 지역연대

○ 1993년 : 민족미래연구소와 '국제적 시대 인식에 관한 정세 분석과 전망'이라는 주제로 세미나를 개최하였다.

○ 1995년 : 라틴아메리카통합센터와 이민자들의 권익옹호를 위해 Community Forum을 개최하였다.

○ 2003년 : 한인봉사센터 및 퀸즈 YWCA, 청년학교가 공동으로 한인 실업자들을 위한 '직업교육 프로그램'이라는 포럼을 개최하였다.

○ 2003년 2월 : 라틴아메리카통합센터와 청년학교는 '이민자 권익 옹호 로비 대회'를 공동개최하였다.

○ 2003년 9월 : '전국 시민권의 날'을 맞아 시민권 신청서를 비롯한 각종 이민 신청서 적체 해소를 촉구하는 항의시위가 개최됐다. 시위에는 뉴욕이민자연맹, 청년학교, 미교협, 아주인평등회, 라틴아메리카통합센터 등 한인과 아시안, 러시아인, 히스패닉계 등 이민자 커뮤니티를 총망라한 이민단체가 참여해 부시 대통령이 취임 초기 공약했던 모든 이민 신청서의 6개월 이내 처리 약속을 지키라고 촉구하였다.

○ 2004년 12월 : 권익단체 특성화와 연대강화를 통해 한인사회의 실질적 정치력 신장을 도모하였다. 뉴욕 · 뉴저지 한인유권자센터, 한미

시민활동연대, 아시아태평양아메리칸유권자협회(APAVA), 아시아아메리칸법률교육재단(ALLDEF) 등과 연대하여 아시안 유권자들의 투표 참여를 촉구하였다.

○ 2005년 1월 : AALDEF과 청년학교가 공동으로 운영하는 '한인노동자 프로젝트'가 조선족 돕기에 나섰다. 아시아아메리칸법률교육재단, 청년학교와 뉴욕조선족동포회는 조선족 노동자들을 돕기 위해 최저임금, 상해 보험 등 노동자에게 가장 중요한 기본 권리를 알리는 세미나를 개최하였다. 또 이들의 임금, 보험가입 여부, 근무시간 등 근무조건을 파악하는 보고서를 만들어 자료로 사용하였다.

○ 2005년 12월 : 민권 운동가 로자 팍스를 추모하는 '제50회 자유의 행진'이 플러싱에서 퀸즈 YWCA, 코리안아메리칸시민활동연대, 청년학교 등 한인단체를 포함한 20여 개의 지역 단체들이 참석한 가운데 거행되었다. 존 리우 뉴욕시의원과 로자 팍스 트리뷰트 커뮤니티가 주최한 이날 행사는 타계한 팍스의 행동을 기억하는 기념식과 행진이 진행되었다(미주한국일보 05.12.02).

○ 2005년 12월 : 사복 경찰로부터 폭행을 당하고 피의자로 몰린 이인수, 이모형 씨를 돕기 위해 한인 권익단체와 종교기관들이 목격자 찾기에 나섰다. 청년학교와 권익신장위원회, 원불교 뉴욕교당 등은 피의자들이 누명을 벗을 수 있도록 증인들이 속히 나서주기를 바라고 있다(미주중앙일보 05.12.10).

○ 2005년 12월 : 청년학교 한인 노동자 권리 프로젝트가 대변한 해고 한인이 법정투쟁에서 승리하였다. 청년학교와 AALDEF가 공동으로 실시하고 있는 '한국인 노동자 프로젝트'가 해고 노동자 양두남 씨를 끝까지 대변, 법정 승소판결을 받아내 한인 노동자의 권익을 보호했다(미주한국일보 05.12.12).

○ 2005년 12월 : 퀸즈 선거관리위원회가 선거안내책자를 발간할 때 한국어, 중국어 번역본을 첨부하는 등 번역·통역서비스를 제공하고 있

는 것에 대해 일부 주민들이 편견을 갖고 불평을 하고 있는 것으로 밝혀져 한인과 아시안 단체들이 대처에 나섰다. 청년학교는 뉴욕주 선거 캠페인위원회에서 개최한 공청회에 참석해 언어 서비스의 중요성을 강조하고 특히 안내책자의 번역본 제공이 계속되어야 한다는 입장을 밝혔다(미주중앙일보 05.12.13).

○ 2005년 12월 : 청년학교와 미주한인봉사교육단체협의회는 연방하원 법사위를 통과, 15일 전체표결을 앞두고 있는 '국경수비, 반테러 및 불법이민 제한법안'을 결사반대하는 '센센브레너 법안 반대 긴급 캠페인'을 시행하면서 강력 대응키로 했다. 반 이민 법안으로 규정한 청년학교는 뉴욕 주 연방하원의원 사무실에 전화를 걸어 이 법안에 대한 한인 커뮤니티의 반대 입장을 전달하고, 의회 전체표결에서 반대표를 던져 줄 것을 요청했다(미주한국일보 05.12.14).

○ 2005년 12월 : 반 이민법으로 알려진 '국경수비, 반테러 및 불법이민제한법(H.R. 4437)'이 연방하원을 통과하자 이민자 권익옹호 단체들이 거세게 반발하였다. 청년학교, 미국장로교총회, 가톨릭주교회의 등 종교계와 미 상공회의소 등 업계단체들이 합동으로 반대운동에 나섰다(미주한국일보 05.12.20).

○ 2005년 12월 : 서울 플라자 종업원 13명이 체불임금 미지급을 이유로 집단 소송에 나섰다. 청년학교와 AALDEF가 공동으로 실시하고 있는 '한국인 노동자 프로젝트'의 스티븐 최 디렉터는 브루클린 소재 연방 동부지법에 소장을 제출한 이들 종업원들은 최저임금과 초과수당, 추가수당, 팁 등을 제대로 받지 못했으며, 특히 영업이 정지된 지난 2월 25일 전 2주부터 최고 6주간의 주급을 전혀 받지 못하였다고 주장하였다. 두 단체는 이들 종업원들의 소송을 적극 도와주기로 결정하였다.

○ 2005년 12월 : 청년학교와 AALDEF가 '한인노동자 프로젝트'를 실시하였다. 무료법률상담의 제공, 한인노동자들에게 최저임금과 오버타임, 실업수당 등에 대한 정보를 제공하고 여러 건의 분쟁을 합의로 이끌어 내었다.

○ 2006년 1월 : 2003년에 한인봉사센터 및 퀸즈 YWCA 그리고 청년학교가 공동으로 개최하였던 한인 실업자들을 위한 '직업교육 프로그램' 포럼을 2006년도에 다시 열어 많은 한인들이 참여하였다.

○ 2006년 3월 : 뉴욕시와 의회를 상대로 이민자 권익로비 활동을 펼친 한인단체들이 뉴욕주정부와 의회를 방문하여 불법체류자 운전면허 취득 허용 등 이민사회의 요구를 전달하였다. '올바니 이민자의 날' 행사의 한인사회 참여를 주관하는 청년학교와 뉴욕한인회, 뉴욕한인봉사센터, 퀸즈YWCA, 뉴욕가정상담소, 원불교 뉴욕교당 등은 구체적인 로비활동 계획을 밝혔다(미주중앙일보 06.03.07).

○ 2006년 3월 : 뉴욕조선족동포회는 사무실에서 청년학교 문유성 사무국장을 초청, 무료 이민법 세미나를 가졌다. 문유성 사무국장은 현재 상원에서 진행되고 있는 이민 관련 법안에 관한 설명과 앞으로의 이민 전망 등을 강연하였다. 또한 이민법과 관련된 참석자들의 궁금증을 해소하기 위해 이민법에 관한 질의응답 시간을 갖고 청년학교가 현재 제공하고 있는 민권종합법률 서비스에 대해 설명을 해 참석자들의 큰 호응을 얻었다(미주한국일보 06.03.11).

청년학교의 지역연대는 3개 항목에서 균형 있는 네트워크를 구축하고 있었다. 한인단체와는 한인 이민자들의 권익, 인권, 유권자 참여 권리 등의 분야에서 다양한 목소리를 대변하고 있다. 청년학교는 교협, 민족학교, 시카고 한인교육문화마당집 등과는 연대의 강도가 높고, 자주 접촉하는 긴밀한 네트워크를 갖고 있었다. 청년학교는 외국인단체와도 주로 인권과 권익 문제를 가지고 미 연방정부, 뉴욕시 정부 및 의회를 상대로 정책적 연대를 펼치고 있다. 반면 이들 정부기관과는 이민자 권리, 선거와 관련하여 교류 관계를 갖고 있었다.

(2) 국제연대

○ 1990년 : 호주에서 활동하고 있는 Korean resource center, 그리고 캐나다에 있는 민족교육문화원과 상호 정보 교환 및 2년에 한 번 해외 동포대회를 공동 개최하기로 했다.

○ 2003년 : 일본의 평화운동단체인 Peace Boat와 교류관계를 가졌다. 이 단체는 1년에 한 번씩 보트로 미국을 방문하여 평화를 홍보하는 활동을 전개하고 있다.

청년학교의 한인단체 국제연대는 호주와 캐나다 한인단체와 상호 정보 교환을 목적으로 교류를 하고 있었으며, 외국단체는 일본의 평화운동단체와 1년에 한 번씩 교류하는 지속성을 띠고 있다.

(3) 모국연대

○ 2003년 : 한국의 5·18기념재단에서 인턴프로그램의 운영 차원에서 3명의 인턴을 청년학교에 파견하였다.

○ 2005년 : 경북대 국제교류학과 학생들이 6개월에서 1년 정도 인턴프로그램의 일환으로 청년학교에서 인턴십을 수행하고 있다.

인권과 직·간접적으로 연관되어 있는 단체와 네트워크를 형성하고 있었다. 광주 5·18기념재단과는 회의 및 학생 파견 등의 문제로 지속적인 교류를 하고 있었다. 한편, 청년학교는 한국의 정부기관과는 전혀 교류관계가 없었다. 청년학교가 주로 미국 내 한인들의 권익과 인권을 위해 운동하기 때문에 한국정부와는 교류가 없다. 청년학교의 한민족연대는 없는 것으로 나타났다. 〈표 Ⅲ-4〉는 청년학교의 네트워크를 정리해 놓은 표이다.

<표 Ⅲ-4> 청년학교 네트워크 현황

구 분		연대단체
지역 연대	한인단체	뉴욕한인봉사센터, 뉴욕·뉴저지한인유권자센터, 한미시민활동연대, 한인권익신장위원회, 코리안아메리칸시민활동연대, 원불교 뉴욕교당, 미주한인봉사교육단체협의회, 뉴욕한인회, 한인원로자 문회의, 뉴욕가정상담소, 퀸즈YWCA, 뉴욕조선족동포회, 민족미 래연구소
	외국인단체	라틴아메리카통합센터, 뉴욕이민자연맹, 아주인평등회, 아시아태 평양아메리칸유권자협의회(APAVA), 아시안아메리칸법률교육 재단, 로자팍스트리뷰트커뮤니티, 뉴욕주선거캠페인위원회, 미국 장로교총회, 가톨릭주교회, 미국상공회의소
	정부기관	뉴욕시선거관리위원회, 뉴욕시, 뉴욕주정부 의회
국제 연대	한인단체	Korean resource center, 캐나다민족교육문화원
	외국인단체 및 정부기관	Peace Boat
모국 연대	국내단체	5·18기념재단, 경북대학교국제교류학과
	정부기관	
한민족연대		

(4) 연대의 특징과 문제점

청년학교의 네트워크는 모국연대에서 한국정부와 그리고 한민족연대
가 전혀 없다는 점을 제외하고는 그 어느 단체보다 단체 간 폭넓은 네
트워크를 구축하고 있었다. 특히 권익 및 인권문제와 관련하여 한인단
체, 외국인단체와 특정 쟁점에 대해 정책적 연대를 행하고 있으며, 국제
연대에서도 호주, 캐나다 한인단체와 해외동포대회를 개최하였다. 국내
단체와는 주로 인권단체와 교류하고 있지만, 한국 정부기관과는 네트워
크가 없었다.

청년학교는 교협, 시카고 한인교육문화마당집, 민족학교 등과 높은
유대관계를 맺고 있다. 그러나 한국의 소수 인권단체 또는 한국 정부나
정부 산하의 인권기관과는 전혀 교류가 없는 것으로 나타났다. 미국 한
인들의 권익과 인권 보호를 위한 대표 단체로서 청년학교가 모국과 정

보를 교환, 공유하는 것이 모국 정부와 청년학교 모두에게 이익이 된다는 점에서 모국과의 네트워크 구축에 심혈을 기울여야 한다.

2) 민족학교

(1) 지역연대

○ 1994년 : L.A.한국청년연합과 공동으로 L.A.주민발의안 187 반대운동을 전개했으며, 웰페어 개정안 공개토론회를 개최하였다.

○ 2001년 : 2006년 현재까지 민족학교는 문화교류 차원에서 주류사회단체인 미국시민자유연합과 정기적으로 교류하고 있다.

○ 2001년 4월 : L.A.한인회, 오렌지카운티한인회, 2차대전 피해배상청구한인연합회, 민족학교, 재미한국 6·25참전동지회 등 100여 개 한인단체와 재미중국동포연합, 오키나와평화네트워크 L.A.지부 등 30여 개 외국단체 회원들은 일본 영사관 앞에서 교과서 왜곡 규탄시위를 벌였다. 이들 회원들은 일본 정부에 즉각 시정을 촉구하였다.

○ 2002년 1월 : 로스앤젤레스 한인단체들은 현재 4개 선거구로 나눠져 있는 코리아타운을 하나의 선거구로 통합해줄 것을 촉구했다. 한인회와 한미연합회, 민족학교, 상공회의소 등 L.A.한인단체 서명서(4천 48장)를 시 선거구재조정위원회에 전달하고 이처럼 한목소리를 냈다.

○ 2003년 1월 : 미 서부지역의 중심도시인 L.A. 다운타운에서 대규모 반전시위가 열렸다. 지난 12월 14일 할리우드에서 열린 반전시위에 이어 열린 시위는 행사를 준비한 지역 반전·평화운동단체들의 예상을 뛰어넘어 연인원 2만 5천여 명에 가까운 일반 시민들이 참여, 지난 70년대의 반전 시위 이후 최대의 규모를 이루었다. 행사를 주관한 전쟁중단과 인종차별철폐(Answer: Act Now to Stop the War and End Racism), 세계평화연대(CFWP: Coalition for Word Peace), 정의와 평화를 위한 종교단체연합(ICUJP: Interfaith Communities United for Justice and Peace),

우리의 이름으로는 안되오(NION: Not In Our Name) 등 4개 단체는 물론 IAC(International Action Center), 전국 변호사조합(HEED: National L.A.wyers Guild), APAL.A.(Asian Pacific American L.Aa Alliance), CHIR L.A.(Coalition for Humane Lmmigrant, Los Angeles)을 비롯해 60여 개가 넘는 지역 평화운동단체가 행사에 참여했다. L.A. 지역 한인들의 참여도 적극적이었다. 이날의 시위에는 통일 맞이 나성포럼, 민들레, 자주연합, 재미한국청년연합, 민족통신, 한인 노동상담소 등 L.A. 지역의 민족민주 운동단체들이 참여해 평화를 위한 연대의 힘을 강조했다.

○ 2005년 6월 : 민족학교와 미주한인봉사교육단체협의회(NAKASEC)는 한인 노인, 청장년, 청소년들을 대상으로 제1차 이민법 개혁을 위한 커뮤니티 의견을 수렴함과 동시에 이민개혁 정책의 필요성과 이민자 커뮤니티에 필요한 이민정책에 대해 토의하였다.

○ 2005년 7월 : L.A.경찰국의 불체자 단속금지 조항(스페셜 오더 40) 개정안이 검토 중인 것과 관련, 민족학교와 남가주한인노동상담소 등 한인단체와 라틴계 이민자 단체들은 9일 사우스 센트럴 샌 미구엘홀에서 비공개 회의를 갖고 서류 미비자들의 피해사례를 청취했다. 이날 회의에서 피해자들은 범죄 피해자이면서도 체류신분이 드러날 것을 우려, 제대로 신고하지 못하는 등 피해가 끊이지 않는다며 경찰의 불체자 단속에 강력히 반대했다.

○ 2005년 8월 : 민족학교가 주관한 '건강의 날' 행사에 약 140여 명의 한인들이 찾아와 건강검진을 받았다. 이 날 행사는 남가주 전남대총동문회, L.A.카운티 보건국, UCL.A. 아태건강봉사단이 후원해 주었다.

○ 2005년 10월 : 선거구 재조정 등 8개의 주민발의안에 대한 캘리포니아주 특별 선거를 앞두고 민족학교는 선거 캠페인에 돌입하였다. 민족학교는 비영리단체인 리버티 보트의 후원으로 한글판 주민발의안 2만 부를 제작, 노인아파트와 교회, 마켓 등을 방문하여 홍보전을 펼쳤다(미주 한국일보 05.10.05).

○ 2005년 12월 : 민족학교는 '포괄적 이민개혁법안(메케인-케네디 법안)' 홍보 캠페인을 한인사회가 주도해 성공적으로 이끌었다. 민족학교, L.A.한인회 등 남가주 한인사회 60여 개인·단체가 참여하여 결성된 '포괄적 이민개혁법안' 광고 캠페인 '남가주 범동포 추진위원회(공동대표 이길주·조동진)'는 언론에 광고하기 위해 동포들에게 1인 1달러 보태기 운동을 전개하였다. 이 운동에 라티노 커뮤니티 등 타인종 사회단체들이 합류하였다는 소식이 워싱턴포스트 및 뉴욕타임스 등 유력언론에 기사화되었다.

○ 2005년 12월 : 불법체류자를 묵인할 경우 처벌할 수 있도록 한 조항을 지닌 반이민 법안인 센센브레너(HR4317)가 연방하원을 통과하였다. 이에 민족학교, 미주한인봉사교육단체협의회 등 한인단체와 L.A.이민자권리연합(CHIRL.A.), CARECEN SEIU 등 각계 이민·노동 기구들은 브레아시에 소재한 게리 밀러 의원 사무실 앞에서 법안 반대 시위를 펼쳤다(미주중앙일보 05.12.20).

○ 2005년 12월 : 최근 연방 상원에 재상정된 불법체류 학생 구제 정책인 '드림법안(Dream Act:S.2075)'의 통과 분위기 조성을 위해 민족학교와 미주한인봉사교육단체협의회, 남가주한인노동상담소 등 한인단체들과 L.A.이민자 권리연합(CHIRL.A.) 등이 드림법안 통과 운동을 위해 'L.A.드림팀 연합'을 결성하였다. 이들은 '연방 상원의원 전체를 상대로 드림법안 찬성투표를 하도록 전화와 e메일 등을 통해 꾸준히 요구하겠다'고 발표하였다.

○ 2006년 3월 : HR4317 법안을 규탄하는 반대시위가 열렸다. 민족학교, 미교협이 공동조직한 시위단에는 한인봉제협회, 의료협회, 한인회, 해병동지회, 한인노동상담소 등 단체회원들과 일반 동포들이 참가하였다.

○ 2006년 4월 : 민족학교, 남가주한인노동상담소, 재미한인자원봉사자회, 남가주 한인교회협의회, 봉제협회, 의류협회, 재미해병대전우회,

한인봉사교육단체협의회 등은 '이민개혁을 위한 한인 단체장 회의'를 열고 포괄적 이민정책을 요구하는 집회를 가졌다. 이들 기관들은 또한 국제서비스노조 660지부, 농장노동자연대, 멕시칸 이민자동맹 등 주류·라티노 이민 노동자 기구와 합동회의를 진행하고 있다(미주중앙일보 06.04.05).

민족학교는 지역연대에서 한인단체와는 복지, 인권, 권익, 평화, 선거, 이민법 반대 등의 문제로 정책적 연대를 펼치고 있었다. 이들 간의 연대의 강도는 강하며, 한인 관련 쟁점이 부상될 때마다 연대하고 있다. 외국인단체와 연대는 이민법 반대, 일본의 역사교과서 왜곡, 평화, 복지 등의 문제로 지속적인 관계를 갖고 있었다. 특히 L.A.이민자권리연합과는 강도가 높은 그리고 지속적인 연대 관계를 형성하고 있었다. 정부기관과인 L.A.보건국과는 한인들의 건강 문제로 교류하고 있었다. 민족학교의 국제연대는 없는 것으로 나타났다.

(2) 모국연대

○ 2001년 5월 : 광주민중항쟁 제21주년을 맞아 L.A.한국문화원에서 L.A.한인회와 5·18민중항쟁기념사업위원회 주최로 강연이 있었다. 김만흠 연구원은 광주민중항쟁은 부당한 권력에 대한 저항으로 그 정신은 살리고 계승해야 할 것이라고 말했다. 민족학교를 비롯해 다수의 한인들이 경청하였다(연합뉴스 01.05.19).

○ 2003년부터 5·18기념재단 그리고 2005년부터는 경북대 국제교류학과의 요청으로 민족학교는 인턴십 프로그램의 협조 차원에서 인턴들을 받아들이고 있다.

○ 2003년 10월 : 5·18기념재단 강신석 이사장이 민족학교를 방문하여 미국 내에서 진행된 5월 관련 자료를 수집하고, L.A. 거주 민주인사들을 만났다.

정부기관과는 네트워크가 없었으며, 국내단체와의 교류는 인권 및 민주주의 문제로 5·18기념재단과 교류하고 있으며, 경북대 및 5·18기념재단과 인턴십 프로그램을 운영하고 있다. 민족학교의 한민족연대는 없는 것으로 나타났다. 〈표 Ⅲ-5〉에 민족학교의 네트워크 현황을 정리해 놓았다.

〈표 Ⅲ-5〉 민족학교 네트워크 현황

구 분		연대단체
지역 연대	한인단체	L.A.한국청년연합, L.A.한인회, 오렌지카운티한인회, 2차대전 피해배상청구한인연합회, 재미한국6·25참전동지회, 오키나와평화네트워크L.A.지부, 한미연합회, 한인상공회의소, 통일맞이나성포럼, 민들레, 자주연합, 재미한국청년연합, 민족통신, 미교협, 남가주전남대총동문회, 남가주한인노동상담소, 한인봉제협회, 의료협회, 해병동지회, 재미한인자원봉사자회, 남가주한인교회협의회
	외국인단체	재미중국동포연합, 라티노커뮤니티, 맥시칸이민자연맹, L.A.이민자권리연합, CARE-CEN SE-IU, 전쟁중단과 인종차별철폐, 세계평화연대, 정의와 평화를 위한 종교단체연합, 우리의 이름으론 안되오, UCL.A.아태건강봉사단, 리버티 보트, 미국시민자유연합, IAC 전국변호사조합 APAL.A., CHIR L.A.
	정부기관	L.A.카운티보건국
국제 연대	한인단체	
	외국인단체 및 정부기관	
모국 연대	국내단체	5·18민중항쟁기념사업위원회, 5·18기념재단, 경북대국제교류학과
	정부기관	
한민족연대		

(3) 연대의 특징과 문제점

민족학교는 L.A.를 중심으로 한인 및 외국인단체와 함께 인권, 이민법반대 투쟁, 전쟁반대와 평화문제를 쟁점으로 긴밀하고도 강도 높은 네트워크를 구축하고 있다. 반면에 지역연대에서 정부기관 그리고 모국연대에서 한국정부와는 교류가 아주 빈약하다. 이는 민족학교가 주로 미국 정부를 상대로 인권, 이민법 등 항의, 집단 시위를 펼치기 때문에 교류가 형성되지 않고 있다. 민족학교는 지역연대의 활발한 활동 이외에도, 국제연대를 통해 인권, 평화의 문제로 한인단체 및 외국인 단체와 네트워크를 가져야 한다. 그럼으로써 미국, 일본 정부를 상대로 더 많은 국제적 지지를 획득함으로써 강도 높은 영향력을 행사할 수 있다.

3) 한인유권자센터

(1) 지역연대

○ 1996년 5월 : 뉴욕한인회의 유권자추진위원회와 함께 플러싱의 공용주차장 앞에서 유권자 등록 활동을 전개하였다.

○ 1997년 2월 : 베이사이드 소재 뉴욕한인교회(김정국 목사), 플러싱 제일교회를 방문하여 슬라이드 상영 및 유권자 등록을 하였다.

○ 1997년 3월 : 롱아일랜드 한인성당을 방문하여 슬라이드 상영 및 유권자 등록 활동을 했으며, '97 뉴욕시 선거의 특성과 올바른 선거방법'이란 주제로 뉴욕선거관리위원회와 함께 유권자센터에서 세미나를 개최하였다.

○ 1998년 9월 : 자메이카 상인 번영회와 브롱스한인청년회와 함께 지역의 한인 상점을 돌면서 유권자 등록 활동을 했다.

○ 1998년 10월 : 브롱스 한인노인회를 방문하여 투표기계작동법과 선거에 관한 설명회를 가졌으며, 지역단체장들과 함께 투표참여 캠페인 대책을 논의하였다.

○ 1999년 11월 : 센서스 추진위원회가 주최한 '센서스 인식의 날' 선포식에 참석하였다. 김재일 이사장과 유권자센터 부설 한울풍물패 청소년들도 같이 참석하였다.

○ 2000년 11월 : 선거참여 연대 홍보 활동을 전개하였다. 참여기관

은 한인유권자센터, 한인권익신장협의회, 청년학교, 미주한인단체봉사협의회, 뉴욕한인회 유권자추진위원회 등이다. 홍보 내용은 한국말 선거책자의 발송, 한인상가 밀집지역에 홍보물 배포, 2000년 20만 명 선거참여약정 서명운동의 지속적 전개 등이었다.

○ 2001년 8월 : 유권자 등록활동을 폈으며, 참가단체는 한인유권자센터, 한뜻열린마당, 풍물패 한울, 코넬대학생, 뉴욕한인회 등 이다.

○ 2002년 6월 : 6·15 남북정상회담을 기념하는 뉴욕 평통 주최의 기념행사에 참석하여 정치력의 중요성을 홍보하였다.

○ 2002년 8월 : 한인유권자센터는 뉴욕한인회 제1차 정기 세미나에 참석하여 한인 유권자실태를 보고하고, 한인들의 유권자 등록과 투표참여를 강조하였다.

○ 2002년 9월 : 11월 선거를 대비하여 한인들의 투표율 상승을 위해 라디오 서울과 공동으로 캠페인을 전개하였다. 또한 22일에는 브루클린의 흑인과 남미계 동네의 HighL.A.nd Park에서 Block Party를 한국문화풍물패(KCON: Korean Culturl Outreach Network)와 공동으로 개최하여 주민들에게 한국 음식을 나눠주고 풍물 공연을 하였다.

○ 2002년 11월 : AALDEF와 함께 투표장에서 설문을 조사하였다.

○ 2003년 3월 : 한인 유권자센터와 한인권익신장위원회가 성상요한 천주교회에서 유권자 등록 활동을 펴서 20명의 신규 유권자를 확보하였다.

○ 2003년 5월 : 한인 유권자센터와 한인권익신장위원회는 베이사이드에 위치한 뉴욕한인교회에서 유권자 등록 활동으로 총 18명의 신규 유권자를 영입하였다. 또한 19일에는 한인열린포럼에 참가하였다.

○ 2003년 6월 : 한인 유권자센터, 한인권익신장위원회는 뉴욕시 선거관리위원회를 방문하여 159명의 한인 유권자 신규서류를 전달하고 선거와 관련된 한인사회의 입장을 전달하였다. 15일에는 유엔 NGO인 국제이민자 재단이 주최한 '제18회 국제 문화 엑스포'에 참가하여 유권자 등록 캠페인을 전개하였다.

○ 2004년 2월 : 뉴욕·뉴저지한인사회사업가협회, 뉴욕한인봉사센터, 뉴욕·뉴저지한인 유권자센터, 플러싱 YWCA, 뉴욕가정상담소, 청년학교, 뉴욕한인유학생협회 등 7개 단체가 연합한 열린포럼네트워크에 참여하여 한인사회의 권익을 신장시키는 사업을 공동으로 펼쳐나가기로 했다.

○ 2004년 4월 : 뉴욕지역 전역에서 한인 유권자들의 참여를 신장하기 위한 공조로서 코리안아메리칸시민활동연대, 청년학교, 한인유권자센터, AALDEF과 함께 유권자로서의 권리, 선거교육, 선거쟁점 등에 대해 홍보하였다.

○ 2004년 5월 : '아시아태평양 유권자연합'의 참가단체(청년학교, APAVA 등)들과 뉴욕 시청 앞에서 이번 선거에 꼭 참여하자는 결의를 담은 기자회견을 가졌으며, 유권자 등록 캠페인과 선거참여를 독려하였다. 또한 플러싱 제일교회를 방문하여 선거 캠페인 및 유권자 등록 활동을 전개하였다.

○ 2004년 9월 : 브롱스 성당의 유권자 캠페인을 위해 한인 유권자센터, 문화패 한울, 노인 유권자 연맹의 주승욱 부회장, 브롱스 한인노인회 노철진 회장 등이 참석하였다. 이들은 투표참여에 관한 다양한 질의를 받고 설명하는 시간을 가졌다.

○ 2005년 4월 : 뉴욕 한인 유권자센터 강당에서 '4·29 L.A. 폭동 13년' 행사를 가졌다. 행사주최는 큐니 법대 한인 학생회(KASIA)와 매년 이 행사를 9년째 진행해 오고 있는 한뜻 열린마당의 청년들이었다.

○ 2005년 5월 : 한국문화 홍보와 풍물정신 계승을 위한 '제1회 풍물경연 대회'가 개최되었다. 한인 및 미 주류사회가 한국고유의 풍물정신에 관심을 갖고 있다며 현재 풍물을 배우고 있는 이들을 격려하고 한국문화의 우수성과 공동체 정신을 미 주류사회에 알리기 위해 풍물경연대회를 마련하였다. 이 경연대회는 뉴욕한국문화원과 뉴욕한국일보가 후원하였다.

○ 2005년 7월 : 롱아일랜드에 있는 아름다운 교회에서 한미정치교육재단 주최로 초청 강연회가 있었다. 강사인 신호봉 의원은 한인들을 대상으로 적극적인 투표 참여를 권유하였다.

○ 2005년 9월 : 한인유권자센터는 뉴욕지구 한인 상록회에서 2005년도 뉴욕시 예비선거에 관한 교육활동을 전개하였다.

○ 2005년 11월 : 11월 8일 선거일을 앞두고 암협회의 유방암 퇴치를 위한 걷기대회가 열렸다. 이 자리에는 본 센터를 비롯해 미국의 수많은 단체들이 참가하였다.

○ 2006년 1월 : 뉴욕 은혜교회에서 선거 캠페인의 전개 그리고 유권자 등록 활동을 벌였다.

○ 2006년 1월 : 한인 유권자센터와 코리안아메리카 시민활동연대는 공동으로 뉴욕 빌라델비아 장로교회에서 유권자 등록운동을 실시하여 안내 책자의 배부, 캠페인을 전개하였다.

○ 2006년 3월 : 한인유권자센터 창립 10주년을 기념하기 위해 이스라엘정책 포럼 IPF(Israeli Policy Forum)의 정책위원장을 맡고 있는 MJ Rosenberg을 초청하여 유태인들의 적극적 선거 참여가 정치에 미치는 영향을 주제로 강연을 듣고, 현안에 대해 진지한 논의를 하였다.

한인유권자센터는 한인들의 정치적 영향력 신장을 위해 유권자 등록, 선거참여를 독려하고 있는 단체이다. 주로 한인회, 권익단체, 봉사단체, 종교단체의 도움을 얻어 아직도 유권자 등록을 하지 않은 한인들의 유권자 등록을 위해 각종 교육을 실시하고 있다. 특히 한인유권자센터가 교회의 도움을 받는 이유는 한인 중 상당수가 기독교를 믿는 사람들이 많으며, 유권자 등록을 하지 않은 교회 신자들을 대상으로 유권자 등록을 받기 위해서이다. 한인 사회단체와 유권자등록센터의 연대 강도는 지속적이며, 강한 연대를 맺고 있었다.

한편 외국인단체와 연대하여 한인들의 유권자 등록 운동 및 선거 캠페인 전개, 각종 선거 관련 설문조사를 행하고 있었으며, 이 외에도 한인들의 건강, 센서스, 미국에서 주류사회로 진입한 유태인의 정치참여 등 다양한 분야의 논제를 가지고 교류하고 있었다. 정부기관과의 네트워크는 한인 유권자들의 선거 참여와 관련하여 뉴욕시선거관리위원회, 민주당과 접촉하고 있는 것으로 나타났다.

(2) 국제연대

○ 2003년 6월 : 유엔 NGO인 국제이민자 재단이 주최한 '제18회 국제 문화 엑스포'에 참가하여 유권자 등록 캠페인을 전개하였다.

유권자센터가 뉴욕의 재미한인들을 대상으로 유권자 운동을 펼치는 관계로 여타 국가에서 활동하고 있는 한인단체와는 교류가 없다. 국제연합의 NGO인 국제이민자재단이 주최한 국제문화엑스포에 참가하여 한인들을 대상으로 유권자 등록 활동을 전개하였기 때문에 유권자센터와 국제이민자재단과의 네트워크는 일회성, 그리고 접촉 강도가 약한 네트워크이다.

(3) 모국연대

○ 2006년 1월 : 서울에서 사회문화서점인 '인서점'과 건국대 민주동문회 '청년건대'의 초청으로 '인서점 문화 사랑방 신년 좌담회'가 열렸다. 한인 유권자센터 김동석 소장은 강경 보수세력이 미국을 주도하고 있는 현실에서 한인들이 정치적 블록 없이 주류가 되기는 힘들 것이라며 미국 내 소수민족도 생존전략을 가지고 있어야 한다고 강연하였다.

국내 단체의 초청으로 유권자센터 소장이 강연한 1회가 국내 단체와의 교류였다. 정부기관과의 교류는 없다.

(4) 한민족연대

○ 2004년 11월 : 제1회 재외동포NGO활동가대회가 재외동포연대추진위원회 주관으로 한국에서 열렸다. 한인유권자센터를 비롯해 일본의 재일코리안청년연합, 가나가와 외국인 거주지원센터, 코리아NGO센터, 중국의 중국조선족여성단체연석의회, 연변대 미래연구소, 중국연변녹색연합회, 러시아의 사할린한인이산가족협회, 삼일문화원, 영국의 재영한인시민연대, 독일의 한민족유럽연대 등 재외한인 사회단체가 참가하였다. 이 대회는 매년 국내외 활동적인 재외동포NGO활동가들의 교류와 협력의 장을 마련함으로써 21세기 미래 코리안 민족공동체의 기반을 만들기 위함이다.

○ 2005년 11월 : 서울에서 제2회 재외동포NGO활동가대회가 개최되었다. 제1회대회 참가단체들이 다시 모였으며, 재외동포NGO와 한국NGO간 연대의 폭을 확장하는 계기로 삼고자 했다.

한인유권자센터는 한국에서 열린 제1회, 제2회 재외동포NGO활동가대회에 참가하여 일본, 독일, 영국, 중국, 그리고 한국의 동북아평화연대, 두레공동체운동, 우리민족서로돕기운동단체 등과 시민사회단체의 활동 어려움, 단체간 협력 네트워크 확대 등을 주제로 심도 있는 논의를 나누었다. 〈표 Ⅲ-6〉은 한인유권자센터의 활동내역을 네트워크로 정리해 놓은 표이다.

(5) 연대의 특징과 문제점

한인유권자센터는 한인들의 유권자 등록 교육 및 홍보, 적극적 선거 참여 캠페인 등을 전개하고 있다. 주로 한인들을 상대하기 때문에 한인 사회단체와는 활발한 네트워크를 형성하고 있었다. 또한 외국인단체와 연대하여 유권자 등록 및 선거참여 운동을 전개하고 있다.

국제연대 측면에서 한인단체 및 외국인단체와의 네트워크는 아주 빈

〈표 Ⅲ-6〉 한인유권자센터 네트워크 현황

구 분		연대단체
지역 연대	한인단체	뉴욕한인회, 한인권익신장협의회, 청년학교, 미주한인단체봉사협의회, 한뜻열린마당, 뉴욕한인봉사센터, 풍물패한울, 퀸즈장로교회, 평통 뉴욕협의회, 한국문화풍물패, 한뜻열린마당, 뉴욕·뉴저지한인사회사업가협회, 라디오서울, 브롱스한인노인회, 브롱스한인청년회, 한국문화풍물패, 플러싱YWCA, 뉴욕한인유학생협회, 코리안아메리칸시민활동연대, 뉴욕한인교회, 플러싱제일교회, 롱아일랜드한인성당, 성상요한천주교회, 노인유권자연맹, 큐니법대한인학생회, 뉴욕한국문화원, 뉴욕한국일보사, 한미정치교육재단, 뉴욕가정상담소, 뉴욕한인상록회, 뉴욕은혜교회, 뉴욕빌라델비아장로교회
	외국인단체	자메이카상인번영회, 아시안아메리칸법률교육재단, 아시아태평양유권자연맹센서스추진위원회, 미국암협회, 이스라엘정책포럼(IPE), 뉴욕시 민주당
	정부기관	뉴욕시선거관리위원회, 뉴욕총영사관
국제 연대	한인단체	
	외국인단체 및 정부기관	국제이민자재단
모국 연대	국내단체	건국대민주동문회청년건대
	정부기관	
한민족연대		제1회, 제2회 재외동포NGO활동가대회

약한 상태를 보여주고 있으며, 모국연대에서 알 수 있듯이 한국의 선거 관련 유권자 단체와 전혀 네트워크가 구축되어 있지 않았다. 단지 한민족연대를 통해서 한국 및 다른 국가에서 활동하고 있는 재외한인 사회단체와 접촉 빈도가 약한 교류를 갖고 있을 뿐이다. 유권자센터는 한인을 대상으로 다른 사회단체와 연대하여 오프라인에서 활발한 유권자 운동을 펼치고 있다.

4) 재미한국청년연합

(1) 지역연대

○ 2001년 7월 : 재미교포들이 일본에 동조하고 나선 미국 정부를 규탄하는 시위를 위싱턴 한복판에서 미국의 전국적인 여성단체와 공동으

로 벌였다. 재미한국청년연합회는 미국의 전국여성기구(NOW)와 연합 시위에 나서 군대위안부들의 고통을 외면하는 미국 정부를 규탄하고 국무부가 워싱턴연방지법에 제출한 위안부 소송 기각 요청을 철회하라고 요구했다. 연합 시위에는 청년연합회와 NOW의 주도로 미국 내 인권, 여성 이민자 권익 및 교민 등 301개 단체가 연대를 표명하였다.

○ 2002년 4월 : 재미한국청년연합은 워싱턴 D.C에서 열린 대규모 시위에 재미 교포들도 참여했다고 밝혔다. A 20 Stop the War라는 연합 단체가 주관한 워싱턴 시위에는 재미한청련 이외에 미국친우봉사회, 평화행동, 핵스 크리스티, 전국변호사협회, 헌법상권리센터 등 200여 단체의 4만여 회원이 참가해 부시 행정부의 일방적 대외 군사 압력 중지, 인종 차별적 검문 및 민권 탄압 중단, 중동 및 아시아계 이민자 비밀 감금 중단, 교육 및 사회 복지 우선 등을 요구하고 팔레스타인 지역에 평화가 정착할 수 있도록 미국의 적극적 노력을 촉구하였다.

○ 2002년 8월 : 재미한청련 창립 18주년 기념 회의가 개최되었다. 뉴욕 마운트 세인트 빈센트 대학에서 '진보적 평화운동의 정착과 활성화를 위하여'라는 주제로 컨퍼런스를 개최하고 포럼과 심포지엄, 분과 토의 등 다양한 프로그램을 통하여 한국, 호주, 캐나다 및 미국 전 지역에서 온 150여 명 참가자들과 함께 평화운동이 나가야 할 방향을 모색하고 토론하였다. 재미한청련과 재미한겨레동포연합(회장 홍기완), 재 캐나다 한국청년연합(회장 서은심), 재호주 한국청년연합(회장 박희수)이 공동주최하고 미국의 평화인권단체인 PAX Christi, Peace Action, War Resisters League, GABRIEL.A. 등 30여 개 미국 내 반전·평화·인권단체들이 후원하였다.

○ 2002년 9월 : 미국 내의 세계 식량기구 공식 지원 단체인 세계식량계획의 친구들의 World Food Programme와 공동으로 '북한 어린이 점심용 영양과자 보내기' 캠페인을 펼치고 있다. 캠페인을 통한 후원금은 전액 북한 어린이들의 점심을 대체하는 영양과자를 만드는 재료(곡물)구매를 위해 사용이 된다.

○ 2004년 : 재미한국청년연합과 재미한겨레동포연합은 2004년 주요 후보로 주목받는 공화당 후보 조지 부시 대통령과 민주당 후보 존 케리 상원의원의 경력, 정책에 대한 입장 피력 내용과 선거공약을 한인 입장에 대비하여 조명하는 정책비교 책자를 만들었다.

○ 2004년 : 재미한국청년연합과 재미한겨레동포연합, 재 캐나다 한국청년연합은 맨하튼에 위치한 은혜감리교회에서 '평화와 정의를 위한 해외 동포대회 2004'를 열고 한반도 평화와 해외동포의 정치력 강화를 위한 방안을 논의했다.

○ 2004년 3월 : 재미한국청년연합은 이라크 전쟁 1주년을 맞아 전 세계적으로 열린 반전평화행동의 날에 동참하여 나성과 뉴욕에서 시위를 벌였다. 재미한청련의 회원단체인 나성한국청년연합과 나성한겨레동포연합은 로스앤젤레스 한인타운에서 촛불시위를 열었다. 한편, 재미한청련의 회원단체인 뉴욕한청련은 '평화와 정의를 위한 연합(United for Peace and Justice)' 주최로 약 10만 명이 참여한 가운데 뉴욕에서 열린 반전평화시위에 참가, 한반도의 평화와 미국 내 이민자권익옹호를 위한 정책을 촉구했다.

○ 2004년 9월 : 재미한국청년연합은 2004년 8월 '평화와 정의를 위한 연합(UFPJ)'이 주최하여 500,000명이 참가한 공화당 전당대회 대응시위에 참여하여 부시정권의 잘못된 한반도정책과 이민자, 인권탄압에 반대하는 한인의 목소리를 드높였다.

○ 2005년 9월 : 미국의 최대 반전 단체인 '평화와 정의를 위한 연대'가 주최한 반전시위에 재미한청년이 동참하였다. 이라크의 전쟁에 반대하고, 이라크에 주둔한 외국 군대의 즉각 철수를 주장하는 시위였다. 한국, 일본, 아이슬랜드, 오스트리아, 필리핀, 호주 등 세계 각국의 반전단체들이 이 시위에 참여하였다.

○ 2006년 5월 : 재미한청련, 필라한겨레동포연합, 천주교필라교구, 서재필기념재단 등은 미 의회의 HR4437 법안에 반대하기 위해 강력한

시위를 전개하였다. 이들 한인단체들은 이 법안이 소수민족에 대한 차별적 탄압의 소지가 많다고 주장하였다.

재미한청련은 지역연대에서 한인단체와 네트워크를 구축하여 한인들의 인권, 권익, 반전평화 등의 문제로 미국 정부를 규탄하는 시위를 주도 또는 참여하고 있다. 특히 같은 회원단체끼리는 매우 강도가 강한 그리고 지속적 교류를 행하고 있다. 재미한청련은 외국인단체와 평화, 인권, 사회정의를 위해 연대하고 있다. 정부기관과의 네트워크는 전혀 없는 것으로 나타났다. 미국 정부를 규탄, 반대하는 시위를 하기 때문인 것 같다.

(2) 국제연대

○ 1996년 : 한청련은 북한 어린이 돕기 운동을 전개하였다. 1996년 12월부터 인도적 지원을 위한 풀뿌리 캠페인을 펼쳐 4년간 30만 달러 이상의 모금을 하여 유엔 세계식량기구에 전달하였다.

○ 2002년 5월 : 재미한국청년연합은 '세계식량계획의 친구들'(Friends of WFP)의 주선으로 UN 산하 세계식량기구(World Food Programme)의 아시아지역 담당국장 존 파월(John M. Powell, WFP Regional Director, Bureau for Asia)과 함께 최근 북한의 식량사정에 대한 브리핑과 질의응답을 갖는 컨퍼런스콜을 가졌다. 이날 컨퍼런스콜에는 재미한국청년연합의 6개 지역(시애틀, 나성, 시카고, 뉴욕, 필라델피아, 워싱턴 D.C)대표가 자리를 함께 했다.

○ 2002년 8월 : 재미한청련 창립 18주년 기념 회의가 개최되었다. '진보적 평화운동의 정착과 활성화를 위하여'라는 주제로 한국, 호주, 캐나다 및 미국 전 지역에서 온 150여 명 참가자들과 함께 평화운동이 나가야 할 방향을 모색하고 토론하였다. 재미한청련과 재미한겨레동포연합, 재캐나다 한국청년연합, 재호주 한국청년연합이 주최하고 미국의

평화인권단체인 PAX Christi, Peace Action, War Resisters League, Gabriel A. 등 30여 개 미국 내 반전·평화·인권단체들이 후원하였다.

○ 2004년 : 재미한국청년연합과 재미한겨레동포연합, 재캐나다 한국청년연합은 맨하튼에 위치한 은혜감리교회에서 '평화와 정의를 위한 해외 동포대회 2004'를 열고 한반도 평화와 해외동포의 정치력 강화를 위한 방안을 논의했다.

○ 2004년 5월 : 재미한국청년연합은 플러싱 리프만 플라자에서 북한 용천역 폭발사고 피해동포 돕기 가두모금 캠페인을 전개했다. 지난달 시작된 모금운동으로 현재까지 약 4,000달러를 모금한 재미한국청년연합은 이미 지난 3일 세계식량계획(WFP)에 1차분 2,000달러를 전달했다. 재미한국청년연합과 세계식량계획이 함께 전개하고 있는 모금운동은 2달간 지속되었다.

○ 2006년 3월 : 한국의 노무현 정부가 '한국군 이라크 파병반대 국민행동'에 대한 탄압을 시작하자, 이에 항의하기 위해 재미한청련은 서명운동을 전개하였다. 재미한청련은 한국 정부를 규탄하는 서명을 반전단체들에게 받았다. 참여단체는 영국의 전쟁저지연합, 프랑스의 국경 없는 유럽연대, 인도의 핵비무장평화연합, 파키스탄의 국제사회주의자들 등의 단체가 서명하였다.

캐나다, 호주의 한국인 청년단체와 진보적 평화운동을 주제로 세미나를 갖고 있으며, 캐나다의 한국청년연합과는 지속적 교류관계를 형성하고 있다. 국제연합과는 북한의 식량 지원, 그리고 나머지 단체와는 반전과 평화, 미국정부의 이라크 점령을 규탄하기 위해 정책연대를 형성하고 있다.

(3) 모국연대

○ 2000년 : 한청련은 2000년 한국의 '나눔의 집' 등과 함께 '위안부 할머니들에게 정의를: 그림을 통한 일본군 위안부 할머니들의 삶과 애

환'이라는 제목의 미국 순회 그림전시회를 조직했다. 제2차 세계대전 당시 일본군에게 성노예로 끌려갔던 위안부 할머니들이 직접 당신들의 삶과 애환을 그림으로 나타낸 전시회는 미국 내 많은 사람들에게 일본군 위안부 문제를 알리는 계기가 되었다. 한청련은 이 전시회의 성공을 바탕으로 일본군 위안부 할머니들의 요구사항인 일본의 사과와 배상을 촉구하기 위한 활동들, 나아가서는 일본의 군사화 및 미일 군사동맹을 견제하는 활동을 미국 내에서 벌이고 있다.

한국의 정신대 할머니들을 지원하기 위해 나눔의 집과 함께 일본군 위안부 문제를 전 세계에 알리는 홍보를 하고 있다. 재미한청련은 한국정부의 이라크 정책을 비난하기 때문에 한국정부와 관계가 좋지 않다. 따라서 전혀 접촉이 없는 것 같다.

(4) 한민족연대

○ 2006년 3월 : 재미한청련은 한·미 합동군사훈련을 규탄하기 위해 남·북·해외단체가 "대북 침략전쟁연습 한·미 합동군사훈련 중단하라"는 공동성명에 동참하였다. 한국의 사월혁명회, 전국농민회총연맹, 전국민주노동조합총연맹 북한의 김일성사회주의청년동맹, 조선직업동맹, 해외에서 재일조선청년동맹, 재일한국청년동맹, 재일한국민주여성회, 조국통일범민족연합 캐나다지역본부, 전쟁반대 시카고협의회 등 많은 단체들이 공동성명에 참여하였다.

주한미군과 한국군의 합동군사 훈련을 반대하는 공동성명을 남북한 및 해외의 한인 진보단체들이 발표하였다. 이들 단체들은 쟁점을 중심으로 정책연대를 펼치고 있다. 〈표 Ⅲ-7〉은 재미한국청년연합의 네트워크 현황을 정리해 놓은 표이다.

〈표 Ⅲ-7〉 재미한국청년연합 네트워크 현황

구 분		연대단체
지역 연대	한인단체	재미한겨레동포연합, 필라한겨레동포연합, 천주교필라교구, 서재필기념재단, 은혜감리교회, 나성한국청년연합, 나성한겨레동포연합
	외국인단체	세계식량계획의친구들, 전국여성기구, 미국친우봉사회, 평화행동, 핵스크리스티, 전국변호사협회, 헌법상권리센터, A 20 Stop the War, PAX C, HRI STI, Peace Action, War Resisters League, GABRIEL.A, 평화와 정의를 위한 연대
	정부기관	
국제 연대	한인단체	재캐나다한국청년연합, 재호주한국청년연합
	외국인단체 및 정부기관	국제연합 세계식량기구, 전쟁저지연합, 국경 없는 유럽연대, 핵비무장평화연합, 국제사회주의자들
모국 연대	국내단체	나눔의집
	정부기관	
한민족연대		한미 합동군사훈련 반대 공동 성명

(5) 연대의 특징과 문제점

재미한청련은 미국정부, 한국정부를 상대로 인권, 전쟁 반대 평화 추구 운동을 전개하고 있다. 그리고 미국 내에서는 한인들의 권익을 보호하는 시위에 참여한다. 이러한 재미한청련의 반정부 활동은 미국, 한국정부와 네트워크 형성을 어렵게 만드는 요인이 되고 있다. 한편 재미한청련은 정부기관을 제외하고는 지역연대, 국제연대, 한민족연대 등을 통해 반전, 평화, 인권 활동을 함으로써 전형적인 NGO 단체의 특성을 보여주고 있다.

5) 뉴욕한인봉사센터

(1) 지역연대

○ 1998년 : 뉴욕시 노인국의 후원으로 KCS 산하 코로나 경로회관을

통해 매년 평균 75명의 거동이 불편한 한인노인에게 무료 점심의 제공 및 배달 서비스를 실천하고 있다.

○ 2002년 5월 : '제13회 경로대잔치'가 뉴욕한인회, 뉴욕노인단체총련합회가 공동 주최하고, 민주평통 뉴욕협의회와 KCS가 공동 주관하였다. 풍물패 공연, 통일 세미나, 무료 진료, 장년 취업 박람회 등 다양한 장르가 선보였는데, 2,500여 명의 한인들이 참석하였다. 특히 경로잔치 겸 중장년 직업박람회에 많은 한인들이 높은 관심을 보여 주었다.

○ 2003년부터 현재 : 한인커뮤니티재단으로부터 매년 기금을 지원받고 있다.

○ 2004년 11월 : KCS 창립 31주년 기념을 축하하기 위해 18일을 'KCS의 날'로 선포하였다. 뉴욕시장, 뉴욕시의회가 축하 선포장을 전달했으며, 뉴욕총영사도 함께 자리하여 축하해 주었다.

○ 2004년 12월 : 한인, 중국인, 유대인 노인 300여 명을 초대하여 다민족 노인잔치를 베풀었다. 이 행사에 참여한 타민족 노인들은 사무엘 필드 유대인 경로회관과 베이테라스 경로회관 회원들이다. 뉴욕한인교회 구세군의 인도에 따라 노인들은 성탄절 축하 예배를 드렸으며, 교회는 이들에게 양말을 선물하였다.

○ 2005년 4월 : 뉴욕이민자연맹, Legal-Aid Society, 공익을 위한 뉴욕변호사회, KCS 등 4개 단체는 뉴욕병원협회를 상대로 이민자들 또는 영어가 미숙한 사람에게 언어 서비스를 제공하지 않는다며 병원 통역 서비스를 실시하라는 항의를 했다. 한편, 뉴욕연방집행부와 사회보장국이 KCS와 공동으로 경로회관에서 '열린 정부 혜택' 현장 서비스를 실시하여 약 150건의 상담이 이뤄졌다.

○ 2005년 5월 : 뉴욕시 노인국과 뉴욕노인기금이 실시하고 있는 경로잔치인 '에이지 인 액션(Aging in Action) 2005' 행사가 플러싱에서 열렸다. 뉴욕시에 거주하는 60세 이상 노인들에게 건강 및 보험 정보, 사회복지 및 여가 선용 프로그램 등 노인관련 각종 정보를 제공하고 노

인들을 격려하기 위해 매년 열리고 있다. 또한 뉴욕한인회와 KCS가 주최하고, 미동부 충청총연합회가 주관하는 '제16회 경로의 날' 축제 및 무료건강검진행사가 14일 개최되었다.

○ 2005년 6월 : KCS 산하 공공보건부는 퀸즈 베이사이드에 위치한 씨앗학원과 공동으로 '간접흡연방지' 설명회를 가졌다. 흡연이 건강에 미치는 영향, 간접흡연의 의미와 문제점을 중심으로 설명회를 가졌다.

○ 2005년 7월 : 미 연방이민국(USCIS) 시민국은 아주인평등회 플러싱 사무실에서 지역 이민자 단체들과 만남을 통해 '신규 이민자들을 위한 안내문: 한국어판'이 인터넷을 통해 제공되었다고 설명하였다. 이 행사에 뉴욕한인봉사센터, 청년학교, 뉴욕한인상조회, 한인권익신장위원회 등 9개 한인단체들이 참석해 시민권 취득에 관한 한인사회의 높은 관심을 보여 주었다.

○ 2005년 11월 : KCS 공공보건부는 스태튼 아일랜드 새생명 커뮤니티 교회의 협력을 받아 100여 명을 대상으로 B형, 간염 검진을 실시하였다. 또한 뉴욕한인네일협회가 주최한 '2005 뉴욕 네일 앤드 스파쇼'에 뉴욕한인봉사센터는 B형 간염 검진을 무료로 실시해 주었다.

○ 2005년 12월 : KCS와 베스이스라엘 메디컬센터, 미국간장재단(American Liver Foundation)이 공동으로 B형, C형 간염 무료 검진을 한인들을 대상으로 맨하튼 뉴욕한인회관에서 실시하였다.

○ 2005년 12월 : 우리아메리카은행이 사회복지기관과 연계한 나눔경영에 나섰다. 우리은행은 KCS와 자매결연을 맺어 KCS가 주최하는 각종 봉사활동 프로그램에 임직원 전체가 동참한다고 했다.

○ 2006년 1월 : 뉴욕시의회의 지원으로 KCS와 퀸즈지역 5개 아시안 비영리기관이 연계하여 아시안 이민자들을 위한 7가지 무료 직업훈련 프로그램이 실시되었다. 5개 기관은 청년학교, 밀알선교단, 무지개의 집, 타이완센터, 사우스아시안카운슬소셜서비스(SACSS)이다. 무료 직업훈련 프로그램은 뉴욕시 웍스 프로그램(NYC Works Program)의 일환으로 실시된다.

○ 2006년 1월 : 충청총연합회가 주최하는 '2006 충청인 신년의 밤' 행사가 있었다. 뉴욕한인회, 뉴욕직능단체협의회, 뉴욕상록회, 뉴욕한인봉사센터, 호남향우회장단 일행이 참석하여 자리를 빛내 주었다.

○ 2006년 2월 : 한인사회봉사단체들이 뉴욕이민자연맹(NYIC) 주관으로 '뉴욕시 이민자의 날' 행사에 참가, 이민자를 위한 예산 확충과 이민자 지원 프로그램 확대 등 뉴욕시의 올바른 이민정책 수립을 촉구했다. 참가단체는 뉴욕한인회, 코리안아메리칸 시민활동연대, 뉴욕가정상담소, 무지개의 집, 원불교 뉴욕교당, KCS 등이다.

지역연대에서 뉴욕 한인봉사센터는 한인단체와 연대하여 경로잔치, 다민족 노인잔치, 9 · 11 한인 희생자 돕기, 대형 병원의 한국어 통역 설치, 건강검진 및 금연운동, 복지 후원 등을 하고 있었다. 이들의 연대는 보통이었다. 한편 뉴욕 한인봉사센터는 2003년부터 지금까지 한인커뮤니티재단으로부터 기금을 지원받음으로써 이들 단체 간에는 지속적, 그리고 강한연대가 구축되어 있다.

외국인단체와 뉴욕 한인봉사센터의 교류는 노인잔치, 건강검진, 직업 프로그램의 실행 건강검진, 경로잔치 후원 등이 계기가 되어 긴밀한 관계를 형성하고 있었다. 뉴욕시, 의회, 이민국과 뉴욕 한인봉사센터의 교류는 복지업무대행, 노인 의견 청취, 시민권 홍보, 직업 프로그램의 후원 분야에서 교류가 진행되고 있다.

(2) 모국연대

○ 2006년 2월 : 제주도 한림읍에 소재한 사회복지법인 마로원과 KCS가 자매결연과 업무협약을 체결하였다. 마로원은 KCS로부터 노인복지프로그램, 지역발전프로그램, 공공보건프로그램 등 다양하고 전문적인 서비스에 대한 교육과 자문을 받아 도내 정신건강 및 복지체계 근간을 마련할 것으로 기대하고 있다.

뉴욕 한인봉사센터는 한국 제주도의 마로원과 자매결연을 맺었다. 한인봉사센터가 운영하는 프로그램을 지원하고 있다. 〈표 Ⅲ-8〉은 뉴욕 한인봉사센터 네트워크 현황이다.

〈표 Ⅲ-8〉 뉴욕 한인봉사센터 네트워크 현황

구 분		연대단체
지역 연대	한인단체	뉴욕노인단체총련합회, 뉴욕한인회, 민주평통뉴욕협의회, 뉴욕한인상조회, 한인권익신장위원회, 뉴욕한인상록회, 뉴욕한인교회, 한인커뮤니티재단, 청년학교, 미동부충청총련합회, 뉴욕한인네일협회, 스태튼아일랜드새생명커뮤니티교회, 밀알선교단, 무지개의집, 코리안아메리칸시민활동연대, 뉴욕직능단체협의회, 호남향우회, 뉴욕가정상담소
	외국인단체	사무엘필드유대인경로회관, 베이테라스경로회관, 뉴욕이민자연맹, 타이완 센터, 사우스아시안카운슬소셜서비스, 뉴욕노인기금, 아주인평등회 Legal-Aid Society, 공익을위한뉴욕변호사회, 베스이스라엘메디컬센터, 미국간장재단, 뉴욕병원협회
	정부기관	뉴욕시 노인국, 뉴욕시, 뉴욕시의회, 뉴욕총영사관, 미연방이민국
국제 연대	한인단체	
	외국인단체 및 정부기관	
모국 연대	국내단체	마로원
	정부기관	
한민족연대		

(3) 연대의 특징과 문제점

뉴욕 한인봉사센터는 국제연대, 한민족연대가 없으며, 모국연대에서 제주도의 사회복지법인과 교류하고 있다. 이 단체가 실행하고 있는 우수한 각종 봉사 프로그램을 제주도 이외의 국내 여러 사회복지법인에게도 전달해 주는 네트워크가 필요하다. 선진국의 복지 프로그램을 국내의 사회복지법인이 받아 실행하는 것 자체가 국내 복지의 향상을 가져오는 데 기여하기 때문이다. 뉴욕 한인봉사센터는 주로 한인단체와 네트워크를 형성하고 있지만, 다른 한인단체와는 달리 외국인단체와도 활발한 네트워크를 갖고 있다는 사실이 특징으로 부각되고 있다.

6) 뉴욕 한인 YMCA

(1) 지역연대

○ 1988년 8월 : 미국무성의 후원으로 '뉴욕·서울 우정 캠프'가 개최되었다. 백인 및 흑인 학생 9명이 참가한 캠프는 학생들을 한국에 보내 한국사회를 이해하고, 미국사회에서 인종 간 차별 없는 사고를 갖도록 한다는 차원에서 추진된 프로그램이다.

○ 1989년 3월 : 3·1절 기념식을 YMCA, 흥사단, 퀸즈대학 한인학생회가 공동으로 주관하였다.

○ 1989년 6월 : 제1회 뉴욕 한국 어린이 동요 잔치를 뉴욕한인 YWCA와 공동 주최하였다.

○ 1991년 2월 : 뉴욕 산악회 후원으로 어린이 스키캠프를 열었다.

○ 1992년 12월 : 뉴욕시 지역개발부 및 주정부 교육부로부터 교부금을 받았다.

○ 2000년 7월 : 뉴욕시 정부 지역개발부 및 뉴욕 주정부 교육부로부터 한인들을 대상으로 무료성인영어 프로그램을 실시하는 비용 10만달러를 지원 받았다. 2000년 이후 현재까지 계속 지원받고 있다.

○ 2003년 9월 : 미국세계군목협회(AWCA)의 후원, 뉴욕한인회의 지원으로 뉴욕한인회관에서 무료 법률 및 세금 상담을 가졌다.

○ 2005년 6월 : 플러싱한인회가 주최한 '뉴욕국제문화예술대제전'에 참가하였다.

○ 2005년 10월 : 뉴욕 한인 YMCA 창립 31주년을 기념하기 위해 서울 YMCA 강태철 회장단 일행이 방문하여 축사를 하였다. 또한 최영진 주유엔 한국대사가 초청 강연을 해주었는데 뉴욕한인회, 뉴저지한인회 임원진 등이 참석하였다.

뉴욕 한인 YMCA는 뉴욕한인회, 뉴욕 플러싱한인회와 지속적인 교류관계를 형성하고 있다. 3·1기념식, 국제문화예술제, 어린이 동요제 등

한인사회의 각종 행사에 상호 협력하고 있었다. 기독교 봉사단체로서 다른 한인 사회단체와의 교류의 폭은 크지 않다. 외국인단체의 지원을 받아 스키캠프, 법률 및 세무 상담 행사를 가졌다. 뉴욕시 정부로부터는 지속적으로 교부금을 받는 정도의 네트워크를 갖고 있다.

(2) 국제연대

○ 1991년 8월 : 서울에서 세계 YMCA가 주최한 'YMCA 세계대회'가 열렸다. 본 단체를 비롯해 재일본 한국 YMCA, 한국 YMCA 전국연맹 등 세계 각국의 YMCA가 참가하였다.

세계 YMCA 주최로 'YMCA 세계대회'가 열렸다. 재일본 YMCA, 뉴욕한인 YMCA, 서울 YMCA, 한국 YMCA연맹 등 세계 각국의 YMCA 단체가 모여 친목도모, YMCA의 세계적 역할 확대 등을 논하였다.

(3) 모국연대

○ 1984년 7월 : 서울 YMCA와 자매결연을 체결하였다.

○ 1985년 1월 : 서울 YMCA와 교환 프로그램의 일환으로 중·고생 16명이 뉴욕 한인 YMCA를 방문하였다.

○ 1988년 4월 : 서울 YMCA 주최로 뉴욕에서 '가족동요 창작경연대회'가 열렸다.

○ 1988년 8월 : 미 국무성의 후원으로 '뉴욕·서울 우정 캠프'가 개최되었다. 이 프로그램은 학생 9명이 한국을 방문하여 한국 사회를 이해하고, 인종 차별 없는 사고를 갖게 한다는 차원에서 추진되었다.

○ 2004년 10월 : 뉴욕 한인 YMCA 창립 30주년 연례 만찬을 기념하기 위해 서울 YMCA 강태철 회장을 초청하여 강연을 들었다.

○ 2005년 10월 : 뉴욕 한인 YMCA 창립 31주년을 기념하기 위해 서울 YMCA 강태철 회장단 일행이 방문하여 축사를 하였다. 또한 최영

진 주유엔 한국대사가 초청 강연을 해주었는데 뉴욕한인회, 뉴저지한인회 임원진 등이 참석하였다.

뉴욕 한인 YMCA는 서울 YMCA와 지속적이며, 연대의 강도가 높은 교류 관계를 구축하고 있다. 자매결연, 교환 프로그램, 축하행사 등을 통해 두 단체의 신뢰를 쌓아가고 있다. 〈표 Ⅲ-9〉는 뉴욕 한인 YMCA의 활동을 표로 정리해 놓은 것이다.

〈표 Ⅲ-9〉 뉴욕 한인 YMCA 네트워크 현황

구 분		연대단체
지역 연대	한인단체	홍사단, 퀸즈대학한인학생회, 뉴욕한인 YWCA, 뉴욕한인회, 뉴욕플러싱한인회, 뉴저지한인회, 주유엔한국대사관
	외국인단체	뉴욕산악회, 미국세계군목협회(AWCA)
	정부기관	미국무성, 뉴욕시정부고용국, 뉴욕시정부지역개발부, 뉴욕주정부교육부
국제 연대	한인단체	재일본 한국 YMCA
	외국인단체 및 정부기관	세계 YMCA, YMCA 세계대회
모국 연대	국내단체	서울 YMCA, 한국 YMCA전국연맹
	정부기관	
한민족연대		

(4) 연대의 특징과 문제점

뉴욕 한인 YMCA는 기독교 교리를 토대로 봉사활동을 하고 있다. 그런 관계로 다른 한인단체 및 외국인단체와의 다양한 네트워크가 형성되어 있지 않았다. 많은 한인 봉사단체가 뉴욕에서 활동하고 있으므로 이들 한인 봉사단체와 동일 영역에서 교류의 장을 갖는 것이 단체 발전을 위해서도 바람직하다. 뉴욕 한인 YMCA의 한민족연대는 없는 것으로 나타났다.

7) 남가주한인노동상담소

(1) 지역연대

○ 1992년 4월 : 동포사회의 보수적 사업가들이 중심이 되어 설립한 한미구호기금재단이 L.A. 폭동 직후, 피해를 본 노동자들에게 구호기금을 지급하지 않자, 일 년 동안의 투쟁 끝에 109,000달러의 구호기금을 받아내어 노동자들에게 전달하였다.

○ 1996년 : 1996년 결성된 (APIPAC: Asin Pacific IsL.A.nder Police Advisory Council)의 회원단체인 KIWA는 영어가 아닌 제1언어를 하는 인구가 증대되자 L.A. 경찰 서비스의 질을 향상시키고, 경찰의 위법행위를 신고하는 역할을 하고 있다. 이민자들이 경찰 행위에 이의를 제기하는 절차를 KIWA가 도와주고 있다.

○1996년 6월~9월 : 호동식당에서 요리사로 근무했던 노동자가 1,500달러 상당의 임금을 받지 못했다며 KIWA를 찾아왔다. 고용주는 임금 지불을 계속적으로 거부하였다. 그러나 이 노동자가 새로운 직장에서도 해고를 당하면서 호동식당의 분쟁은 새로운 국면으로 접어들었다. 전 S 고용주가 그녀를 블랙 리스팅하여 한인 요식업협회(KROA)에 제소했기 때문이다. KIWA는 한인 요식업협회를 상대로 소송을 제기하자, 요식업협회가 다음의 조건에 동의하는 타협책으로 결론이 났다.[14]

○ 1997년 : CHIRL.A.(라티노 이민권익단체), 필리핀 노동자센터, 라티노와 동양 여성 노동자가 회원인 봉제노동자센터(IDPSCA) 등의 단체들과 연대하여 저임금 이민노동자들의 문제, 즉 이민정책과 법안에 대

---

14) 첫째, 호동식당에서 감행한 블랙 리스팅에 대한 공개사과 발표 둘째, 일자리에서 분쟁을 겪는 도중 실업상태에 놓이게 되는 10,000달러 상당의 노동 변호 기금마련 셋째, 기본적 노동권권리에 대한 플랭카드를 한국어로 번역하여 모든 회원식당에 분포 넷째, KIWA가 모든 회원 식당에서 노동법 세미나를 여는 것을 허용 다섯째, 한인타운식당에서 노동자 학대규모를 규정하고 대책을 마련하기 위한 위원회 설립 등이다.

한 논의, 저임금이민노동자들 사이의 연대 강화를 위한 협의체를 결성
하였다.

○ 1998년 7월~12월 : 백화점 식당 라티노 노동자들을 위한 싸움을
하였다. KIWA를 중심으로 소비자 불매운동을 벌이고 커뮤니티 지원자
들이 매일 식당 앞에서 시위를 한 결과 이들은 체불된 임금을 받았다.
이 캠페인은 한인 타운 식당 캠페인의 라티노와 한국인 노동자들 사이
의 공동체 정신과 연대성을 부각시키고 강화하였다.

○ 1998년 11월 : 커뮤니티의 지원을 얻기 위한 전략으로 KIWA는
타운 홀에서 공청회를 열었다. 약 200여 명의 지역 공무원, 노조 활동가
와 커뮤니티 지원자들이 참여를 했다. 토론자로는 주 노동청의 호세 밀
란, 연방 노동청의 찰스 슈트리겔, 로스앤젤레스 시의원인 재키 골드버
그와 기타 주정부, 연방정부 대변인이 참석했었다. 여덟 명의 노동자들
은 저임금, 나쁜 근로조건, 인종차별과 성차별주의가 자신들의 인생, 건
강, 가족과 자녀들에게 주는 영향에 대해 이야기 했다.

○ 1999년 3월 : 한인 요식업협회(KROA)는 한인 타운의 노사 분쟁
을 해결하려는 목적으로 노사 중재 조절 위원회를 설립하였다. KROA
와 KIWA는 이 위원회를 통해 분쟁을 해결하는 방법을 널리 장려하고
있다.

○ 2000년 5월 : KIWA는 한인타운 식당의 근로조건을 향상시키기
위해 한국인과 라티노로 구성된 '식당사람들(RWAK: The Restaurant
Workers Association of Koreatown)'이라는 독립적 단체를 조직하였다.
단체의 목적은 인간적 존엄성을 위해 노동자들의 근로조건을 향상시키
고 노동자들이 스스로를 도울 수 있도록 그들을 결집시키기 위한 것이
었다. '식당사람들'은 다민족이민노동자네트워크(MIWON)의 구축을
의미하며 한인 타운 식당의 근로조건을 현저하게 향상시켰다.

○ 2001년 11월 : L.A.에 소재한 '아씨마켓(주식회사)'에 근무하고 있
는 한국인과 라티노 노동자들이 '이민자 노동조합'을 결성하려고 하자,

아씨마켓이 방해 작업을 펼쳤다. 이에 KIWA, 이민자 노동자를 지지하는 커뮤니티(CSIW), 국제행동센터(IAC: International Action Center), L.A.도시동맹(Los Angeles Metropolitan Alliance) 등이 연대하여 노동자들의 노조결성을 적극적으로 지지하는 성명서를 발표했으며, 이들 단체는 사업주를 압박하는 수단으로 캠페인을 전개하였다.

○ 2002년 3월 : KIWA는 한국인 유권자들이 민족적 유대관계를 벗어나 성숙한 투표를 할 수 있도록 Coalition L.A.와 함께 한국인 유권자 가이드북 제작 및 정보 제공을 위해 연대하고 있다.

○ 2005년 5월 : 주예산 삭감안을 반대하는 '2005 이민자의 날' 연합집회가 열렸다. KIWA, 민족학교를 비롯한 아태계 이민단체 관계자 800여 명은 '주예산 삭감안 반대시위' 및 기자회견을 가졌다. 시민권 신청 보조 프로그램을 축소하고 메디컬과 웰페어 프로그램 예산을 삭감하는 주지사의 예산 삭감안을 반대하고, 시민권 신청 관련 법안인 AB930과 18세 이하 어린이와 청소년에게 의료보험 혜택을 주는 상원법안 SB437을 찬성한다고 했다.

○ 2006년 3월 : 센센브레너:킹 법안을 규탄하는 반대시위가 열렸다. 민족학교, 미교협이 공동조직한 시위단에는 한인봉제협회, 의료협회, 한인회, 해병동지회, 한인노동상담소 등 단체회원들과 일반 동포들이 참가하였다.

KIWA는 지역 내 한인단체와 연대하여 한인 사업체들의 노동자 착취 사업체 반대 캠페인 전개, 임금을 못 받은 노동자의 임금 받아주기, 노사 간 분쟁의 조정, 한인들의 유권자 등록 유도, 공청회 개최, 경찰 치안책임 운동 등을 전개하고 있다. 이들의 네트워크는 지속적이며 강한연대의 성격을 갖고 있었다. KIWA는 소수민족단체와 연대하여 이민 노동자들의 문제 해결을 위한 협의체를 결성하였다. 협의체를 통해 노동자들의 권익을 찾아주고 있다. 외국인단체와 KIWA는 공동으로 한인 유권자들의 등록을 높이기 위한 교육을 실시하였다. 정부기관과의 연대를 보면 한인 및 유색인종 노동자들의 권익 수호를 위해 KIWA는 연방 노동청, 뉴욕시 노동청과 공동으로 불법노동에 대한 조사, 공청회를 개최하는 등 주로 노동자 권리문제로 노동청과 네트워크를 갖고 있었다.

(2) 국제연대

○ 상설적인 연대활동을 위해 한국의 민주노총, 멕시코의 Factor X, 국경을 초월하는 노동 네트워크(ENL.A.CE)와 국제노동운동 연대를 형성하여 아시아 노동운동, 미국, 라틴아메리카의 노동운동을 연결시키는 활동을 전개하고 있다. 예컨대, KIWA는 한국 내의 여러 단체와 연결하여 멕시코의 한국기업에 대한 조사와 캠페인에 참여해 왔다. 이러한 사업의 결과로 KIWA는 라틴아메리카의 한국기업에 대한 사업을 전개해야 할 필요성을 절감하고, '아시아-라틴아메리카 노동자 연대(Asia-L.A..tin America Workers Solidarity Committee)'를 조직하였다. 이 조직체는 라틴아메리카와 한국 내 단체를 연결하면서 한국 내에 자국자본에 대한 모니터링을 활성화시키고, 라틴아메리카에 진출한 한국기업에서 일하는 노동자의 권리를 증진시키고자 하는 목적을 가지고 있다.

KIWA는 한국의 민주노총, 멕시코의 팩터 X, ENL.A.CE 등의 단체와 국제노동운동 연대를 만들었다. 국제연대를 통해 각 국에서 일하고 있는 노동자의 권리를 증진시키고자 한다. 노동자들의 권익 보호를 위해 결성한 연대이므로 지속성을 갖고 있으며, 단체 간 연대강도가 높은 편이다.

(3) 연대의 특징과 문제점

L.A.에서 생활하는 한인, 남미계 노동자들의 권리를 위해 활동하고 있는 대표적 단체가 KIWA이다. 노동자들의 임금 착취, 유권자 등록, 불법 노동 등의 문제를 다루는 KIWA는 지역의 한인단체는 물론 소수 긴족단체와도 강한 연대를 구축하여 노동자들의 권익을 보호하고 있다.

한편 KIWA는 국제 노동 운동 연대, 이민자 노동자 단체 연대, 다민족 이민노동자 네트워크를 형성함으로써 L.A., 멕시코에서 일하고 있는 노동자들에게 많은 도움을 주고 있었다. 따라서 KIWA의 네트워크는 주로 지역연대에 집중되어 있으며, 국제연대의 확산에도 노력하고 있는 중이다. KIWA의 모국연대, 한민족연대는 찾아볼 수 없었다. 〈표 Ⅲ-10〉은 남가주한인노동상담소의 네트워크 현황이다.

〈표 Ⅲ-10〉 남가주한인노동상담소 네트워크 현황

구 분		연대단체
지역연대	한인단체	한인요식업협회(KROA), 민족학교, 미주한인봉사교육단체협의회, 한인봉제협회, 한인의료협회, 한인회, 해병동지회
	외국인단체	APIPAC, L.A.이민자권리연합, 필리핀노동자센터, 봉제노동자센터, IDPSCA, 이민자 노동자를 지지하는 커뮤니티, 국제행동센터(IAC), L.A.도시동맹, Coalition L.A., ENL.A.CE
	정부기관	
국제연대	한인단체	민주노총
	외국인단체 및 정부기관	멕시코FactorX, ENL.A.CE
모국연대	국내단체	
	정부기관	
한민족연대		

8) 한인건강정보센터

(1) 지역연대

○ 1992년 : L.A. 폭동 당시 교민들의 피해복구와 재해대책을 위해 한미연합회, 한미박물관, 한인가정상담소, 코아, 한인청소년회관 등과 연계하여 주류사회에 교민들의 피해상황을 홍보하고, 연방정부의 지원과 혜택을 얻어내는 데 앞장섰다.

○1994년 : Northidge 지진 당시 교민들의 피해복구와 재해대책을 위해 한미연합회, 한미박물관, 한인가정상담소, 코아, 한인청소년회관 등 5개 단체와 협력하여 연방정부의 지원과 혜택을 받았다.

○ 1995년 9월 : 미주총련, L.A.한인회 등 전국의 한인대표들과 함께 한인건강정보센터 후원을 위한 전국 로비데이 활동을 펼쳤다.

○ 1996년 1월: 이민법제한에 대한 반대 활동을 위해 미주총련을 비롯한 지역 한인회 본부, 코아의 5개 공동체가 함께 반대 시위를 벌였다.

○ 한인건강정보센터는 지역주민들의 건강을 위하여 매년 의료보험이 없는 지역주민들을 대상으로 L.A.한인사회와 공동으로 무료 건강 검진의 날 행사를 개최해오고 있다. 특히, 건강교육 관련 프로그램과 혈액검사 등 각종 지병에 대한 예방과 조기발견을 통하여 지역주민들의 건강증진과에 이바지한다는 취지에서 매년 타운 내 최대의 건강관련 행사로 진행되고 있다.

한인건강정보센터는 교포사회의 보건과 복지 증진을 위해 설립한 단체이다. 한미연합회, 한미박물관, 코아, 한인청소년회관, 한인가정상담소 등 5개 단체와 공동 연합체를 구성하여 건강, 복지 사업을 수행하고 있다. 이들 단체 간의 연대 강도는 강하며, 일회성 연대가 아닌 지속성을 띠고 있다. 한인건강정보센터는 L.A. 폭동과 지진이 발생했을 때, 한인들을 위해 봉사하였다. 한인건강정보센터는 재정적 후원을 증대시키기 위한 방안의 하나로 미주총련, L.A.한인회의 도움을 받아 전국 홍보를 했다. 한인건강정보센터는 L.A. 폭동과 지진이 발생하자, 미국 연방정부를 상대로 한인들을 위한 지원금 로비를 펼쳐 일정한 금액을 보조받는 데 기여하였다. 〈표 Ⅲ-11〉은 한인건강정보센터의 네트워크를 요약해 놓은 표이다.

<표 Ⅲ-11> 한인건강정보센터 네트워크 현황

구 분		연대단체
지역연대	한인단체	L.A.한인회, 미주총련, 한미연합회, 한미박물관, 코아, 한인청소년회관, 한인가정상담소
	외국인단체	
	정부기관	미 연방정부
국제연대	한인단체	
	외국인단체 및 정부기관	
모국연대	국내단체	
	정부기관	
한민족연대		

(2) 연대의 특징과 문제점

한인건강정보센터는 지역연대에 집중된 네트워크, 즉 지역의 한인단체 5개 단체와 공동연대를 구축한 네트워크를 갖고 있었다. 한인건강정보센터는 지역한인회, 미주총련과의 교류에 있어 강도는 높지 않지만, 지속성을 띠는 교류가 행해지고 있다. 국제연대, 모국연대, 한민족연대는 없는 것으로 나타남으로써 지역연대 중 한인단체하고 교류하는 편향성이 발견되었다.

한인건강정보센터가 보건과 복지를 목적으로 활동한다면, 단체운영의 유용성 및 재정적 후원 확보를 위해서도 외국인단체와 네트워크가 형성되어야 한다. 더 확대하면 모국의 봉사·복지단체와도 교류의 폭을 넓히는 것이 한인건강정보센터의 발전에 도움이 될 것이다.

3. 노인단체

1) 뉴욕 한인노인상조회

(1) 지역연대

○ 2004년 10월 : 뉴욕을 방문한 열린우리당 천정배 원내대표가 기자들과의 간담회에서 노인 비하 발언을 했다. "노인은 연세가 들어 곧 돌아가실 것이며, 이들이 무슨 힘이 있느냐"는 내용이었다. 이에 대해 한인상록회, 한인노인상조회, 한인노인회, 플러싱 경로센터 등 4개 노인단체는 천 대표의 발언에 분노하면서 사과와 함께 공동 대응을 강구하기로 결정하였다.

○ 2005년 7월 : 미 연방이민국(USCIS) 시민국은 아주인평등회 플러싱 사무실에서 지역 이민자 단체들과 만남을 통해 '신규 이민자들을 위한 안내문−한국어판'이 인터넷을 통해 제공되었음을 설명하였다. 이 행사에 뉴욕한인봉사센터, 청년학교, 뉴욕 한인상조회, 한인권익신장위원회 등 9개 한인단체들이 참석해 시민권 취득에 관한 한인 사회의 높은 관심을 보여 주었다.

○ 2006년 3월 : 뉴욕 한인노인상조회의 회장 이·취임식 및 신임 집행부 출범식이 거행되었다. 100여 명의 회원이 참석했으며, 뉴욕한인회, 한인노인상록회, 플러싱 한인경로센터, 플러싱한인회, 퀸즈중부한인회, 주뉴욕총영사 등이 자리를 함께하였다.

노인 상호간의 친목과 상조를 목적으로 활동하는 뉴욕 한인노인상조회는 지역연대에서 한인회의 도움을 받고 있으며, 다른 한인 노인단체와는 노인들의 공통 문제로 연대하고 있었다. 즉 노인들의 권익문제, 시민권 취득 문제로 교류하고 있다. 외국인단체와의 직접적 교류는 없었다. 정부기관과의 교류는 노인회 자체의 행사와 관련하여 뉴욕총영사가 참석하고 있었다. 〈표 Ⅲ-12〉에 뉴욕 한인노인상조회의 연대 활동을 요약해 놓았다.

〈표 Ⅲ-12〉 뉴욕 한인노인상조회 네트워크 현황

구 분		연대단체
지역 연대	한인단체	한인상록회, 한인노인회, 플러싱경로센터, 플러싱한인회, 퀸즈중부한인회
	외국인단체	아주인평등회
	정부기관	미 연방이민국(USCIS), 주뉴욕총영사관
국제 연대	한인단체	
	외국인단체 및 정부기관	
모국 연대	국내단체	
	정부기관	
한민족연대		

(2) 연대의 특징과 문제점

노인회의 활동은 지역을 중심으로 이루어지고 있다는 점에서 지역 노인회와 활발한 네트워크를 갖고 있었다. 이러한 노인단체의 특성을 고려하면 굳이 국제연대, 모국연대, 한민족연대의 필요성을 못 느낄 뿐만 아니라, 단체 간 국제, 모국연대가 행해지기 위해서는 재정적 뒷받침이 있어야 한다. 열악한 노인회의 재정은 국제, 모국연대를 가로막는 장애 요인이다.

2) L.A. 한국노인상조회

(1) 지역연대

○ 1982년 5월 : 상조회가 한국노인회 산하에서 분리 독립하여 명칭을 L.A. 한국노인상조회라고 명명하였다.

○ 1983년 : 1983년부터 1984년까지 L.A.에 소재한 나성영락교회의 추천으로 노인회가 일정액을 마련해 극빈자들에게 백미를 나누어주었다.

○ 1985년 : 1985년부터 현재까지 L.A.한인회, L.A.한우회, 한국일보, L.A.총영사관, L.A.상공회의소 등의 협찬을 받아 학생들을 대상으로 장학금을 지급하고 있다. 2005년도까지 총 20회의 장학금 수여식을 거행하였다.

○ 1986년 : 한국의 독립기념관 건축에 보탬이 된다는 마음에서 노인회원들이 기금을 마련하였다. 미주한국일보에 1,060달러를 전달하였다.

○ 1996년 : L.A.한인회의 단체 활동에 보탬이 되고자 단체 운영기금으로 900달러를 지원하였다.

○ 2001년 11월 : L.A.한인타운을 하나의 선거구로 묶기 위한 모임이 있었다. L.A.한인회장, L.A.한인상공회의소, L.A. 한인노인상조회 등의 실무관계자들은 시의원 선거구 재조정 작업에 관한 커뮤니티 차원의 대응책을 논의하였다.

○ 2005년 9월 : L.A.한국노인상조회와 L.A.한국노인회는 노인회관을 L.A.한인회에 기증하기로 공식 서명하였다. 이에 따라 노인복지회관 건립이 가능해졌다. 한인회 사무실에서 열린 이 모임에서 상조회와 노인회 모두 노인복지회관 건립은 한인 노인들을 위한 회관으로 건립에 최선을 다하자고 다짐하였다.

○ 2005년 9월 : 제32회 L.A. 한국의 날 축제가 3일간 개최되었다. L.A.한인회, 밸리한인회, 오렌지카운티한인회, L.A.상공회의소, L.A.한인노인상조회, 한국노인상조회 등의 단체가 참여한 이 축제는 한국을 상징하는 한국문화, 예술, 공연 등이 선보였다. 부산시립예술단, 나성양로보건센터, 대한노인동호회, 세계무도연맹 동호회, 증산도의 도공체조 등의 특별 공연이 행해졌다.

○ 2005년 10월 : 노인복지회관의 효과적인 공간 활용을 위한 공청회가 L.A.한인회 사무실에서 열렸다. 노인복지회관 추진위원회와 L.A.한인회는 회관의 외관 설계가 완성됨에 따라 실제 이용할 한인 노인들의 의견을 적극적으로 반영하기로 했다. 이날 공청회에는 L.A.한국노인

회, L.A.한국노인상조회, 금란노인상조회 등 한인 노인 단체 관련자들이 참석하였다.

한국노인상조회는 지역연대에서 L.A.한인회, L.A.상공회의소와 장학금, 선거, 노인회관 건립 등 지속적이고 연대 강도가 높은 네트워크를 구축하고 있다. 다른 한인단체와는 보통의 교류 관계를 갖고 있다. 노인상조회는 L.A.노인회와 갈등 관계를 청산하고 노인복지회관 건립을 계기로 협력의 네트워크를 가졌다. 노인상조회는 한국정부의 L.A.총영사관과도 장학금 지원 문제로 교류하고 있었다. 〈표 Ⅲ-13〉은 L.A.한국노인상조회의 네트워크를 정리해 놓은 표이다.

〈표 Ⅲ-13〉 L.A.한국노인상조회 네트워크 현황

구 분		연대단체
지역연대	한인단체	나성영락교회, L.A.한인회, L.A.한우회, L.A.한국일보사, L.A.한인상공회의소, 한국노인회, 밸리한인회, 오렌지카운티한인회, 한국노인상조회, 금란노인상조회
	외국인단체	
	정부기관	L.A.총영사관
국제연대	한인단체	
	외국인단체 및 정부기관	
모국연대	국내단체	
	정부기관	
한민족연대		

(2) 연대의 특징과 문제점

노인상조회의 국제연대, 모국연대, 한민족연대는 없는 것으로 나타났다. 뉴욕 한인노인상조회와 마찬가지로 L.A.노인상조회의 활동 영역이 좁은 관계로 다양한 네트워크가 형성되지 않았다. L.A.노인상조회는 단체의 생존과 경쟁을 위해 노인 단체 중심의 교류에서 벗어나 다양한 한인 사회단체와 네트워크를 구축하려는 노력이 필요하다.

4. 직능단체

1) 뉴욕한인네일협회

(1) 지역연대

○ 뉴욕한인직능단체협의회와 매달 3째주 화요일에 정기적으로 상호 정보 교환 및 각 단체 행사시 상호 도움을 주고 있다.

○ 2003년 3월 : 한미민주연합회가 뉴욕한국일보와 공동으로 벌이고 있는 '엘로리본' 캠페인에 뉴욕한인네일협회를 비롯해 뉴욕한인마켓협회, 청년학교 등이 적극 동참하기로 하였다. 이 캠페인은 이라크전 참전 용사들의 무사귀환을 상징하는 홍보이다. 네일협회는 회원업소에서 모아지는 후원금을 엘로리본의 추가 제작 비용으로 지원하였다.

○ 2003년 8월 : 네일면허시험 신청자들에 대한 신분검사가 강화되면서 응시자격을 박탈, 면허취득을 포기하는 한인들이 증가하자, 뉴욕한인네일협회는 뉴욕주 국무부 산하 면허국에 진정서를 발송하여 한국 여권으로도 신분확인이 가능할 수 있도록 복원 조치를 강력히 요청하였다.

○ 2003년 9월 : 뉴욕한인네일협회는 퀸즈 플러싱 소재 우리종합병원의 후원으로 무료 건강 진료 행사를 실시하였다.

○ 2003년 11월 : 뉴욕한인네일협회는 뉴욕주 면허국장과 면담을 갖고 각종 미용면허시험에서 사진이 부착된 여권이 신분증을 대신할 수 있도록 합의하였다.

○ 2004년 : 뉴욕한인네일협회는 플러싱 서울플라자에서 5쌍의 무료 합동결혼식을 후원하였다. 웨딩업체 베스트웨딩사가 주관한 결혼식에 네일협회와 뉴욕한인연예인협회는 계속적으로 무료 합동결혼식을 지원하겠다고 밝혔다.

○ 2005년 1월 : 뉴욕한인회, 뉴욕한인봉사센터(KCS), 네일협회가 공동으로 한인대상 무료 직업교육을 실시하였다. 이 프로그램을 위해 뉴

욕한인회는 인원모집 및 홍보를, KCS는 교육프로그램에 필요한 진행과정과 이에 따르는 행정 관리를 맡았으며 네일협회는 맨하튼과 퀸즈 두 곳에 교육기관을 선정해 교육을 실시하고 있다.

○ 2005년 1월 : 제17회 네일협회 회원의 밤 행사에 브룸버그(Bloomberg) 뉴욕시장, 주뉴욕총영사관, 뉴욕주면허국 검사관 총책임자 Ernita Gantt 등이 참석하여 자리를 빛내 주었다. 특히 이날 뉴욕시장은 한인네일협회가 뉴욕시 경제발전에 미친 공로를 치하하여 12일을 '네일의 날'로 선포하였다.

○ 2005년 2월 : '2005 네일 저널' 발간을 기념하기 위해 주뉴욕총영사관, 뉴욕주지사, 뉴욕시장 등이 축하해 주었다.

○ 2005년 10월 : 뉴욕한인네일협회는 미국암협회와 공동으로 플러싱 패링턴스트릿에 있는 네일협회 사무실에서 무료 유방암, 자궁암 검진 행사를 실시하였다.

○ 2006년 2월 : 한인 네일업 종사자들이 새로운 출발을 다짐하면서 화합을 다지는 자리를 마련하였다. 뉴욕한인네일협회는 '2006 회원의 밤' 행사를 개최하였다. 뉴욕한인회, 뉴욕한인직능단체협의회 등 300여 명이 참석하였다.

뉴욕 한인네일협회는 뉴욕한인직능단체협의회의 산하단체이다. 두 단체는 매월 정기적 교류 관계를 가짐으로써 자주 접촉하고 있는 강한 연대를 보여주고 있다. 뉴욕 한인네일협회는 사회봉사의 차원에서 한인단체의 협력을 받아 건강진료, 무료 결혼식, 평화운동 등에 동참 또는 주관하고 있다. 이들 단체 간 교류는 보통 수준이다. 외국인단체와의 교류는 미국암협회의 도움을 받아 한인을 대상으로 건강검진을 실시하였다. 정부기관과의 교류는 네일협회의 면허증, 자격 등과 관련하여 규제사항의 완화를 목적으로 쟁점 중심의 접촉이 행해지고 있었다. 반면 뉴욕시, 뉴욕주 정부가 네일협회의 자체 행사에도 참여하고 있다는 점에서 강한 연대가 형성되고 있음을 알 수 있다.

(2) 국제연대 및 모국연대

○ 2003년 4월 : 뉴욕 일원의 네일 종사자들의 신기술 습득을 위해 뉴욕한인네일협회의 주최로 '네일 디자인 및 기술경연대회'가 국제적인 행사로 치루어졌다. 한국네일협회 3개팀, 일본네일협회 1개팀, 중국네일협회 4개팀, 네팔네일협회 1개팀, 베트남네일협회 1개팀 회원들이 참여하여 자웅을 겨루었다. 네일협회는 이 대회를 각 지역의 우수한 디자인 및 기술 정보의 교류를 촉진시키자는 취지로 매년 1회 개최할 방침이다. 2004년, 2005년 4월 달에도 이 대회를 개최하였다.

○ 2003년 10월 : 일본네일협회와 상호교류 협약을 체결하여 각 국가의 네일 업계 동향 및 상품, 신기술에 대한 상호 정보를 교류하고 있다. 또한 한국네일협회와 매년 2회씩 30~40명 규모의 한국 기술연수단을 뉴욕으로 초청하여 기술 교육과 실무 경험을 쌓을 수 있도록 지원하고 있다. 협회는 미주 지역에서 탈피하여, 해외 국가의 네일협회와 상호협력을 체결함으로써 네일업계의 네트워크화를 추진하였다.

뉴욕 한인네일협회가 주최한 국제대회에 일본, 중국, 네팔, 베트남, 한국의 네일협회 관계자들이 참가했다. 이 회의를 계기로 네일 업계의 국제 네트워크화가 추진되었다. 한편 뉴욕 한인네일협회와 일본 네일협회가 상호교류 협약을 체결하였으며, 뉴욕 한인네일협회는 또한 한국네일협회 회원들에게 기술적 도움을 주기 위해 기술연수단을 파견을 지원하기로 했다. 결국 뉴욕 한인네일협회는 일본과 한국의 네일협회와는 장기적, 연대강도가 강한 네트워크를 갖고 있지만, 다른 국가의 네일협회와는 약한 연대를 맺고 있는 것으로 보인다. 〈표 Ⅲ-14〉는 뉴욕 한인네일협회의 네트워크 현황이다.

〈표 Ⅲ-14〉 뉴욕 한인 네일협회 네트워크 현황

구 분		연대단체
지역 연대	한인단체	뉴욕한인직능단체협의회, 한미민주연합회, 뉴욕한국일보사, 뉴욕한인마켓협회, 청년학교, 플러싱네일협회, 퀸즈플러싱우리종합병원, 뉴욕한인외국인협회, 뉴욕한인회, 베스트웨딩사, 뉴욕한인봉사센터
	외국인단체	미국암협회
	정부기관	뉴욕시, 주뉴욕총영사관, 뉴욕주 정부
국제 연대	한인단체	
	외국인단체 및 정부기관	일본네일협회, 중국네일협회, 네팔네일협회, 베트남네일협회
모국 연대	국내단체	한국네일협회
	정부기관	
한민족연대		
On Line연대		

(3) 연대의 특징과 문제점

뉴욕 한인네일협회의 한민족연대는 없었다. 뉴욕 한인네일협회와 한인 단체의 교류는 사회봉사 차원에서 지원, 협력 받는 형태로 진행되고 있다. 정부기관과의 네트워크는 규제 완화, 회원들의 이익대변 차원에서 집중적으로 네트워크가 만들어지고 있다. 뉴욕 한인네일협회는 일본, 한국네일협회와의 교류에 있어 단순한 친목 교류가 아닌 정보의 공유, 기술 이전 등이 포함된 교류를 하고 있다.

2) 한인 의류협회

(1) 지역연대

○ 1999년 : 의류협회 회장단이 연방 노동청을 방문하여, 점진적 상호 협조와 보안 업무를 개발하기로 논의하였다. 또한 미국 상무성 섬유·의류 해외 수출부 관계자를 초청하여 지속적인 지원을 약속받았다.

○ 1998년 7월 : 제6회 정기 바자회를 열어 조성된 기금을 정신박약아 직업훈련소 및 젊음의 집에 전달하였다.

○ 2001년 11월 : 키머니 반대시위와 함께 키머니 금지법안(AB533) 통과를 위한 공청회를 연방 및 주 노동청 실무자들과 가졌다.

○ 2002년 : 한인봉제협회와 AB533 대처방안을 강구하기 위해 모임을 함께 하였다.

○ 2003년 : 한인의류협회, 한인봉제협회, 한인섬유협회 등 3개 협회가 화합하여 AB 533에 대한 공동대처방안 및 협회 간 협력 사항을 논의하였다.

○ 2004년 3월 : 한인변호사협회와 본 협회 회장단이 상견례 및 두 협회 간 협력방안을 논의하는 자리를 가졌다.

○ 2004년 4월 : 한인의류업계의 공정근로기준법 준수를 위한 모니터링 프로그램이 실시되었다. 한인의류협회와 연방노동부가 함께하는 이 프로그램은 원청업체들이 하청업체의 노동관련 쟁의에 자주 휘말리는 것을 방지하기 위해 마련된 것이다.

○ 2004년 5월 : KOTRA와 공동으로 무역과 미국내 섬유에 관한 정보를 공유하기로 협약을 맺었다. 21일에는 북한 용천역 참사 피해 동포 돕기 성금 15,000달러 총영사관에 전달하였다.

○ 2005년 7월 : 미국 24개 주에서 140개 이상의 노인아파트를 관리하는 비영리단체인 은퇴자주거협회가 주최하고, 한인의류협회가 후원하는 '사랑의 옷짓기' 행사가 열렸다. 노인아파트에 주거하는 노인들이 기증받은 털실로 옷, 목도리 등을 짜서 미혼모들의 자녀들이나 고아원에 기증하는 행사였다.

○ 2005년 12월 : '제17회 한인의류인의 밤'을 주최하였다. 이 행사는 1989년부터 지속되고 있는데 800여 회원들의 1년간의 노고를 치하하기 위해 그리고 회원 상호간의 친목을 도모하기 위해 매년 12월에 열리고 있다. 주 L.A.총영사, L.A.한인회, L.A.한인상공회의소 회장단 일행이 축사를 해 주었다.

○ 2006년 3월 : 남가주기독교교회협의회가 중심이 되어 '반이민법 HR-4577' 저지운동을 전개하였다. 시위에는 한인회, 한인 의류협회, 재미해병대전우회 서부연합회 등이 함께 참가했다. 특히 한인 의류협회는 850여 개 봉제공장이 모두 문을 닫고 시위에 참가하였다(크리스천투데이 06.03.27).

한인 의류협회는 동종 업종인 한인봉제협회, 한인섬유협회와 함께 강력한 연대를 구축하여 AB533법안에 공동 대응하기로 하였다. 이들 간의 연대는 지속성, 강한연대로 규정할 수 있다. 그 이외 단체와의 교류는 한인사회에 대한 봉사, 복지 차원에서 행해지고 있었으며, 전체 한인들의 문제인 반이민법 HR-4577에 대한 반대운동에서는 여러 한인단체들과 강력한 연대를 구축하여 시위에 참여하는 양상을 보여 주었다.

한인 의류협회의 외국인단체와 네트워크는 이들 기관이 행사를 주최하고 한인 의류협회가 옷가지 등을 후원하는 형태로 교류가 이루어지고 있다. 정부기관인 연방 및 주 노동청, 상무성과는 업무상 협조, 의류 관련 법안 공청회, 수출지원에 대한 협조, 노동법 준수에 관한 모니터링 등을 가지고 교류하고 있다. 이들 간의 교류는 지속성 및 보통 연대 수준을 보이고 있다.

(2) 국제연대

○ 2005년 9월 : '제4차 세계한상대회'에 참가하면서 '한상섬유벨트' 특화전을 가졌다. 전 세계의 교포 섬유·의류업자들의 네트워크 조성 가능성을 타진하였는데 본 협회와 한국섬유산업연합회, 동대문 의류봉제협회, 대구경북섬유산업협회, 한아경제인연합회, 브라질한인상공회의소 등 3개 국가 한인의류 관계자가 동참하였다.

세계한상대회의 '한상섬유벨트' 특화전을 계기로 3개국 6개 한인단체는 전 세계에 흩어져 있는 한인 섬유·의류업자들의 네트워크 구축

가능성을 논의하였다. 모임에 참석한 한인 의류·섬유 관계자들은 상호 간 정보 교류에 토대로 네트워크를 점차 확대하기로 했다. 이들 단체는 섬유벨트 조인식을 가졌다. 이 조인식은 섬유벨트 출범이 단순 일회성 행사로 끝나지 않고 지속적으로 국내·외 섬유산업 종사자들이 네트워킹과 교류할 수 있도록 연결시켜 주는 의미를 갖고 있다.

(3) 모국연대

○ 2004년 5월 : KOTRA와 공동으로 무역과 미국 내 섬유에 관한 정보를 공유하기로 협약을 맺었다. 21일에는 북한 용천역 참사 피해 동포 돕기 성금 15,000달러 총영사관에 전달하였다.

○ 2005년 10월 : 한국무역투자진흥공사(KOTRA)와 공동으로 '세계 의류 산업의 변화와 대처방안'에 관한 세미나를 열었다.

한인 의류협회는 코트라와 의류산업 세미나, 미국 내 섬유에 관한 정보의 공유 등을 주제로 연대관계를 형성하고 있다. 재외동포재단과는 세계한상대회, 한국섬유산업연합회 및 동대문의류봉제협회와는 한상섬유벨트 문제로 교류를 갖고 있었다.

(4) 한민족연대

○ 2005년 9월 : 재외동포재단이 주최한 '제4차 세계한상대회'에 참가하면서 고양시 킨텍스에서 '한상섬유벨트' 특화전을 가졌다. 전 세계의 교포 섬유·의류업자들의 네트워크 조성 가능성을 타진하였는데 본 협회와 한국섬유산업연합회, 동대문 의류봉제협회, 대구경북섬유산업협회, 한아경제인연합회, 브라질한인상공회의소 등 3개 국가 한인의류 관계자가 동참하였다.

제4차 세계한상대회에 한인의류협회가 참석하여 각 국의 무역, 경제 분야의 한인단체와 교류를 가졌으며, 섬유산업에 종사하는 단체 간에

섬유벨트 조인식 협정을 맺었다. 〈표 Ⅲ-15〉는 한인 의류협회의 네트워크 현황이다.

〈표 Ⅲ-15〉 한인 의류협회 네트워크 현황

구 분		연대단체
지역 연대	한인단체	한인봉제협회, 한인섬유협회, 한인변호사협회, L.A.한인회, L.A.한인상공회의소, 남가주기독교교회협의회, 젊음의집, 재미해병대전우회서부연합회
	외국인단체	정신박약아직업훈련소, 은퇴자주거협회
	정부기관	연방노동청, L.A.주노동청, 미국상무성. L.A.총영사관
국제 연대	한인단체	브라질한인상공회의소, 한아경제인연합회
	외국인단체 및 정부기관	
모국 연대	국내단체	KOTRA, 재외동포재단, 한국섬유산업연합회, 동대문의류봉제협회, 대구경북섬유산업협회
	정부기관	
한민족연대		제4차 세계한상대회

(5) 연대의 특징과 문제점

한인 의류협회는 4개 영역 모두에서 네트워크를 갖고 있었다. 지역연대에서는 동종 한인업계와 견고한 교류를 하고 있으며, 미국 내에서 사회봉사 목적으로는 외국인단체와 네트워크를 형성하고 있다. 모국연대에서 한국정부와 직접적인 네트워크는 구축되지 않았다. 그렇지만 한인 의류협회의 폭넓은 네트워크 구성은 장기적으로 단체 발전 및 교류 단체 상호간 이익을 증대시키는 요인으로 작용할 것이다.

5. 종교단체

1) 뉴욕장로교회

(1) 지역연대

○ 1995년 12월 : 선한사마리안인선교회(GSM)에서 히스패닉을 대상으로 사역을 시작하였다.

○ 1998년 9월 : 아프리카 우간다 캄팔라 시에 있는 모든민족신학교(All Nations)와 연대하여 천국 복음을 전하며 그들의 삶을 돌보는 사역을 행하고 있다.

○ 1999년 11월 : 기도협주회(Concert of Prater)가 주관한 'The Lord's Watch Prater Feast 2th'가 본 교회당에서 열렸다.

○ 2000년 11월 : CCDA(Christian Community Development Association/기독교지역사회개발협의회) Conference가 본 교회당에서 열려 약 3천 명의 미국교회 지도자들이 참석하였다.

○ 2003년 4월 : 국제장애인선교회가 주최한 열린찬양축제에 본 교회가 장소 제공 및 행사를 지원하였다.

○ 2005년 1월 : 뉴욕청소년센터에 2,400달러의 후원금을 기부했다.

○ 2006년 1월 : 대뉴욕지구 한인교회협의가 주최한 신년 하례예배가 열렸다. 예배에 참석한 목회자와 평신도 등 600여 명은 뉴욕지역 교회 부흥과 한인사회 발전을 위해 기도하였다. 본 교회를 비롯해 뉴욕에 있는 많은 교회가 참석하였으며, 뉴저지 한인교회협의회, 대뉴욕지구 한인목사회, 뉴욕한인회, 뉴욕총영사 등이 자리를 함께 하였다.

뉴욕장로교회의 지역 내 한인단체와의 교류는 선교, 지원금 후원, 신년 하례식 행사 참여 등의 목적에서 네트워크가 형성되어 있다. 연대의 강도는 강하지 않다. 외국인단체와의 교류는 국제장애인선교회가 주최한 행사에 장소 제공, 기독교지역사회개발협의회와 세미나 관련 문제로 행사 지원 및 장소를 제공하였다.

(2) 국제연대

○ 1994년 3월 : 본 교회 담임목사 및 교인 일부가 우즈벡 공화국 타쉬켄트 믿음교회의 헌당식에 참석하였다.

○ 2004년 3월 : 협력선교사 MISSIONARY가 뉴욕장로교회의 협력으로 타이페이 시에서 중국인들을 위한 '영문교회'를 개척하였다.

뉴욕장로교회는 우즈벡 타슈켄트에 믿음교회를 설립하는 데 있어 도움을 주었으며, 교회 헌당식에 본 교회의 담임목사 일행이 참석하여 축하해 주었다. 한편 뉴욕장로교회의 국제연대에서 외국인단체와의 교류를 보면, 모든민족신학교, 코스타리카 산호세교회, 대만 타이베이 영문교회의 설립과 복음전파를 위해 교류하고 있었다.

(3) 모국연대

○ 1978년 9월 : 본 교회가 한국의 충남대덕화덕중앙교회에 선교비를 지원하였다.

○ 1999년 3월 : 당회장 이영희 목사, 선교위원장 변창선 장로, 이상수 집사가 코스타리카 산호세 교회 성전 헌당식 참석 차 방문하였다.

뉴욕장로교회는 충남 대덕의 화덕중앙교회에 선교비를 지원함으로써 중앙교회와 교류 관계를 형성하였다. 〈표 Ⅲ-16〉은 뉴욕장로교회의 활동을 요약한 표이다.

〈표 Ⅲ-16〉 뉴욕장로교회 네트워크 현황

구 분		연대단체
지역 연대	한인단체	대뉴욕지구 한인교회협의회, 기도협주회, 선한사마리안인선교회, 뉴욕청소년센터, Seed International선교회, 뉴저지한인교회협의회, 대뉴욕지구한인목사회, 뉴욕한인회
	외국인단체	국제장애인선교회, 기독교지역사회개발협의회
	정부기관	뉴욕총영사관
국제 연대	한인단체	타쉬켄트 믿음교회
	외국인단체 및 정부기관	모든민족신학교, 코리타리카 산호세교회, 대만 타이페이 영문교회
모국 연대	국내단체	충남 대덕 화덕중앙교회
	정부기관	
한민족연대		

(4) 연대의 특징과 문제점

뉴욕장로교회는 지역 내 한인단체와 활발한 교류를 형성하고 있으며, 외국인단체와도 네트워크가 구축되어 있다. 또한 국제연대 측면에서 해외에 신설되는 교회에 물질적 지원을 하고 있었다. 모국연대는 화덕 중앙교회에 선교비를 지원했지만, 일회성 교류로 끝나버렸다. 뉴욕장로교회가 모국연대에 있어 좀 더 많은 국내 교회와 접촉 기회의 증대 및 지속적 교류 관계를 가져야 한다.

2) 나성영락교회

(1) 지역연대

○ 1994년 3월 : 소수민족인 L.A.히스패닉교회와 본 교회가 상호협력을 목적으로 교류 관계를 맺었다.

○ 1996년 12월 : 안나선교회에서 장학금으로 100,000달러를 본 교회에 증정하였다.

○ 2000년 5월 : 미주한인장로회 총회, 미국장로교 한인교회협의회 주관으로 고 한경직 목사 추모식을 열었다. 나성영락교회를 비롯해 L.A.의 많은 교회가 참석하였다.

○ 2002년 1월 : 동양선교회 강준민 목사를 강사로 초빙하여 구역봉사자 수련회를 가졌다.

○ 2002년 4월 : 뉴욕의 아름다운교회 담임목사인 림형천을 초빙하여 기도원 Open House에서 감사예배를 드렸다.

○ 2004년 5월 : 일레인 차오 미국 노동부 장관을 초청하여 강연을 들었다.

○ 2004년 9월 : L.A.에서 '전국목회자 통곡기도대회'가 열렸다. 북한의 인권개선에 대한 방법을 놓고 1,600여 명의 목사들이 토론하였다.

○ 2005년 2월 : 남가주 한인교회사역자회(KAME)가 주최한 '남가주 교회학교 교사 컨퍼런스'에 본 교회가 참석하였다.

○ 2005년 4월 : 교회 지도자들의 타교회 방문 프로그램인 '교회탐방 2005'의 일환으로 새들백 교회, 윌로우 크릭교회, 남가주 지역교회를 탐방하였다.

○ 2005년 4월 : 본 교회가 지원하는 발렌시아 영락교회에서 감사예배를 드렸다.

○ 2005년 7월 : 캘리포니아에 거주하는 모든 아이들에게 의료보험 제공 AV772와 SB437 법을 통과시키기 위한 서명운동이 민족학교를 통해 실시되었다. 본 교회 교인들 다수가 이 서명에 동참하였다.

○ 2005년 9월 : 나성영락교회는 허리케인 카트리나 이재민을 돕기 위해 10만 달러를 L.A.한인회에 구호성금으로 전달하였다.

○ 2006년 3월 : 남가주기독교교회협의회가 중심이 되어 '반이민법 HR:4577' 저지운동을 전개하였다. 교회협의회는 새 법안이 교회의 봉사를 제한하고 있다고 주장하였다. 본 교회에 시위에 참가하였다(크리스천투데이 06.03.27).

나성영락교회의 한인단체 네트워크 중 교회와의 교류는 주로 종교적 일과 연관되어 있다. 장학금 지원, 부흥회, 교회 사역, 기도대회 참가 등이다. 이들의 연대는 강하며, 지속적이다. 교회 이외의 한인단체와 교류는 이민법 반대를 위한 시위에 동참, 이재민 돕기 수재의연금 기탁으로 연대 강도는 높지 않으며, 한인회를 제외하고는 일회성 교류가 많다. 외국인단체와 나성영락교회의 네트워크는 히스패닉교회와 상호협력의 교류가 있을 뿐이며, 2004년 L.A., 2006년 서울 통곡기도대회를 계기로 미국 복음주의협회와 교류가 확대되고 있었다. 그리고 미 노동부 장관을 초빙하여 노동법 관련 강연을 들었다.

(2) 국제연대

○ 1992년 10월 : 멕시코 티화나에 개신교회를 개척하였다.

○ 2005년 5월 : 재일대한기독교회 교역자 58명이 본 교회를 방문하였다. 본 교회 담임목사와 교역자들은 교회의 역할과 사명을 주제로 진지한 간담회를 가졌다.

재일대한기독교회가 나성영락교회를 방문하여 상호간 우의를 다졌으며, 멕시코 티화나에 개척교회를 설립하는 데 본 교회가 물질적·정신적 지원을 함으로써 네트워크가 형성되었다. 전자와의 교류는 일회성, 연대의 강도가 약한 반면 후자는 지속적, 강한연대 관계를 맺고 있다.

(3) 모국연대

○ 한국의 영락교회와 매년 주기적으로 교류하고 있다.

○ 1998년 11월 : 송자 연세대학교 총장을 초빙하여 본 교회 창립 제25주년 기념 특별강연회를 가졌다.

○ 2002년 1월 : 순복음 인천교회 최성규 목사를 강사로 초빙하여 신년부흥회를 열었다.

○ 2006년 3월 : 북한자유를위한교회연합이 주최한 '서울통곡기도대회'가 서울 영락교회에서 개최되었다. 해외에서 활동하는 목사 1,000여명, 국내에서는 목사 5,000여 명과 평신도 2만여 명이 참석하였다. 북한인권 기도회 차원에서 고통 받는 북녘동포에 선한 이웃이 되어야 한다는 결의가 있었다. 어바인 베델한인교회, 나성한인감리교회, 미국 복음주의협회, 나성영락교회, 한국기독교총연합회, 서울교회, 새문안교회, 탈북자/북한자유방송, 두레교회, 금란교회 등이 참가하였다.

나성영락교회는 서울 중구에 소재한 영락교회와 정기적인 교류관계를 갖고 있음으로써 강한 연대를 구축하고 있다. 연세대학교 총장과 순복음인천교회 목사를 초빙하여 강연을 들었다. 나머지 단체와는 서울통곡기도대회와 관련하여 네트워크가 구축된 단체들이다. 이들 단체와의 연대강도는 약한 편이다.

(4) 연대의 특징과 문제점

나성영락교회의 한민족연대는 없는 것으로 나타났으며, 교회 특성상 종교 사역을 중심으로 활동하기 때문에 교회단체 간 교류는 활발하지만, 일반 한인단체와의 교류는 활성화되지 않았다. 반이민법 시위에 나성영락교회가 동참함으로써 한인단체들과의 교류가 약간은 확장되었다. 여타 교회와 마찬가지로 종교적 사업에 관심을 둠으로써 외적인 교류의 폭이 좁았다. 〈표 Ⅲ-17〉은 나성영락교회의 네트워크 현황이다.

<표 Ⅲ-17> 나성영락교회 네트워크 현황

구 분		연대단체
지역 연대	한인단체	안나선교회, 미주한인장로회, 미국장로교 한인교회협의회, 동양선교교회, 아름다운교회, 민족학교, 새들백교회, 윌로우크릭교회, 발렌시아영락교회, 남가주기독교교회협의회, 남가주한인교회사역자회, L.A.한인회, 한인의류협회, 재미해병대전우회서부연합회, 어바인 베델한인교회, 나성한인감리교회
	외국인단체	L.A.히스패닉교회, 미국 복음주의협회
	정부기관	미노동부
국제 연대	한인단체	재일대한기독교회
	외국인단체 및 정부기관	멕시코 티화나교회
모국 연대	국내단체	영락교회, 연세대학교, 순복음인천교회, 한국기독교총연합회, 서울교회, 새문안교회, 탈북자/북한자유방송, 두레교회, 금란교회
	정부기관	
한민족연대		

3) 퀸즈한인천주교회

(1) 지역연대

○ 매년 L.A.교구청 및 서울대교구청과 가톨릭의 제반문제에 대해 기본적 교류를 하고 있다.

○ 2001년 5월 : 한인 가톨릭계에서는 처음으로 상설 자선단체인 까리따스회를 창설하여 불우이웃을 경제적으로 돕는 자선선교와 무료검진 등 의료 선교활동을 벌이고 있다. 2002년부터 불우이웃을 직접 돕는 일과 그와 관련된 봉사활동을 하며 부르클린 교구의 Catholicchrity와 연계하여 활동을 해오고 있다.

○ 본당의 레지오 마리애의 단위 조직인 꾸리아(Curia)는 2003년 12월부터 우드사이드 성 세바스찬 성당, 베이사이드 한인천주교회와 일년에 한번씩 방문하여 봉사하고 있다.

○ 25년 전통을 자랑하는 퀸즈한인천주교회가 한국 학교를 설립하였다. 한인 2세들에게 한국어 교육의 중요성을 인식시켜 주기 위해서 시작한 이래 끊임없는 발전을 해왔다. 한국 학교는 재미한인학교협의회에 가입돼 있으며 각종 세미나, 학술대회 등에 교사들이 활발하게 참여하고 있다.

퀸즈한인천주교회는 자선선교, 바자회, 경로잔치, 신용조합 운영, 무료검진 등 활발한 봉사활동을 하고 있다. 본 한인천주교회 교인들은 브루클린교구 Catholiccchrity ,우드사이드 성세바스찬성당을 1년에 한 번 방문하여 자원봉사 활동을 하고 있다. 강한 연대는 아니지만, 교류의 지속성을 갖고 있다.

퀸즈한인천주교회는 한국인 2세들에게 모국어를 가르쳐주기 위해 한국학교를 설립하였으며, 재미한인학교협의회 회원으로서 세미나 및 학술활동을 하고 있다. 한편 외국인단체로 분류되는 Catholiccchrity와 공동으로 불우이웃 돕기 및 지역사회를 위한 봉사활동을 전개하고 이다. 이들 단체 간에는 연대의 지속성과 강한 연대 경향을 보이고 있다. 퀸즈한인천주교회가 L.A.교구청 소속인 관계로 교구청과 정기적 교류를 갖고 있다.

(2) 모국연대

○ 매년 L.A.교구청 및 서울대교구청과 가톨릭의 제반문제에 대해 기본적 교류를 하고 있다.

○ 1974년 11월 : 서울대교구청 김수환 추기경의 집전으로 본 성당 소속 신자 82명이 견진을 받았다.

한인 중심의 목회자, 그리고 한인 교인들이 많은 관계로 서울대교구청과 네트워크를 형성하고 있다.

(3) 연대의 특징과 문제점

가톨릭 단체의 특성상 퀸즈한인천주교회의 국제연대, 한민족연대가
형성되지 않았다. 지역봉사와 함께 동일 지역의 성당과 집중적으로 교
류함으로써 지역연대가 제일 활성화되어 있다. 〈표 Ⅲ-18〉은 퀸즈한인
천주교회의 네트워크 현황이다.

〈표 Ⅲ-18〉 퀸즈한인천주교회 네트워크 현황

구 분		연대단체
지역연대	한인단체	베이사이드한인천주교회, 한국학교, 재미한인학교협의회
	외국인단체	브루클린교구 Catholicchrity, 우드사이드 성세바스찬성당 L.A. 교구청
	정부기관	
국제연대	한인단체	
	외국인단체 및 정부기관	
모국연대	국내단체	서울대교구청
	정부기관	
한민족연대		

4) 성그레고리 한인천주교회

(1) 지역연대

○ 매년 L.A.교구청 및 서울대교구청과 가톨릭의 제반 문제에 대해
주기적으로 교류관계를 갖고 있다.

○ 2003년 2월부터 현재까지 : 단도박회와 함께 공동으로 도박 중독
에 빠진 사람들에게 보통사람들처럼 행복하게 정상생활을 할 수 있도
록 도움을 주고 있다.

○ 2004년 1월 : '작은 예수회 장애인 학교 일일 찻집'을 작은 예수회
분원에서 열었다. 많은 교인들의 참여가 있었다.

○ 2005년 10월 : 허리케인 카트리나 피해로 고통 받고 있는 뉴올리안즈 한인성당에 성그레고리 한인천주교회 교우들의 정성어린 도움 8,760달러를 전달하였다.

○ 2006년 1월 : L.A.에 소재한 라디오코리아를 통해 일주일에 1시간 동안 가톨릭을 주제로 방송을 하고 있다.

○ 본당단체로서 남가주 한인성당, 노스헐리웃성당, 마리아레지나성당, 밸리성당, 벤츄라성당, 성 김대건안대레아성당, 성 라파엘성당, 성 마리아성당, 성 바실성당, 성 바오로성당, 성 아그네스성당, 성 엘리자벳성당, 성 크리스토퍼성당, 백삼위 한인성당, 성 토마스성당, 성삼성당, 한국순교자 성당, 베이커스필드성당, 성 야고보성당 등 19개 성당과 함께 지역 공동체의 전반적인 현안을 중심으로 논의, 협력하기 위해 교류관계를 갖고 있다.

L.A.지역에 있는 5개 한인성당과 성 그레고리 한인천주교회는 지역의 일상적 현안을 논의하고, 공동으로 대처하기 위해 지속적인 그리고 연대 강도가 높은 네트워크를 가지고 있었다. 성 그레고리 한인천주교회는 지역의 복지, 성금지원 가톨릭 홍보 등을 행하고 있었으며, 도박중독자를 대상으로 단도박회와 공동으로 도박 근절을 위한 프로그램을 운영하고 있다. 외국인단체 연대를 보면 지역의 14개 성당과 교류관계를 갖고 있으며, 성 그레고리 한인천주교회가 L.A.교구청 소속인 관계로 네트워크가 연결되어 있다. 결국 성 그레고리 한인천주교회의 지역연대는 성당 중심의 활동으로 집중되고 있었다.

(2) 모국연대

○ 매년 L.A.교구청 및 서울대교구청과 가톨릭의 제반 문제에 대해 주기적으로 교류관계를 갖고 있다.

성 그레고리 한인천주교회의 다수 신자가 한인이다. 따라서 모국의 서울대교구청과 긴밀한 연대관계를 형성하고 있다. 〈표 Ⅲ-19〉는 성 그레고리 한인천주교회의 네트워크를 요약한 내용이다.

〈표 Ⅲ-19〉 성 그레고리 한인천주교회 네트워크 현황

구 분		연대단체
지역연대	한인단체	뉴올리안즈한인성당, 남가주한인성당, 성김대건안대레아성당, 백삼위한인성당, 한국순교자성당, 단도박회
	외국인단체	노스헐리웃성당, 마리아레지나성당, 밸리성당, 벤츄라성당, 성 라파엘성당, 성 마리아성당, 성 바실성당, 성 바오르성당, 성 아그네스성당, 성 엘리자벳성당, 성 크리스토퍼성당, 성 토마스성당, 베이커스펠드성당, 성 야고보성당, L.A.교구청
	정부기관	
국제연대	한인단체	
	외국인단체 및 정부기관	
모국연대	국내단체	서울대교구청
	정부기관	
한민족연대		

(3) 연대의 특징과 문제점

성 그레고리 한인천주교회는 지역 교회의 특성상 국제연대, 한민족연대가 전혀 없었다. 그 대신 지역의 외국인단체로 분류되는 여타의 성당과 네트워크를 갖고 있었다. 한인천주교회가 교회 내부의 일에만 몰두하기보다는 지역사회에 대한 봉사 및 신입 교우의 증가를 위해서는 다른 단체와의 접촉 기회를 늘려야 한다. 정보화시대에 많은 사람들이 인터넷을 통해 필요한 정보를 수집하고 있다. 인터넷을 이용해 해외의 한인단체나 모국의 종교단체, 사회단체와 네트워크를 구축함은 교회나 유저 모두에게 유익한 일이다.

5) 뉴욕 불광사

(1) 지역연대

○ 1999년 1월 : 주지스님이 사암연합회 회장으로 취임하였다.

○ 2000년 5월 : 유엔이 주최하는 "부처님 오신날" 기념행사가 개최되었다. 뉴욕불교협의회와 스리랑카대사관이 공동주관한 이날 행사에 한국스님으로는 뉴욕 사암 연합회장 서천, 뉴욕 불광선원의 휘광, 뉴욕 조계사의 묘지 스님 등이 참석했다.

○ 2000년 11월 : 뉴욕불교사암연합회는 뉴저지 대원 연회장에서 '2000년 뉴욕·뉴저지 불교인의 밤' 행사를 봉행하였다. 이날 법회는 불교봉사단체인 자비원 기금모금 행사를 겸해 열렸다. 뉴욕 불광선원, 뉴욕조계사, 한마음선원 뉴욕지원 등 합창단이 나와 찬불가를 불렀다.

○ 2003년 5월 : 뉴욕한인회의 후원으로 '부처님 오신 날 봉축 법은식 및 맨하튼 제등행렬'이 열렸다.

○ 2004년 12월 : 입적한 숭산 스님을 기리기 위해 미국 남가주사원연합회와 L.A. 달마사에 분향소를 마련하였다. 달마사에서 추도식을 가졌다. 보스턴 문수사, 뉴욕 불광선원 등 동부지역 사찰 스님들이 분향소를 찾았다.

○ 2005년 5월 : 조계종 총무원장 법장 스님 초청 '뉴욕대법회'가 뉴욕 아스토리아 월드 매너에서 1천여 사부대중이 참석한 가운데 봉행됐다. 법회에서 뉴욕 불광 선원 합창단의 합창과 뉴욕 한마음선원 한국학교 어린이들의 공연에 이어 미국 동중부 승가회장 도범 스님이 환영사를 했다. 이어 주 뉴욕총영사, 뉴욕한인회장이 축사를 했다.

뉴욕 불광사는 지역 사찰과 공동으로 불교인의 밤, 부처님 오신 날 등의 행사를 치루고 있으며, 친선 교류차원에서 운동 경기를 하고 있었다. 이들의 연대는 지속적이며, 연대강도 또한 높은 편이다. 뉴욕한인회, 뉴욕총영사관과 불광사의 네트워크는 불교행사를 계기로 이루어지고 있다. 외국인단체와는 연대가 없었다.

(2) 국제연대

○ 2000년 5월 : 유엔 주최로 부처님 오신날 봉축행사가 개최되었다. 뉴욕불교협의회와 스리랑카대사관이 공동주관한 이날 행사에는 한국을 비롯해 스리랑카, 태국, 미얀마, 티벳 등 10여 개국의 스님과 불자 1백 50여 명이 참석해 부처님 탄생을 축하하였다.

부처님 오신날 행사를 국제연합이 주최, 뉴욕불교협의회와 스리랑카 대사관 주관으로 열린 관계로 교류가 있었지만, 외국단체 및 정부기관과의 연대는 일회성 그리고 약한 연대이다.

(3) 모국연대

○ 1996년 10월 : 한국 수덕사의 큰스님을 초청하여 개원 대법회를 열었다.

○ 1997년 10월 : 제주도 약천사 혜인 큰스님을 초청하여 법회를 가졌다.

○ 1998년 5월 : 초파일 행사로 합천 해인사 원당암의 해암 큰스님을 초청하여 법회를 가졌다.

○ 2000년 11월 : '현대인의 불교'를 주제로 한국의 정각원장이신 법정 큰스님을 초청하여 법회를 개최하였다.

○ 2004년 10월 : 조계종 국제포교사 해외 문화 체험단이 불광선원을 방문하였다. 조계종 포교원 신도국장 원철 스님을 단장으로 국제포교사 및 포교원실무자 18명으로 구성된 체험단은 L.A.와 뉴욕 등지 사찰과 불교학 연구기관 등을 견학하며 국제 감각을 익히고 미국불교 현황자료를 수집하였다.

○ 2005년 5월 : 조계종 총무원장 법장 스님 초청 '뉴욕대법회'가 봉행됐다. 법회에서 뉴욕 불광 선원 합창단의 합창과 뉴욕 한마음선원 한국학교 어린이들의 공연에 이어 미국 동중부 승가회장 도범 스님이 환영사를 했다. 이어 문봉주 주 뉴욕총영사, 이경로 뉴욕한인회장이 축사를 했다.

○ 2006년 1월 : 조계종 총무원장 지관 스님은 미국 뉴욕사암연합회 휘광 스님의 예방을 받은 자리에서 해외교구 신설에 대한 건의를 받고 "해외 교구 신설을 적극 생각하고 검토하고 있다"고 밝혔다.

불광사는 모국의 큰스님들을 초청하여 법회를 갖고 있었다. 대한불교조계종은 한국 불교를 대표하는 단체이며, 불광사 스님 다수가 조계종 출신인 관계로 이들의 연대는 지속성을 띠고 있으며, 연대 강도가 높다. 불광사는 조계종의 해외문화체험 프로그램에 적극 협조하고 있으며, 조계종 총무원장을 초청하여 대법회를 열고 있다. 불광사와 대한불교조계종 사이의 네트워크는 강한 연대이며, 장기간에 걸쳐 교류가 이루어지고 있었다. 뉴욕 불광사의 한민족연대는 없는 것으로 나타났다. 〈표 Ⅲ-20〉은 뉴욕 불광사의 네트워크 현황을 요약한 표이다.

〈표 Ⅲ-20〉 뉴욕 불광사 네트워크 현황

구 분		연대단체
지역 연대	한인단체	뉴욕불교협의회, 뉴욕불교사암연합회, 뉴욕한인회, 뉴욕조계사, 한마음선원뉴욕지원, 보현사, 문수사, 마하선원, 미동부승가회
	외국인단체	
	정부기관	뉴욕총영사관
국제 연대	한인단체	
	외국인단체 및 정부기관	국제연합, 스리랑카대사관
모국 연대	국내단체	대한불교조계종, 수덕사, 약천사, 합천해인사, 정각원
	정부기관	
한민족연대		

(4) 연대의 특징과 문제점

뉴욕 불광사와 네트워크를 맺고 있는 단체 중 국제연합, 뉴욕총영사관, 뉴욕한인회 등 3개 단체를 제외하고는 모두 불교와 직·간접 연관을 맺고 있는 단체들이다. 불광사의 연대는 불교단체에 편중되어 있음을 알 수 있다. 종교의 목적이 사람들을 구원하는 데 있다면, 사찰도 지역민을 위해 봉사에 앞장서야 한다. 이런 점에서 보면 불광사는 불교단체에 집중된 네트워크에서 벗어나 다른 종교, 봉사단체 등 다양한 단체와 네트워크를 구축하여야 한다.

6) 나성 관음사

(1) 지역연대

○ 1981년 8월 : L.A.한인회가 주관한 '제8회 한국의 날' 행사에 참여하여 관음사가 영예의 대상을 수상하였다.

○ 1987년 4월 : 남가주승가회가 주최한 '부처님 오신 날' 기념 대법회를 관음사에서 가졌다.

○ 1993년 5월 : KBS L.A.지사가 부처님 오신날을 기념하여 L.A.관음사와 L.A.달마사젠센타를 부처님 오신 날 특집으로 촬영하였다.

○ 1994년 1월 : 샌디에고 크라멘트 대학 주최로 해인사 대장경판 판화 전시회가 관음사 후원으로 열렸다.

○ 1994년 2월 : 관음사 주최, 한국문화원 특별 협찬으로 동국대학 장충식 교수의 고미술 강연과 고려 팔만대장경 목판 판화 탁본실기가 행해졌다.

○ 1994년 8월 : 지진보강공사를 위한 S.B.A.융자 255,300달러를 L.A.시당국으로부터 승인받아 사용하였다.

○ 1996년 6월 : 관음사 불교문화원 대강당에서 동국대학 총장 송석구 박사 초청 강연회를 미주불교방송 주최로 가졌다.

○ 1997년 3월 : 한국통일원이 참가하는 '북한동포 식량상황에 관한 국제회의'에 주지스님이 참석하였다. 이 문제와 관련하여 뉴욕에 '북한 어린이 돕기 불교운동 동부후원회'를 결성하기 위하여 뉴욕 불광사 등과 협의하였다.

○ 1999년 5월 : 국제승가회 주최로 부처님 오신 날 국제합동법회가 산타아나 칼리지에서 있었으며, 본 관음사 합창단이 참가하여 한국민요를 합창하여 각 국 참가자들로부터 최고의 찬사와 박수를 받았다.

○ 2000년 4월 : 태하차피(Tehachapi. CA) 태고사(무량 스님)의 개원식에 관음사 주지 도안 스님과 많은 관음사 신도가 함께 참석하였다.

○ 2001년 5월 : '합동 봉축법회'를 남가주불교사원연합회가 주최하고 L.A.포교사회가 주관하여 월셔이벨 극장에서 개최되었다.

○ 2002년 5월 : 부처님 오신 날을 기념하기 위하여 일요일 합동법회가 동국 로얄대학교 강당에서 개최되었다.

○ 2002년 9월 : 관음사에서는 한국수재민들을 돕기 위한 수해성금을 모금하여 미주한국방송에 전달하였다.

○ 2004년 11월 : 숭산 스님의 분향소가 해외 곳곳에 마련되었으며, 외국불자 참배가 줄을 이었다. 미국 남가주사원연합회와 L.A. 달마사에 분향소를 마련하였다.

○ 2005년 5월 : 남가주 사원연합회와 미주포교사단은 L.A.관음사에서 조계종 총무원장의 미국 순방 대법회를 가졌다. 행사에는 관음사, 고려사, 남가주 사원연합회장, 미주서부승가회장 등 주요 스님과 신행단체 대표가 참석하였다.

○ 2005년 7월 : '대한민국 나무새김의 아름다움'이란 주제로 L.A.한국문화원, L.A.관음사 등에서 박찬수의 목조각 순회전이 있었다. 유네스코, L.A.한국문화원, 관음사, 목조각 전승보존회가 주최하였다.

나성 관음사의 한인단체 교류 대부분은 불교단체이다. 불교 홍보, 부처님 오신 날 행사, 불교 문화예술 행사, 친선 교류 등의 목적으로 네트워크가 구축되고 있다. 이들 단체 간 연대는 지속적, 강한 연대 경향을 나타내고 있다. 그 이외의 한인단체와의 교류는 나성 관음사가 한인단체의 일부로써 '한국의 날' 행사에 참여하는 정도이다. 외국인단체와의 교류는 국제합동법회에 참가, 불교 관련 문화 전시회에 참여하는 정도이다. 정부기관과의 연대는 불교방송국 개국, 건축비 지원과 관련하여 교류가 있었다.

(2) 국제연대

○ 2005년 7월 : 여주 목아 박물관 관장 박찬수가 미주 순회전을 가졌다. '대한민국 나무새김의 아름다움'이란 주제로 L.A.한국문화원, L.A.관음사 등에서 목조각의 아름다움과 우수성을 소개하였다. 이번 미주 순회전은 유네스코가 후원하였다.

나성 관음사와 유네스코 간 교류는 일회성으로 목조각품 전시회를 계기로 국제연대가 형성되었다.

(3) 모국연대

○ 미국에서 한국불교의 포교를 위해 대한불교조계종과 정기적으로 교류하고 있다.

○ 1990년 12월 : 서울의 대한불교합창단 L.A.공연을 관음사 문화원 대강당에서 금강회 주관으로 성대히 거행하였다.

○ 1994년 2월 : 관음사 주최, 한국문화원 특별 협찬으로 동국대학 장충식 교수의 고미술 강연과 고려 팔만대장경 목판 판화 탁본실기가 행해졌다.

○ 1995년 8월 : 대한불교조계종 주최로 8·15광복기념 통일합동 기도회가 판문점에서 열렸다. 본사 주지스님이 미국대표로 평양과 판문점을 다녀왔다.

○ 대한불교조계종 중진 스님 14명분이 미국 방문 중에 관음사에 방문하였고, 범어사 무비 스님께서 일요설법을 해주셨다.

○ 1996년 6월 : 관음사 불교문화원 대강당에서 동국대학 총장 송석구 박사 초청 강연회를 미주불교방송 주최로 가졌다.

○ 1997년 1월 : 한국 대흥사 일지암의 여연 스님을 초청, '전통차에 관한 강연회'를 가졌다.

○ 1997년 3월 : 한국통일원도 참가하는 '북한동포 식량상황에 관한 국제회의'에 주지스님이 참석하였다.

○ 2001년 7월 : '대한불자가수회'의 회장 가수 장미회가 불교음악 미주 순회공연을 위해 관음사를 방문하여 불교음악을 통한 미주 포교에 촉매제 역할을 제공하였다.

○ 2001년 8월 : 부산 내원정사에서 수행하는 거해 스님이 방문하여 전교하였다.

○ 2002년 6월 : 주지 도안 스님이 한국의 속리산 법주사 미륵대불 개금불사 회향법회 참가와 북한 불교도연맹의 초청으로 아리랑축전 및 사찰순례를 위하여 순례단을 인솔하여 한국으로 떠났다.

○ 2002년 7월 : 주지 도안 스님이 한국통일원이 후원하고 한민족통일연구회가 주최하는 민족통일 국제학술토론회 참석차, 인도네시아 자카르타를 방문하였다.

○ 2005년 7월 : '대한민국 나무새김의 아름다움'이란 주제로 L.A.한국문화원, L.A.관음사 등에서 박찬수 순회전이 열렸다. 미주 순회전은 유네스코, L.A.한국문화원, 관음사, 목조각 전승보존회가 주최하고 문화재청, 경기도여주군, 경기문화재단, (사)한국박물관협회 등이 후원하였다.

나성 관음사와 대한불교조계종의 네트워크는 지속적이며, 자주 접촉함으로써 연대의 강도가 높다. 한국 불교 사찰의 고승들을 초청하여 대법회를 가짐으로써 이들과 교류가 맺어졌다. 그 외 단체와의 교류는 불교 홍보, 불교문화 전시회, 북한 동포 및 방문, 통일합동 기도회, 불사 초청, 민족통일 세미나 등과 관련하여 교류가 행해지고 있었다. 단체에 따라 다르지만 일회성 접촉이 많았다. 나성 관음사의 한민족연대는 없는 것으로 나타났다. 〈표 Ⅲ-21〉은 나성 관음사의 네트워크 현황을 정리해 놓은 표이다.

〈표 Ⅲ-21〉 나성 관음사 네트워크 현황

구 분		연대단체
지역연대	한인단체	L.A.한인회, 남가주불교사원연합회, 미주한국방송, 미주포교사단, 미주서부승가회, 고려사, L.A.한국문화원, 남가주승가회, 한미불교봉사회, 태고사, L.A.포교사회, L.A.달마사, 뉴욕불광사, 미주불교방송, 동국로얄대학교
	외국인단체	국제승가회
	정부기관	L.A.시, CA주
국제연대	한인단체	
	외국인단체 및 정부기관	유네스코
모국연대	국내단체	대한불교조계종, 대한불교합창단, 승무보존회, 동국대학, 범어사, 대흥사, 대한불자가수회, 부산내원정사, 속리산법주사, 한민족통일연구회, 경기문화재단, 한국박물관협회, 북한불교도연맹, 원효종
	정부기관	문화재청, 경기도여주군, 통일원
한민족연대		

(4) 연대의 특징과 문제점

나성 관음사의 지역연대, 모국연대는 매우 폭넓은 네트워크를 형성하고 있다. 불교문화의 홍보, 초청법회, 불교 관련 행사, 남북한 통일, 북한돕기운동, 국제합동법회의 참여 등 아주 다양한 영역에서 교류가 있었다. 이렇게 대내외적으로 다양한 분야에서 활동하고 있었지만, 국제연대의 교류는 빈약하였다. 이는 종교단체라는 특성상, 일반 사회단체처럼 특정 쟁점에 대한 국제연대의 필요성이 적기 때문이다.

Ⅳ
재일한인 사회단체 네트워크

1. 한인회

1) 재일본대한민국민단 중앙본부

(1) 지역연대

○ 1991년 10월 : 세계탁구선수권 대회가 성공리에 끝나자, 민단과 조총련은 화합과 교류사업을 추진하기 위해 '교류촉진협의회'를 발족하였다. 친목, 위령, 복지활동을 위주로 민단과 조총련이 공동의 행사를 추진하기로 했다.

○ 1996년 4월 : 후쿠오카민단과 후쿠오카조총련은 친목행사로 '후쿠오카(福岡) 벚꽃축제'를 개최하였다. 동포들의 노래와 춤 공연이 있었다. 민단과 조총련 중앙본부는 임원진을 보내 이 행사를 축하해 주었다.

○ 2000년 8월 : 남북정상회담 이후, 조총련 간부가 민단 중앙본부를 처음으로 방문하여, 남북 공동선언 실행을 위한 공동모임 조직 등을 담고 있는 제안서를 제시하였다. 문화·체육행사 등 공동모임 조직, 상부상조사업의 공동 추진, 민족성을 이어 나갈 수 있는 사업 논의, 양 단체의 화합과 교류를 위한 협의기관의 설치 등의 4개항이다. 이에 앞서 6월, 김재숙 민단 단장이 한덕수 조총련 의장 앞으로 대화와 교류를 하자는 제안서를 보냈다.

○ 2001년 4월~9월 : 재일민단은 동경도 교육위원회를 비롯해 전국 각지의 교육청에 항의서를 발송과 함께 역사왜곡 교과서 불채택 운동을 전개하였다. 그 결과, 일본의 공립중학교 542교구가 교과서를 채택하지 않았다.

○ 2002년 3월 : 조총련과 민단은 남북 상호방문에 합의하였다. 먼저 4월에 평양에서 개최되는 '아리랑축제'에 민단 대표단이 평양을 방문하여 축제를 참관했으며, 6월 조총련 대표단 80여 명이 답례로 서울에서 개최된 월드컵 경기를 관람하기 위해 서울을 방문하였다.

○ 2002년 8월 : '어린이 서울 잼버리' 대회를 민단이 서울에서 개최하였다. 일본 문부과학성과 한국의 교육인적자원부가 후원해 주었다. 한국생활의 체험, 초등학교 체험 입학, 노래와 민속공예품 만들기 등의 행사가 진행되었다.

○ 2002년 8월 : 한국의 세계평화청년연합은 일본 동경에서 '제1회 아시아청년평화통일포럼'을 개최하였다. 6·15선언 실천과 국제연대를 주제로 민단중앙본부, 조총련, 한국의 평화통일시민연대, 부산청년연합 등 5개국 8개 단체가 참여하였다.

○ 2004년 6월 : 2004년 세계한인회장대회 개회식에 참석하였다. 미주총련이 주관하고 재일민단과 지역본부 단체장이 참석하였다.

○ 2004년 8월 : 히로시마에서 원폭 피해로 사망한 재일동포를 추모하는 위령제가 거행되었다. 35회째를 맞는 위령제에 관계자 200여 명이 참가하였다. 민단 히로시마현 본부가 주최했으며, 민단 중앙본부, 주 후쿠오카영사관, 민단 나가사키현 본부 등이 참석했다.

○ 2004년 8월 : 민단 중앙본부가 주최, 동경민단이 주관한 제59주년 8·15 광복절 기념식을 가졌다. '재일동포사회의 새로운 도약을 위하여'라는 구호를 제창하였다. 약 300여 명의 민단 관계자 및 재일동포가 참석했으며, 주일대사도 참석하였다.

○ 2004년 11월 : 민단 중앙본부 소속의 민족교육위원회가 주최하고, 오사카 민단이 주관한 '재일한국인의 역사교과서 작성을 위한 연속강좌'가 오사카에서 열렸다. 약 200여 명의 민단 회원과 지역동포, 일본시민 등이 참가한 가운데 시가 현립대학의 강덕상 교수가 재일한국인의 형성에 대해 강의하였다.

○ 2004년 12월 : 민단 중앙본부는 나고야시의 특별양호 노인홈 '에이세이엔(永生苑)'을 위문 방문하여 위문금을 전달하였다. 아치치현 본부 임원들이 동행하였다.

○ 2005년 1월 : 민단 중앙본부와 동경본부의 합동 신년회가 열렸다. 수도권 및 전국 지방본부의 간부 및 한·일 양국의 국회의원 등 총 700여 명이 모였다. 카나가와, 히로시마, 미에 예히메, 오사카 본부, 그리고 오타, 카와사키 지부 등이 참가하였다. 주일대사관, 한국 측의 한일의원연맹, 일본 측의 일한의원연맹의 대표도 참석하여 축하해 주었다.

○ 2005년 4월 : 민단 중앙본부와 조총련은 일본의 독도문제와 관련하여 한 목소리로 일본을 규탄하면서 공동대처하기로 하였다. 독도문제가 재일민단과 조총련을 결속시키는 연결고리로 작용하고 있었다.

○ 2005년 5월 : 아이치(愛知)현 본부에서 민단의 전국 조직 간부 확대회의가 개최되었다. 300여 명이 참석한 가운데 지방 참정권의 조기 실현, 교과서 문제 해결 등 5개항을 결의문으로 채택하였다. 재일한국 상공회의소, 한신협, 청년회 중앙본부, 동경민단, 교토본부, 오사카 본부 등 전국 각지에서 본부 및 지역 대표들이 참석했다.

○ 2005년 7월 : 일본의 역사 왜곡 교과서 채택을 찬성하는 '만드는 모임'의 활동을 반대하는 운동을 전개하였다. 민단과 만드는 모임 교과서 채택을 저지하는 '도쿄네트워크'는 공동연대를 펼쳤다. 이들 단체는 교과서 저지 요청서를 도쿄도 교육위원회에 제출했으며, 도립고교 졸업생 2,000여 명이 채택을 반대하는 서명을 하여 도(都) 교육위원회에 전달하였다.

○ 2005년 11월 : 도래인과 관계가 깊은 코마(高麗)신사에 한국에서 제작된 돌장승이 건립되어 준공제를 가졌다. 동경민단본부, 민단 사이타마 본부, 민주평통 일본지역회의 토부협의회, 주일대사 등이 참석하였다.

○ 2005년 12월 : 일본지역 민주평화통일 자문회의 킨키(近畿)협의회는 한반도의 평화를 주제로 포럼을 개최하였다. 민단 중앙본부와 민단 오사카 본부가 후원하였다.

○ 2006년 4월 : 민단 중앙본부가 일본 동경대학에 일제시대에 강탈해 간 '조선왕조실록'을 반환해달라는 요구서를 전달하였다. 요구서를 전달받은 동경대 측은 협의를 추진하고 있다면서 민단의 요구서를 총장과 도서관장에게 전달하고 회신을 주겠다고 답변하였다.

민단 중앙본부는 지역 민단과 교류에 있어 탈북자 강제 송환에 대한 규탄 시위, 교과서 왜곡, 탈북자 지원, 독도 규탄, 지방 참정권 요구, 광복절, 2·8기념식, 추모제, 문화축제와 각종 지역 행사, 사회복지 등의 문제를 가지고서 지속적인 그리고 강도 높은 연대를 갖고 있다. 조총련 단체와 민단은 남북공동선언 실행, 민족화합과 친목, 문화행사, 남북 상호방문 주선 등의 문제로 교류하고 있다. 과거의 단절상태에서 현재는 양측 중앙본부 차원의 교류 확대로 나아가고 있다. 기타 한인단체와의 교류는 통일과 조국발전, 단체 친선차원에서 교류가 행해지고 있었다.

외국인단체와 민단과의 교류는 사회복지시설 방문, 탈북자 문제, 역사 교과서 왜곡, 한·일 친선, 한국의 문화재 반환 문제 등과 관련해 교류를 행하고 있다. 정부기관과 민단의 교류에서 주일한국대사관과 민단은 조국발전, 재일동포의 대표기관, 자국민 보호 차원에서 긴밀한 유대관계를 형성하고 있다. 일본 정부기관과 민단의 교류는 교과서 왜곡 항의서 전달, 한·일 친선 차원의 프로그램 실행과 관련해 교류하고 있다.

(2) 국제연대

○ 1995년 1월 : 미국 한인회의 미주총련은 일본 고베 지진 당시 200,000달러의 성금을 모아 민단 중앙본부에 모금액을 전달하였다.

○ 2003년 7월 : 미주총련과 민단 중앙본부 임원들 간의 간담회가 있었다. 양측은 첫째, 민단과 협력 다짐 둘째, 세계 지도자대회를 금년은 그대로 진행할 것에 대한 합의 셋째, 세계 한민족대회는 별도로 격년제로 개최할 것에 대한 합의를 하였다.

재일민단의 국제연대에서 한인단체와의 연대는 해외 한인회 간 상호 협력과 정보 교류, 조국발전, 친선교류 차원에서 만남이 행해지고 있다. 미주총련과 민단의 교류는 강한 연대 및 교류의 지속성을 갖고 있는 것으로 나타났다. 외국인단체 및 정부기관과의 연대는 없다.

(3) 모국연대

○ 1988년 : 서울올림픽 성공을 위해 민단이 모금운동을 전개하였다. 그 결과 한화 540억 원의 성금을 거두어 한국정부에 전달하였다. 이외에도 독립기념관, 평화의 댐, 한국물산구매운동, 대전 엑스포 지원 사업 등을 벌여 한국정부를 지원하였다.

○ 1991년 3월 : 일본에서 개최된 '제41회 세계탁구선수권대회'에 참가하는 남·북한 공동 대표팀을 민단과 조총련이 공동으로 환영하고, 응원하기로 합의하였다.

○ 1997년 한국정부의 IMF 위기 때, 민단은 조국의 국난타개에 동참한다는 의미에서 '외화송금운동'을 전개하였다. 1999년 말까지 870억 엔을 한국정부에 전달하였다.

○ 2000년 7월 : 한국 재외동포재단이 주관한 세계 한인회장 워크숍에 참석하였다. 세계한인회장 워크숍은 한인회 회장 및 주요 간부 138명이 참석, 각종 현안 문제들을 토의하였다.

○ 2001년 5월 : 전남대학교 정석종 총장이 민단을 방문하였다. 동경 전남도민회 관계자와 함께 찾은 정 총장은 민단 부단장과 교포자녀와 전남대 유학생들에 대한 후원 등을 주제로 의견을 나누었다.

○ 2002년 8월 : '어린이 서울 잼버리' 대회를 민단이 서울에서 개최하였다. 한국의 교육인적자원부가 후원하였다. 한국 생활과 초등학교 입학 체험, 노래와 민속공예품 만들기 등의 행사가 있었다.

○ 2002년 8월 : 한국의 세계평화청년연합은 일본 동경에서 '제1회 아시아청년평화통일포럼'을 개최하였다. 6·15선언 실천과 국제연대를 주제로 민단중앙본부, 한국의 평화통일시민연대, 부산청년연합 등 5개국 8개 단체가 참여하였다. 이들 단체는 자매결연식이 진행됐으며, 문화교류 행사도 가졌다.

○ 2003년 한국의 재정경제부 장관 앞으로 민단, 재일한국인신용조합협회(이하 한신협), 재일한국상공회의소 등 3개 단체는 공동으로 정부 지원금 300억 엔 요청하였다.

○ 2004년 11월 : 민단의 김재숙 단장 일행이 한국의 열린우리당을 방문하였다. 이부영 의장과 재일동포 사회 내 민단과 조총련 간 교류확대 문제 등에 관해 의견을 나누었다. 또한 김원기 국회의장을 만나 지방참정권 획득 문제 등을 논의했다.

○ 2005년 2월 : 동경의 한국YMCA가 주최한 '2·8독립선언 선포 86주년 기념식'이 열렸다. 이 기념식은 매년 2월 서울과 동경에서 열리고 있다. 민단 중앙본부 및 동경민단 회장단 일행, 국가보훈처장, 광복회장, 주일대사, 그리고 광복회원과 교민 등 약 250여 명이 참석하였다.

○ 2005년 8월 : 제60주년 8·15 광복절기념식을 축하하기 위해 KBS의 후원으로 '전국노래자랑' 동경대회가 열려 22개 팀의 열띤 경쟁이 벌어졌다.

○ 2005년 9월 : 식품 메이커와 유통업체로 구성된 한국의 한국유통포럼의 일본 연수단이 김치넷협의회의 중재로 민단 중앙본부를 방문하

였다. 두 단체의 대표들은 한국 식품이 일본시장에서 더 많은 인지도 및 상품의 판로를 확대하기 위해 민단의 김치넷 사이트를 이용하기로 협의하였다.

○ 2005년 9월 : 재일학도의용군 6·25참전 추모식 55주년 기념 합동유령제가 인천 수봉공원에서 열렸다. 조국수호 전쟁에 참전하여 애국 정신의 표상이 되고 있는 재일학도의용군의 정신을 기리기 위해 재일학도의용군동지회 주관으로 거행되었다. 국가보훈처가 후원했으며, 인천시장, 민단 중앙본부 회원 등이 자리를 함께하였다.

○ 2005년 10월 : 한국의 열린우리당 의장이 일본기자클럽에서 '한일관계의 현상과 과제'에 대해 강연하였다. 문 의장은 민단의 활동을 치하하면서, 앞으로도 민단이 재일동포의 인권 향상을 위해 주력하기를 부탁하였다.

○ 2005년 10월 : 한국의 납북자 가족모임인 '납북자 가족협의회' 회장단이 민단 중앙본부를 방문, 민단 부단장과 북한의 납치문제에 대해 의견을 교환하였다.

○ 2005년 11월 : 서울에서 사단법인 해외교포문제연구소 주최로 '교포정책포럼'이 열렸다. 재외동포재단의 후원, 민단 중앙본부와 미주총련이 협찬한 이 포럼은 한국주요 정당의 교민정책을 비교 분석하였다. 또한 재미동포사회·재중동포사회·재일동포사회의 현실과 당면과제에 대해 주제 발표가 있었다.

○ 2005년 12월 : 경상남도 교육청 교육감 일행이 민단본부를 방문하였다. 재일동포자녀의 민족얼 심기 및 모국 체험교육 연수를 실시하기에 앞서 민단 관계자들을 대상으로 연수의 취지를 설명하면서 많은 협조를 요청하였다. 이에 민단 관계자들은 전국의 지역민단 본부와 지부에 알려 이 사업에 동참하기로 했다.

○ 2006년 1월 : 민단 중앙본부와 동경민단이 공동으로 2006년 신년회를 개최하였다. 올해 신년회는 참정권 문제를 반드시 진전시켜 재일

동포사회의 구심체로 더욱 약진할 것을 맹세하는 장이 됐다. 오사카, 카나가와, 히로시마, 미에 예히메 본부, 요코하마 부인회 등 전국의 각 지부 대표들이 참석했으며, 주일대사관, 한일의원연맹대표, 재일한인회장단 등이 축하의 자리를 빛내주었다.

민단 중앙본부는 모국연대에서 국내단체와 6·15 실천 운동, 문화교류, 자매 결연식, 해외교포정책 세미나, 광복절 행사, 학도의용군 행사, 정당 관계자 만남 등의 다양한 단체와 다양한 목적에서 교류를 갖고 있었다. 정부기관과 민단의 교류는 민단이 모국정부에 대한 각종 지원금과 성금 전달, 행사, 재외동포정책, 친선 차원의 목적에서 교류가 있었다. 주로 행정부를 상대로 한 교류가 많은 편이다.

(4) 한민족연대

○ 1987년 11월 : 일본의 민단 중앙본부가 주관하여 동경에서 '제1차 한민족 대표자대회'가 개최되었다. 미주총련, 독일한인회 총연합회, 캐나다한인회 총연합회, 시드니한인회, 동경민단, 오사카민단 등이 참가하여 상호간 우호를 다졌다.

○ 1989년 6월 : 6월 22일부터 25일까지 미주총련이 주관하여 워싱턴 D.C에서 '제2회 해외 한민족 대표자 대회'가 세계 33개국 300여 명의 한인단체 대표들이 모인 가운데 열렸다. 일본의 민단, 동경민단, 오사카민단, 캐나다한인회 총연합회, 독일한인회 총연합회, 시드니한인회 등이 참석하였다.

○ 1991년 6월 : '제3차 해외 한민족 대표자 회의'가 독일한인회 총연합회 주관으로 베를린에서 열렸다. 해외 한인 동포사회의 경제, 민족교육과 권익옹호, 발전을 위한 토의가 있었고, 해외 한민족으로서 조국의 통일을 촉진시킬 수 있는 방안을 모색하였다. 회의에는 재소련 고려인협회, 일본의 민단 중앙본부, 동경민단, 오사카민단, 미국의 미주총련,

시드니한인회, 오스트리아 한인회, 캐나다한인회 총연합회, 아르헨티나 한인회 대표가 참석하였다.

○ 1993년 5월 : 서울에서 외교통상부가 주최한 제4차 해외 한민족 대표자 회의에서 미주총련은 많은 준비와 재정적 부담을 함으로써 주도적 역할을 담당하였다. 일본의 민단 중앙본부, 동경민단, 오사카민단, 중국한국상회 등 각국에서 수많은 한인들이 참석하였다.

○ 1996년 6월 : 워싱턴 D.C에서 미주총련이 주관한 제5차 해외 한민족 대표자 회의가 열렸다. 해외 33개국 370명의 대표들이 참석한 가운데 대성황을 이루었다. '모국 통일과 거주국의 주류사회 참여'라는 주제로 5백만 해외동포들의 권익 옹호와 조국 통일을 위한 동포 사회의 역할을 모색하자는 데 회의의 초점을 맞춰 진행되었다. 민단 중앙본부, 동경민단, 오사카민단, 브라질한인회, 독일한인회 총연합회, 중국한국상회, 태국한인회, 시드니한인회, 태국한인회 등이 참석하였다.

○ 2003년 8월 : 재외동포재단 주최로 세계 한인 지도자 대회가 열렸다. 미주총련, 일본 민단, 동경민단, 오사카민단, 재중한국인회, 탄자니아한인회, 브라질한인회, 시드니한인회, 싱가포르한인회 등 다수의 재외한인단체 대표가 참석하였다.

○ 2005년 7월 : 서울에서 열리는 '세계한인회장대회' 참가 차 방한하였다. 미주총련을 비롯해, 뉴욕과 L.A.한인회, 민단 중앙본부, 동경민단, 오사카민단, 재중국한국인회, 시드니한인회, 브라질한인회, 독일한인회 총연합회, 태국한인회장 등 각국에서 활동하고 있는 한인회장 다수가 참석하였다.

○ 2005년 10월 : 제21회 '원코리아페스티벌'이 일본 오사카에서 개최되었다. 코리아NGO센터의 주최로 전 동포의 화합과 통일, 일본에서의 다문화 공생을 목표로 하는 축제이다. 오사카시청, 한국관광공사의 후원, 그리고 참가단체는 우수리스크 · 블라디보스토크 · 나호드카 민족문화자치회, 재외동포재단, 동북아평화연대, 민단 중앙본부, 동경민단, 오사카민단, 조총련 중앙본부, 조총련 오사카본부 등이다.

민단 중앙본부는 외교통상부의 산하 단체인 재외동포재단을 통해 한민족연대 관련 회의에 참여하고 있다. 한민족대표자회의, 한인지도자 대회, 한인회장대회 등을 통해 여러 국가에서 활동하고 있는 한인단체와 접촉하고 있다. 한민족연대에 매우 적극성을 갖고 회의에 참여하고 있다. 〈표 Ⅳ-1〉은 재일본대한민국민단 중앙본부의 네트워크 현황이다.

〈표 Ⅳ-1〉 재일본대한민국민단 중앙본부 네트워크 현황

구 분		연대단체
지역 연대	한인단체	조총련,부인회중앙본부, 청년회중앙본부, 재일한국인신용조합협회, 재일한국상공회의소, 동경·오사카·쿄토·사이타마·카나가와·히로시마·미예예히메·나가사키·아치치현민단, 김치넷협의회, 요코하마부인회, 민주평통긴키협의회, 민주평통일본지역회, 후쿠오카조총련, 동경전남도민회, 동경YMCA, 재일한인회, 제일학도의용군동지회
	외국인단체	에이세이노인홈, 자유아시아방송, 도쿄네트워크, 일한의원연맹
	정부기관	동경도 교육위원회, 문부과학성, 주후쿠오카영사관, 주일대사관
국제 연대	한인단체	미주총련
	외국인단체 및 정부기관	
모국 연대	국내단체	열린우리당, 납북자가족협의회, 한일의원연맹, 한국유통포럼, 해외문제연구소, 재외동포재단, 세계평화청년연합, 평화통일시민연대, 부산청년연합, 광복회, 한국방송공사
	정부기관	외교통상부, 국가보훈처, 교육인적자원부, 재정경제부, 인천시, 경남교육청, 국회, 전남대학교
한민족연대		해외한민족대표자회의, 세계한인회장워크숍, 2004·2005 세계한인회장대회, 원코리아페스티벌, 세계한인지도자대회

(5) 연대의 특징과 문제점

재일민단은 한국정부와 긴밀한 유대관계를 갖고 있으며, 일본 전국 각지에 민단의 산하단체를 갖고 있다. 민단은 지역연대에서 주로 산하 및 지역본부와 자주 접촉하고 있지만, 민단의 일본 내 위상에 비해 소수민족단체 및 주류사회단체와의 교류는 빈약한 편이다. 국제연대에서

민단은 미주총련과 함께 해외 한인회의 모임을 주도하고 있다. 모국연대에서 국내단체와 민단의 접촉은 다양한 형태로 교류가 진행되고 있지만, 재외동포재단을 제외한 여타 단체와의 교류는 일회성이 많았다. 정부기관과의 교류에서 민단과 한국정부의 네트워크는 지속성과 접촉 강도가 높은 연대를 구축하고 있다.

일본에서 생활하는 재일동포들은 한국정부와 밀접한 민단, 북한과 긴밀한 조총련이라는 2개 단체의 갈등을 보아왔다. 그런데 2006년 5월 민단 중앙본부와 조총련 중앙본부의 공식적 만남이 이루어졌다. 과거의 단절에서 이제 상호 교류와 협력의 장을 조성하기 위해 민단과 조총련은 노력하고 있다. 민단과 조총련의 화합은 궁극적으로 일본에서 생활하는 모든 한인들 간 갈등을 치유하고 화합을 이끌어내는 토대가 될 수 있다는 점에서 아주 바람직한 교류이다.

2) 재일본대한민국민단 동경본부

(1) 지역연대

○ 2000년 1월 : 중국정부의 탈북자 강제송환에 대해 민단 중앙본부를 비롯해 부인회중앙본부, 청년회중앙본부, 동경민단 임원 등 40여 명이 주일중국대사관의 우체통에 항의문을 투입했다.

○ 2004년 8월 : 민단 중앙본부가 주최, 동경민단이 주관한 제59주년 8・15 광복절 기념식을 가졌다. '재일동포사회의 새로운 도약을 위하여'라는 구호를 제창하였다.

○ 2004년 10월 : 2004년 '한・일친선문화제: 10월 마당'이 동경민단의 주최로 약 1,500여 명이 참가한 가운데 개최되었다. 이 대회는 단원들의 친목과 결속을 위해 1992년부터 시작되었다. 민단 중앙본부, 한국대사관, 일본 측의 내빈으로는 동경일한친선협회연합회 회장단, 동경도의회 의장단 일행이 참석하였다.

○ 2004년 11월 : 2004년도 동경민단 조직의 간부 연수회가 열렸다. 동경민단의 집행기관, 의결기관, 감찰기관, 그리고 4개 산하단체 및 다이또(台東), 미나토(港支), 아다찌(足立), 이다바시(板橋), 시나가와(品川), 신주쿠(新宿), 토시마(豊島), 메구로(目黑), 고오또(江東), 예도가와(江戶), 마가노(中野), 오오타(大田) 등 21개 지부가 참석하였다.

○ 2004년 11월 : 재일동포의 지방참정권과 관련하여 '다민족·다문화 공생사회의 구축'이라는 세미나가 열렸다. '정주외국인의 지방참정권 실현을 위한 일·한·재일네트워크' 단체가 개최하고, 동경민단이 후원하였다. 일반 시민 및 민단 관계자 약 200여 명이 경청하였다.

○ 2004년 12월 : 동경민단과 주일대사관은 민단 오타지부와 카츠시카 지부를 방문하여 각각의 지역 고령자 단원을 위문하였다. 이 방문은 동경민단본부가 매년 실시하고 있는 상호상조운동의 일환이다.

○ 2005년 3월 : 주일 한국대사관, 재일한인회, 그리고 동경민단이 만남의 자리를 가졌다. 2005년 한일 우정의 해를 맞이하여, 한일 간의 다양한 문화교류와 협력, 상호우호적인 관계를 더욱 돈독히 하자는 내용이었다.

○ 2005년 5월 : 아이치(愛知)현 본부에서 민단의 전국 조직 간부 확대회의가 개최되었다. 지방 참정권의 조기 실현, 교과서 문제 해결 등 5개항을 결의문으로 채택하였다.

○ 2005년 8월 : 동경민단의 초청으로 한인회장단 일행이 참석한 가운데 식사를 함께 하였다. 이 날의 만남은 한인회와 동경민단과의 원활한 교류, 일본 시민 단체와의 교류 및 재일본 한국인들과의 정보교환, 안내자로서의 역할을 좀 더 충실히 수행할 것을 다짐하는 자리였다.

○ 2005년 11월 : 도래인과 관계가 깊은 코마(高麗)신사에 한국에서 제작된 돌장승이 건립되어 준공제를 가졌다. 동경민단본부, 민단 사이타마본부, 민주평통 일본지역회의 토부협의회, 나종일 주일대사 등이 참석하였다.

○ 2005년 12월 : 재일동포 시민단체인 '조선인 강제연행 진상조사단'과 동경민단은 공동으로 한반도 출신자의 유골 수집과 반환 및 일본기업에 의한 강제동원의 철저한 실태조사를 요구하는 요청서를 동경도지사 앞으로 보냈다.

○ 2006년 1월 : 2005년도 조직유공자 정부포상전수식이 주일본대사관 본관에서 열렸다. 동경민단, 민단 중앙본부, 각 지역 본부 및 지부 수상자들이 상을 받았다.

동경민단의 한인단체 연대에서 산하 소속단체 및 지역 민단과의 교류를 보면 주로 기념식, 탈북자 문제 공동 대처, 사회복지 활동, 친선도모, 간부연수회, 지방참정권 요구, 역사교과서 왜곡, 각종 지역 및 문화 행사와 관련하여 친교 관계를 유지하고 있다. 민단 이외의 단체와는 기념식, 상호친목 및 협력을 목적으로 네트워크를 갖고 있다. 동경민단과 외국인단체 네트워크는 민단본부와 유사하다. 주일한국대사관과 민단의 접촉은 한국 관련 기념식, 행사, 친교 차원의 목적에서 교류가 행해지고 있었으며, 일본정부의 교육위원회와는 역사교과서 항의로 접촉하고 있다. 행정기관과 교류는 없는 것으로 나타났다.

(2) 모국연대

○ 2005년 1월 : 민단 중앙본부와 동경본부의 합동 신년회가 열렸다. 수도권 및 전국의 주요 지방본부의 간부 및 한·일 양국의 국회의원 등 총 700여 명이 모였다. 참석자들은 한·일 신시대를 실질화하고, 공생사회 구축을 위한 새로운 출발점으로 삼자고 결의하였다. 오사카, 카나가와, 히로시마, 미에 예히메, 그리고 오타, 카와사키 지부 등이 참가하였다. 주일대사관, 한국 측의 한일의원연맹, 일본 측의 일한의원연맹의 대표도 참석하여 축하해 주었다.

○ 2005년 2월 : 동경의 한국YMCA가 주최한 '2·8독립선언 선포 86
주년 기념식'이 열렸다. 민단 중앙본부 및 동경민단 회장단 일행, 국가
보훈처장, 광복회장, 주일대사, 그리고 광복회원과 교민 등 약 250여 명
이 참석하였다.

○ 2005년 5월 : 동경민단의 2005년도 각급 조직 간부들의 한국연수
회가 제주도에서 있었다. 동경민단과 함께 참석한 동경일한친선협회의
대표단을 제주도지사가 축하의 꽃을 전달하면서 따뜻하게 영접해 주었
다. 만찬에 민단 중앙본부 단장, 동경일한친선협회 관계자, 제주도지사,
제주도의회 의장, 제주도 교육감, 제주경찰청장, 제주대학교 총장 등이
자리를 함께 하였다.

○ 2005년 8월 : 제60주년 8·15 광복절 기념식이 열렸다. KBS의 후
원으로 '전국노래자랑' 대회가 열려 22개 팀의 열띤 경쟁이 벌어졌다.

○ 2005년 12월 : 경상남도 교육청 고영진 교육감 일행이 동경민단
을 방문하였다. 재일동포자녀의 민족얼 심기 및 모국 체험교육 연수를
설명하면서 동경지역의 교포자녀들도 연수에 참여할 수 있는 방안을
협의하였다.

○ 2006년 1월 : 민단 중앙본부와 동경민단이 공동으로 신년회를 개
최하였다. 오사카, 카나가와, 히로시마, 미에 예히메 본부, 요코하마 부
인회, 그리고 전국의 각 지부 대표들이 참석했으며, 주일대사관, 한국
측의 한일의원연맹, 일본 측의 일한의원연맹의 대표들도 축하의 자리를
빛내주었다

○ 2006년 4월 : 동경에서 '한류 코미디 잔치'가 열렸다. 이번 공연은
한국의 인토엔터테인먼트와 일본의 (주)해피통신, 한류관이 공동 주최
하고, 주일한국대사관, 한국문화원, 한국관광공사, 한국문화컨텐츠진흥
원 민단동경본부, 민단부인회, 동경민단 등이 후원하였다.

동경민단의 국내단체와의 교류는 한·일 친선, 각종 기념식 및 문화
행사와 관련해 모국의 단체와 교류를 갖고 있다. 정부기관과의 연대는

동경에 주일한국대사관이 있기 때문에 중앙정부와의 직접 교류는 적었다. 반면 지방의 단체와 친선 차원의 교류가 주류를 이루고 있다. 예컨대 동경민단의 간부 연수회가 제주도에서 개최된 관계로 제주도의 여러 기관과 접촉하고 있다.

(3) 한민족연대

○ 1987년 11월 : 동경에서 '제1차 한민족 대표자대회'가 개최되었다. 미주총련, 독일한인회 총연합회, 캐나다한인회 총연합회, 시드니한인회, 동경민단, 오사카민단 등이 참가하여 상호간 우호를 다졌다.

○ 1989년 6월 : 미주총련이 주관하여 워싱턴 D.C에서 '제2회 해외 한민족 대표자 대회'가 한인단체 대표들이 모인 가운데 열렸다. 일본의 민단, 동경민단, 오사카민단, 캐나다한인회 총연합회, 독일한인회 총연합회, 시드니한인회 등이 참석하였다.

○ 1991년 6월 : 독일한인회 총연합회는 '제3차 해외 한민족 대표자 회의'를 주관하였다. 해외 한인 동포사회의 경제, 민족교육과 권익옹호, 발전을 위한 토의가 있었고, 해외 한민족으로서 조국의 통일을 촉진시킬 수 있는 방안을 모색하였다.

○ 1993년 5월 : 외교통상부 주최로 제4차 해외 한민족 대표자 회의가 열렸다. 미주총련이 회의의 주도적 역할을 담당한 가운데 일본의 민단 중앙본부, 동경민단, 오사카민단, 중국한국상회 등 각국에서 수많은 한인들이 참석하였다.

○ 1996년 6월 : 워싱턴 D.C에서 미주총련이 주관한 제5차 해외 한민족 대표자 회의가 열렸다. '모국 통일과 거주국의 주류사회 참여'라는 주제로 5백만 해외동포들의 권익 옹호와 조국 통일을 위한 동포 사회의 역할을 모색하였다. 민단 중앙본부, 동경민단, 오사카민단, 브라질한인회, 독일한인회 총연합회, 중국한국상회, 태국한인회, 시드니한인회 등이 참석하였다.

○ 2003년 8월 : 재외동포재단 주최로 세계 한인 지도자 대회가 열렸다. 이 대회는 미주총련, 일본 민단, 동경민단, 오사카민단, 재중한국인회, 탄자니아한인회, 브라질한인회, 시드니한인회, 싱가포르한인회 등 다수 재외한인단체 대표가 참석하였다.

○ 2004년 6월 : 2004년 세계 한인회장 대회가 열렸다. 미주총련이 주관하고 재일민단, 외교통상부장관, 재외동포재단, 스위스한인회, 재중국한국인회 등 다수의 정부관계자 및 한인단체장이 참석하였다.

○ 2005년 7월 : 서울에서 열리는 '세계한인회장대회' 참가 차 방한하였다. 미주총련을 비롯해, 뉴욕과 L.A.한인회, 민단 중앙본부, 동경민단, 오사카민단, 재중국한국인회, 시드니한인회, 브라질한인회, 독일한인회 총연합회, 태국한인회장 등 각국에서 활동하고 있는 한인회장 다수가 참석하였다.

○ 2005년 10월 : 제21회 '원코리아페스티벌'이 코리아NGO센터의 주최로 오사카에서 개최되었다. 오사카시청, 한국관광공사의 후원, 그리고 참가단체는 우수리스크 민족문화자치회, 블라디보스토크 민족문화자치회, 나흐드카 민족문화자치회, 재외동포재단, 동북아평화연대, 민단 중앙본부, 동경민단, 오사카민단, 조총련 중앙본부, 조총련 오사카본부 등이다.

동경민단은 해외동포의 권익 옹호, 동포사회의 발전, 조국통일에 대한 기여 등 한민족연대를 통해 여러 국가의 한인단체와 네트워크를 갖고 있었다. 〈표 Ⅳ-2〉는 재일본대한민국민단 동경본부의 네트워크를 정리한 표이다.

(4) 연대의 특징과 문제점

동경민단의 대회활동은 거의 민단 중앙본부와 함께 행동하는 경우가 많았다. 이러한 관계로 동경민단의 독자적인 네트워크는 빈약한 수준이다. 동경민단은 산하단체 및 지부와 집중된 네트워크를 가진 반면, 외국

〈표 Ⅳ-2〉 재일본대한민국민단 동경본부 네트워크 현황

구 분		연대단체
지역 연대	한인단체	민단중앙본부, 부인회중앙본부, 청년회중앙본부, 재일한국상공회의소, 한신협, 오사카 · 교토 · 사이타마 · 카나가와 · 히로시마 · 미예예히메 · 나가사키 · 아이치현 · 쿄토본부, 민주평통일본지역회, 요코하마부인회, 동경민단의 4개산하단체 및 21개지부, 한국YMCA, 재일한인회, 한류관
	외국인단체	일 · 한재일네트워크, 동경일 · 한친선협의회, 일 · 한의원연맹
	정부기관	주일대사관, 동경도교육위원회, 동경도의회
국제 연대	한인단체	
	외국인단체 및 정부기관	
모국 연대	국내단체	한 · 일의원연맹, 광복회, 한국방송공사, 한국문화원, 한국관광공사, 한국문화컨텐츠진흥원, 인포엔터테인먼트
	정부기관	경상남도 교육청, 국가보훈처, 제주도청 · 도의회 · 경찰청 · 교육청
한민족연대		해외한민족대표자회의, 세계한인회장워크숖, 2004 · 2005 세계한인회장대회, 원코리아페스티벌, 세계한인지도자대회

인단체 및 정부기관과의 연대는 낮은 편이다. 재일한국인 중 가장 많은 수가 오사카, 그 다음은 동경이다. 동경에서 한국인 개인 및 단체의 위상과 영향력을 높이기 위해서는 지역의 외국인단체, 그리고 동경의 지방정부와의 교류를 확대하는 방안을 모색하여야 한다.

3) 재일본대한민국민단 오사카본부

(1) 지역연대

○ 2000년 7월 : 오사카에서 7회째를 맞이하는 '원 코리아 오사카 바둑대회'가 열렸다. 오사카민단과 조총련 오사카본부는 참가한 대국자 108명에게 한반도 지도를 디자인한 깃발과 티셔츠를 나누어 주었다.

○ 2001년 2월 : 재일동포의 화합과 교류, 한반도의 평화통일을 촉진시키기 위해 일본인 유지들의 제의에 의해 오사카민단과 조총련, 일본

인이 교류를 갖는 이벤트를 갖기로 했다. 오사카 지사와 시장 등이 주선하였다. '하나마두리' 축제는 재일동포와 일본인과의 공생 축제의 성격을 갖고 있다. 3만 명을 넘는 일본 시민들과 재일동포들로 대성황을 이루었다.

○ 2002년 12월 : 일본 오사카의 3대 축제 중 하나인 '시텐노지(四天王寺)왓소'가 3년 만에 부활되었다. 이 축제는 고대 일본, 한반도, 동아시아 국가간의 교류를 가두행진과 기념행사 등으로 재현시킨 것이다. 오사카민단이 내년부터 축제를 재개하기 위한 준비단계로 '우정은 1,400년 전부터'라는 주제로 세미나를 개최하였다.

○ 2003년 6월 : 오사카성의 '태양의 광장' 공원에서 오사카 조총련 본부와 민단이 공동으로 '2003 오사카 하나마두리' 행사를 주최하였다. 3만 명의 동포들과 일본 시민들이 참가한 이날 행사에서 양측은 6·15 공동선언 3주년을 기념하며, 앞으로 협력과 연대를 강화해 나갈 것을 약속하였다.

○ 2003년 7월 : 오사카민단은 6월에 개최한 민단·총련 동포와 오사카부민의 모임인 '오사카 하나마두리'에 출점해서 얻은 수익금 중 일부를 백두학원, 건국 중고등학교와 금강학원 중고등학교에 각각 30만 엔씩 전달하였다.

○ 2003년 11월 : '2003 전국지단장 교류회'가 오사카민단에서 전국 각지의 지단장 200여 명이 참가한 가운데 개최되었다. 지단장들은 3개 팀으로 나뉘어 복지사업을 적극적으로 추진하고 있는 오사카 관내 니시나리(西成), 후세(布施), 센보쿠(泉北支) 지부를 방문해 데이서비스 현장을 시찰하였다.

○ 2004년 1월 : 오사카의 민단, 부인회, 청년회, 청년상공회 등 4개 단체로 구성된 코리아 브라이덜센터의 '겨울의 커플링파티'가 시내나 와카야마, 나고야에서 남녀 각 50명이 참가한 가운데 열렸다.

○ 2004년 2월 : 민족교육의 제도보장을 위해 오사카에서 활동하는 동포 시민단체 4개 단체가 시 교육위원회와 회의를 가졌다. 오사카민

단, 민족교육문화센터를 비롯하여 민족교육을 추진하는 연락회, 재일한
국 민주인권협의회, 동포보호자 연락회의 등 이다.

○ 2004년 3월 : 오사카 한국학원의 2003년도 한국어강좌 수료식이
오사카민단에서 열렸다. 86명의 학생들이 수료증을 받았다. 오사카민단
방명선 부단장은 우리말이 한일교류에 도움이 되도록, 앞으로도 열심히
해달라며 수료생을 격려했다.

○ 2004년 6월 : 금강학원의 아동·학생회 대표 4명은 직접 만든 모
금함을 들고 교내에서 용천열차 폭발사고에 대한 의연금 155,000엔을
모아, 오사카민단을 방문하여 김창식 단장에게 전달했다.

○ 2004년 6월 : 오사카민단은 각 지부 기관장 및 산하단체장 회의인
총회를 개최하였다. 36개 지부와 6개의 산하단체 회장단이 참석하였
다.15) 김창식 단장은 사회복지법인이 오사카 시정부로부터 정식 허가를
획득하였다고 보고하였다.

○ 2004년 10월 : 민단 중앙본부의 김재숙 단장과 오사카민단의 김
창식 단장 등 6명이 키타가와 국토교통성 대신을 예방했다. 일행은 내
년이 한일 국교정상화 40주년이 되는 '한일 우정의 해'를 맞이하여, 공
생사회의 실현을 위해, 한층 더 한일 우호친선을 증진시켜 나갈 것 등
에 대해 이야기했다.

○ 2004년 11월 : 오사카민단본부가 주관한 '재일한국인의 역사교과
서 작성을 위한 연속강좌'가 오사카 한인회관에서 열렸다. 약 200여 명
의 민단 회원과 지역동포, 일본시민 등이 참가한 가운데 열린 이 강좌
는 재일한국인의 형성에 대한 강의였다.

---

15) 이꾸노미나미(生野南), 이꾸노기타(生野北), 이꾸노히가시(生野東), 이꾸노니시(生野西),
도오세이(東成), 야쩌오(八尾), 마이오가(枚岡), 세이또오(城東), 쯔르시마(都島), 츄오우
(大東), 다이쇼우(大正) 등 36개 지부와 재일본대한부인회 오사카지부, 오사카한국상공
회의소, 재일본대한민국청년회오사카지방본부, 재일본한국체육회관서본부, 재일한국
학생회오사카본부, 재일학도의용군동지회 등 6개의 산하단체 회장단이 참석하였다.

○ 2004년 12월 : 오사카민단, 조총련오사카본부, 동포보호자연락회의 등 3개 단체는 오사카 시립대학을 방문해 2차 외국어 선택과목에 한국·조선어를 넣어 줄 것을 합동으로 요청하였다. 오사카민단과 조총련 양 본부가 공동 교섭을 실시하였다.

○ 2005년 4월 : 오사카민단의 니시나리 지부와 오사카 조총련 니시나리 지부에서 '원코리아 야유회'를 즐겼다. 4번째를 맞이하는 올해는 동포뿐 아니라 시의회 의원과 일반 지역주민들도 다수 참가했다.

○ 2005년 1월 : 민단 중앙본부와 동경본부의 합동 신년회가 열렸다. 참석자들은 한·일 신시대를 실질화하고, 공생 사회 구축을 위한 새로운 출발점으로 삼자고 결의하였다. 오사카, 카나가와, 히로시마, 미에 예히메, 오사카 본부, 그리고 오타, 카와사키 지부 등이 참가하였다. 주일대사관, 한국 측의 한일의원연맹, 일본 측의 일한의원연맹의 대표도 참석하여 축하해 주었다.

○ 2005년 4월 : 오사카민단과 조총련은 일본의 독도문제와 관련하여 일본을 규탄하면서 공동 대처하였다. 이 작업의 일환으로 두 단체는 '아리랑 벚꽃축제'를 열어 민족의 혼을 발산하자는 취지에서 뜻깊은 행사를 가졌다.

○ 2005년 5월 : 아이치(愛知)현 본부에서 민단의 전국 조직 간부 확대회의가 열렸다. 지방 참정권의 조기 실현, 교과서 문제 해결 등을 결의문으로 채택하였다. 재일한국상공회의소, 한신협, 청년회 중앙본부, 동경민단, 교토본부, 오사카민단 등 전국 각지에서 본부 및 지역 대표들이 참석했다.

○ 2005년 8월 : 광복 60주년과 6·15 공동선언 5주년을 기념한 '재일한국인과 오사카부민·시민 친선교류축제 오사카마투리'(실행위원회 주최)가 오사카국제회의장에서 개최, 지역 민단과 조총련 관계자 및 시민을 포함하여 2,700명이 회의장을 가득 메웠다. '오사카마투리'는 2001년과 2003년에 이어 올해로 3회째를 맞이하였다.

○ 2005년 8월 : 오사카민단과 조총련 오사카본부는 해방60돌을 기념하는 8·15 기념행사를 공동으로 개최하였다. 오사카민단과 조총련 오사카본부가 주민들의 화합과 공생을 내세운 '하나 마쓰리'가 대표적 모델이다.

○ 2005년 12월 : 일·한·재일동포 네트워크(참정권넷)와 오사카민단이 주최하는 지방참정권 조기실현을 요구하는 심포지엄이 연수센터에서 열렸다. 약 300명의 참석자는 아시아에서 처음으로 외국인 선거권이 한국에서 실현된 것을 계기로 새로운 전망을 개척해 나갈 것을 재확인했다.

○ 2005년 12월 : 일본지역 민주평화통일 자문회의 킨키(近畿)협의회는 한반도의 평화를 주제로 포럼을 개최하였다. 민단 중앙본부와 오사카민단이 후원하였다.

○ 2006년 2월 : 오사카부 교육위원회는 오사카시 키타구에 있는 오사카민단을 방문, '본명 사용 안내서'를 3월말 완성을 목표로 작성하겠다고 정식 회답했다. 이는 오사카민단이 작년 8월에 제출한 '재일한국·조선인의 민족교육, 국제이해교육의 추진'에 관한 요망서에 응한 것이다.

오사카민단은 오사카조총련과 6·15공동선언 기념식, 바둑대회, 오사카 지역의 문화축제에 공동으로 참여하고 있다. 중앙본부 차원에서 공식적 교류가 행해지기 이전부터 오사카 지역에서는 민단과 조총련이 상호 화합 차원에서 교류를 갖고 있었다. 오사카민단은 주로 산하단체 및 지부와 지속적 그리고 강한 연대를 구축하고 있다. 지방참정권, 재일동포 화합과 교류, 한반도 평화통일, 일본인과 친선도모, 문화행사 및 각종 기념식, 박람회, 지부 및 산하단체의 행사 참여, 학교에 기부금 증정 등 폭넓은 네트워크를 갖고 있다.

나머지 단체와는 재일동포와 관련된 공통문제, 그리고 지역문제로 연대를 형성하고 있다. 즉 교과서 왜곡, 문화행사, 지역 화합의 교류 행사에서 관계를 맺고 있는 것으로 나타났다. 외국인단체와의 교류는 한반도의 평화·통일문제, 한·일 친선 및 단체 간 친목도모 차원에서 교류가 행해지고 있었다. 한편, 정부기관으로 주일한국총영사관과는 재일동포 문제, 기념식 행사, 친교 차원에서 긴밀한 관계를 갖고 있었다. 일본 정부기관과 오사카민단은 민족교육, 한·일 우정의 해와 관련해 네트워크를 구축하고 있다.

(2) 모국연대

○ 2003년 7월 : 오사카 한국상공회의소의 창립 50주년을 축하하는 식전이 오사카 시내의 호텔에서 열렸다. 오사카 한국상공회의소 회원을 비롯하여, 오사카, 근린 각 조직 관계자 600여 명이 참가하였다. 주오사카 총영사, 민단 중앙본부, 한상련, 김상하 대한상공회의소 명예회장, 민단 오사카본부의 대표들이 격려사를 했다.

○ 2003년 7월 : 고려대학교 박물관은 일본 오사카 역사박물관과 공동으로 특별전을 개최하였다. 고려대 박물관 소장품 183건 211점이 전시되었다. 이번 특별전에는 조선시대 민간생활을 중심으로 한 민예품을 통해 그 속에 담긴 한국인의 마음과 삶을 조명하였다. 주오사카영사관, 관서 한국문화원, 오사카민단, NHK 오사카방송국 등의 후원이 있었다.

○ 2003년 12월 : 제주도 한림공업고등학교의 교직원과 학생회 대표 등 총 12명이 방일하여, 오사카민단을 예방하고, 김창식 단장 등과 환담을 나누었다.

○ 2005년 7월 : 서울에서 열리는 '세계한인회장대회'에 참가하여 각 지역한인회장과 교류를 가졌다.

○ 2006년 1월 : 민단 중앙본부와 동경민단이 주최한 2006년 신년회에 오사카민단회장단 일행이 참석하여 축하해 주었다. 올해 신년회는 창단 60주년을 맞이하는 해로 민단의 과거 60년간의 운동실적을 바탕

으로 참정권 문제를 반드시 진전시켜 재일동포사회의 구심체로 더욱 약진할 것을 맹세하는 장이 됐다.

○ 2006년 1월 : 박근혜 한나라당 대표가 오사카민단 및 오사카 한국상공회의소가 주최한 환영회에 참석하였다. 박 대표는 재일교민들을 위한 정책과 위로를 했다.

오사카민단은 모국의 단체와 문화행사, 자매결연, 친선교류 차원에서 교류를 갖고 있었다. 이들의 네트워크는 강한 연대이다. 한편 시민단체 및 정부와의 교류는 없는 것으로 나타났다.

(3) 한민족연대

○ 1987년 11월 : 일본의 민단 중앙본부가 주관하여 동경에서 '제1차 한민족 대표자대회'가 개최되었다. 미주총련, 독일한인회 총연합회, 캐나다한인회 총연합회, 시드니한인회, 동경민단, 오사카민단 등이 참가하여 상호간 우호를 다졌다.

○ 1989년 6월 : 미주총련이 주관하여 '제2회 해외 한민족 대표자 대회'가 세계 33개국의 한인단체 대표들이 모인 가운데 워싱턴 D.C에서 열렸다. 일본의 민단, 동경민단, 오사카민단, 캐나다한인회 총연합회, 시드니한인회 등이 참석하였다.

○ 1991년 6월 : 독일한인회 총연합회가 주관한 회의가 베를린에서 열렸다. '제3차 해외 한민족 대표자 회의'이다. 해외 한인 동포사회의 경제, 민족교육과 권익옹호, 발전을 위한 토의가 있었고, 해외 한민족으로서 조국의 통일을 촉진시킬 수 있는 방안을 모색하였다. 회의에는 재소련 고려인협회, 일본의 민단 중앙본부, 동경민단, 오사카민단, 미국의 미주총련, 시드니한인회, 오스트리아 한인회, 캐나다한인회 총연합회, 아르헨티나 한인회 대표가 참석하였다.

○ 1993년 5월 : 서울에서 외교통상부가 주최한 '제4회 해외 한민족 대표자 회의'가 열렸다. 미주총련이 많은 준비와 재정적 부담을 하였다.

일본의 민단 중앙본부, 동경민단, 오사카민단, 중국한국상회 등 각 국에서 수많은 한인들이 참석하였다.

○ 1996년 6월 : 미주총련이 주관한 '제5회 해외 한민족 대표자 회의'가 워싱턴에서 열렸다. 해외 33개국 대표들이 참석한 가운데 대성황을 이루었다. 민단 중앙본부, 동경민단, 오사카민단, 브라질한인회, 독일한인회 총연합회, 중국한국상회, 태국한인회, 시드니한인회, 태국한인회 등이 참석하였다.

○ 2003년 8월 : '세계 한인 지도자 대회'가 재외동포재단 주최로 열렸다. 이 대회에는 미주총련, 일본 민단, 동경민단, 오사카민단, 재중한국인회, 탄자니아한인회, 브라질한인회, 시드니한인회, 싱가포르한인회 등 다수의 재외한인단체 대표가 참석했다.

○ 2004년 6월 : 2004년 세계 한인회장 대회 개회식에 참석하였다. 2004년 세계 한인회장 대회는 미주총련이 주관하고 재일민단, 외교통상부, 재외동포재단, 스위스한인회, 재중국한국인회 등 다수의 정부관계자 및 한인단체장이 참석하였다.

○ 2005년 10월 : 제21회 '원코리아페스티벌'이 일본의 오사카에서 개최되었다. 코리아NGO센터의 주최로 전 동포의 화합과 통일, 일본에서의 다문화 공생을 목표로 하는 축제이다. 오사카시청, 한국관광공사의 후원, 그리고 참가단체는 우수리스크 민족문화자치회, 블라디보스토크 민족문화자치회, 나흐드카 민족문화자치회, 재외동포재단, 동북아평화연대, 민단 중앙본부, 동경민단, 오사카민단, 조총련 중앙본부, 조총련 오사카본부 등이다.

전 세계 한민족의 통합을 뜻하는 한인대회를 매개체로 오사카민단은 교류를 행하고 있다. 조국통일에 대한 기여, 동포사회의 발전, 해외동포의 권익옹호를 위해 한인회의에 참여함으로써 한민족연대에 일조하고 있었다. 〈표 IV-3〉은 재일본대한민국민단 오사카본부의 네트워크를 요약한 내용이다.

<표 Ⅳ-3> 재일본대한민국민단 오사카본부 네트워크 현황

구 분		연대단체
지역 연대	한인단체	조총련 오사카지부, 오사카한국상공회의소, 민단 중앙본부, 한상련, 백두학원, 건국 중고등학교, 금강학원 중고등학교, 민족교육문화센터, 연락회, 재일한국민주인권협의회, 총련, 일.한재일동포네트워크, 코리아NGO센터, 관서한국문화원, 재일본대한부인회오사카지부, 재일본대한부인회중앙본부, 재일본대한민국청년회오사카지방본부, 재일본한국체육회관서본부, 재일한국학생회오사카본부, 재일학도의용군동지회, 민족교육위원회, 동포보호자연락회, 교토본부재일한국상공회의소, 한신협, 동경민단, 일본민주평화통일자문회의,카나가와본부, 히로시본부, 미에예히메본부, 재일본대한부인회요코하마지부, 한국학원, 관서한국문화원, 오사카민단 36개지부 및 6개 산하단체, 아이치현본부
	외국인단체	일・한・재일동포네트워크, NHK오사카방송국, 일한의원연맹
	정부기관	주오사카부 총영사관, 오사카시교육위원회, 주일한국대사관, 오사카부, 오사카시, 국토교통성
국제 연대	한인단체	
	외국인단체 및 정부기관	
모국 연대	국내단체	대한상공회의소, 서울청년회의소, 한일의원연맹, 한나라당
	정부기관	
한민족연대		해외한민족대표자회의, 세계한인회장워크숍, 2004・2005 세계한인회장대회, 원코리아페스티벌, 세계한인지도자대회

(4) 연대의 특징과 문제점

오사카는 재일동포가 가장 많이 거주하면서 활동하는 곳이다. 재일한국인의 중앙단체인 민단 중앙본부가 있지만, 오사카민단은 거리적으로 많이 떨어져 있는 관계로 독자적인 대외 활동을 펼치고 있다. 특히 오사카 지역의 한국인과 일본인 간 화합을 위해 지역 문화 축제를 주도적으로 개최하고 있으며, 지방정부가 주최하는 각종 행사에도 적극적으로 참여하고 있다.

한편 다른 지역과는 달리 지방 차원에서 민단과 조총련의 지역본부가 공동 사업을 활동적으로 펼치고 있었다. 지방차원에서 민단과 조총련의 단합과 협동 사업의 전개는 중앙의 민단과 조총련에게도 영향을 미칠 수 있다는 판단에서 민족 화합을 유인하는 매우 긍정적 활동이다.

4) 재일조선인총연합회

(1) 지역연대[16]

○ 1990년 6월 : 조총련은 지진피해를 입은 이란에 대한 구원금을 주일이란대사에게 전했으며, 이란대사는 감사의 말을 전했다.

○ 1990년 9월 : 조총련의 주선으로 북한의 조선노동당과 일본의 자유민주당, 사회당이 참여하는 조·일관계의 개선을 위한 공동선언과 간담회가 있었다.

○ 1991년 1월 : '재일조선인 인권' 세미나 전국교류집회가 조총련 주최로 열렸다. 일본에 거주하는 재일조선인들의 인권 탄압 사례에 대한 발표 및 방안이 제시되었다. 재일본조선청년동맹, 재일본조선인교육회, 재일본조선유학생동맹, 재일본조선민주여성동맹 등 산하단체, 동경조총련, 니시도조총련 등 각 지역 본부와 지부 등 많은 조총련 회원들이 참가하였다.

○ 1991년 3월 : 일본에서 개최되는 '제41회 세계탁구선수권 찌바대회'에 참가하는 남·북한 공동 대표팀을 조총련과 민단이 공동으로 환영하고, 응원하기로 합의하였다. 이후 5월에 개최된 시합에서 두 단체

---

16) 재일조선인상공련합회, 재일본조선청년상공회, 재일본조선언론출판인협회, 재일본조선인의학협회, 재일조선인체육연합회, 재일본조선불교도협회, 재일본조선평화옹호위원회, 재일본조선청년동맹, 재일조선인교직원동맹, 재일조선사회과학자협회, 재일조선인인권협회, 재일조선유학생동맹, 재일본조선력사고고학협회, 재일조선인과학기술협회, 재일본조선문학예술가협회, 재일본조선종교인연합회, 재일조선인통일동지회, 재일본조선학생위원회, 재일본조선민주여성동맹, 재일본조선인교육회 등 20여 개가 있다. 조총련 중앙본부와 이들 산하단체간, 그리고 북한과 조총련 중앙본부와의 교류 및 연대가 매우 빈번한 관계로 중요한 연대만 기술할 것이다.

는 공동 응원전을 펼쳤다. 응원은 한국청년회와 조선청년동맹 회원들이 주도하였다.

○ 1991년 8월 : 조총련 한덕수 의장 일행이 중국의 홍수 피해와 관련하여 주일중국대사관을 방문하여 수재의연금을 전달하였다.

○ 1991년 10월 : 세계탁구선수권 대회가 끝나자, 조총련과 민단은 화합과 교류 사업을 추진하기 위해 '교류촉진협의회'를 발족하였다.

○ 1992년 4월 : 조총련의 도움과 지원으로 '재일본고려태권도연맹'이 창립식을 거행하였다. 조총련 의장단 및 각 산하단체 회장단 일행이 참석하여 축하해´주었다.

○ 1993년 4월 : 조국의 자주적 평화통일을 기원하고 제2차 세계대전 희생동포위령합동 법요가 재일본조선불교도협회와 재일본한민족불교도총연합회의 공동 주최로 열렸다. 조총련 중앙본부 및 동경조총련 임원단 일행이 참가하였다.

○ 1994년 4월 : 일본정부의 오사카총련 본부와 관하 지부들을 강제수사하는 정치적 탄압과 민족적 박해에 대해 조총련과 산하단체가 규탄대회를 가졌다.

○ 1994년 11월 : 동포결혼상담소중앙센터가 개최하는 '동포청년들의 만남의 파티'가 동경 게이오플라자호텔에서 열렸다. 조총련 의장단 일동이 함께 자리하였다.

○ 1994년 11월 : 일본 자유민주당의 공식 초청에 의해 조총련 허종만 책임부의장이 자유민주당의 외교조사위에서 '조·일의 국교관계'에 대해 강연하였다.

○ 1995년 8월 : 조국 광복 50주년을 맞이하여 조총련 주최로 '재일동포통일대축전'이 동경 요요기공원에서 열렸다. 동경조총련, 오사카조총련 등 전국 각지의 총련 본부와 지부 회원들이 참석하였다.

○ 1996년 2월 : 일본 중학교체육연맹이 1997년부터 조선중급학교의 전국중학교체육대회의 참가를 승인했다. 이는 조총련과 재일본조선인

교육회, 조선총련중앙학원이 몇 해 전부터 줄기차게 조선중급학교의 체육대회 참가를 주장해 왔던 문제이다.

○ 1996년 4월 : 후쿠오카민단과 후쿠오카조총련은 친목행사로 '후쿠오카(福岡) 벚꽃축제'를 개최하였다. 양측의 동포들이 함께 자리한 가운데 노래와 춤 등의 공연이 있었으며, 민단과 조총련 중앙본부는 임원진을 보냈다.

○ 1996년 9월 : '조선학교의 처우개선'을 요구하는 요망서를 동경조선인연락회 회장단 일행이 동경도 지사에게 전달하였다. 동경조선인연락회와 조총련이 중심이 되어 12만여 명으로부터 서명을 받았다.

○ 1998년 3월 : 재일동포의 민족성을 지키는 포럼이 오사카조총련에서 거행되었다. 조총련, 동경조총련, 각 산하단체장 등이 참석하여 열띤 토론의 장을 가졌다.

○ 1998년 12월 : 제13회 아시안경기대회에 북한의 대표로 참가하는 재일조선체육인 결단식이 조선회관에서 있었다. 재일본조선인체육연합회가 주최한 이 모임에 조총련 의장단 일행이 참석하여 좋은 성적을 내줄 것을 당부하는 격려사를 했다.

○ 1999년 10월 : '조총련 분회대표자회의 1999'가 조선문화회관에서 조총련 주최로 열렸다.

○ 2001년 3월 : 오사카조총련과 오사카민단, 오사카시청의 공동 주최로 재일동포와 일본인과의 공생의 의미를 지닌 '하나마두리' 축제가 열렸다. 2000년 남북정상회담 이후, 조총련과 민단의 화합 분위기를 조성하는 차원에서 열린 이 축제에 3만 명을 넘는 일본 시민들과 재일동포들이 참가하였다.

○ 2001년 12월 : 일본정부가 조총련 중앙본부, 동경조총련, 니시도쿄조총련 본부에 대해 강제 수색을 감행하였다. 이에 조총련 중앙본부를 중심으로 정치탄압을 규탄하는 대회를 가졌다.

○ 2002년 3월 : 조총련과 민단은 남북 상호방문에 합의하였다. 4월에 평양에서 개최되는 '아리랑축제'에 민단 대표단이 평양을 방문하여

축제를 참관했으며, 6월에는 조총련 회원들이 답례로 서울을 방문하여 월드컵 경기를 관람하였다.

○ 2003년 3월 : 일본 국립대학 입시 자격 차별문제와 관련하여 조총련 대표들이 일본 문부과학성을 찾아가 차별시정을 요청하였다.

○ 2004년 4월 : 북한의 평안북도 용천에서 대형 폭발사고가 발생하자, 조총련은 지원금 모금 등 전 동포적인 지원활동을 전개하기로 지역본부, 지부와 결의하였다.

○ 2004년 5월 : 조총련 제20차 전체 대회가 개최되었다. 일본정부의 고이즈미 수상이 축전을 보내왔다. 일본 총리가 처음으로 조총련에 축전을 보냈다.

○ 2004년 12월 : 재일본조선인인권협회, 조선대학교 교원 및 학생대표, 조총련 대표, 일본 민주당의 이시게 에이꼬 중의원 의원 등이 후생노동성을 찾아가 조선대 재학생과 졸업생에 대하여 사회보험노무사의 수험 자격을 부여해 달라는 요망서를 제출하였다. 이에 대해 후생노동성 관계자는 긍정적으로 이를 검토해 보겠다는 답변을 했다.

○ 2005년 4월 : 민단 중앙본부와 조총련은 일본의 독도문제와 관련하여 한 목소리로 일본을 규탄하면서 공동대처하였다.

○ 2005년 5월 : 조총련 발족 50주년을 맞아 고이즈미 준이치로(小泉純一郎) 총리가 일본 자민당 총재의 명의로 메시지를 보냈다. 이 외에도 후와 데쓰조 공산당 당의장, 마다이치 세이지 사회민주당 간사장이 자리를 함께 하였다.

○ 2006년 5월 : 재일민단과 조총련 대표가 50년 만에 화해의 자리를 함께 하였다. 재일민단의 하병옥 단장과 조총련 서만술 의장이 만나 광주에서 열리는 6·15남북정상회담 6주년 기념행사 공동 참여와 8·15 행사 공동 개최에 합의할 예정이다(동아일보 06.05.17).

조총련 중앙본부는 지역연대에서 주로 한인단체를 중심으로 산하단체 및 지역본부와 네트워크를 구축하고 있다. 인권 세미나, 조선인 사회복지, 체육경기 참여, 희생동포위령제, 남북교류, 정치적 탄압에 대한 규탄 시위, 단체 지원, 지역 축제, 단체 간 친교를 목적으로 이들 단체와 교류를 갖고 있었다.

조총련과 민단의 교류는 공동 응원, 친선 도모, 독도 규탄, 남북 방문, 지역 축제 참여 등으로 교류를 갖고 있다. 조총련의 외국인단체 교류는 북·일 교류 및 관계 개선과 관련해 주로 정당과 네트워크를 갖고 있었다. 조총련과 정부기관의 교류에서 이란 및 중국대사관과 성금 지원, 일본 정부기관과는 축전, 조선인 처우개선을 요구하는 교류가 행해지고 있었다.

(2) 국제연대

○ 1992년 10월 : 조총련의 초청으로 '독립국가협동체 조선통일촉진위원회' 대표단이 방문하였다. 대표단을 환영하는 재일조선예술인, 학생들의 예술 공연이 있었다.

○ 2004년 12월 : 러시아의 고려인 동포조직인 '국제고려인통일연합회' 창립 15주년을 축하하기 위해 조총련 부의장 일행이 모스크바를 방문하였다.

조총련은 한인단체 교류에서 친목과 한반도 통일을 목적으로 러시아의 고려인 단체와 교류관계를 형성하고 있으며, 외국인 단체 및 정부기관과의 교류는 없었다.

(3) 모국연대

○ 1990년 5월 : 북한의 김일성 주석이 조총련 결성 35주년을 축하해 주었다. 조총련 대표단 일행이 평양을 방문한 가운데 김일성은 조총련 결성은 재일조선인 운동 발전에서 근본적 전환을 가져온 역사적 사변이라는 담화를 하였다.

○ 1991년 2월 : 북한의 조선노동당 대표단이 조총련을 방문하였다. 한덕수 의장을 비롯한 조총련 관계자들의 축하와 함께 조선노동당 대표단과의 간담회가 진행되었다. 양 단체는 보다 긴밀한 유대관계와 협력을 중심으로 담화를 나누었다.

○ 1991년 10월 : 유엔총회에 참가하고 일본 조총련을 방문한 북한의 연형묵 총리와 대표단 일행을 환영하는 만찬을 베풀었다.

○ 1993년 11월 : 한국의 야당인 민주당 소속 의원들이 조총련을 방문하였다. 두 단체의 대표자들은 한반도의 평화적 통일, 조총련과 민단의 협력문제 등을 논의하였다. 민주당 의원들은 조총련 방문 이후, 조총련 소속의 조선대학교도 방문하였다.

○ 1994년 7월 : 북한의 김일성 주석 사망과 관련하여 조총련 한덕수 의장 일행이 평양에 방문하여 조문하였다. 또한 조총련 각 산하단체 및 지역 본부와 지부 대표들이 조선회관에서 김일성 주석을 추모하는 집회를 가졌다.

○ 1995년 1월 : 북한 김정일이 일본의 효고현 지진과 관련하여 재일동포들에게 위문금 100만 달러를 조총련에 보내주었다. 조총련의 이진규 제1부의장이 효고현 조총련을 방문하여 위문금을 전달하였다.

○ 2000년 9월 : 1975년 9월 조총련계 동포 700여 명이 한국을 방문한 이래, 2000년 남북한장관급회담에서 조총련동포의 남한 방문을 허용하기로 양측은 합의하였다. 그 결과 제1차 조총련 동포들의 한국 고향방문이 이루어졌다.

○ 2002년 3월 : 조총련과 민단은 남북 상호방문에 합의하였다. 6월 조총련 대표단이 월드컵 경기를 관람하기 위해 서울을 방문하였다.

○ 2002년 4월 : 북한에서 열린 대집단체조 및 예술 공연 '아리랑 축제'에 조총련 의장단 일행이 참석하였다. 김정일 국방위원장을 접견하였다. 조총련 대외봉사대가 아리랑 축제에서 많은 봉사활동을 하였다.

○ 2002년 9월 : 제14차 부산아시아경기대회에 재일동포 다수가 북한선수단으로 참가하였다. 조총련 중앙본부는 응원단을 결성하여 부산에서 열띤 응원을 펼쳤다.

국내단체와 조총련의 교류를 보면, 먼저 남한의 단체와 조총련은 평화통일, 민단과 조총련의 협력, 남한 방문 등을 이유로 교류하고 있다. 북한의 조선노동당과 조총련은 친교 이상의 일상적 교류를 하고 있다. 조총련과 조선노동당의 교류는 지속적이며, 연대의 강도가 높다. 조총련의 북한 정부와의 교류는 정치·경제·문화·사회·체육 등 다양한 분야에서 강도 높은 연대를 갖고 있다. 반면 남한 정부와 조총련의 교류는 아시안 게임 경기단 응원, 조총련 소속 회원들의 고향 방문으로 교류가 이루어졌다.

(4) 한민족연대

○ 1990년 4월 : 한반도의 평화와 자주의 자주적 평화통일을 촉진시키기 위해 서베를린에서 '8·15 범민족대회를 위한 1차 실무회담'이 개회되었다. 준비위원회 성격을 갖은 이 회의에 조총련 중앙본부, 북한의 조국평화통일위원회, 미국의 조국통일범민족연합 등의 관계자들이 모여 서울, 평양, 독일 베를린에서 범민족대회를 개최하기로 합의하였다. 이후 1999년까지 매년 열렸으며, 2000년 북한이 범민족대회에 참가하지 않았지만, 남측 및 해외대표는 대회를 강행하였다.

○ 2005년 10월 : 코리아NGO센터가 주최한 '원코리아페스티벌'이 오사카에서 개최되었다. 오사카시청, 한국관광공사의 후원, 그리고 우수리스크 민족문화자치회, 블라디보스토크 민족문화자치회, 나호드카 민족문화자치회, 재외동포재단, 동북아평화연대, 민단 중앙본부, 동경민단, 오사카민단, 조총련 중앙본부, 동경조총련본부, 오사카조총련본부 등이 참가하였다.

조총련의 한민족연대는 남한 정부 및 정부 관련 단체가 배제된 북한 중심의 한민족연대이다. 범민족대회, 아리랑축제가 이에 해당된다. 오사카에서 개최된 원코리아페스티벌은 남북한 단체 및 일본, 러시아, 중국 등의 한인단체가 참여한 전형적인 한민족연대의 모델이다. 〈표 Ⅳ-4〉는 재일조선인총연합회의 네트워크 현황이다.

<표 Ⅳ-4〉 재일조선인총연합회 네트워크 현황

구 분		연대단체
지역 연대	한인단체	재일본조선청년동맹, 재일본조선인교육회, 재일본조선유학생동맹, 재일본조선민주여성동맹, 재일본조선불교도협회와 재일본한민족불교도총연합회, 재일본조선인교육회, 조선총련중앙학원, 재일조선인상공련합회, 재일본조선청년상공회, 재일본조선언론출판인협회, 재일본조선인의학협회, 재일조선인체육연합회, 재일본조선평화옹호위원회, 재일본조선청년동맹, 재일조선인교직원동맹, 재일조선사회과학자협회, 재일조선인인권협회, 조선대학교, 조선신보사, 조선통신사, 조선청년사, 동경조총련, 니시도조총련, 민단중앙본부, 한국청년회, 재일본고려태권도연맹, 오사카총련, 동포결혼상담소중앙센터, 효고현조총련, 후쿠오카조총련, 동경조선인연락회, 찌바현조총련, 교토조총련
	외국인단체	자유민주당, 일본중학교체육연맹, 공산당, 사회민주당
	정부기관	주일이란대사관, 동경도, 주일중국대사관, 오사카시청, 일본문부과학성, 일본정부
국제 연대	한인단체	독립국가협동체 조선통일촉진위원회, 국제고려인통일연합회
	외국인단체 및 정부기관	
모국 연대	국내단체	민주당, 조선노동당, 대한체육회
	정부기관	북한
한민족연대		8·15 범민족대회를 1차 실무회담, 아리랑 축제, 원코리아페스티벌

(5) 연대의 특징과 문제점

조총련의 연대는 지역연대, 그 중에서도 산하단체 및 지역본부와 교류가 집중되어 있다. 외국인단체와의 교류는 주로 정치적 문제를 가지고서 일본의 정당과 교류하고 있다. 북한과 일본의 관계가 좋지 않기 때문에 일본 정부와 조총련의 교류는 거의 없는 편이다. 민단이 주로 남한 정부 및 단체와 교류를 갖는 반면, 조총련은 북한 정부 및 단체와 네트워크를 구축하고 있다. 물론 과거와 비교하면 많이 진전된 교류가 행해지고 있지만, 일본에서 활동하는 조총련과 민단의 교류가 활성화되면 될수록 재일한인들의 일본 사회에서의 영향력은 배가 될 것이다.

5) 재일한국인연합회

(1) 지역연대

○ 20001년 12월 : 일본 시민단체 '외국인과 함께 살아가는 신주쿠 동네 만들기'와 의견을 나누었다. 한인회에서는 지역발전을 위해 한인들이 기여하고 있다는 사실을 일본인이 이해, 일본의 시민단체는 일본인들에게 한인회를 바로 알리기 위한 일본인 대상의 홍보가 필요하다는 제안을 했다.

○ 2002년 1월 : 주일대사관의 최원선 총영사와 간담회를 가졌다. 한·일 월드컵 공동개최를 맞아, 이를 지원하기 위한 대책, 한인들의 동정 등에 관해 논의하였다.

○ 2002년 5월 : 도쿄 요쯔야에 소재한 현클리닉과 함께 매월 1회 재일 한국인을 대상으로 무료 의료진단 실시하고 있다.

○ 2002년 6월 : 동경유학생연합회가 주최한 도쿄 6개 대학 한국유학생축구대회가 닛포리에 있는 조선학교에서 열렸다. 한인회는 기념품과 협찬금을 지원하였다.

○ 2002년 8월 : 일본 시민단체 '다문화탐험대'가 주최한 방재훈련에 한인회가 참가하였다. 소방훈련, 지진발생시 대처 요령, 비상식량 만들기 등의 훈련을 함께 했다.

○ 2002년 10월 : 2001년부터 한인회는 시오쿠보 지역 상점회가 주최하는 체육의 날에 참여하였다. 이를 계기로 지역주민과 긴밀한 유대

관계를 형성하여, 우호증진과 한인사회의 이미지 개선에 큰 역할을 하고 있다.

○ 2002년 10월 : 시민단체 '쿄주콘'이 주체하는 공연에 한인회가 참여하였다. 오오쿠보 거리의 특색인 다언어 다문화가 얽혀서 생활하는 사회의 문제점, 그리고 지역주민의 외국인에 대한 접근 방법론 등 현재 오오쿠보 지역이 안고 있는 현안문제를 재검토하고, 공존공생을 위한 상호 신뢰형성에 필요한 내용을 제시하였다.

○ 2002년 11월 : 한인회는 주일대사관과 협약을 체결하였다. 한인회가 영사관 업무를 대행, 각종 서류 신청 및 발급, 여권발급신청서, 영주권 취득 및 가족거주 사실확인서, 호적 등(초)본 교부 신청서 등의 업무이다.

○ 2002년 11월 : 재일본 조선인상공연합회가 주최하는 조선요리점 경영 집중 강좌에 한인회 회원 다수가 참가했다. 구태의연한 경영스타일에서 벗어나 소비자들이 원하는 새로운 경영 방침을 수용하자는 내용이었다.

○ 2002년 11월 : 한인회는 오오쿠보 지구 '가을 지역쓰레기 없애기 운동'에 동참하였다. 오오쿠보 지역의 상인회가 주최, 지역사회와의 연대관계 형성에 기여하기 위해 참가했다.

○ 2003년 1월 : 신주쿠 상점가 연합회(明和團)가 주최한 신년회에 한인회가 참석하였다. 상점가 연합회장은 외국인 주민과의 우호적인 관계형성을 위해 외국인 민간단체와 협력관계 구축이 중요하다며 한인회와 상호 협력 하에 제반 사업을 진행하고 싶다는 의견을 피력하였다.

○ 2003년 4월 : 한인회가 주선하여 한국 상점 경영자와 일본 맘모스 도오리 상점회와의 간담회가 개최되었다. 상점회 측은 한국 상점의 쇼쿠안도오리의 발전에 대한 기여를 치하했으며, 한국 상점의 관계자는 한국 측의 쇼쿠안도오리 상점회를 조속히 결성하여 일본 측과 공동 활동을 펼쳐나가겠다고 답변하였다.

○ 2003년 5월 : 오오쿠보 도오리 지역의 공동 청소가 실시되었다. 신주쿠 오오쿠보 출장소, 쿄주콘, 한인회, 일본의 지역상인회(햐쿠인죠 마찌카이, 이부키 마찌카이), 오오쿠보 소학교, 니시토야마 중학교 등이 참여했으며, 더불어 살아가는 한인회의 모습을 보여 주었다.

○ 2003년 8월 : 한인회는 '공생'이라는 테마로 지역사회와 보다 적극적으로 폭넓은 활동을 전개해 나가기 위해 '다문화탐험대'가 주최한 오오쿠보 나쯔 마쯔리에 자원봉사자를 파견하였다. 그리고 쿄주콘이 주관하는 방재심포지엄에도 참가하여 지역사회와 적극적인 교류를 도모하였다.

○2003년 12월 : 본 회는 사단법인 신주쿠 생애학습재단이 주최한 한국문화 강좌에 도우미를 파견하였다. 일본인을 대상으로 한국의 대표적인 음식인 김치와 파전을 소개, 한국의 문화와 정서에 대해 이야기를 나누었다.

○ 2004년 3월 : '다문화 공생 지역을 만들기 위한 정책 포럼'에 한인회가 참가하였다. 지역문제, 학교문제, 행정적 문제 등 문화적 사고방식의 차이로 발생되는 갈등은 지역 주민들과의 융화에도 걸림돌로 작용하고 있다. '시민과 자치단체의 협동에 의한 다문화 공생 추진을 위한 정책포럼'의 실행위원회가 주최했으며, 참가단체는 한인회, 쿄주콘, 세계의 어린이들과 손을 맞잡는 학생회이다. 신주쿠 구청, 신주쿠 교육위원회, 신주쿠 사회복지협의회가 이번 포럼을 후원해 주었다.

○ 2004년 5월 : 신주쿠 오오쿠보에서 '미래와 국제교류의 밤'이 개최되었다. 신주쿠 상점회 연합회가 주최하고, 재일본한국인연합회, 신주쿠 상공회의소 신주쿠 지부가 후원한 이번 행사에 한인회에서는 MB Dance(대표: 한인회 김미복 문화예술부장)에서 한국의 전통무용과 연주를 해 많은 박수갈채를 받았다.

○ 2004년 6월 : 한인회는 각계각층의 인사들이 참여한 가운데 제3회 정기총회를 열었다. 집행부의 2003년도 활동보고 및 재정보고가 행

해졌다. 주일본한국대사관의 황정일 총영사, 신주쿠 구청장, 신주쿠 서무서장 등이 참석하여 축하해 주었다.

○ 2004년 12월 : 明治대학과 立教대학의 대학생들이 한인회를 방문하였다. 이들 학생들은 현대사회에서 새로운 조직의 존재를 인식함으로써 미래의 문제를 적극적, 자발적으로 제시하여 해결한다는 취지로 학생들이 동참할 수 있는 수업을 진행하고자 한인회를 방문하였다.

○ 2005년 3월 : 사단법인 여성을 위한 아시아 평화국민기금과 사단법인 신주쿠 문화 국제교류 센터의 공동주최로 '한일협력의 새로운 지역 만들기' 공개 포럼이 카이요 호텔에서 개최되어 한인회 대표단이 참석하였다.

○ 2005년 4월 : 한인회장단 일행이 동경 YMCA회관에서 개최된 재일유학생연합회 24대 회장단 및 임원 취임식에 참석하였다. 1982년에 발족한 이래 24회를 맞이하는 재일유학생연합회는 한·일 수교 40주년을 맞아 다양한 행사를 기획했으며, 이 행사를 성공적으로 개최하기 위해서는 유학생들의 적극적인 동참과 관심이 필요하다고 주장하였다.

○ 2005년 8월 : 동경민단의 초청으로 한인회 일행이 참석한 가운데 한인회와 동경민단과의 원활한 교류, 일본 시민 단체와의 교류 및 재일본 한국인들과의 정보교환, 안내자로서의 역할을 좀 더 충실히 수행할 것을 다짐하는 자리였다.

○ 2005년 11월 : 재일청년상공인련합회 회장단과 한인회 간 간담회가 있었다. 양 단체는 먼저 알고 지내자는 것과 차후 협력하자는 데 의견의 일치를 보았다.

○ 2005년 12월 : 한일국교정상화 40주년을 기념하여 일본 동경상공회의소가 주최한 '한·일 예술교류 2005'가 개최되었다. 한인회에서는 회장단을 비롯해 통역과 도우미가 참가하여 후원해 주었다. 이 행사는 예술 공연을 통해 양국의 우수한 문화교류 및 우정, 상호이해를 돈독히 하는 의의를 지니고 있다.

○ 2006년 1월 : 민단 중앙본부, 동경상공회의소, 동경한국상공회의소, 일본전자기기수입협회 등 각각의 4개 단체가 주최하는 신년회 행사에 한인회 회장단 일행이 참석하였다. 한인회 회장단은 각 단체들과 상호친목과 교류를 도모하였다.

재일한인회는 한인단체와 무료건강검진, 친선차원의 협력관계 구축, 경영 강연회, 한일 문화교류를 증진시키기 위해 지역 내 한인단체와 네트워크를 갖고 있었다. 외국인단체와의 교류는 회원들 상당수가 자영업에 종사하는 관계로 상인단체를 중심으로 지역사회 봉사, 한국문화 강좌, 문화차이를 극복하기 위한 세미나 개최, 한·일 상인들 간 협력간담회, 지역발전 협력, 방재 훈련, 한·일 상인 단체 간 교류와 협력 등을 목적으로 이들 단체와 교류하고 있다. 이 외에도 지역사회와 공생, 한일협력, 문화교류 차원에서 연대를 형성하고 있다.

한국 대사관과 재일한인회의 교류는 재일교포 문제, 한국인 문제, 사업상 어려움 해결, 영사업무의 대행 등의 문제로 긴밀한 유대 관계를 맺고 있다. 일본 정부기관과의 교류는 관할 구역 내 지방자치단체와 집중적으로 교류가 이루어지고 있었다. 이들의 관계는 상호 우호적인 관계를 형성하고 있다.

(2) 국제연대

○ 2003년 10월 : '제3회 아시아 고령자 문화제'가 열리자 한인회는 행사지원 및 봉사자를 파견하였다. 일본 아시아 고령문화제 실행위원회, 한국 노인문화 교류협의회, 중화 노인문화 교류촉진회가 공동 주최하고, 일본 외무성과 문화부, 주일한국대사관, 한국문화원, 아시히 신문사, 마이니찌 신문사가 후원하였다.

재일한인회는 '아시아 고령자 문화제'와 관련해 행사 지원을 했다. 한국, 일본, 재일교포, 중국의 노인문화의 교류를 촉진시키는 차원에서 일본의 언론사, 정부기관의 후원으로 문화제가 열렸다.

(3) 모국연대

○ 2002년 2월 : 한국에 있는 사단법인 한복 진흥회가 주관, 한인회가 후원하여, 2002년 월드컵 성공개최를 위한 한복패션쇼에 참가하였다. 한·일 간의 우호를 다지기 위해 일본의 기모노도 함께 전시하였다.

○ 2002년 7월 : 한국 청주에서 대한충효단연맹이 주최한 모국방문단 행사가 있었다. 한인회는 향후 회장단의 상호방문을 제안하였다.

○ 2003년 4월 : 한인회 김희석 회장 일행은 한국의 강릉시청을 방문했으며, 강릉시장은 장애인 복지에 많은 관심을 표명한 한인회에 감사를 표명하였다. 회장 일행은 장애인 공동 생활처인 애덕의 집을 방문하였다. 애덕의 집에 670만원을 전달하였다.

○ 2003년 10월 : '제3회 아시아 고령자 문화제'에 한인회는 행사지원 및 봉사자를 파견하였다. 한국 노인문화 교류협의회, 한국문화원과 교류하였다.

○ 2003년 11월 : 한국의 문화관광부가 주최하고, 한인회와 대한청소년충효단연맹이 주관한 '한·일 공동 미래 프로젝트'가 개최되었다. 한국문화 탐방을 겸한 국제교류 행사의 성격을 갖고 있다.

○ 2004년 8월 : 한국의 문화관광부가 주최하고 한인회와 대한청소년충효단연맹이 주관한 '제2회 한·일 공동 미래 프로젝트'가 일본 대학생 20명이 참가한 가운데 한국문화 탐방을 겸한 국제교류 행사로 열렸다. 한일 청소년들이 서로의 문화를 가슴으로 이해하고 느낄 수 있었으면 하는 차원에서 진행되고 있다.

○ 2004년 10월 : 주일대사가 신오오쿠보 지역을 방문하여 교민사회를 돌아보았다. 시찰에는 총영사와 참사관을 비롯하여, 한인회장단, 그리고 교민사회의 상공인 대표들이 함께 동행하였다. 대사는 교민사회의 현 상황과 그에 따른 어려움 등을 묻는 간담회를 가졌다.

○ 2005년 6월 : 2005년 청소년 육성기금 지원사업의 일환으로 한국의 국무총리 산하 청소년위원회와 한인회가 후원하고, 대한청소년충효

단연맹이 주최한 '재일교포 청소년들의 모국방문' 행사가 재일교포 청소년 19명이 참가한 가운데, 한국에서 있었다. 이들 학생들은 한국 전통무용, 택견 시범을 관람하였다.

○ 2005년 7월 : 한국씨름연맹 임원진 일행이 오는 10월에 있을 동경 씨름대회 협조 요청을 위해 한인회를 방문하여 조옥제 회장과 면담을 가졌다. 한인회는 이 대회의 성공을 위해 적극적으로 협력할 것을 약속하였다.

○ 2005년 7월 : 한국 재외동포재단이 코리안넷 배너 게재 및 콘텐츠 확보를 위한 협조를 얻기 위해 한인회를 방문하였다. 재외동포재단 일행은 조옥제 회장과 면담을 가졌으며, 한인회의 조직구성, 활동 사항에 대해 설명을 들었다.

○ 2005년 12월 : 한국의 경상남도 교육청 고영진 교육감 일행이 본회를 방문하였다. 교육감 일행은 재일동포자녀들의 민족얼 심기 교육 취지를 설명하고 재동경 한인자녀들도 이 연수에 적극 동참하도록 권유하였다.

○ 2006년 1월 : 영남대학교 학생들이 한인회를 방문하였다. 학생들은 재일한국인 사회의 구심적인 역할을 수행하고 있는 한인회와 大久保 지역을 방문하였다.

재일한인회는 국내단체와 한국 문화의 소개, 전통문화의 계승과 보전, 한국 문화 탐방, 사회복지시설에 대한 지원, 단체 간 상호협력 등을 이유로 다양한 단체와 교류관계를 맺고 있었다. 한편 재일한인회는 교육부문의 협력을 위해 경남 교육청과 교류하고 있으며, 사회복지기관에 대한 후원이 계기가 되어 강릉시청과 자매결연을 맺게 되었다. 재일한인회는 재일교포 후세들의 한국문화 탐방과 관련해 중앙정부의 지원을 받고 있었다. 재일한인회의 한민족연대는 없었다. 〈표 IV-5〉에 재일한국인연합회의 네트워크 현황을 표로 정리하였다.

<표 Ⅳ-5> 재일한국인연합회 네트워크 현황

구 분		연대단체
지역 연대	한인단체	동경유학생연합회, 재일청년상공인연합회, 민단 중앙본부, 동경한국상공회의소, 현클리닉, 재일본조선인상공회, 동경민단, 한국문화원
	외국인단체	신주쿠 생애학습재단, 외국인과함께살아가는신주쿠동네만들기, 다문화탐험대, 시쿠오보지역상점회, 신주쿠상공회, 하쿠인죠마찌가이, 이부키마찌가이, 오오쿠보상인회,신주쿠상점가연합회, 맘모스도오리상점회, 세계의어린이들과손을맞잡는학생회 동경상공회의소, 일본전자기기수입협회, 쿄주콘, 신주쿠문화국제교류센터, 여성을 위한 아시아평화기금, 일본아시아고령문화제실행위원회, 신주쿠사회복지협의회
	정부기관	주일한국대사관, 신주쿠오오쿠보출장소, 일본외무성, 문화부, 신주쿠구청, 신주쿠교육위원회, 신주쿠세무서
국제 연대	한인단체	
	외국인단체 및 정부기관	중화노인문화교류추진회
모국 연대	국내단체	한복진흥회, 대한충효단연맹, 한국씨름연맹, 재외동포재단, 애덕의 집, 노인문화교류협의회, 대한청소년충효단연맹
	정부기관	문화관광부, 경상남도 교육청, 강릉시청, 국무총리청소년위원회
한민족연대		

(4) 연대의 특징과 문제점

재일한인회의 회원 다수는 장사를 하는 자영업자가 많은 편이다. 따라서 재일한인회가 주로 교류하는 대상은 일본인이다. 이런 이유로 외국인단체와의 교류가 매우 활발하다. 재일한인회가 회원들의 이익을 대변하고 권리를 옹호하고 있지만, 여기에는 보이지 않는 많은 어려움이 있다. 타국에 생활권을 두고 거주하는 한국인의 공통적 애로사항은 문화와 가치 그리고 생활습관의 차이에서 오는 지역 사회와의 충돌이다. 이러한 문제를 해소하기 위해 재일한인회는 민간차원에서 교류와 대화, 공생을 추구하는 지혜를 모아가고 있다.

한편 재일한인회는 한국정부에 대해 다음과 같은 사항을 요구하고 있다. 700만 재외국민에 대한 본국 정부의 관심과 정책이 너무 열악하다고 생각하고 있었다. 타국에 삶의 터전을 두고 있는 재외국민의 힘을 결집시켜 모국발전과 위상에 기여를 할 수 있도록 하기 위해서는 먼저 유동성과 탄력성을 가진 재외동포재단의 재외국민에 대한 새로운 정책이 필요하다고 했다.

2. 권익 · 봉사단체

1) 재일한국청년회

(1) 지역연대

○ 1979년 11월 : 국제 인권 규약 비준의 영향을 받아 재일동포에 대한 국민연금 적용을 요구하는 '국민연금 적용 차별 철폐를 요구하는 5만 명 서명운동'을 재일민단과 함께 전국적으로 전개하였다.

○ 1982년 2월 : 재일한국청년상공인연합회 및 재일한국 YMCA 등 재일한국 청년학생 4개의 단체가 합동으로 2 · 8 독립선언 63주년을 맞아 재일한국 YMCA에 2 · 8 독립선언운동 기념비를 건립했다.

○ 1986년 2월 : 재일동포 최대의 밀집지인 오사카에서 '21세기를 살아가는 청년 축제'라는 큰 이벤트를 개최하였다. 오사카민단의 후원이 있었다.

○ 1991년 10월 : 세계탁구선수권 대회에 참가한 남북 단일의 '코리언 팀'을 응원하기 위해 본회와 조선청년회가 합동으로 응원단을 구성해 응원하였다.

○ 1998년 6월 : 동북아시아 평화실현과 한반도를 주제로 "제2차 한 · 일청년포럼"이 개최되었다. 재외동포재단과 한국기독교사회발전협회가 후원하였다. 재일동포 참가단체는 재일한국청년연합과 재일한국학생동맹이며, 일본의 참가단체는 평화자료협동조합, 수도권 · 관서일본한국학생연락회, 전후보상을 요구하는 동경의 모임, 가와사키 시민연대 등이다.

○ 1999년 5월 : 본회는 재일민단이 실시한 '지방 참정권 조기 입법화 요망－재일민단 전국 대표 진정단'에 적극 참가하고, 직접적으로 법안에 관여하는 국회의원에게 지방 참정권의 조기 부여를 호소하였다.

○ 2004년 9월 : 청년회는 일본의 역사교과서 채택에 항의하는 집회를 가졌다. 도쿄(東京) 타이토(台東) 구립 헤이세이(平成) 초등학교에서 '새로운 역사교과서를 만드는 모임'의 왜곡 교과서 채택에 대한 항의 집회를 열었다. 동경민단, 재일민단 등이 참가하였다.

○ 2006년 2월 : 재일한국 YMCA 창립 100주년 기념 심포지엄이 "재일동포로서 살기 위한 현주소－미래에의 도전"이라는 주제로 열렸다. 이날 심포지엄에는 재일대한기독교회 청년회 관동지방회 연합회 소속 재일교포 3세 청년들의 퍼포먼스 공연과 재일교포 각계 인사들을 초청으로 한 패널 토론이 열렸다.

○ 2006년 2월 : 청년회와 재일한국유학생학생회 중앙본부는 재일한국 YMCA에서 식전을 개최했다. 청년회 중앙본부의 조수륭(曺壽隆) 회장이 "선배들의 역사를 배우고, 두 번 다시 폭력과 압제에 괴로워하는 일이 없도록 역사를 계승해 나가자"고 호소했다. 또 학생회 중앙본부의 이민화(李民和) 회장은 2·8 정신의 의의에 대해 언급하였다.

○ 2006년 2월 : 2·8 독립선언 87주년을 맞아 재일한국 YMCA 주최로 기념식이 열렸다. 재일민단, 동경민단, 오사카민단, 한국에서는 광복회, 독립유공자협회 등의 관계자들이 참석했다. "조선청년독립단 이름으로"라는 선언문과 결의문이 재일한국유학생연합회의 홍래원(洪來完) 회장에 의해 낭독되었으며, 한국 국가보훈처 차관이 기념사를 전했다. 본회의 회장단이 참석했다.

○ 2006년 5월 : 시민단체인 도쿄네트워크와 민단 산하 청년회 중앙본부는 공동으로 도쿄도 의회 청사에서 회견을 갖고 '새로운 역사교과서를 만드는 모임'이 만든 후소샤(扶桑社) 간행 역사 교과서가 채택되지 않아야 한다고 각계에 호소하였다.

재일한국청년회는 한인단체 연대에서 2·8 독립선언 기념비 건립, 재일동포 관련 세미나 개최, 청년축제, 남북한 합동 응원 참가, 단체 간 친선 도모 등의 목적으로 이들 단체와 교류하고 있다. 특히 재일민단의 산하단체로서 재일한국청년회는 민단 중앙본부, 동경민단, 오사카민단과 함께 국민연금 개정, 지방참정권 개정을 요구하는 시위에 참여하였다. 재일한국청년회와 민단과의 교류는 지속적, 연대강도가 높다. 외국인단체와 재일한국청년회는 동북아 평화와 한반도를 주제로 청년포럼을 개최했으며, 역사교과서 왜곡에 항의하였다. 정부기관과의 연대는 없었다. 재일한국청년회의 국제연대는 없다.

(2) 모국연대

○ 2005년 9월 : 한국 국회의 주관으로 "일본의 후소샤 역사교과서 불채택 운동, 그 이후"란 토론회가 개최되었다. 재일본대한민국청년회를 비롯해 여러 단체가 참석했으며, 일본의 역사왜곡 반대운동에 대한 새로운 방안을 모색하였다.

○ 2006년 2월 : 2·8 독립선언 87주년 기념식이 열렸다. 재일한국 YMCA에서 주최한 행사에는 한국의 광복회, 독립유공자협회 등의 임원들이 참석했다.

재일한국청년회는 국내단체와 동북아 평화와 한반도를 주제로 청년포럼 개최, 2·8 독립선언 기념비 건립과 관련해 모국의 단체와 연대를 갖고 있다. 정부기관과 교류는 역사교과서 왜곡, 2·8 독립선언 기념식 거행 등으로 국회, 국가보훈처와 교류하고 있다.

(3) 한민족연대

○ 1998년 6월 : "제2차 한·일청년포럼"이 재외동포재단과 한국기독교사회발전협회의 후원으로 개최되었다. 경실련청년회, 청년정보문

화센터, 한양대 총학생회, KIN 등의 국내단체와 재일한국청년연합, 재일한국학생동맹 등 재일동포단체, 그리고 일본의 평화자료협동조합, 수도권·관서일본한국학생연락회, 전후보상을 요구하는 동경의 모임, 가와사키 시민연대 등이 참가하였다.

○ 2005년 6월 : 민화협은 미·중·일 청년단체들이 참가하는 '세계한민족청년교류한마당' 개막식을 가졌다. 미국, 중국, 일본의 해외동포 청년들이 한 자리에 모여 한반도의 통일 문제를 논의하였다. 해외동포 초청자들은 일본의 재일본대한민국청년회(민단청년회), 재일코리아청년연합, 평화통일연합, 중국의 연변동북아경제문화교류협회, 연변대학조선문화연구소, 미국의 재외한민족센터 소속 대표 및 회원들이다. '2005 세계한민족청년교류한마당' 행사는 민화협 청년위의 주관 하에 민화협이 주최하고, 통일부, 평화통일연합, 남북교류협력국회의원모임이 후원하였다

재일한국청년회는 '한·일청념포럼', '세계한민족청년교류한마당'에 참가하여 이들 단체와 교류하고 있지만, 연대의 강도는 약한 편이다. 〈표 Ⅳ-6〉은 재일한국청년회의 네트워크 현황이다.

〈표 Ⅳ-6〉 재일한국청년회 네트워크 현황

구 분		연대단체
지역 연대	한인단체	재일한국청년상공인연합회, 재일한국 YMCA, 민단 중앙본부, 동경민단, 오사카민단, 조선청년회, 재일한국청년연합, 재일한국학생동맹, 재일대한기독교청년회, 재일한국유학생학생회
	외국인단체	평화자유협동조합, 가와사키시민연대, 전후보상을 요구하는 동경의 모임, 새로운 역사교과서를 만드는 모임, 도쿄네트워크
	정부기관	
국제 연대	한인단체	
	외국인단체 및 정부기관	
모국 연대	국내단체	재외동포재단, 한국기독교사회발전협회, 경실련, 청년정보문화센터, KIN, 한국 광복회, 독립유공자협회
	정부기관	국회, 국가보훈처
한민족연대		세계한민족청년교류한마당

(4) 연대의 특징과 문제점

재일한국청년회는 민단의 산하단체로서 민단을 중심으로 관련 단체와 교류가 빈번하다. 그 이외의 한인단체와 교류는 세미나, 기념식 등을 목적으로 다양하지는 않지만, 지속적 교류가 행해지고 있다. 다수의 한인단체가 외국인단체와의 교류가 적은 반면, 재일한국청년회는 이들 단체와 활발한 연대를 갖고 있었다. 한편 재일한국청년회는 모국 단체와의 교류에 있어 역사교과서 왜곡, 2·8 독립선언 기념식과 관련해 모국 단체와 교류를 맺고 있었다.

재일한국청년회는 지역연대에서 정부기관과 거의 교류가 없는 것으로 나타났다. 특히 일본의 청년단체와의 교류가 전혀 형성되지 않았다. 단체의 발전과 지역에서 단체 위상을 높이기 위해서는 무엇보다 일본인 중심의 청년단체와 네트워크를 가져야 한다. 그리고 점차적으로는 일본 정부기관과도 접촉의 기회를 마련해야 한다. 이러한 노력은 지역에서 보다 많은 단체 활동과 위상을 정립시키는 네트워크의 초석이 되기 때문이다.

2) 재일코리안청년연합

(1) 지역연대

○ 2001년 : 재일동포 청년단체인 재일본대한민국청년회와 재일코리안청년연합(KEY)은 단체 간 상호 친목 및 공동의 협력 사업을 위해 교류관계를 맺고 있다.

○ 2003년 : 간사이지역의 NGO간 교류를 도모한다는 취지에서 간사이국제교류단체협의회와 본회가 정기적 모임을 갖고 있었다.

○ 2003년 10월 : 일본사회의 반북감정이 격해지면서 재일교포 학생들에 대한 차별대우나 총련계 교민에 대한 정책적인 차별이 심각한 수

준에 이른 상황에서 한국의 경제정의실천연합, 반차별국제운동 일본위원회가 함께 '일본인의 재일 동포 가해문제 대책 국제회의'를 열었다. 참석자들은 일본인들의 총련계 여학생 폭행에 대한 한국 정부와 시민단체의 관심을 촉구했다.

○ 2004년 : 코리아NGO센터와 KEY는 재일동포 사회의 공통 현안을 가지고서 상호 협력하고 있다.

○ 2004년 6월 : 일본 NGO 피스보트, 한국재일일본청년, KEY는 북한의 용천 지원 및 후원금을 청년정토회에 전달하였다. 한국재일일본청년은 21,821엔을 모금했으며, KEY는 라선 결연금 231,000엔과 용천 지원모금 2차 지원분 26,556엔, 피스보트는 10,632달러를 지원 성금으로 전달하였다.

○ 2005년 6월 : KEY는 역사교과서운동본부와 함께 한국의 지방자치단체에 자매결연한 일본 지자체가 왜곡된 일본 역사교과서를 채택하지 말 것을 요청문을 우편으로 발송하였다.

KEY는 한인단체와의 교류에서 교포사회의 현안, 단체 간 친선, 북한에 대한 인도적 지원 등의 문제를 가지고서 교류하고 있다. 특히 코리아NGO센터와 KEY는 지속적인 교류 및 연대강도가 높은 수준의 네트워크를 구축하고 있다. 외국인단체와의 교류는 재일동포와 관련된 국제회의, NGO간 교류, 북한지원을 목적으로 관계를 갖고 있었다. 정부기관과 연대는 없었다.

(2) 국제연대

○ 1992년 : 재미한국청년연합과 공동으로 재외동포 권리보상을 위한 활동을 전개하였다.

○ 2005년 7월 : 시민사회 차원의 교류 활성화를 통한 상생의 한·일 관계를 형성하고자 한국재일일본청년포럼이 '2005 한국재일일본청년

포럼'을 개최하였다. 한국 참가단체는 경제정의실천시민연합 청년회, 나와 우리, 청년정토회, 한국청년연합회, KIN, 한국대학생불교연합회이다. 재일청년조직은 KEY, 코리아NGO센터이며, 일본 참가단체는 부락해방동맹, 피스보트, 관서일한학생연락회의, 재일 위안부재판을 지원하는 모임 등이다.

재일코리안청년연합은 미국의 재미한국청년연합과 함께 재외동포 권리보상 운동을 전개하고 있다. 재일코리안청년연합은 '2005 한국재일일본청년포럼'을 통해 한국과 일본의 시민사회단체 그리고 재일청년조직이 참여한 국제연대 성격의 포럼에 참여하였다.

(3) 모국연대

○ 1997년 : 북한에 대한 인도적 지원을 목표로 한국의 청년정토회와 KEY가 공동으로 각종 모금 활동을 펼쳤다.

○ 1997년 : KEY는 재외동포 권리보상을 위한 활동을 지구촌청년네트워크(KIN)와 공동으로 펼치고 있다.

○ 1998년 : 재일교포 2, 3세들의 민족정체성 확립 교육과 관련하여 재외동포재단으로부터 여러 지원을 받아 프로그램을 운영하고 있다.

○ 1999년 : 한일교류 및 동북아평화를 위한 연대로서 한국청년연합회와 본 단체가 교류하고 있다.

○ 2003년 10월 : 한국청년연합회(KYC), 대한불교청년회, 한국기독청년협의회, 한국청년단체협의회 등 4개 청년단체는 이라크 파병에 반대하는 캠페인을 전개하였다.

○ 2004년 3월 : KEY는 동북아평화를 위한 활동을 한국의 평화네트워크와 함께 하고 있다.

○ 2005년 1월 : 한국의 청년시민단체인 KYC(한국청년연합회)와 일본의 KEY는 부시 행정부 앞으로 '한반도의 평화를 위한 노력을 방해하

지 말고 전쟁 없는 세계를 위해 적극 노력하라'는 내용을 담아 공동성
명 형식의 서한을 발송했다.

　○ 2005년 7월 : 한국재일일본청년포럼 주최로 '2005 한국재일일본
청년포럼'을 개최하였다. 한국의 경제정의실천시민연합 청년회, 나와
우리, 청년정토회, 한국청년연합회, KIN, 한국대학생불교연합회 등이
참가하여 상생의 한·일관계를 모색하였다.

　국내단체와 KEY의 교류는 재외동포 권리 보상운동, 북한 기금 모금
활동, 한일교류와 평화운동, 동북아 평화, 상생의 한일관계 형성 등을
이유로 단체 간 네트워크를 구축하고 있었다. 재외동포재단과 KEY는
민족정체성 프로그램 운영의 지원, 재외동포NGO활동가대회 참석 등
긴밀한 유대관계를 갖고 있다. 정부기관과 연대는 없는 것으로 나타났다.

(4) 한민족연대

　○ 2004년 11월 : 제1회 재외동포NGO활동가대회가 재외동포연대추
진위원회 주관으로 한국에서 열렸다. 본 단체를 비롯해 미국의 유권자
센터, 일본의 가나가와 외국인 거주지원센터, 코리아NGO센터, 중국의
중국조선족여성단체연석의회, 연변대 미래연구소, 중국연변녹색연합회,
러시아의 사할린한인이산가족협회, 삼일문화원, 영국의 재영한인시민
연대, 독일의 한민족유럽연대 등 많은 재외한인 사회단체가 참가하였
다. 이 대회는 매년 국내외 활동적인 재외동포 NGO활동가들의 교류와
협력의 장을 마련함으로써 21세기 미래 코리안 민족공동체의 기반을
만들기 위함이다.

　○ 2005년 4월 : 국내 26개 단체와 국외 5개국 등 20개 단체는 일본
의 유엔 안전보장이사회 진출을 저지한다는 내용의 국제연대 성명서를
발표했다. 국내단체는 국제민주연대, 동북아평화연대, 동아시아시민네
트워크, 불교평화연대, 재외동포연대추진위원회, 재외한인학회, 재한조

선족유학생네트워크, 중국동포타운신문, 한민족평화선교연구소, 한일민족문제학회, 해외교포문제연구소, 흥사단, KIN, KYC 등이다. 국외단체는 독일의 한독문화협회, 한민족유럽연대, 미국의 재외한민족센터, 통일맞이나섬포럼, 영국의 재영한인시민연대, 일본의 재일코리안청년연합, 조선사연구회새벽Action, 인터넷저널 '원코리아', 초핀치!후쿠오카, 한국문제연구소, 한민족문제연구소, 후쿠오카지구합동노동조합, 중국의 중국연변녹색연합회, 중국연변동북아문화연구원, 중국장춘시조선족과학기술자협회, 중국장춘한국학연구소, 중국조선족상조회 등이다.

○ 2005년 11월 : 서울에서 제2회 재외동포NGO활동가대회가 개최되었다. 제1회 대회 참가단체들이 다시 모였으며, 재외동포NGO와 한국NGO 간 연대의 폭을 확장하는 계기로 삼고자 했다.

재일코리안청년연합은 재외동포NGO활동가대회, 일본의 유엔 안보리 진출 저지를 위한 성명서 발표 등으로 한민족연대에 참여하고 있다. 〈표 Ⅳ-7〉에 재일코리안청년연합의 네트워크 현황이 요약되어 있다.

〈표 Ⅳ-7〉 재일코리안청년연합 네트워크 현황

구 분		연대단체
지역 연대	한인단체	재일본대한민국청년, 코리아NGO센터, 한국재일일본청년회, 한국재일일본청년포럼
	외국인단체	반차별국제운동 일본위원회, 간사이국제교류단체협의회, 피스보트
	정부기관	
국제 연대	한인단체	재미한국청년연합
	외국인단체 및 정부기관	후쿠오카지구합동노동조합, 초핀치 후쿠오카, 부락해방동맹, 관서일한학생연락회의, 재일위안부재판을 지원하는 모임
도국 연대	국내단체	나와 우리, KIN, 청년정토회, 재외동포재단, 한국청년연합회, 대한불교청년회 한국기독교청년협의회, 한국청년단체협의회, 경실련, 평화네트워크, 한국대학생불교연합회
	정부기관	
한민족연대		'일본의 유엔 안보리 진출 저지를 위한 성명서', 제1회 재외동포NGO활동가대회, 제2회 재외동포NGO활동가대회

(5) 연대의 특징과 문제점

재일코리안청년연합은 일본에서 시민사회단체 활동을 하고 있는 단체이다. 주로 한반도 평화, 상생의 한일관계 형성, 북한 지원, NGO 간 연대를 통한 운동 참여 등 사회의 다양한 분야에서 활동하고 있다. 일본에서 활동하는 단체이지만, 민단이나 조총련과 교류가 없다. 오히려 지역에서 순수한 시민단체 활동을 하고 있는 단체와 집중적으로 네트워크를 갖고 있다. 이런 점에서 일본 및 한국의 정부기관과 교류가 없는 것으로 나타났다.

3) 코리아NGO센터

(1) 지역연대

○ 2004년 : KEY와 본 단체가 공동으로 재일동포 인권을 주제로 단체간 상호협력과 정보공유를 갖기로 했다.

○ 2004년 : 재일동포의 민족 교육권 보장을 위해 민족교육네트워크와 공동으로 사업을 전개하고 있다.

○ 2004년 : 간사이지역의 NGO 간 교류를 도모하기 위해 간사이국제교류단체협의회와 본 회가 교류를 도모하고 있다.

○ 2004년 5월 : 코리안NGO센터가 심포지엄과 문화행사를 개최하였다. 민족학교 어린이들의 문화공연이 있었으며, 심포지엄으로 '교육·인권·통일—경계로부터 공생에'라는 주제를 가지고 토론을 가졌다.

코리아NGO센터는 재일동포 인권 향상을 위한 상호 협력, 재일동포 민족교육 권리 보장, 심포지엄과 문화 행사 등으로 한인단체와 교류하고 있었다. 외국인단체와는 한일 우정의 해, 한국 시민단체 활동가 초청, 우토로 문제를 가지고서 이들 단체와 네트워크를 형성하고 있다. 정부기관과의 교류는 없었다.

(2) 국제연대

○ 2004년 5월 : 코리아NGO센터는 한국의 평화문제연구소와 독일 한스자이델재단이 공동주최하는 '제12회 재외동포 통일문제 세미나'에 참가하였다.

(3) 모국연대

○ 2004년 : 한국의 참여연대와 본 회가 한일시민교류 및 협력사업을 위해 연대를 맺었다.

○ 2004년 : 해외동포의 민족교육 활성화를 위해 재외동포교육진흥재단과 교류하고 있다.

○ 2004년 : 지구촌동포연대(KIN)와 함께 재일동포 인권문제와 한일 NGO 교류를 하고 있으며, 재외동포의 지위 향상을 위해 해외동포 NGO연대를 갖고 있다.

○ 2005년 2월 : 일본국제교류기금(The Japan Foundation)은 '한일 우정의 해 2005' 사업의 일환으로 한국의 시민단체 활동가들을 초청하였다. 이 행사에는 한국여성민우회, 서울여성의전화, 광주여성노동자회, 환경운동연합 환경교육센터, 인천녹색연합, 장애우권익문제연구소, 장애인편의시설촉진시민연대 등이 참석하였다. 이들은 일본의 NGO 활동상황 전반을 파악하는 기회를 제공받기 위해 국제협력NGO센터(JANIC), 코리아NGO센터 등을 방문하였고, 그린네트워크, 독립여성교육회관, 도쿄보란티어 시민활동센터 등 각 분야별로 관련 단체 및 시설을 견학하였다.

○ 2005년 6월 : '한일협정과 재외동포' 국회 토론회는 일본, 러시아 등 피해 당사자인 재외동포의 시각에서, 65년 체결된 한일협정의 문제점을 지적하고, 일제 강제징용 사할린 피해자, 일본 강제 징용촌 우토로 주민회, 일본 조선인 원폭 피해자 관련 3인 등 피해자 단체 인사를 초청

하여 증언을 들었다. 주최는 '우토로문제를 생각하는 국회의원모임', 주관은 역사청산! 거주권보장! 우토로국제대책회의, 동북아평화연대, 불교평화연대, 중국동포타운신문, KIN, 한국기독교사회문제연구원, 한국기독교교회협의회 인권위원회, 역사문제연구소 등이다. 재일동포 시각에서 본 한일협정의 문제점이란 주제를 가지고서 코리아NGO센터 고문인 박병윤이 사례를 발표하였다.

○ 2005년 8월 : 한일시민포럼이 참여연대 강당에서 개최되었다. 일본의 아시아태평양인권정보센터 및 코리아NGO센터, 한국의 참여연대가 참가하였다. 이날 시민포럼은 "동북아 군사화와 한일관계, 한일 과거사 청산과 공동의 역사 이해"라는 두 가지 주제로 진행되었다.

○ 2005년 8월 : 한국과 일본 정부가 주최한 '2005 한 · 일 우정의 해' 행사가 개최되었다. 코리아NGO센터와 한신대학교 일본학과는 공동으로 '진실의 우정을 쌓을 시민교류를 위한 스터디 투어' 프로그램을 마련해 시민들의 참여를 유도하였다.

○ 2005년 10월 : 제21회 '원코리아페스티벌'이 코리아NGO센터의 주최로 열렸다. 오사카시청, 한국관광공사가 후원했으며, 우수리스크 민족문화자치회, 브라디보스토크 민족문화자치회, 나호드카 민족문화자치회, 재외동포재단, 동북아평화연대, 일본민단, 조총련 등이 참가하였다.

○ 2005년 10월 : 동북아평화연대, 코리아NGO센터와 공동으로 일본 오사카에서 대규모 국제 학술회의가 열렸다. 제3차 '동북아 코리안 네트워크' 국제회의는 역사적으로 소외받아왔던 동북아 지역 한인들의 현재적 의미를 재인식하고, 동북아 코리안 네트워크의 진로와 방향, 실천적인 협력방안에 대해 심층적으로 분석했다.

코리아NGO센터는 모국단체와 인권을 주제로 한 NGO 단체 간 교류 추진, 재외동포의 지위 향상, 동북아 네트워크 활성화, 학술대회, 시민단체 활동가 초청 프로그램에 협조, 한 · 일 협정과 재외동포 관련 세미나, 한일우정의 해 등과 관련해 모국의 시민사회단체와 활발한 교류를 갖고 있다. 코리아NGO센터는 정부기관과 연대는 없는 반면에 동북아평화연대와의 네트워크는 강한 연대로 구축되어 있다. 또한 코리아NGO센터는 재외동포재단과는 재외동포NGO활동가 대회 참여로 단체 간 연대가 이루어졌다.

(4) 한민족연대

○ 2004년 : 동북아 코리안 네트워크 활성화를 위해 동북아평화연대와 함께 한국, 일본, 중국, 러시아 동포들과 교류하고 있다.

○ 2004년 11월 : 제1회 재외동포NGO활동가대회가 재외동포연대추진위원회 주관으로 한국에서 열렸다. 코리아NGO센터를 비롯해 미국의 한인유권자센터, 일본의 재일코리안청년연합, 가나가와 외국인 거주지원센터, 중국의 중국조선족여성단체연석의회, 연변대 미래연구소, 중국연변녹색연합회, 러시아의 사할린한인이산가족협회, 삼일문화원, 영국의 재영한인시민연대, 독일의 한민족유럽연대 등 많은 재외한인 사회단체가 참가하였다. 매년 국내외 활동적인 재외동포NGO활동가들의 교류와 협력의 장을 마련하여 21세기 미래 코리안 민족공동체의 기반을 만들기 위한 모임이다.

○ 2005년 1월 : 국내 46개, 해외 18개 비정부기구(NGO)들은 일제시대에 강제 징용된 후손들의 거주지인 일본 우토로(ウトロ) 집단촌 강제 철거와 관련, 이들의 권리를 찾아주기 위한 연대 성명서를 발표했다. 국내 참가단체는 동북아평화연대, 민족문제연구소, 불교인권위원회, 아시아평화인권연대, 역사문제연구소, 우리민족서로돕기운동, 인권실천시민연대, 전국교직원노동조합, 참여연대, 천주교인권위원회 등이며, 해외에선 한독문화협회, 재영한인시민연대, 중국창춘(長春)한국학연구소, 일본 코리아NGO센터, KEY, 땅 몰수반대−우토로를 지키는 모임 등이다.

○ 2005년 11월 : 서울에서 제2회 '재외동포NGO활동가대회'가 열렸다. 이 회의를 통해 미국, 일본, 중국, 러시아, 유럽 등지에서 살고 있는

재외동포들의 고민과 문제를 청취하였다.

코리아NGO센터는 4차례의 한민족연대 관련 모임에 참여하였다. 재외동포NGO활동가대회, 원코리아페스티벌, 우토로 집단촌 강제철거 등이다. 이러한 만남을 통해 한인 NGO 간 협력 체제를 구축하였다. 문제는 대회 이후에는 지속적으로 단체 간 교류가 이루어지지 않고 있다는 점이다. 특히 한국의 시민사회단체를 제외한 여타 국가의 재외한인 시민사회단체와 코리아NGO센터를 포함한 재일 시민사회단체의 교류는 일회성 교류가 많았다. 〈표 Ⅳ-8〉은 코리아NGO센터의 네트워크 현황을 나타낸 표이다.

〈표 Ⅳ-8〉 코리아NGO센터 네트워크 현황

구 분		연대단체
지역 연대	한인단체	재일코리안청년연합, 민족교육네트워크, 민족학교
	외국인단체	간사이국제교류단체협의회, 일본국제교류기금, 우토로국제대책회의, 아시아태평양인권정보센터
	정부기관	
국제 연대	한인단체	
	외국인단체 및 정부기관	독일 한스자이델재단
모국 연대	국내단체	KIN, 동북아평화연대, 참여연대, 재외동포교육진흥재단, 평화문제연구소, 한국여성민우회, 서울여성의전화, 광주여성노동자회, 환경운동연합 환경교육센터, 인천녹색연합, 장애우권익문제연구소, 장애인편의시설촉진시민연대, 동북아평화연대, 불교평화연대, 중국동포타운신문, 한국기독교사회문제연구원, 한국기독교교회협의회, 인권위원회, 역사문제연구소, 한신대학교 일본학과, 우토로문제를 생각하는 국회의원모임
	정부기관	
한민족연대		제1회 재외동포NGO활동가 대회, 제2회 재외동포NGO활동가대회, 원코리아페스티벌, '일본 우토로(ウトロ) 집단촌 강제철거

(5) 연대의 특징과 문제점

코리아NGO센터의 지역연대는 한인단체, 그리고 일본의 주류사회단체와 집중되어 있는 반면, 정부기관과의 연대는 없었다. 코리아NGO센터의 모국연대 중 모국의 단체와의 연대는 매우 활발하여 강한 연대를 갖고 있으면서, 인권, 재외동포, 시민단체 간 상호 협력과 교류 등을 중심으로 네트워크를 구축하고 있다. 정부기관과 연대는 없다. 코리아NGO센터의 교류에서 가장 특징적인 것은 한민족연대로서, 4번 참여하였다.

3. 직능단체

1) 재일한국상공회의소

(1) 지역연대

○ 1976년 7월 : 민단중앙회관 건설에 한상련 특별기금을 기부하였다.

○ 1981년 9월 : 재일한국인무역협회 설립에 금전을 지원하였다.

○ 1984년 3월 : 재일한국청년상공인연락회를 산하단체로 받아들였다.

○ 2000년 8월 : 재일본조선인상공연합회와의 첫 회합을 가졌다. 두 단체는 이번 만남을 계기로 단체 간 상호협력을 결의하였다.

○ 2002년 10월 : 한국에 수해의연금을 지원하기 위해 400만 엔을 재일한국대사관에 전달하였다.

○ 2004년 6월 : 북한의 용천역 열차 폭파 사고와 관련하여 160만 엔을 재일한국 대사관에 전달하였다.

○ 2005년 1월 : 탈북자지원민단센터에 200만 엔을 위탁하였다.

재일한국상공회의소는 민단 중앙본부의 경제 관련 산하단체이다. 한인단체와 교류는 단체 지원금, 단체 간 경제부문에서의 상호협력, 친선 도모 차원에서 교류가 행해지고 있었다. 정부기관인 재일한국대사관과 재일한국상공회의소의 교류는 모국의 각종 사건·사고에 대한 의연금 기탁, 북한 용천역 지원금 전달과 관련해 네트워크를 갖고 있었다. 재일한국상공회의소의 국제연대는 없는 것으로 나타났다.

(2) 모국연대

○ 1962년 5월 : 한국정부로부터 일본에서 활동하는 유일한 재일경제단체로 승인받았다.

○ 1993년 6월 : 1993년 대전 엑스포 조직위원회에 시설 기여금으로 1억 7,100만 원을 전달하였다.

○ 2000년 10월 : 재일한국인단체로는 최초로 북한 무역성의 초청을 받아 임원진이 북한을 시찰하였다.

○ 2003년 2월 : 대한상공회의소와 업무 제휴 사업을 추진하여, '일한상거래 게시판'을 시작하였다.

○ 2003년 3월 : 한국의 대구 지하철 화재 피해자 후원금으로 405만 엔을 매일경제신문사에 전달하였다.

○ 2003년 10월 : 태풍 매미로 인한 피해자들에게 도움을 주기 위해 후원금 620만을 매일경제신문사에 전달하였다.

재일한국상공회의소는 모국연대에서 국내단체와 후원금 지원, 업무 제휴 등으로 단체 간 교류를 갖고 있으며, 한국정부와는 단체 승인, 북한정부와는 무역성의 초청으로 북한 시찰을 하였다.

(3) 한민족연대

○ 2001년 6월 : 재외동포재단이 주최한 '제2회 세계한인회장대회'에 처음으로 참가하였다. 민단중앙본부, 동경민단, 오사카민단 등이 함께 참여하였다.

○ 2003년 10월 : 재외동포재단이 주최, 재외동포경제단체가 주관한 '제2회 세계한상(韓商)대회'에 전국 한상 회원 122명과 함께 참가하였다.

한국의 재외동포재단이 주최한 한인회장대회, 한상대회에 참석하여 전 세계 각국에 있는 한인단체와 교류하고 있다. 〈표 IV-9〉는 재일한국상공회의소의 네트워크 현황이다.

〈표 IV-9〉 재일한국상공회의소 네트워크 현황

구 분		연대단체
지역 연대	한인단체	민단중앙본부, 재일한국인무역협회, 재일한국청년상공인연락회, 재일본조선인상공연합회, 탈북자지원민단센터
	외국인단체	
	정부기관	재일한국대사관
국제 연대	한인단체	
	외국인단체 및 정부기관	
모국 연대	국내단체	대전 엑스포 조직위원회, 대한상공회의소, 매일경제신문사, 재외동포재단
	정부기관	한국정부, 북한 무역성
한민족연대		제2회 세계한인회장대회, 제2회 세계한상대회

(4) 연대의 특징과 문제점

재일한국상공회의소는 일본에서 사업하는 재일동포들의 경제 이익단체이다. 민단이외의 단체 교류는 주로 경제 관련 단체와 접촉하고 있다. 특히 조총련의 대표적 경제단체인 재일본조선인상공연합회와도 상호 협력 차원에서 교류하고 있다. 재일한국상공회의소는 지역 내에서 외국인 경제단체와 전혀 네트워크가 구축되어 있지 않았다. 더불어서 모국의 경제단체와도 교류가 없었다. 단체의 발전을 위해서는 일본의 경제단체 및 일본 정부기관 그리고 모국의 경제단체와 정보 교류 및 친목 차원의 교류가 요청된다.

2) 동경 한국 청년상공회

(1) 지역연대

○ 1978년 10월 : 재일대한체육회에 10만 엔을 기증하였다.

○ 1979년 3월 : 동경한국학교에 교육비로 35만 엔을 기증하였다.

○ 1980년 3월 : 아이치현 한국인청년경제회와 본회는 전국적인 청년 상공인들의 단결을 위해 전국 대표자 간담회를 개최한다는 합의서를 교환하였다.

○ 1980년 9월 : 동경 상업은행 예금 증강 운동을 전개하여 14억 엔을 은행에 예치하였다.

○ 1982년 2월 : 동경 YMCA가 주관하는 2·8 독립선언운동 기념비 건립식에 참가하여, 20만 엔을 기증하였다.

○ 1982년 8월 : 서울 88올림픽을 지원하기 위해 바자회를 열었다. 수익금 62만 엔을 주일한국대사관에 전달하였다.

○1985년 12월 : 동경의 복지시설인 '빛의 집'에 자선 골프 수익금으로 마련한 봉고차를 기증하였다.

○ 1986년 10월 : 동경한국상공회와 친목 간담회를 가졌다.

○ 1987년 1월 : 동경 상업은행, 동경한국상공회와 공동주최로 신년회를 개최했다.

○ 1990년 7월 : 동경 청년회의소 회장단과 친목 교류회를 가졌다. 양 단체의 회장단은 만남을 계기로 상호 친선과 협력을 갖기로 했다.

○ 1991년 10월 : 재일한국화학기술자협회와 공동 패널 토론회를 개최하였다.

○ 1997년 3월 : 동경부인회, 재일한국청년회와 공동으로 '만남의 대행진'에 참가하였다.

○ 2000년 3월 : 동경부인회, 재일한국청년회 및 본회가 합동으로 신춘 경제 세미나를 개최하였다.

○ 2005년 11월 : 제2회 재일중국조선족국제심포지엄이 일본 도쿄 메지로대학(目白大學)에서 개최되었다. 이번 심포지엄은 동북아세아에서의 조선족의 네트워크 형성 및 다문화 간 교류에 공헌한다는 취지에서 마련되었다. 주최는 중국 조선족연구회, 천지협회, 연변대학 일본학우회 등이며, 본 단체가 참여하였다.

동경한국청년상공회는 지역연대에서 한인단체와 단체운영 지원금 후원, 기념식 참석, 단체 간 친목 교류 및 협력, 세미나 개최 및 참석 등을 목적으로 네트워크를 구축하고 있다. 외국인단체와는 복지시설 지원, 그리고 중국 조선족 단체가 개최하는 조선족네트워크 및 다문화 간 교류 세미나에 참석하여 연대를 맺었다. 정부기관과의 연대는 주일한국대사관과 88올림픽 지원금을 전달하는 과정에서 교류관계를 가졌으며, 국제연대는 없는 것으로 나타났다.

(2) 모국연대

○ 1978년 5월 : 한국의 중앙 JC가 본회를 방문하였다. 본 회 소속의 회원사를 둘러보는 산업견학을 했다.

○ 1979년 10월 : 본 회의 모국 방문단이 신현학 국무총리를 접견하였으며, 수해의연금 200만 원을 전달하였다.

○ 1980년 8월 : 동대문 JC의 회원들을 일본으로 초대하여 두 단체의 상호협력을 논의하였다.

○ 1980년 10월 : 본 회의 모국 방문단이 동대문 JC와 자매결연을 맺었으며, 국방부의 지원으로 최전선 부대에서 1일 병영체험을 하였다.

○ 1981년 6월 : 동대문 JC와 공동으로 전국남녀학생웅변대회를 개최하였다.

○ 1982년 6월 : 동대문 JC와 함께 전국남녀학생웅변대회를 주최하였다.

○ 1983년 12월 : 경주 나자레원을 방문하여 회장단 일행이 자선 골프 수익금을 전달하였다.

○ 1989년 10월 : 한국 맹인견협회 설립의 준비 자금으로 100만 엔을 기증하였다.

○ 1994년 3월 : 김영삼 대통령이 주최한 방일 리셉션에 참가하였다.

○ 1997년 6월 : 한국의 경기도 이천에 있는 사회복지시설 성애원에서 '일일 아빠' 봉사를 했다.

○ 1997년 7월 : 한국 성애원의 모범학생을 일본으로 초청하였다.

○ 1998년 8월 : 성애원 어린이들을 일본으로 초청하였다.

○ 2000년 4월 : 서울 동대문 JC가 동경한국청년상공회의 제23기 정기총회에 초대받아 참가하였다.

○ 2002년 5월 : 서울 동대문 JC와 단체 간 상호협력과 정보 공유를 목적으로 현재의 자매결연 관계를 더욱 돈독히 하기로 회장단이 약속하였다.

○ 2002년 10월 : 서울 동대문 JC와 본 회가 형제 결연 20주년 기념식을 합동으로 거행하였다.

○ 2001년 4월 : 동경 한국청년상공회 제24기 정기총회에 서울 동대문 JC가 참석하여 자리를 같이 하였다.

○ 2001년 9월 : 동경 한국청년상공회가 제19회 챠리티 골프대회를 개최하였다. 한국의 서울 동대문 JC를 초청하여 우의를 다졌다.

○ 2002 4월 : 서울 동대문 JC가 제1회 아시아 청년포럼을 개최하였다. 본 회의 회장단이 참가하여 현재 각 국에서 청년들의 역할을 논하였다.

○ 2004년 4월 : 동경 한국청년상공회의 제27기 정기총회가 열렸다. 본회는 한국의 서울 동대문 JC를 초청하여 총회에 참석시켰다.

동경한국청년상공회는 모국의 사회복지 단체 운영에 도움을 주고자 기금을 후원하는 형태의 교류를 갖고 있었다. 그리고 JC 단체와는 친선 교류 및 단체 간 상호 협력과 정보 공유 차원에서 강한 네트워크를 구축하였다. 정부기관과 동경한국청년상공회의 네트워크는 수재의연금 전달, 병영 체험, 대통령 리셉션 초대 등으로 교류 관계를 맺었다. 동경 한국청년상공회의 한민족연대는 없었으며, 〈표 Ⅳ-10〉은 동경한국청년 상공회의 네트워크 현황이다.

〈표 Ⅳ-10〉 동경한국청년상공회 네트워크 현황

구 분		연대단체명
지역 연대	한인단체	재일대한체육회, 동경한국학교, 아이치현 한국인청년경제회, 동경 상업은행, 동경YMCA, 동경한국상공회, 동경 청년회의소, 재일한국화학기술자협회, 동경부인회, 재일한국청년회, 연변대학 일본학우회
	외국인단체	빛의 집, 중국 조선족연구회, 천지협회
	정부기관	주일한국대사관
국제 연대	한인단체	
	외국인단체 및 정부기관	
모국 연대	국내단체	중앙 JC, 동대문 JC, 경주 나자레원, 한국 맹인견협회, 성애원
	정부기관	국무총리실, 국방부, 한국정부
한민족연대		

(3) 연대의 특징과 문제점

동경한국청년상공회는 재일동포 청년들의 이익단체로서 단체 간 친목 교류 및 각종 지원금을 통해 단체를 후원하고 있다. 특히 동경부인회, 재일한국청년회, 동대문 JC, 성애원과는 지속적인 교류 및 연대 강도가 높은 네트워크를 갖고 있는 것으로 나타났다. 동경한국청년상공회의 지역연대 활동에서 외국인단체와의 교류는 빈약한 수준이어으며, 일본 정부기관과의 연대는 거의 없는 것으로 나타났다. 지역에서 단체의 위상과 발전을 위해 이들 단체와도 접촉 기회를 갖도록 노력해야 한다.

3) 오사카 한국청년상공회

(1) 지역연대

○ 정주 외국인 지방 참정권 제소 및 추진 운동을 일본 최초로 벌렸다.

○ 2000년 6월 : 일본 간사이 지역의 재일동포 상공인들이 남북을 초월해 남북 정상회담의 성공을 기원하는 골프행사를 개최했다. '재일동포 상공인 골프행사'에는 재일한국 오사카상공회와 총련계인 일본조선인 오사카상공회 주최로 양쪽에서 100명씩 참석해 50개조로 나눠 친선게임을 가졌다. 이번 행사는 재일한국청년상공청우회가 준비하였다.

○ 2000년 9월 : 국악 신동으로 불리는 유태평양군의 일본공연이 재일동포들이 많이 사는 오사카의 후생연금회관 홀에서 열렸다. 오사카한국청년상공회, 오사카청상청우회 등이 한·일 새 시대의 화합과 남북통일 촉진을 목적으로 주관하였다.

○ 2004년 7월 : 오사카 조선청년상공회의 회장단과 본 회의 회장단이 만나 상호협력의 장을 마련하자는 간담회를 가졌다.

○ 2004년 10월 : 오사카 총영사관에서 신임 총영사의 취임식이 거행되었다. 본회를 비롯해 오사카민단, 재일본대한민국청년회 오사카 지방본부, 재일코리안청년연합의 회장단이 초대받아 참석하였다.

○ 2004년 11월 : 오사카 조선청년상공회가 주최한 "海女のリャンさん"영화 상영회가 이쿠노구민 센터에서 열렸다. 본회의 회장단이 초대받아 참석하였다.

○ 2004년 11월 : 오사카 한국청년상공회는 창립 15주년을 기념하여, 자선 골프대회를 열었다. 행사 수익금 260여만 엔은 부산 시내 고아원 새빛 기독원과 장애아시설 소화재활원에 기증하였다.

○ 2005년 4월 : 오사카 한국청년상공회는 제17기 정기총회를 열어, 신임회장으로 박철량을 선출했다. 정기총회에 주오사카 총영사관, 김청정 오사카민단 부단장, 김우삼 오사카 한국상공회의소 회장, 안건일 청

상연합회 회장, 이강사 청우회 회장 등이 참석하여 본 단체의 발전을 기원해 주었다.

○ 2005년 6월 : 오사카 한국상공회의소의 총회가 개최되어, 본 회의 회장단이 참가했다.

○ 2005년 8월 : 오사카 총영사관과 오사카민단이 공동으로 광복절 기념식을 오사카민단본부에서 거행하였다. 본 회를 비롯해 재일본대한민국청년회 오사카 지방본부, 재일코리안청년연합, 오사카 한국상공회의소 등이 참석하였다.

○ 2005년 10월 : 오사카 한국상공회의소가 주최한 운동회가 열렸다. 본 회의 회원 다수가 참석하여 상호간 우의를 다졌다.

오사카 한국청년상공회는 한인단체와 상호협력, 기념식 행사, 체육대회, 단체 간 친목 도모, 문화 공연 등을 이유로 교류 관계를 갖고 있다. 외국인단체와의 교류는 없으며, 오사카 총영사관과는 취임식, 광복절 기념식 참석으로 교류하고 있다.

(2) 국제연대

○ 본 회의 회장단이 러시아 공화국의 사할린을 방문하였다. 사할린의 고려인 민족문화자치회와 자매결연을 체결하였다.

사할린 고려인 민족문화자치화와 오사카 한국청년상공회는 자매결연을 맺음으로써 네트워크를 구축하였다. 국제연대에서 외국인단체 및 정부기관과의 교류는 없다.

(3) 모국연대

○ 양로원 나자레원을 돕기 위해 기금 운동을 전개하였다.
○ 통일원이 주최한 해외동포 통일 프로그램에 참여하였다.
○ 대전 엑스포의 개회식에 본 회장단이 참석하였다.

○ 국립 경상대학의 경영대학원과 교류하면서 경영학 관련 강좌를 수강하였다.

○ 한국의 김영삼 대통령이 일본을 방문하여 환영 리셉션을 베풀었다. 본 회의 회장단이 참석하였다.

○ 1995년 오사카에서 APEC이 열렸다. 한국의 외무부를 도와 본 단체 회원들이 자원봉사를 하였다.

○ 2004년 8월 : 오사카민단 주최의 광복절 기념식에 참가하였다.

오사카 한국청년상공회는 모국의 사회복지 시설에 후원금을 기부하는 형태로 교류 관계를 형성하고 있으며, 다른 단체와는 강좌, 기념식 참석이 교류의 계기가 되었다. 정부기관과 오사카 한국청년상공회의 교류는 대회 자원봉사 파견, 통일 프로그램 참여, 대통령 리셉션 초청 등으로 관계가 맺어졌다. 오사카 한국청년상공회의 한민족연대는 없었다.

(4) 연대의 특징과 문제점

오사카 한국청년상공회의 지역연대에서 한인단체와의 교류는 주로 경제 이익단체가 주류를 이루고 있으며, 일부는 청년단체와 친선 차원의 교류를 행하고 있다. 국제연대, 모국연대에서 오사카 한국청년상공회의 교류 대상은 비경제단체가 많았다. 오사카 한국청년상공회의 대외 활동은 경제 부문과 봉사부문으로 대별될 수 있다. 특히 오사카 한국청년상공회의 지역 활동은 상공인 단체와 교류하는 형태를 나타내고 있다. 그러나 지역의 주류사회단체와는 전혀 교류가 형성되지 않았다. 뿐만 아니라 모국의 청년 경제단체와도 네트워크가 없었다. 오사카 한국청년상공회의 단체 발전을 위해서는 무엇보다 지역의 청년상공단체와 교류의 기회를 가져야 하며, 또 이를 계기로 이들 경제단체와 교류를 확대하여야 한다. 〈표 Ⅳ-11〉에 오사카 한국청년상공회의 네트워크를 정리하였다.

〈표 Ⅳ-11〉 오사카 한국청년상공회 네트워크 현황

구 분		연대단체
지역 연대	한인단체	재일한국 오사카상공회, 일본조선인 오사카상공회, 재일한국청년상공 청우회, 오사카 조선청년상공회, 오사카민단, 재일본대한민국청년회 오사카지방본부, 재일코리안청년연합, 청상연합회
	외국인단체	
	정부기관	오사카총영사관
국제 연대	한인단체	사할린 고려인 민족문화자치회
	외국인단체 및 정부기관	
모국 연대	국내단체	나자레원, 대전 엑스포조직위원회, 새빛기독원, 소화재활원
	정부기관	통일원, 한국정부
한민족연대		

4. 종교단체

1) 요한동경교회

(1) 지역연대

○ 1988년 10월 : 요도바시교회의 협조를 얻어 김규동 목사가 한국부 창립예배를 시작하였다. 현재의 요한동경교회의 모태가 되었다.

○ 1995년 10월 : 요한 서울 기독교회를 개척하였다.

○ 1996년 11월 : 요한 오사카 기독교회를 개척하였다.

○ 1999년 8월 : 일본 의회가 '국기와 국가에 관한 법률안'을 가결하여 히노미루와 기미가요를 국기와 국가로 채택해 공식행사에 사용하게 한 데 대해 일본 기독교계가 강력히 반발하였다. 이러한 반발 움직임에 재일대한기독교단, 요한동경기독교회를 비롯한 일본 내 한인교회가 반대운동에 적극 가담하였다.

○ 2000년 3월 : 요한 후쿠오카 기독교회를 개척하였다.

○ 2000년 5월 : 요한 센다이 기독교회를 개척하였다.

○ 2001년 11월: 매년 11월 간토지역 60여 개 대학을 돌며 연쇄 찬양 전도집회가 개최되고 있는데 요한동경기독교회가 이번 행사의 피날레로 '간토지역캠퍼스연합크리스마스콘서트'를 개최하였다.

○ 2001년 12월 : 요한 나고야 기독교회, 요한 요코하마 기독교회를 개척하였다.

○ 2002년 10월 : 요한 히로시마 기독교회를 개척하였다.

○ 2003년 10월 : 요한 교토 기독교회를 개척하였다.

○ 2004년 7월 : 요한 오카야마 기독교회, 요한 시즈오카 기독교회를 개척하였다.

○ 2005년 1월 : 요한 지바 기독교회를 개척하였다.

○ 2005년 9월 : 김규동 목사를 대표로 한국과 일본의 교회 청년학생 3천여 명이 참여한 해외유학생선교운동인 '코스타 재팬'이 열렸다. '새 역사의 프런티어' 라는 주제로 열린 코스타에는 미네노 다쓰히로(일본 월드비전 총재), 오토모 고이치(침례교복음동맹 전의장)목사 등이 강의와 특강을 인도하였다.

○ 2005년 11월 : 요한 하찌오지 기독교회를 개척하였다.

○ 2005년 12월 : 요한 코오리야마 기독교회를 개척하였다.

요한동경교회는 재일대한기독교단 소속의 교회로서 일본 정부의 히노미루와 기미가요 관련 법률에 반대하는 항의 집회를 가졌다. 그리고 한인단체에서 9개 지회의 개척교회를 각 지역에 설립하였다. 요한동경교회와 이들 9개 지교회의 교류는 지속적이며, 강한 연대를 갖고 있다. 월드비전과 요한동경교회의 교류는 '코스타 재팬'에서 월드비전 총재의 설교가 계기가 되어 관계를 갖고 있다. 교회의 특성상, 정부기관과의 교류는 없었다.

(2) 국제연대

○ 2001년 7월 : 요한동경교회는 북방선교의 일환으로 선교사 가정을 중국 연변에 파송함으로써 북한동포, 250만의 중국 조선족, 중국 내지 다수종족의 선교를 위한 북방 선교 기지를 구축하였다.

○ 2001년 7월 : 연변에 소재한 연변과학기술대학과 자매결연을 맺어 본격적인 북방선교의 장을 열었다.

○ 2006년 2월 : 요한동경교회 사역자들이 미국 남가주 사랑의 교회에서 일주일간 세미나 및 연수 교육을 받았다. 두 교회는 이를 계기로 상호 협력 관계를 맺었다.

요한동경교회의 외국인단체 및 정부기관과의 교류는 없는 반면, 한인단체와는 몇 번의 교류가 있었다. 북방선교, 세미나 및 연수회, 단체 간 친선 차원의 교류 등 중국과 미국의 한인단체와 연대를 맺고 있다.

(3) 모국연대

○ 2001년 11월 : 대전의 한남대학교와 자매 결연식을 가졌다.

○ 2003년 7월 : 교회 내에 설치된 민족학교는 한글교실을 운영하여 한국 어린이들이 한국인으로서의 확실한 민족정체성을 가진 신앙인으로 성장할 수 있도록 지도하고 있는데, 한남대학교가 학생들을 초청하여 독립기념관, 한국민속촌, 역사박물관, 백제고분을 답사하였다.

○ 2004년 8월 : 한국과 일본의 교회 청년학생이 참여한 해외유학생 선교운동인 '코스타 재팬'이 개최되었다. 일본, 한국의 서울과 부산 등 여러 교회들이 청년 수련회 차원에서 참석하여, 양국 청년 기독인들이 서로를 위해 기도와 간증을 나누는 시간을 가졌다. 남서울은혜교회, 지구촌교회 학생과 목사, 그리고 이병욱(사랑의 클리닉 원장) 원장 등이 참석하였다.

○ 2005년 9월 : 해외유학생선교운동인 '코스타 재팬'이 열렸다. '새 역사의 프런티어'라는 주제로 열린 코스타에는 김창근(무학교회), 안요한(새빛맹인선교회) 목사와 이원설(숭실대 이사장), 김명현(성경과학선교회 대표) 박사 등이 강의와 특강을 인도하였다.

요한동경교회는 모국연대에서 국내단체와 주로 교회 선교, 자매결연, 해외유학생 선교운동 등으로 교류관계를 맺고 있었다. 특히 한남대학과 요한동경교회는 답방의 형식으로 교류관계를 유지하면서 지속적, 강한 연대를 보여주고 있다. 모국의 정부기관과 네트워크는 없었다. 요한동경교회의 한민족연대는 없는 것으로 나타났다. 〈표 Ⅳ-12〉는 요한동경교회의 네트워크 현황이다.

〈표 Ⅳ-12〉 요한동경교회 네트워크 현황

구 분		연대단체
지역연대	한인단체	요한오사카기독교회, 재일대한기독교단, 요한후쿠오카기독교회, 요한센다이기독교회, 요한나고야기독교회, 요한요코하마기독교회, 요한히로시마기독교회, 요한교토기독교회, 요한오카야마기독교회, 요한시즈오카기독교회, 요한지바기독교회, 요한하찌오지기독교회, 요한코오리야마기독교회
	외국인단체	일본월드비전
	정부기관	
국제연대	한인단체	연변과학기술대학, L.A.조이펠로십교회, L.A.사랑의 교회
	외국인단체 및 정부기관	
모국연대	국내단체	요한서울기독교회, 한남대학교, 남서울은혜교회, 지구촌교회, 사랑의 클리닉, 무학교회, 새빛맹인선교회, 침례교복음동맹, 숭실대학교, 성경과학선교회
	정부기관	
한민족연대		

(4) 연대의 특징과 문제점

요한동경교회가 일본 동경에서 활동하는 교회단체라는 특성을 감안한다면, 주로 종교 관련 단체와 네트워크가 형성되어 있다. 일본에서 기독교 신자는 극히 소수이며, 주로 한국인이 교회 신자인 관계로 교인 그리고 한국 기독교 단체와 교류가 집중되어 있다. 국내단체와 교류는 '코스타 재팬'을 통해 교회 간 교류가 이루어지고 있었다.

요한동경교회의 대외 활동 중 지역사회에서 봉사·복지부문과 관련된 활동 영역이 매우 저조한 것으로 나타났다. 교회의 지역사회 기여라는 관점에서 봉사와 복지 영역에 대한 활동 비중을 늘려야 한다. 그리고 현재의 한국인 중심의 포교 활동 또한 일본인을 포함해 동경에서 생활하고 있는 중국, 필리핀, 태국 등 동남아시아 출신들에게까지 확대하여야 한다.

2) 재일대한기독교 오사카교회

(1) 지역연대

○ 1970년 10월 : 재일한국 기독교회관(KCC)과 협동으로 교회 건축 토지(이쿠노구 猪飼野東3－34)를 구입하는 것을 결의하였다.

○ 1972년 2월 : 이쿠노 지구 교회 일치 기도회를 본 교회에서 개최하였다. 후세교회, 이쿠노 가톨릭교회, 일본 기독교단 이쿠노교회와 오사카 성화교회, 일본 성공회 오사카 죠난 기독교회가 참가했다.

○ 1972년 12월 : KCC, 오사카 YMCA가 주최하는 이쿠노 구민 크리스마스에 10만 엔을 기탁하였다.

○ 1972년 12월 : 교토 교회와 합동 간담회를 아카데미 하우스에서 가졌다. 일북미 선교 협력회(JNAC)에 준회원으로 가입하였다.

○ 1979년 6월 : 본 교회와 교토 교회가 연합 연수회를 가졌다.

○ 1983년 10월 : 본 교회는 일본 기독교단과의 선교 협약을 맺었다.

○ 1999년 2월 : 오사카 YMCA 주최로 2·8 독립선언 80주년 기념 집회가 본 교회에서 열렸다. 오사카민단, 오사카 총영사관을 비롯해 재일동포 단체들이 참석하였다.

○ 2001년 10월 : 일본내 한인교회 협의체인 재일대한기독교회는 나고야교회에서 총회를 개최하고 새로운 임원진을 선출하였다.

오사카교회는 한인단체와 선교협약, 초청 전도대회, 합동간담회, 기념예배, 2·8 독립선언 기념식 참석, 연합연수회 등으로 교류관계를 맺고 있다. 특히 교토교회와 오사카교회의 교류는 지속적, 그리고 강한 연대를 갖고 있었다. 외국인단체와 오사카교회는 외기협 전국협의회 개최, 한·일 양국 우호관계 기원 예배 관계로 네트워크를 구축하고 있다. 오사카 총영사관과의 교류는 2·8 독립선언 기념식 참석을 기회로 교류 관계를 맺었다.

(2) 국제연대

○ 1978년 7월 : 독일교회 홀 룸 목사가 본 교회를 방문하여 특별 설교를 했다.

○ 1987년 11월 : L.A. 필라델피아 교회와 자매결연을 가졌으며, 조천일 목사와 장로들을 맞이하여 특별 대전도 집회를 개최했다.

○ 1991년 8월 : 자매 교회인 노량진 교회 성가대 30명, 필라델피아 교회 성가대 5명이 교류 차원에서 교회를 내방하였다.

오사카교회는 필라델피아 교회와 친교 차원에서 자매결연을 맺고 있다. 외국인단체인 독일교회와 오사카교회의 교류는 특별 선교가 계기가 되어 이루어졌다.

(3) 모국연대

○ 1971년 9월 : 한국의 감리신학대 학장인 홍현아 박사를 초청하여 특별전도 집회를 개최하였다.

○ 1972년 10월 : 대구 서현 교회와의 자매 교회 결연식을 가졌다.

○ 1973년 9월 : 서울 영락교회 한경직 목사를 강사로 초빙하여 교회 창립 52주년 기념 특별 부흥회를 열었다.

○ 1976년 10월 : 교회의 부인 전도회 창립 50주년을 맞이하여, 기념 예배와 특별 집회가 있었다. 이화여대 총장이 특별 강연을 하였다.

○ 1981년 10월 : 서울의 노량진 교회와 자매결연을 맺었다.

○ 1992년 8월 : 본 교회의 기악부 그로리아 취주악단과 성가대가 모국을 방문하였다. 노량진교회, 숭의교회, 창천교회에서 공연하였다.

○ 1993년 1월 : 본 교회의 담임목사 일행이 자매 교회인 노량진교회, 부산 양정 교회를 방문하여 특별 초청 강연을 했다.

○ 1996년 8월 : 자매 교회인 부산 양정교회의 중고생, 노량진 교회의 청년 대학생이 내방함으로써 돈독한 교류를 갖게 되었다.

○ 1997년 2월 : 대구 장로교회의 성가단이 본 교회를 내방하여 성가단 음악 예배를 가졌다.

○ 1997년 5월 : 서울 아담교회의 김호식 목사를 강사로 초빙하여 본 교회 창립 76주년 집회를 가졌다.

○ 2002년 8월 : 정동젊은이교회는 일본 선교 체험 프로그램을 실행하면서, 본 교회에서 주일예배참석, 특별찬양의 기도를 드렸다.

○ 2004년 1월 : 일본 오사카 KCC에서 제18차 전국기독교연락협의회가 개최되었다. 전국기독교연락협의회는 일본 NCC와 가톨릭, 시민단체 중 외국인노동자문제를 취급하는 모든 단체 실무자들의 협의회이다. 한국의 KNCC, 본 교회가 참석하였다.

○ 2005년 7월 : 오사카교회와 자매결연을 맺고 있는 양정교회 고등부 단기선교팀이 본 교회를 방문하였다. 양정교회 고등부 학생들은 매 집회마다 하나님을 찬양하며 은혜로운 시간을 보냈다.

○ 2005년 11월 : 한·일 수교 40주년을 맞이하여 하나님 안에서 양국의 선린우호 관계를 간구하는 연합예배와 토론회가 오사카교회에서 열렸다. 한·일기독교교회협의회(NCC), 재일대한기독교총회, 한·일선교협의회, 한·일기독의원연맹, 재일관서지역선교사회 등 양국 기독교

계 인사들이 모여 일본의 올바른 역사 청산을 촉구하고 양국의 우호 관계를 위해 기도하였다.

○ 2006년 1월 : 양평동교회 청년회가 오사카교회를 방문하여 할렘 제이피(가스펠팀) 멤버들과 함께 유익한 시간을 가졌다.

○ 2006년 2월 : 오사카교회와 포항중앙교회의 형제결연식이 거행되었다. 이날 결연식에서 서임중 목사가 '형제연합의 축복'이란 제목으로 설교를 전했다(크리스천투데이 06.03.06).

오사카교회는 국내 종교단체와 자매결연, 특별 부흥회, 전도, 특별 초청강연, 음악예배, 각종 문화 공연, 선교체험 프로그램 등과 관련해 네트워크를 갖고 있었다. 정부기관과 교류는 없었다. 오사카교회의 한민족연대는 없다. 〈표 Ⅳ-13〉은 재일대한기독교 오사카 교회의 네트워크 현황이다.

〈표 Ⅳ-13〉 재일대한기독교 오사카교회 네트워크 현황

구 분		연대단체
지역 연대	한인단체	재일한국 기독교회관, 후세교회, 이쿠노 가톨릭교회, 이쿠노교회, 오사카 성화교회, 오사카 죠난기독교회, 오사카 YMCA, 교토교회, 오사카 민단, 나고야교회, 재일대한기독교회, 재일대한기독교총회
	외국인단체	일본 기독교단, 한·일기독교교회협의회(NCC), 일북미 선교협력회, 전국기독교연락협의회, 한·일선교협의회, 한·일기독의원연맹, 재일 관서지역선교사회
	정부기관	오사카총영사관
국제 연대	한인단체	L.A. 필라델피아교회
	외국인단체 및 정부기관	독일교회
모국 연대	국내단체	한국 감리신학대학, 대구 서현교회, 서울 영락교회, 제주도 복음교회, 이화여대, 노량진교회, 숭의교회, 창천교회, 부산 양정교회, 대구 장로교회, 서울 아담교회, 정동젊은이교회, KNCC, 포항중앙교회, 양정교회, 양평동교회
	정부기관	
한민족연대		

(4) 연대의 특징과 문제점

오사카교회가 접촉하는 네트워크 대상은 요한동경교회와 유사하다. 지역·국제·모국연대 모두에서 교회 또는 교회 관련단체와 집중적으로 교류하고 있었다. 기독교 이외의 교류단체는 오사카 총영사관이었다.

오사카에 재일동포가 가장 많이 거주하고 있다. 그리고 일본 내에 기독교인이 적다는 점을 감안하면 오사카교회의 교류 대상은 한국인, 기독교회 및 단체로 제한된다. 따라서 이들 단체와 오사카교회의 교류는 연대 강도는 높으며, 일회성 교류가 적었다.

V
재중한인 사회단체 네트워크

1. 한인회

1) 재중국 한국인회

(1) 지역연대

○ 2000년부터 2002년 4월까지 한·중우호림을 조성하기 위해 식목 행사를 가졌다. 본 회를 비롯해 주중한국대사관, 북경한인회를 포함해 다수의 교민이 참가하였다.

○ 2000년 6월 : '제1회 재중국한국인 체육대회'를 개최하였다. 주중 대사를 비롯하여 100여 명의 각계 인사와 천진, 심양, 청도한인회 등 2,500여 명의 교민들이 참석하였다. 2000년 이후, 매년 재중국한국인 체육대회가 열리고 있었다.

○ 2000년 8월 : 본 회가 한국국제학교 건립비의 일부를 지원하였다.

○ 2000년 11월 : 재북경한국인회가 주관하고 한국 문화관광부에서 후원한 "조승미발레단 창단 20주년 기념공연"이 있었다.

○ 2001년 6월 : 우리민족서로돕기운동본부가 주관하여 79개국 159 개 도시의 전 세계 교민회가 동참한 "일본교과서 바로잡기 캠페인"에 참여하였다. 본 회 임원 및 북경, 천진, 심양, 하얼빈, 위해, 곤명, 대련,

목단강, 무순 등 12개 지역회장단 등이 주중일본대사관을 방문하여 성명서를 전달하였다.

○ 2001년 8월 : 본회와 북경한국총유학생회가 중심이 되어 북경에서 개최된 유니버시아드 대회 한국선수단을 응원하였다. 축구, 배구, 농구, 육상 등 전 종목에 걸쳐 선수단을 열렬히 응원하였다.

○ 2001년 9월 : 본회 및 재북경한국인회, 재중한국대사관 주관으로 북경한국국제학교 건축기금 마련을 위한 만찬음악연회를 열었다. 269,650위안을 모금하였다.

○ 2001년 10월 : 중국청소년발전기금회와 재중국한인회가 공동으로 수석 1,000여 점의 판매금 전액을 희망학교 건설을 위해 중국청소년발전기금회에 전달하였다.

○ 2002년 3월 : '한중 수교 10주년 및 한중국민교류의 해' 기념 개막 리셉션을 가졌다. 주중대사, 북경한국인회 및 각 지역 회장단이 참가하였다.

○ 2002년 4월 : 한중미래숲모임과 동북아산림포럼에서 주최한 식목 행사에 본회 회장단이 참가하여 한화 300만 원을 전달하였다.

○ 2002년 7월 : 세계한인회장대회에 참가하였다. 월드컵 개최와 한민족의 재도약, 도포센타 건립을 위한 한인 회장역할, 각국 한인회의 공동 관심사항 등을 논의했으며, 본 회 회장단, 북경, 천진, 위해, 하얼빈 지역 회장단도 함께 참가하였다.

○2002년 11월 : 미래숲 가꾸기 모금사업에 동참했다. 한중미래숲모임, 동북아산림포럼에서 주최한 식목 행사에 본 회가 기부금 300만 원을 전달하였다.

○ 2003년 12월 : '한국인 송년의 밤'을 개최하였다. 북경한국인회를 비롯 각 지역 한인회 및 주중대사가 참석하였다.

○ 2004년 4월 : '제2회 한국인 친골프대회'를 개최했다. 지역 한인 회장들이 참석하여 우의를 다졌다.

○ 2005년 4월 : '재북경한국교민 식수행사'를 개최했다. 주중대사관, 북경한인회 등이 참석하였다.

○ 2005년 4월 : 중국수도녹화위원회, 북경풍태구임업국과 함께 북경시 풍태구에 중한 우호림을 조성하였다.

○ 2005년 9월 : '제1회 중국지역 한국인회장단 대회'를 개최했다. 중국 내 17개 지역한인회가 참가하여 우의를 다졌다.

○ 2005년 11월 : 북경 대외경제무역대학 한국 유학생회와 중국 학생회의 주최로 '2005 한·중 문화교류의 밤' 행사를 가졌다. 이번 행사는 한, 중학생 모두가 두 나라의 문화, 전통, 풍속을 관람하며 알아가는 형식으로 진행되었다. 본 회의 회장단이 참석하였다.

○ 2005년 12월 : 재중국한국인회 정기총회 및 송년 한국인의 밤을 개최하였다. 재중국한국인의 화합과 교재의 장을 제공하였다. 각 지역 한인회장 및 주중대사가 자리를 함께 하였다.

○ 2006년 1월 : 왕징 지역의 불우이웃돕기행사로 투자기업협회, 상인회, 한국인회가 공동으로 주관하였다.

○ 2006년 4월 : 중국 수도녹화위원회, 북경 풍태구 임업국과 함께 북경시 풍태구에 중·한 우호림을 조성했다.

재중국한인회는 지역 한인회의 대표기관으로 지역한인회와는 소속 산하단체로써 그리고 지역 활동의 어려움, 친목 도모 등으로 결속력이 강한 지속력 있는 연대관계를 맺고 있다. 재중한인회는 지역한인회를 제외한 여타 한인단체와 체육대회, 문화예술 공연의 후원, 학교기금 모금, 유학생 격려, 송년회, 복지 후원, 녹화사업 등의 문제로 교류 관계를 맺고 있었다. 이들과 재중한인회와의 네트워크는 또한 지속성과 함께 강한 연대를 구축하고 있다.

외국인단체와의 교류는 산림녹화 사업, 청소년발전기금 후원, 한·중 유학생 친선 도모 등의 관계로 네트워크를 구축하고 있다. 재중한인회는 북경대사관과 함께 재중한인의 안전, 사업상 정보제공 등을 이유로 친밀한 유대관계를 형성하고 있었다. 중국정부기관과는 주로 산림녹화

사업과 관련하여 공동으로 식수사업을 전개함으로써 녹화위원회, 임업국과는 지속적, 강도 높은 네트워크를 유지하고 있다.

(2) 국제연대

○ 2005년 9월 : 제1회 중국지역 한국인회장단 대회를 개최했다. 중국내 17개 지역한인회가 참가했으며, 홍콩한인회, 태국한인회, 말레이시아한인회, 인도한인회도 참석하였다.

○ 2005년 10월 : 미주상공인총연합회 회장단 15명이 재중국한국인회를 방문하여 상호 정보교류 및 친선을 도모하기로 결의하였다.

○ 2006년 5월 : 중남미한인연합회장단 일행 10여 명이 재중국한국인회를 방문하였다. 두 단체는 정보 및 상호 친목 차원에서 지속적인 교류를 갖기로 했다.

재중한인회는 홍콩, 태국, 중남미 등지의 한인회와 상호 친목 차원에서 교류관계를 갖고 있지만, 결속력은 약하고, 지속성 측면도 약한 교류관계를 갖고 있었다. 재중한인회원 다수가 상공업에 종사하고 있다는 점을 고려한다면, 해외에 산재해 있는 한인상공회와의 네트워크 구축에 노력을 기울여야 한다.

(3) 모국연대

○ 2000년 11월 : 재북경한국인회가 주관하고 한국 문화관광부가 후원한 "조승미발레단 창단 20주년 기념공연"에 회장단이 참석하였다.

○ 2001년 6월 : 우리민족서로돕기운동본부가 주관한 "일본교과서 바로잡기 캠페인"에 재중한인회가 동참하여, 주중일본대사관에 성명서를 전달하였다.

○ 2003년 7월 : 중국을 방문한 노무현 대통령이 초청리셉션을 개최하였다. 본 회 및 북경한인회장단이 참석하였다.

○ 2005년 11월 : 열린우리당 전국여성위원회 대표단 일행이 재중국 한국인회를 방문해 회원들의 학부모들과 간담회를 가졌다. 중국에서의 자녀교육 등에 대해 심도 있는 대화를 나누었다.

재중한인회는 재외동포재단 및 재외동포경제재단과 한인회, 한상대회와 연관하여 접촉하고 있다. 이들의 네트워크는 지속적이다. 시민사회단체인 우리민족서로돕기운동본부와 재중한인회는 일본의 역사교과서를 규탄하면서 교류를 가졌다. 재중한인들의 대표단체로서 중국에서 한국 문화의 홍보에 지원하면서 문화관광부와 교류를 갖고 있으며, 대통령의 중국 방문시 리셉션에 초청 받아 행사에 참여하였다.

(4) 한민족연대

○ 2001년 6월 : 우리민족서로돕기운동본부가 주관하여 79개국 159개 도시의 전 세계 교민회가 동참한 "일본교과서 바로잡기 캠페인"에 참여하였다.

○ 2001년 3월: 재외동포재단이 주최한 '제6회 해외한민족 대표자대회'에 참가하였다. 40여 개국 455명이 참가한 가운데, 미주총련, 민단, 독일한인회, 재중국한인회를 비롯해 심양과 위해한국인회 회장단도 참석하였다.

○ 2001년 7월 : '세계한인회장 대회'에 참가하였다. 한민족 네트워크 확대구축 활성화로 한민족공동체 강화, IMF 이후 급증하고 있는 이민, 유학 등 동포사회 현안연구, 재회동포 상호간 국내외 동포 간 협조방안이 논의되었다

○ 2002년 7월 : 세계한인회장대회에 열렸는데, 월드컵개최와 한민족의 재도약, 도포센타 건립을 위한 한인 회장역할, 각국 한인회의 공동 관심사항 등을 논의하였다. 본 회 회장단, 북경, 천진, 위해, 하얼빈 지역 회장단도 함께 참가하였다.

○ 2005년 3월 : 일본에서 개최된 세계한인지도자대회에 참가했다. 미주총련, 캐나다한인회총연합회, 재일민단, 오사카민단본부, 동경민단본부, 북경한인회, 독일한국인회, 태국한국인회, 브라질한인회 등 여러 국가의 한인회가 동참하였다.

○ 2005년 6월 : 서울에서 개최된 한인회장대회에 본 회 및 지역 회장단이 참가했다.

○ 2005년 9월 : '제4차 세계한상대회'가 열렸다. 재외동포경제단체가 주최, 재외동포재단, 경기도, 매일경제신문이 주관하였다. 재외동포경제단체의 초청으로 본 단체가 참가하였다. 37개국 697명이 참석했으며, 중국의 조선족기업가협회, 한국인회, 한국상회, 미국의 한인회 및 경제단체, 일본, 캐나다의 한인 경제단체 등이 한상네트워크의 확대와 발전 등에 대해 의견을 나누었다(재외동포재단 2005).

한국에서 열리는 한상대회, 한인회장대회, 한인지도자대회에 지속적으로 참여하면서 해외 한인단체와 지속적으로 강한 연대를 맺고 있었다. 또한 해외에서 열리는 한민족연대 회의에도 적극적으로 참석하고 있다. 〈표 V-1〉은 재중국한국인회 네트워크 현황을 정리해 놓은 표이다.

(5) 연대의 특징과 문제점

재중국한인회는 지역한인회를 비롯해 한인단체와 폭넓은 네트워크를 갖고 있는 것으로 나타났지만, 조선족 단체와는 교류가 없었다. 한민족이라는 동질성 차원 그리고 중국에서 조선족과 한국인들 간의 상호 협조는 두 집단 모두에게 이익을 가져다 줄 것으로 예상하지만, 거의 교류가 없었다. 그러나 재중한인회는 외국인단체 및 중국 정부기관과 연대에서는 한정된 사업 부문에서 교류를 갖고 있는 제한된 네트워크였다. 중국에서 활동하는 한인들의 대표단체라면 외국인단체 및 중국 정

<표 V-1> 재중국 한국인회 네트워크 현황

구 분		연대단체
지역 연대	한인단체	북경한인회, 북경한국국제학교, 천진, 청도, 심양, 하얼빈, 위해, 곤명, 대련, 목단강, 무순한국인회, 한국상인회, 북경한국총유학생회, 한중미래숲모임 북경대회경제무역대학교한국유학생회, 한국인투자기업협회
	외국인단체	동북아산림포럼, 중국청소년발전기금회, 북경대회경제무역대학교중국학생회
	정부기관	주중한국대사관, 주중일본대사관, 중국수도녹화위원회, 북경시 풍태국임업국
국제 연대	한인단체	미주상공인총연합회, 중남미 한인연합회, 홍콩한인회, 태국한인회, 말레이시아한인회, 인도한인회
	외국인단체 및 정부기관	
모국 연대	국내단체	열린우리당, 재외동포재단, 우리민족서로돕기운동
	정부기관	한국정부, 문화관광부
한민족연대		제6회 해외한민족 대표자대회, 2001 세계한인회장 대회, 2002 세계한인회장대회, 제4차 세계한상대회, 2005 세계한인지도자대회, 2005 한인회장대회, 일본교과서바로잡기캠페인

부기관과의 교류를 확장할 필요가 있다. 물론 주중대사관이 있지만 대사관의 특성상, 모든 한인들의 입장과 이익을 대변해 줄 수 없기 때문에 교류 대상의 확장이 필요하다. 한편 재중한인회는 중국정부 및 민간단체와 합동으로 2000년부터 현재까지 사막지대를 중심으로 녹화사업을 전개하고 있다. 이 사업은 중국 및 한국정부 양국 모두에게 이익을 가져다주는 작업으로 앞으로도 지속적으로 추진되어야 한다.

모국연대에서 재중한인회는 재외동포재단을 중심으로 네트워크를 구축하고 있다. 재중한인회 회원 다수가 중국에서 사업하는 사람들이라는 점을 고려한다면 국내의 경제단체와 접촉 기회를 증대시켜야 한다. 그리고 북경대사관을 통해 한국 관련 문제를 처리하고 있지만, 재일민단, 미주총련의 모국정부와의 교류와 비교하면 빈약한 수준이다. 재중한인회의 업무와 직·간접적으로 연관된 한국정부의 관련 부처와도 교류확대를 가져야 한다. 재중한인회의 한민족연대 활동은 적극적이었다.

2) 길림성 연변 한국상회

(1) 지역연대

○ 1997년 7월 : 주중대사관, 북경·청도·천진 등 재중국한국상회, 그리고 연길시 정부의 부국장이 참석하여 연변 한국상회의 창립식을 축하해 주었다.

○ 1998년 6월 : 본 회는 중국 길림성교육위원회의 설립 인가를 받은 연변한국국제학교에 매년 일정액을 지원하고 있다.

○ 1998년 9월 : 연길시 정부는 매년 9월에 연변조선족자치주 창립 행사를 주최하고 있다. 본 한국상회는 1998년 이후 현재까지 이 행사의 이벤트로써 '재연변한국인 체육대회', '재연변 한·중 노래자랑', '한·중 청소년 탁구대회'를 연길시 정부와 함께 주관하고 있다.

○ 2005년 7월 : 중국 상무부, 국무원 동북진흥노공업기지소조판공실, 길림성 정부가 주최한 '제1차 중국 동북아 투자무역 박람회'가 개최되었다. 심양한국상(인)회, 하얼빈한국인회 등 동북3성의 한인회가 참석하였다.

○ 2005년 9월 : "제4차 세계한상대회"가 재외동포경제재단의 주최로 경기도 고양시에서 열렸다. 중국한국상회, 재중국한국인회를 비롯해 본 단체의 회장단 일행도 이 대회에 참석했다.

○ 2005년 10월 : 연변대학 의학원의 한국인유학생회가 유학생들의 친목도모를 위한 체육대회를 개최하자, 본 회가 격려금을 전달하였다.

○ 2005년 12월 : 북경 전람관에서 중국 인사부가 주최한 '2005 중국 전국인재대회'가 개최되었다. 개인 기업들의 직원 채용박람회로써 중국에 진출한 한국기업에 필요한 인재구인을 지원하고 참가자들에게 취업의 기회를 제공하는 자리이다. 중국한국상회를 비롯해 각 지역의 한국상회가 참여하였다.

○ 2005년 12월 : 중국한국상회의 2005년도 정기총회가 북경에서 열렸다. 중국 내 지역상(공)회 대표 13명 및 회원사 대표 40여 명이 참석하였다. 천진, 상해, 심양한국상회, 청도한인상공회, 연변한국상회, 심양한인회, 하얼빈한인회, 대련한인회, 이우한인회, 대련한인회, 연태한국인상공회, 위해한국인상공회, 곤명한국상회 등이 참석하였다. 이어 열린 만찬에는 주중대사, 주요 언론사 특파원, 대한상공회의소 북경 소장, 한국무역협회 북경 지부장 등이 자리를 함께 하였다.

○ 2006년 1월 : 중국진출 한국기업의 애로사항을 대사관에 전달하여 해결방안을 강구하고 업계와 대사관과의 정보교류를 활성화하기 위하여 주중대사관과 중국한국상회 회원사 간의 정보교류회를 가졌다. 북경한국상회, 청도한국상공회, 천진한국상회, 연변한국상회 등의 대표들이 주중대사와 의견을 나누었다.

○ 2006년 3월 : 중국한국상회와 대한상공회의소는 공동으로 산동성 청도시와 강소성 남경시에 무역투자 사절단을 파견하였다. 이번 행사에서 "청도 한·중·일 산업교류회" 참가를 통한 중국진출 관련업체의 중국 내 비즈니스 개척 및 신규 비즈니스 기회 제공과 함께 투자환경을 시찰하고 무역 상담을 행하였다. 연변한국상회를 비롯해 각 지역 한국상회, 동북3성의 한인회가 참여하였다.

연변 한국상회는 한인단체 교류에서 친선과 정보교류 차원에서 한인회와 집중적으로 연대하고 있다. 투자와 관련하여 상공회의소나 무역협회와 교류함으로써 다른 한인단체와 교류는 없는 것으로 나타났다. 특히 조선족 단체와 교류가 거의 없었다. 외국인단체와의 교류는 없었다. 단지 투자 관계 및 직원채용, 우호증진 등을 이유로 길림성 정부, 연길시 정부 및 산하기관과 긴밀한 네트워크를 구축하고 있다. 한국대사관 및 영사관과도 유기적 관계를 갖고 있다. 연변 한국상회의 국제연대는 없는 것으로 나타났다.

(2) 모국연대

○ 1998년 6월 : 1998년 6월 한국 교육인적자원부로부터 설립 인가를 받은 연변한국국제학교에 본 회가 매년 일정액을 후원하고 있다.

○ 2005년 9월 : 한민족 글로벌 네트워크를 기반으로 해외에서 활동하는 많은 동포들이 서로 간의 기술·정보·사업을 교류함으로써 강력한 경제문화 공동체 모임인 "제4차 세계한상대회"가 재외동포경제재단의 주최로 경기도 고양시에서 열렸다. 중국한국상회, 재중국한국인회를 비롯해 본 단체의 회장단 일행도 이 대회에 참석했다.

○ 2005년 12월 : 중국한국상회의 정기총회가 열렸다. 중국 내 지역상(공)회 대표 13명 및 회원사 대표 40여 명이 참석하였다. 이어 열린 만찬에는 주중대사, 주요 언론사 특파원, 대한상공회의소 북경 소장, 한국무역협회 북경 지부장 등이 자리를 함께 하였다.

○ 2006년 3월 : 중국한국상회와 대한상공회의소가 한국 기업의 대중국 비즈니스를 지원하기 위해 산동성 청도시와 강소성 남경시에 무역투자 사절단을 파견하였다. 연변한국상회를 비롯해 각 지역 한국상회, 동북3성의 한인회가 참여하였다.

연변 한국상회의 모국연대는 한상대회와 관련해 재외동포재단, 그리고 대한상공회의소 주최의 무역투자 사절단 행사에 참여하는 정도의 교류였다. 정부기관과의 교류는 한국국제학교 설립 인가 문제로 교육인적자원부와 교류한 정도였다.

(3) 한민족연대

○ 2005년 9월 : 한민족 글로벌 네트워크를 기반으로 해외에서 활동하는 많은 동포들이 서로 간의 기술·정보·사업을 교류함으로써 강력한 경제문화 공동체 모임인 "제4차 세계한상대회"가 재외동포경제재단의 주최로 경기도 고양시에서 열렸다. 중국한국상회, 재중국한국인회를

비롯해 본 단체의 회장단 일행도 이 대회에 참석했다.

연변 한국상회는 한국에서 개최된 한상대회에 참여하여 다른 국가의 한인단체와 교류 기회를 갖고 있었다. 〈표 V-2〉는 길림성 연변 한국상회 네트워크 현황이다.

〈표 V-2〉 길림성 연변 한국상회 네트워크 현황

구 분		연대단체
지역 연대	한인단체	북경·청도·천진한국상회 재중국한국상회, 연변대학교 의학원 한국유학생회, 상해한국상회, 심양한국상(인)회, 연변한국상회, 하얼빈한인회, 대련한인회, 이우한인회, 연태한국상회, 위해한국상회, 곤명한국상회, 재중국한인회, 대한상공회의소 북경지점, 한국무역협회 북경지점, 연변한국국제학교
	외국인단체	
	정부기관	연길시정부, 한국주중대사관, 길림성교육위원회, 중국상무부, 국무원, 길림성 정부, 동북진흥노공업기지소조판공실, 중국인사부, 한국주심양총영사관
국제 연대	한인단체	
	외국인단체 및 정부기관	
모국 연대	국내단체	재외동포재단, 대한상공회의소
	정부기관	한국교육인적자원부
한민족연대		제4차 세계한상대회

(4) 연대의 특징과 문제점

연변 한국상회의 네트워크는 주로 한인단체, 즉 조선족단체와는 거의 교류가 없는 한국 국적의 한인들과 네트워크가 편중되어 있다. 그리고 국제연대는 없었다. 길림성 연변자치주는 동북3성 가운데 조선족이 가장 많이 생활하고 있는 지역이다. 조선족 중심의 사회단체도 연변지역에서 다양한 활동을 하고 있다. 예컨대, 연변 한국상회가 사업인들을 중심으로 활동한다면 연변지역의 조선족기업협회와 네트워크를 가짐으로써 두 단체 간 경제적 정보 교류 및 공유가 사업 활동에 있어 유리할 것이며, 크게는 한민족이라는 점에서 단체 간 교류가 필요하다. 연변 한국상회의 정부기관과의 연대는 매우 활성화되어 있다. 이들의 연대는 지속적이며, 연대강도가 높은 네트워크이다. 국제연대 및 모국연대는 부실한 편이다.

3) 흑룡강성 재하얼빈 한국인회

(1) 지역연대

○ 2004년 5월 : 회장단 일행이 하얼빈의 성고자촌 '은혜 양로원'을 찾아 노래 반주기를 기증하고, 30여 명의 조선족 노인들을 위로했다. 양로원 측은 한국인들과 한국기업들과의 주기적인 교류를 희망했으며, 유구준 회장은 앞으로 기회가 있을 때마다 자주 찾아와 위문할 것을 약속하였다.

○ 2004년 5월 : 본 한인회장단과 심양총영사와의 간담회가 있었다. 한인회는 영사관과 업무협력을 약속하였으며, 총영사관도 한국인들의 사업상 애로점을 해소하는 데 최선을 다하겠다고 했다.

○ 2005년 6월 : 하얼빈정부의 부시장, 시위원회 비서장과 간담회를 개최하였다. 시공안국에 한국어 통역자 배치, 외국인 취업증 등록 시 시간 지연문제, 도리구 코리아타운 한국인 구락부건설 등을 요청하자, 하얼빈정부는 긍정적 검토를 해 보겠다고 답변하였다.

○ 2005년 7월 : 하얼빈시 정부의 후원으로 '제1회 하얼빈 한국주' 행사를 개최하였다. 한·중 양국 간의 우호적 협력관계를 돈독히 유지하고 현지 한국교민들과 한국기업, 한국 상품에 대한 이미지 제고와 한국 문화교류 촉진에 앞장서기 위함이다. 흑룡강성 정부, 대련한인회, 심양 총영사관, 재중국한인회, 심양한인회 관계자 여러분이 참석하여 자리를 함께 하였다.

○ 2005년 8월 : 본 회는 흑룡강성 치치하얼에서 개최된 "녹색식품 관련 종합박람회"에 참가하였다. 주최는 중국농업부, 흑룡강성 인민정부이다. 주관은 치치하얼시 정부가 했다.

○ 2005년 9월 : '제4차 세계한상대회'에 재중국한인회, 북경한인회, 단동한인회, 장춘한인회 등 지역 한인회가 함께 참가하였다.

○ 2005년 9월 : 북경에서 중국지역 한국인회장단대회가 열렸다. 대회에 참석한 16개 지역 한인 회장단 일동은 재중국 50만 교민의 뜻을 수렴하고, 한인들 간 화합의 장을 가졌다. 참가단체는 재중한인회를 비롯하여 대련, 심양, 하얼빈, 연태, 청도 등의 한인회 대표가 참석하였다.

○ 2005년 10월 : 재하얼빈한인회에서 한·중 양국 간의 우호증진과 유관기관과의 유대강화, 친목 차원에서 "제1회 한국인회장배 탁구대회"를 개최하였다. 하얼빈시가 대회를 후원하였다. 참가단체는 본 회, 총유학생회, 한국기업, 조선족기관, 하얼빈시 공안국, 공상국, 외사반, 세무국, 해관, 교육국, 성초상국, 공안청, 외사처, 노동국, 교육청 등이었다.

○ 2005년 11월 : 주중한국대사관은 하남성 정주와 하북성 석가장에서 '한국 우호주간' 행사를 개최하였다. 중국한국상회는 주중한국대사관과 공동으로 한국기업의 중국진출과 시장개척활동을 지원하기 위해 하남성과 하북성에서 각각 무역, 투자상 담회를 개최하였다. 지원기관은 주중한국대사관, 하남성 정부, 하북성 정부이다. 하얼빈한인회 및 기업인 다수가 참석하였다.

○ 2005년 12월 : 2005년 한국인 "송년의 밤" 행사에 투자 기업연의회, 하얼빈시한국총유학생들이 자리를 함께하였다. 하얼빈한국인교회, 하얼빈시조선족예술단, 심양한국인회, 장춘한인회, 단동한인회 등이 행사를 지원해 주었다.

○ 2005년 12월 : 송화강 오염사건으로 어려움을 겪고 있는 재하얼빈 한국 교민들에 대해 김하중 대사가 위로문을 보내왔다.

○ 2006년 3월 : 하얼빈 한국인회와 하얼빈 한국상회는 공동으로 2006년 7월 러시아 하바르프스크시에서 개관 예정인 상업무역관에서

영업할 업자들의 시장조사단을 구성하였다.

하얼빈 한국인회의 지역 내 교류 단체는 한인단체, 특히 조선족단체가 아닌 한국인 단체와 집중적으로 친선교류 및 정보 교류차원의 네트워크를 형성하고 있다. 지역에서 복지 후원, 투자 유치의 활동을 전개하고 있다. 한인회 이외의 단체와는 친선교류가 다수를 차지하고 있었으며, 조선족예술단의 공연을 기회로 조선족단체와도 교류를 갖고 있었다. 하얼빈 한국인회의 외국인단체와의 연대는 없는 것으로 나타났지만, 정부기관의 교류는 활발하다. 한국대사관, 총영사관과 지속적, 강한 연대를 보여주고 있으며, 중국의 흑룡강성 정부, 하얼빈시 및 소속 부서와도 한·중 친교, 사업적, 체육활동을 통해 긴밀한 유대관계를 구축하고 있다. 하얼빈 한국인회의 국제연대 활동은 없었다.

(2) 모국연대

○ 1996년 한국의 충청북도와 본 하얼빈회가 두 지역 간의 상호 동반발전을 목표로 교류협력 관계를 맺었다.

○ 2005년 9월 : 재외동포재단 주최로 '제4차 세계한상대회'가 개최되어 회장단 일행이 참석하였다.

○ 2005년 12월 : 충청북도지사가 위로문과 지원금을 보내주었다. 길림성 화학공장 폭발사고로 하얼빈에 식수공급이 원만치 않아 현지 주민들이 많은 어려움을 겪고 있다는 소식을 듣고, 위로의 말과 함께 소정액의 지원금을 보내주었다.

○ 2005년 12월 : 경기도 부천시가 재해기금 기증서를 보내주었다. 기증금액은 한화로 4,600,000원이었다.

○ 2006년 1월 : 한·중 아이스하키 하얼빈 대회를 개최하였다. 중국 하얼빈팀 대 한국의 강원랜드의 경기가 2차례 있었다.

○ 2006년 1월 : 경기도 부천시장 및 우호방문단이 하얼빈한인회를 방문하여 교류협력을 맺었다.

하얼빈 한국인회의 재외동포재단과 교류는 한상대회를 계기로, 그리고 강원랜드와의 교류는 스포츠 차원에서 교류가 있었다. 정부기관과의 연대는 충청북도와 경기도 부천시이다. 두 단체와 하얼빈 한국인회는 지속적이고 연대강도가 높은 네트워크를 갖고 있다.

(3) 한민족연대

○ 2005년 9월 : '제4차 세계한상대회'에 참가하였다. 재중국한인회, 미주총련, 뉴욕한인회, 재일민단 등 세계 각국의 한인회 대표 등이 참석하여 우의를 나누었다.

재외동포재단이 주최, 재외동포경제단체가 주관하는 한상대회에서 중국의 지역 한인단체를 포함해 여러 국가에 산재해 있는 한인회와 교류관계를 맺고 있다. 〈표 V-3〉은 흑룡강성 재하얼빈 한국인회의 네트워크 현황을 요약한 표이다.

〈표 V-3〉 흑룡강성 재하얼빈 한국인회 네트워크 현황

구 분		연대단체
지역 연대	한인단체	대련한인회, 재중국한인회, 하얼빈한인교회, 하얼빈시조선족예술단, 심양한국인회, 장춘한인회, 대련한인회, 연대한인회, 청도한인회, 총유학생회, 단동한인회, 하얼빈한국상회, 은혜양로원
	외국인단체	
	정부기관	주중한국대사관, 주심양한국총영사관, 하얼빈시 정부, 하얼빈시공안국, 세무국, 흑룡강성정부, 치치하얼시인민정부, 중국농업부, 하얼빈시공상국, 교육청, 하얼빈시 외사반, 해관, 흑룡강성 초상국, 공안청, 노동국, 하남성정부, 하북성 정부
국제 연대	한인단체	
	외국인단체 및 정부기관	
모국 연대	국내단체	재외동포재단, 강원랜드
	정부기관	충청북도, 경기도 부천시
한민족연대		제4차 세계한상대회

(4) 연대의 특징과 문제점

하얼빈 한국인회 지역연대의 특징은 한인단체와 편향된 교류가 있으며, 조선족단체와의 접촉이 거의 없다는 사실이다. 하얼빈에서 오랫동안 살았던 조선족 또는 조선족 단체와의 교류는 지역에서 영향력 확대 또는 이미지 향상을 위해서도 필요하다. 정부기관과 하얼빈 한국인회의 교류는 투자, 사업상 어려움 협의, 친목 도모 등 여러 부문에서 긴밀한 유대관계를 갖고 있다. 하얼빈 한국인회가 지역 한인회이기 때문에 국제연대가 거의 없는 것 같다. 국내단체와의 모국연대는 2개, 정부기관 또한 2개로서 약간은 빈약한 모국연대를 갖고 있다.

4) 요녕성 심양 한국인회

(1) 지역연대

○ 1993년 4월 : 1993년부터 현재까지 요녕성 조선어학회와 조선어 보급 및 확대, 한·중 우호 증진을 목적으로 친밀한 관계를 유지하고 있다.

○ 1999년부터 현재까지 중국한국인회, 재하얼빈, 재무순, 재대련, 재단동, 재안산, 재장춘, 재연변, 재목단강한국인회 등 동북3성 한국인회와 상호협력과 친목 차원에서 연대 공동체 모임을 갖고 있다.

○ 1999년 2월 : 중국 정부 기관인 심양시 당공안국, 심양시 규율검사위원회 등과 재중한인들의 권익보호 및 신장을 위해 매분기마다 지속적인 간담회를 갖고 있다. 한편 조선족들의 친목단체인 심양시 조선족련의회와 친목차원에서 교류하고 있다.

○ 2001년 10월 : "제1차 세계한상대회"에 참가하였다. 한민족 경제인들의 네트워크 구축의 기반을 다지기 위한 모임으로 중국한국상회, 중국조선족상공회의소, 재중국한국인회 등 많은 단체가 참여하였다.

○ 2003년 심양 한국인회는 심양시 조선족문학회와 정기적 교류관계를 형성하였다. 두 단체의 이익과 조선족의 민족정체성을 고양시키기 위해 상호 협력적 활동을 결의하였다.

○ 2003년 7월 : 심양시 조선족경제문화교류협회와 공동으로 요녕성에 거주하는 조선족과 한국인과의 경제부문의 교류 확대, 한국 문화의 보급 및 발전에 기여하기 위한 문제를 논의하였다.

○ 2004년 1월 : 본 회는 심양시 중앙교회와 교회 발전 및 지역 발전을 위해 상호협력의 관계를 갖고 있다.

○ 2004년 5월 : 심양시 인민정부와 주심양총영사관이 공동으로 주최한 심양한국주간 행사에서 심양노인회 산하 아리랑예술단을 초청하여 공연을 가졌다.

○ 2005년 4월 : 심양총영사관 개관 2주년을 기념하는 리셉션에 동북3성 한국인회가 초청받았다. 동북3성 한국인회장단은 총영사관의 개관을 축하하면서 앞으로 보다 폭넓은 협조와 협력 체제를 갖기로 했다.

○ 2005년 5월 : 심양시 조선족기업가협회 설립 1주년을 경축하기 위해 참석하였으며, 장기적인 교류와 합작을 통해 유대를 강화하기로 약속하였다.

○ 2006년 1월 : 심양시 조선족기업가협회와 조선족교육자협회가 공동 주최한 심양시 '조선족기업인교육자 설맞이' 친목모임에 참가하였다. 조선족기업가협회는 한인회장인 허경무에게 감사패를 증정하였다.

○ 2006년 1월 : 심양한국인회는 심양시 한국투자기업협회 복무센타와 투자업무를 주 내용으로 교류하고 있다. 한국투자기업협회 복무센타는 한국기업의 원활한 심양투자를 촉진하기 위해 기업들에게 심양에 대한 정보를 제공하고 있다.

심양 한국인회의 지역 네트워크는 3가지로 분류된다. 첫째, 지역 한인회와 연대 공동체이다. 이들 간에는 심양이 타국이라는 점에서 상호 친목의 도모, 그리고 사업상의 어려움과 이익 획득을 위해 정보를 공유하는 상호 협력의 네트워크를 갖고 있었다. 둘째, 조선족단체와의 교류이다. 조선족은 넓게는 한민족으로 동일 민족이라는 점에서 긴밀한 교류와 협력이 가능하다. 조선족단체와는 주로 친목, 한·중 우호증진, 일부 단체에 대한 물질적 지원을 하면서 네트워크를 맺고 있다.

셋째, 정부기관이다. 먼저 심양총영사관은 한국정부를 대신하는 공적기관이다. 한국인들의 사업상의 어려움, 한·중 간의 대외관계의 영향, 현지 한국인의 권익 및 신변보호와 관련하여 긴밀한 연대를 갖고 있다. 심양시 정부와의 네트워크는 한국인들의 원활한 사업을 위해 그리고 권익 차원에서 긴밀한 유대관계를 갖고 있는 것으로 나타났다. 심양 한국인회는 지역 한국인회와는 빈번한 접촉을 함으로써 강한 연대를 구축한 반면 조선족단체와는 느슨한 연대를 갖고 있으며, 몇몇 조선족단체를 제외하고는 일회성 교류가 많았다. 심양시 정부와의 교류는 약한 편이지만, 한인회원들의 사업상의 이익, 지역에 대한 기여 측면에서 한인회가 교류 확대에 적극 노력하고 있다. 심양 한국인회의 국제연대는 없었다.

(2) 모국연대

○ 2000년 1월 : 주중대사관 영사사무소(2003년 4월 주심양총영사관으로 승격)가 1999년 7월에 설치되었다. 심양 영사사무소와 대외 및 협력문제를 주제로 매월 정기 간담회를 갖고 있다.

○ 2001년 10월 : 재외동포재단이 주최하는 "제1차 세계한상대회"에 참가하였다. 세계의 각 지역에서 활약하고 있는 한민족 경제인들의 네트워크 구축의 기반을 다지기 위한 모임이다.

○ 2002년 4월 : 전라북도 정읍시부녀회 회장단 일행이 본 회를 방문하였다. 정읍시 부녀회와의 우호관계를 계기로 정읍시와도 교류관계를 추진하기로 했다.

○ 2004년 5월 : 심양한국주간 행사에서 성남시 예술문화단체총연합회의 시립예술단을 초청하여 공연을 선보였다. 한편 한국의 국기인 태권도 시범을 보여주기 위해 충북대학교 태권도단도 초청하였다.

○ 2005년 5월 : 심양 한국인국제학교 설립 문제로 재외동포재단, 교육인적자원부 등과 연대하여 학교 설립을 준비하였다.

○ 2005년 5월 : 심양 한국인회는 국회 문화관광위원회 소속 정봉주 의원을 초청하여 한·중 관광과 문화 활성화에 대한 강연을 들었다.

국내단체와의 네트워크에서 재외동포재단과는 재단이 주최한 한상회의, 학교설립 관계로 접촉하고 있었다. 그 이외의 단체와는 공연 행사, 친선 교류 차원에서 연대가 있었다. 정부기관과의 연대는 교육부, 국회와의 교류가 있었다. 특정 쟁점에 대한 문제를 중심으로 교류가 행해지고 있다. 대체로 단발성 교류로써 연대의 강도는 약하다.

(3) 한민족연대

○ 2001년 10월 : "제1차 세계한상대회"에 참가하였다. 세계의 각 지역에서 활약하고 있는 한민족 경제인들의 네트워크 구축의 기반을 다지기 위한 모임으로 재일한국상공회의소, 미주한인상공인단체총연합회, 세계해외한인무역인협회, 중국한국상회, 인도네시아상공회의소, 캐나다한인실업인협회, 재독한인상공인총연합회 등 많은 단체가 참여하였다.[17]

세계한상대회가 한국에서 개최될 때마다, 지역한인회 및 재중국한국인회와 함께 참석하고 있다. 한민족연대에 매우 적극성을 보이고 있다. 심양 한국인회의 연대는 지속성을 띠고 있으며, 자주 접촉한다는 측면에서 강한 연대이다. 〈표 Ⅴ-4〉는 요녕성 심양 한국인회의 네트워크 현황이다.

---

17) 본 회는 그 이후에도 2차, 3차, 4차 세계한상대회에 매년 참가하고 있다.

<표 V-4> 요녕성 심양 한국인회 네트워크 현황

구 분		연대단체
지역 연대	한인단체	중국한국인회, 재하얼빈한국인회, 재무순한국인회, 재대련한국인회, 재단동한국인회, 재안산한국인회, 재장춘한국인회, 재연변한국인회, 재목단강한국인회, 심양조선족련의회, 심양노인회, 심양시조선족기업가협회, 심양시조선족교육자협회, 요녕성 조선어학회, 심양투자기업협회, 심양시 조선족문학회, 심양시 조선족경제문화교류협회, 심양시 중앙교회, 한국심양총영사관
	외국인단체	
	정부기관	심양시 당공안국, 심양시 규율검사위원회, 심양시 정부
국제 연대	한인단체	
	외국인단체 및 정부기관	
모국 연대	국내단체	재외동포재단, 성남시 예총, 충북대학교 태권도단, 정읍시부녀회
	정부기관	교육인적자원부, 국회
한민족연대		제1차, 제2차, 제3차, 제4차 세계한상대회

(4) 연대의 특징과 문제점

심양 한국인회의 지역연대는 교류면에서 지역한인회에 너무 편중되어 있다. 한국인회의 심양에서의 영향력 증대를 위해서는 지역한인회에 집중된 네트워크를 탈피하여 조선족단체 및 정부기관과의 네트워크에 좀 더 많은 심혈을 기울여야 한다. 또한 심양에서 소수민족단체로 구분되는 심양 한인회는 지역적 위상을 높이기 위해서라도 외국인단체와 교류하는 다원적 네트워크를 구축해야 한다.

국제연대는 전혀 없으며, 모국연대는 쟁점에 따라 접촉하는 단발성 교류가 많았다. 한민족연대에 적극 참가하는 적극성을 보여주고 있지만, 세계한상대회가 너무 회의 중심으로 운영되다 보니, 공동체 간 실질적 교류가 이루어지지 못하고, 형식에 치우친 교류 형태로 진행되고 있다. 이런 상황을 고려하여 심양 한국인회 스스로 다른 단체와 실질적 협력을 이끌어 낼 수 있는 네트워크의 구축에 노력해야 한다.

5) 산동성 청도 한국상회

(1) 지역연대

○ 1997년부터 매월 1회, 청도 총영사관과 간담회 개최 및 교류를 하고 있다.

○ 2000년 1월부터 현재까지 연대, 위해, 제남, 유방, 덕주 한국상회와 매월 1회씩 사무국장 간담회를 갖고 있다.

○ 2003년 1월 : 청도 한국상회가 조선족노인회의 운영에 보탬을 주고자 매년 일정액의 금액을 지원하고 있다.

○ 2003년 8월 : 본 회는 교주시에서 여성들을 위해 활발한 공익 활동을 펼치고 있는 교주 여성단체의 활동을 지원하고 있다.

○ 2004년 7월 : 제1회 청도 한국주간이 열렸다. 청도총영사관과 청도시 정부가 공동으로 개최한 한국주간에 본 회는 컴퓨터게임 경기, 마라톤 대회, 한·중투자법률자문회의, 한국기업 교육장학금 모금 행사 등을 주관하였다.

○ 2004년 9월 : 주청도총영사관 개관 10주년을 맞아 총영사, 청도시장, 청도 한국상회장의 축사, 연대 한국상회장의 건배가 있었다. 이 외의 참여단체는 제남 부시장, 청도 대외경제무역국, 외상투자협회, 청도 한국무역관장, 흑룡강신문, 동북저널, 청도TV 등 각계 인사 250여 명이 축하해 주었다.

○ 2004년 12월 : 한국 주청도영사관과 산동성 인민정부가 주최, 산동성 대외경제무역합작청이 주관한 "한국과 산동성 경제무역합작 포럼"이 열렸다. 한국과 산동성의 대외무역교류와 합작을 확대하는 주제를 가지고 토론했으며, 무역협력 가능 방안과 안건이 제시되었다. 참여단체는 주청도총영사관, 산동성 인민정부, 주청도 대한민국무역관장, 각 지역 한국기업협회 대표 등 140여 명이 참가하였다.

○ 2005년 3월 : 청도시 노동국과, 청도시 대외경제무역합작국 및 외상투자협회와 간담회를 가졌으며, 한국의 중소기업청 청장과의 조찬 간담회도 있었다.

○ 2005년 3월 : 하북성 한단시 숭대구 인민정부의 투자유치 설명회에 참석했으며, 청도에 한국 중소기업지원센터가 설치되어 개소식에 참가하였다.

○ 2005년 4월 : 청도시 경제발전연락원과 간담회, 윤봉길 기념사업회와 간담회, 총영사관 및 교육국과의 만찬 간담회를 가졌다.

○ 2005년 5월 : 대한상공회의소와의 간담회, 청도시 문화예술연합회와의 사생대회 관련 간담회, 청도시 규율위원회와의 간담회를 가졌다.

○ 2005년 6월 : 산동성 정치협상위원회와 간담회를 가졌으며, 청도유학생 체육대회에 참석하고, 3,000위안을 전달하였다.

○ 2005년 8월 : 산동성 동영시 정부와의 간담회를 가졌다.

○ 2005년 9월 : 청도일본인회 및 청도일본인학교의 제2회 체육대회에 참석으며, 청도한인교회가 운동회를 개최하자, 본 회가 성금을 협찬하였다.

○ 2005년 10월 : 청도시 대외무역경제합작국과의 간담회를 개최했다.

○ 2005년 12월 : 북경에서 개최된 재중한국인회 총회에 참석했으며, 청도일본인협회 회장단과 간담회를 가졌다. 청도 조선족기업협회의 송년회에 참석했다.

○ 2006년 2월 : 재중한국공예품협회 신임회장 취임식에 참석하여 축하해 주었다.

청도 한국상회의 교류는 지역한인회, 한인단체, 조선족단체로 구분된다. 지역 한인회와의 교류는 친목 및 상호협력 차원에서 지속적, 접촉 빈도가 많은 강한 연대를 보여주고 있다. 한인단체와 교류는 지원금 후원 및 투자 관련 교류가 많았다. 조선족기업가협회와 청도 한국상회의 교류는 단체 상호간 친목차원에서의 교류이며, 다른 조선족단체와의 교류는 주로 물질적 지원 차원에서 행해지고 있었다. 외국인단체와 청도 한국상회의 네트워크는 문화예술, 투자 간담회 중심의 교류이다. 한국 총영사관과 교류는 접촉 빈도가 많았으며 지속적인 교류가 진행되고 있었다. 청도시 정부나 산동성 정부와 청도 한국상회의 네트워크는 친목, 투자 간담회, 사업 애로사항의 건의, 한·중 우호증진 등의 이유로 교류가 행해지고 있다.

(2) 국제연대

○ 2005년 7월 : 청도 한국상회를 오사카 한인상공회가 방문하였다. 간담회를 통해 두 단체 간 교류를 활성화하기로 했다

경제 관련 활동을 하는 청도 한국상회와 오사카 한인상공회는 두 단체 간 친목 및 경제 정보의 공유 차원에서 교류가 있었으며, 청도일본상회와의 교류는 친목 위주의 교류였다.

(3) 모국연대

○ 2004년 12월 : "한국과 산동성 경제무역합작 포럼"이 열렸다. 한국과 산동성의 대외무역교류와 합작을 확대하는 주제를 가지고 토론했으며, 무역협력 가능 방안과 안건이 제시되었다. 모국의 참여단체는 한국외교통상부, 각 지역 한국기업협회 대표 등 140여 명이 참가하였다.

○ 2005년 5월 : 대한상공회의소와의 간담회를 가졌다.

○ 2005년 7월 : 한국 강남대학교 교수진이 본 상공회를 방문하여 간담회를 가졌다.

세계한상대회와 관련해 청도 한국상회는 재외동포재단과 교류하고 있으며, 강남대와는 친선 차원, 대한상공회의소와 청도 한국상회 간 교류는 투자 간담회 중심으로 네트워크가 구축되었다. 청도 한국상회와 모국단체 간 교류는 일회성, 약한 연대이다. 중소기업청과 교류는 청도

에서 활동하는 한국상회 회원들의 애로사항 및 현지의 사업 여건을 주제로 간담회를 가졌으며, 외교통상부와는 경제무역합작 포럼을 계기로 만남이 이루어졌다. 접촉 빈도는 낮으며, 일회성 교류이다.

(4) 한민족연대

○ 2005년 9월 : 제4차 세계한상대회에 참석했으며, 미국, 일본, 호주, 독일 등 전 세계 각지의 한인회와 교류의 기회를 가졌다.

제4차 세계한상대회에 참여하여 해외 각지의 한인단체와 교류를 가졌지만, 실질적인 교류이기보다는 형식적 차원에 머물렀다. 〈표 V-5〉는 산동성 청도시 한국상회의 네트워크를 표로 정리한 내용이다.

〈표 V-5〉 산동성 청도 한국상회 네트워크 현황

구 분		연대단체
지역 연대	한인단체	연대·위해·제남·유방·덕주한국상회, 심양한국인회, 흑룡강신문, 동북저널 재중한국공예품협회, 청도유학생회, 청도한인교회, 중소기업지원센터, 재중국한국인회, 윤봉길기념사업회, 교주 여성단체, 조선족노인회, 청도조선족기업가협회, 청도한국무역관
	외국인단체	청도TV, 청도문화예술연합회, 청도시경제발전연락원, 청도무역촉진위원회
	정부기관	한국주청도총영사관, 제남시정부, 산동성정부, 산동성대외경제무역합작청, 청도황도개발구, 청도시정부, 노동국, 청도시대외경제무역합작국, 외상투자협회, 하북성한단시숭대구인민정부, 청도시규율위원회, 귀양시정부, 산동성정치협상위원회, 산동성동영시정부
국제 연대	한인단체	오사카한인상공회
	외국인단체 및 정부기관	청도일본인회, 청도일본인학교
모국 연대	국내단체	재외동포재단, 한국 강남대학교, 대한상공회의소
	정부기관	한국외교통상부, 중소기업청
한민족연대		제4차 세계한상대회

(5) 연대의 특징과 문제점

청도 한국상회의 지역연대는 비교적 교류의 폭이 넓다. 즉 다양한 한인단체, 주류사회단체, 정부기관과 활발한 네트워크를 갖고 있다. 청도 한국상회는 동일 업종 단체인 조선족기업가협회와의 정식 교류를 갖지는 않았으며, 단지 조선족 여성이나 노인단체를 지원하는 형태로 조선족단체와 네트워크를 형성하고 있다. 중국 한국인회를 제외하고는 지역 한인회에서 볼 수 없었던 한인단체 간 국제연대가 청도 한국상회의 네트워크에서 나타나고 있다. 일본 오사카 한인상공회와 교류관계이다. 그리고 청도에서 경제활동을 하고 있는 청도 일본상회와도 친선 차원의 교류를 가짐으로써 다양한 형태의 네트워크를 갖고 있다. 모국연대, 한민족연대는 보통 수준에서 행해지고 있었다.

2. 노인단체

1) 흑룡강성 하얼빈 노년문화협회

(1) 지역연대

○ 회원 1,200여 명을 갖고 있는 하얼빈 노년문화협회는 산하에 4개의 분협회를 두고 있다. 정기적으로 문화, 체육 활동을 하고 있으며, 노년대학도 운영하고 있다.

○2005년 5월 : 하얼빈시 노년문화협회의 산하 소속단체인 예술단을 이끌고 동북3성, 북경, 청도를 돌면서 위문공연을 하였다. 각 지역 한인회 및 한국상회 관계자들의 후원, 그리고 지역 로인협회와 노인들의 협조로 성황리에 공연을 마쳤다.

○ 2005년 7월 : 하얼빈시 정부의 후원으로 '제1회 하얼빈 한국주' 행사가 개최되었다. 본 노년문화협회를 비롯해 흑룡강성 정부, 하얼빈 한국인회, 심양 총영사관 관계자 등이 참석하였다.

○ 협회는 동북3성의 각 노년협회, 산동성 청도 조선족노년협회와 상호 친목도모, 활동의 활성화를 목적으로 교류관계를 맺고 있다.

하얼빈 노년문화협회는 동북3성의 노년협회와 상호 친목도모 차원에서 교류를 갖고 있으며, 노년협회의 산하 소속 단체인 예술단 공연을 계기로 각 지역 한인회 및 한국상회와 네트워크를 갖고 있다. 노인단체의 활동이 활발치 않은 관계로 외국인단체와의 연대는 없다. 정부기관과 하얼빈 노년문화협회의 교류는 하얼빈시 한국주 행사 때문에 맺어졌다. 연대의 강도는 높지 않다. 〈표 V-6〉은 흑룡강성 하얼빈 노년문화협회 네트워크를 요약해 놓은 표이다.

〈표 V-6〉 흑룡강성 하얼빈 노년문화협회 네트워크 현황

구 분		연대단체
지역 연대	한인단체	요녕성 노년협회, 길림성 노년협회, 동북3성 한인회 및 한국상회, 재중 한국인회, 재중국 한국상회, 청도조선족노년협회
	외국인단체	
	정부기관	심영총영사관, 흑룡강성 정부, 하얼빈시
국제 연대	한인단체	
	외국인단체 및 정부기관	
모국 연대	국내단체	
	정부기관	
한민족연대		

(2) 연대의 특징과 문제점

하얼빈 노년문화협회의 주요 구성원이 노인들이며, 재정 상태가 풍족하지 않은 관계로 국제연대, 모국연대, 한민족연대 등이 없는 것으로 나

타났다. 단지, 산하 예술단을 이끌고 중국의 한인을 대상으로 공연을 펼치는 것이 노년협회의 대외 활동의 전부이다.

2) 요녕성 심양시 조선족노인협회

(1) 지역연대

○ 1998년부터 재중한인 사회단체인 심양한국인회를 중심으로 주중 심양 총영사관, 심양에 진출한 한국기업체인 대한항공, 아시아나, 삼보컴퓨터, 롯데캐논 등의 기업들과 교류를 하고 있다. 이들 단체로부터 많은 노인협회 운영과 관련하여 많은 지원과 도움을 받고 있다.

○ 1998년 심양조선족기업가협회, 요녕성 조선족기업가협회, 조선족부녀협회 등과 정기적으로 문화 및 노인 관련 문제로 교류하고 있다.

○ 2003년부터 현재까지 각급 조선족단체, 즉 요녕성 조선어학회, 요녕성 조선족경제문화교류협회, 요녕성 민족과학기술보급협회, 요녕성 조선족문학회 등과 조선족 친목도모 및 화합을 목적으로 매년 일상적 교류를 갖고 있다.

○ 2004년 10월 : 노인협회의 문예공연에 심양시 조선족기업가협회가 2,000위안의 후원금을 제공하였다. 청도시 조선족기업가협회와 교류 및 협력사업을 하고 있다.

○ 2005년 3월 : 서탑 한미성에서 심양시 조선족기업가협회가 노인협회 임원들을 초청하여 상호 교류의 확장, 2만 위안의 후원금 그리고 식사를 제공하였다.

○ 2006년도부터 사단법인 요녕발해대학후원회가 연 20,000위안의 정기적 후원금을 지원하기로 약속하였다.

요녕성 심양시 조선족노인협회의 지역연대를 보면 첫째, 심양한국인회를 비롯해 한국 기업들과 지속적 교류관계를 형성하여 지원을 받고 있었다. 또한 조선족 사회단체와도 정기적 네트워크를 형성하면서 협회

운영에 있어 물질적 지원을 받고 있는 것으로 나타났다. 둘째, 노인단체의 특성상 단체 운영에 있어 외부의 지원이 없으면 많은 어려움이 있다. 심양시의 외국인단체, 심지어는 심양시 정부와도 교류가 없는 것으로 알려져 있다. 단지 한국정부를 대표하는 심양영사관과의 교류가 있을 뿐이다. 국제연대는 없었다.

(2) 모국연대

○ 1999년부터 충청남도 공주시와 연1회 정기 교류행사를 갖고 있다. 공주시의 초청으로 "공주시장배 노인 게이트 볼"에 참여하고 있으며, 더불어서 2005년부터는 본 단체와 공주시 노인회가 한·중 노인들 간 문화교류를 맺었다.

○ 2001년 조선족노인협회와 강원도 홍천군 사이에 상호 문화교류의 일환으로 아리랑 예술단의 홍천 공연이 행해졌었다.

○ 2003년에는 대구방송국 초청으로 아리랑 예술단의 대구 공연이 있었다.

○ 2006년 5월 경상남도 진주문화원의 초청으로 본 노인회 아리랑 예술단의 진주공연이 성황리에 거행되었다.

심양시 조선족노인협회의 모국연대는 두 종류이다. 하나는 공주시의 초청으로 공주시 노인회와 문화교류를 갖고 있다. 두 번째는 노인협회의 산하단체인 아리랑예술단의 공연을 계기로 네트워크를 맺고 있는 경우이다. 심양시 조선족노인협회의 한민족연대는 없었다. 재외동포재단, 재외동포경제단체가 주최하는 한인대회에 노인단체는 초청 대상이 아닌 관계로 한민족연대에 동참할 기회도 갖지 못했다. 〈표 V-7〉은 요녕성 심양시 조선족노인협회의 네트워크이다.

〈표 V-7〉 요녕성 심양시 조선족노인협회 네트워크 현황

구 분		연대단체
지역 연대	한인단체	심양한국인회, 대한항공, 아시아나, 삼보컴퓨터, 롯데캐논, 조선족 부녀협회, 심양조선족기업가협회, 청도시조선족기업가협회, 요녕성 조선족기업가협회
	외국인단체	
	정부기관	한국주심양총영사관
국제 연대	한인단체	
	외국인단체 및 정부기관	
모국 연대	국내단체	공주시노인회, 대구방송국, 경상남도 진주문화원
	정부기관	충청남도 공주시, 강원도 홍천군
한민족연대		

(3) 연대의 특징과 문제점

심양시 조선족노인협회는 다른 조선족 사회단체와는 달리 지역연대 내에서 한인단체들과 폭넓은 네트워크를 구축하고 있다. 한국의 기업과 단체, 조선족 사회단체로부터 실비의 지원을 받고 있다. 이러한 경제적 환경은 노인협회의 교류를 활성화시키는 요인이다. 문제는 한인단체 외에는 지역연대 단체가 전혀 없다는 점이다. 소수민족의 노인단체, 또는 한족의 노인단체와 네트워크를 구축하는 것이 장기적으로는 요녕성에서 재중한인들의 활동에 긍정적으로 영향을 미칠 수 있다. 국제연대, 한민족연대는 없다.

노인협회의 아리랑 예술단의 운영이 모국연대의 토대가 되고 있다. 중국 조선족, 특히 노인단체의 경우 기본적으로 경제적 여건이 풍부하지 못하다. 모국 단체와의 교류 시 노인협회의 경제 여건상 상호교류는 지극히 어려운 형편이다. 따라서 한국의 단체나 정부는 노인협회의 교류에 있어 이들 단체의 풍족치 못한 경제적 여건을 배려하여야 한다.

3) 산동성 청도시 조선족노인협회

(1) 지역연대

○ 2003년 1월 : 청도 한국상회로부터 매년 일정액의 금액을 지원받고 있다.

○ 2004년 4월 : 청도 조선족기업협회와 지역 내 교류를 정기적으로 행하고 있다.

○ 2004년 5월 : 연대, 위해, 유방, 제남조선족노인협회와 공동으로 각 지역 노인들의 경제적 문제, 건강과 질병 등의 문제를 가지고서 논의하였다.

○2005년 5월 : 청도 조선족노인회는 하얼빈시 노년문화협회 소속의 예술단이 청도 공연을 하자 적극적으로 후원하였다. 이를 계기로 노년문화협회와의 연대가 강화되었다.

청도시 조선족노인협회는 같은 청도지역의 연대·위해·유방·제남 조선족노인협회와 노인들의 공통 문제, 즉 건강, 질병, 경제문제 등을 가지고 주기적으로 정보 교환 그리고 상호협력의 교류관계를 갖고 있다. 연대의 강도는 높은 편이다. 또한 하얼빈 노년문화협회의 예술 공연을 적극적으로 지원하는 연대를 맺고 있다. 조선족노인협회의 운영이 재정적으로 어려움을 격자 청도 한국상회와 조선족기업협회가 동포 차원에서 매년 물질적 지원을 해 주고 있다. 청도시 조선족노인협회와 지원을 해주는 단체와의 연대는 지속적이며, 연대 강도 또한 높다고 평가할 수 있다.

(2) 모국연대

○ 2005년 1월 : 청도조선족노인회와 대한노인회 포항시지회가 자매결연 의향서를 조인하였다.

한국의 경상북도 포항시 노인회와 청도시 조선족노인협회가 자매결연을 맺었다. 정부기관과의 연대는 없다. 〈표 V-8〉은 산동성 청도시 조선족노인협회의 네트워크 현황이다.

<표 V-8> 산동성 청도시 조선족노인협회 네트워크 현황

구 분		연대단체
지역 연대	한인단체	청도조선족기업연합회, 연대·위해·유방·제남 조선족노인협회, 청도 한국상회, 하얼빈 노년문화협회
	외국인단체	
	정부기관	
국제 연대	한인단체	
	외국인단체 및 정부기관	
모국 연대	국내단체	대한노인회 포항지회
	정부기관	
한민족연대		

(3) 연대의 특징과 문제점

청도시 조선족노인협회는 청도시 인민정부로부터 공식적 허가를 받지 못한 관계로 많은 재정적 어려움에 처해 있다. 즉 청도시 정부의 지원을 하나도 못 받고 있는 실정이다. 따라서 단체 운영을 자체 경비로 충당하여야 한다. 이러한 점이 노인협회의 대외활동을 위축시키고 있다. 청도시 조선족노인협회는 청도시 정부와 접촉하여 공식적 허가를 받을 수 있는 여건을 조성해야 하며, 청도 한국상회나 조선조기업협회에 허가에 관한 자문과 도움을 요청하여야 한다. 청도시 조선족노인협회의 열악한 환경은 지역연대에서 외국인단체 또는 정부기관과 전혀 교류가 없게 만들고 있으며, 이는 국제연대, 한민족연대에서도 동일한 결과로 나타났다.

3. 직능단체

1) 북경 고려문화경제연구회

(1) 지역연대

○ 2004년 : 중국 조선족 경제인연합회 주최로 세계 각국의 경제인연합회 회원 150여 명을 초청하여 경제 세미나를 개최하였다. 본 회의 회장단 일행이 참여하였다.

○ 2004년 10월 : 연변꽃노을 예술단을 북경으로 초청하여 공연을 가졌다.

○ 2005년 3월 : 3·8 국제여성의 날을 맞아 전국부녀연합회가 개최한 대회에 참석하여 축하를 보냈다.

○ 2005년 4월 : 본 회는 북경조선족 봄맞이 축제를 개최하였다. 중국한국상회, 재중국한국인회, 북경한인회 등이 참여하였다.

○ 2005년 4월 : 본 회의 주최로 서울에서 해외무역 세미나를 개최하였다. 대한무역협회, 중국한국상회, OKTA 등이 참석하여 해외무역의 현황, 어려움, 대중수출의 확대 방안 등을 놓고 열띤 토론을 하였다.

○ 2005년 6월 : 흑룡강성 조선족 공연단이 북경에 거주하는 조선족을 대상으로 위문공연을 했다. 본 회가 이를 후원하였다.

○ 2005년 10월 : 대한민국 중소기업청이 주최한 '중소기업 우수 제품박람회'에 본 회를 비롯, 재중국한국상회 등이 참석하였다.

○ 2005년 10월 : 중국조선족 기업가 연찬회를 개최하였다. 길림성조선족기업가협회, 연태조선족기업가협회, 중국한국상회, 중국 조선족상공인연합회 대표들이 참석하여 자리를 함께 하였다.

○ 2006년 1월 : 새해맞이 한인의 밤 모임이 재중국한인회 주최로 열리자, 본 회의 회장단이 참석하여 축하해 주었다.

　○ 2006년 3월 : 현대그룹과 조선족 기업인의 좌담회가 북경에서 있었다. 재중한국상회, 중국 조선족상공인연합회, 본 회의 회장단이 참석하여 진지한 논의를 했으며, 현대그룹과 조선족기업과의 교류확대에 의견 접근을 보았다.

　○ 2006년 4월 : 중국 조선족상공인연합회 창건 60돌 기념 경축에서 북경의 조선족기업인들과의 본 회가 교류를 하였다.

　고려문화경제연구회는 지역 내 한인단체와 경제와 무역 세미나 및 친선 교류, 문화예술 공연 지원, 각종 축제, 기업인 교류 등을 중심으로 교류관계를 맺고 있었다. 이들 단체와는 지속적, 강한 연대를 갖고 있다. 외국인단체 및 정부기관과의 교류는 없었으며, 여성의 날을 맞아 매년 중국의 전국부녀연합회가 주최한 대회에 참석하고 있다.

(2) 국제연대

　○ 2004년 : L.A.세계한인무역협회에 본회의 대표단을 파견하여 상호 정보교류 및 단체 친목을 도모하였다.

　○ 2004년 5월 : 국제고려학회 주최로 일본 오사카에서 세미나가 열렸다. 본 회는 다른 경제인들과 함께 참가했다.

　○ 2005년 6월 : 재중국일본상회와 본 회는 공동으로 중일문화경제인들 간 친선의 자리를 가졌다.

　○ 2005년 8월 : 멕시코 세계무역인대회가 개최되어 본 회의 대표단이 참가했다.

　○ 2005년 11월 : 본 회는 일본의 조총련과 경제·문화부문에 대한 교류 합작에 대해 합의서를 교환하였다

　○ 2006년 4월 : 재일본조선인상공연합회 60돌 기념 축하를 위해 회장단 일행이 방문하여 축하해 주었다.

　국제연대에서 고려문화경제연구회의 한인단체 간 교류를 보면 일본

의 한인단체와 경제문제를 중심으로 교류관계를 형성하고 있으며, 미국 L.A.세계한인무역협회가 주최한 회의에도 참석하여 여러 나라의 한인단체와도 교류를 갖고 있다. 한편 외국인단체와 고려문화경제연구회의 네트워크는 일본과 멕시코의 경제단체와 경제부문에서 교류하고 있다. 교류의 일회성 측면이 강하며, 또한 연대강도도 낮은 편이다.

(3) 모국연대

○ 2004년 4월 : 경로 예술단과 북경에서 연합 공연을 가졌다.

○ 2004년 9월 : 보리수합창단과 북경에서 연합공연을 가졌다.

○ 2005년 4월 : 고려문화경제연구회 주최로 서울에서 해외무역 세미나를 개최하였다. 대한무역협회, OKTA 등이 참석하여 해외무역의 현황, 어려움, 대중수출의 확대 방안 등을 놓고 토론하였다.

○ 2005년 5월 : 서울시 성북구청의 주최로 '2005 아리랑축제'가 열렸다. 성북구청의 초청을 받아 본 회의 회장단이 참석하였다. 성북구청과 본 회는 두 단체 간 교류 확대의 폭을 넓히기로 의견을 모았다.

○ 2005년 10월 : 대한민국 중소기업청이 주최한 '중소기업 우수 제품박람회'에 본 회를 비롯, 재중국한국상회 등이 참석하였다.

○ 2006년 3월 : 현대그룹과 조선족 기업인의 좌담회가 북경에서 있었다. 본 회의 회장단이 참석하여 진지한 논의를 했으며, 현대그룹과 조선족기업과의 교류확대에 대해 의견을 나누었다.

고려문화경제연구회의 국내단체 네트워크는 크게 2분류이다. 경제와 문화 영역이다. 경제단체와 친선교류, 무역과 경제 관련 세미나, 기업간 담회 등을 통해 교류관계를 맺고 있다. 한편으로는 국내 공연단의 중국 예술공연을 지원하는 교류를 갖고 있는 것으로 나타났다. 정부기관과의 교류는 아리랑축제를 계기로 성북구청, 그리고 중소기업청의 무역박람회에 참가하는 정도였다.

(4) 한민족연대

○ 2004년 10월 : 재외동포경제단체가 주관한 제3차 세계한상대회에 참가했다.

○ 2005년 8월 : '자주평화통일을 위한 8 · 15민족대축전'이 서울에서 개최되었다. 광복 60돌이 되는 8월 15일을 기념하기 위해 남과 북, 해외가 함께하였다. 통일연대, 민중연대, 민주노동당, 일본의 한총련, 중국의 고려문화경제연구회 등이 참석하였다.

○ 2005년 9월 : 제4차 세계한상대회에 참가했다.

재외동포경제단체가 주관, 재외동포재단이 주최하는 세계한상대회, 우리민족서로돕기운동본부가 주최한 8 · 15민족대축전에 참여하고 있다. 〈표 V-9〉는 고려문화경제연구회의 네트워크 현황이다.

〈표 V-9〉 고려문화경제연구회 네트워크 현황

구 분		연대단체
지역 연대	한인단체	흑룡강성 조선족공연단, 중국조선족경제인연합회, 재중국한인회, 북경한인회, 중국한국상회, 길림성조선족기업가협회, 중국조선족상공인연합회, 연태조선족기업가협회, 연변꽃노을예술단
	외국인단체	전국부녀협회
	정부기관	
국제 연대	한인단체	국제고려학회, 재일본조선인상공회, 재일조총련, L.A.세계한인무역협회
	외국인단체 및 정부기관	재중국일본상회, 멕시코 세계무역인대회
모국 연대	국내단체	세계해외무역협회(OKTA), 재외동포경제단체, 보리수합창단, 경로예술단, 현대그룹, 대한무역협회
	정부기관	서울시 성북구청, 중소기업청
한민족연대		제3차세계한상대회, 제4차세계한상대회, 자주평화통일을 한 8 · 15민족대축전

(5) 연대의 특징과 문제점

고려문화경제연구회의 네트워크는 경제 및 무역, 예술 공연, 친선교류 등 3개 영역에서 교류가 활발하게 행해지고 있었다. 고려문화경제연구회의 활동 영역이 중국의 북경이라면 단체의 위상과 높은 영향력 행사를 위해서 반드시 외국인단체 및 정부기관과의 교류가 필수적이다. 한인단체와의 교류도 중요하지만, 장기적으로 보면 외국인단체 및 정부기관과의 접촉 기회를 모색하고 교류할 수 있는 여건을 조성하여야 한다. 국제연대, 모국연대에 많은 관심을 갖고 있는 고려문화경제연구회는 일본의 조총련과 경제관련 교류를 갖고 있다. 일본에서 네트워크의 확대를 위한 방안으로 재일민단의 경제단체와도 교류를 갖는 기회를 모색해보아야 한다.

2) 길림성 연변 국제공공관계협회

(1) 지역연대

○ 1996년 : 연변해외문제연구소와 공동으로 '중국 조선족 백년사 공정', '중국 조선족 역사'를 출간하였다.

○ 1999년 : 본 회의 회장단이 한국의 대한컬링경기연맹 공천섭 회장이 훈춘에 쌍룡모방직회사를 설립하는 데 투자 조언을 해 주었다.

○ 2000년 : 국제공공관계협회는 조선족사기피해사건과 관련하여 중국조선족상조회를 도와 한국에 중국조선족 사기피해자 2차 1,000명이 산업연수생으로 입국하는 데 큰 도움을 주었다.

○ 2001년 8월 : 청산리항일대첩기념비 건립에 있어 본 회가 이 사업을 추진하였다. 한국광복회, 연변조선족자치주인민정부, 화룡시인민정부의 후원과 지원으로 기념비 건립이 이루어졌다.

○ 2002년 : 연변대학교와 '당대 중국 \조선족'과 '당대 중국조선족 인물록'을 공동으로 출판하였다.

○ 2002년 : 본 협회는 중국사회과학원과 함께 '중국 WTO 가입: 동북아 경제 형세'를 주제로 세미나를 개최하였다. 중국 경제의 향후 전망에 대해 많은 학자들의 의견이 제시되었다.

○ 2004년 : 연변작가협회와 함께 '중국조선족 근대사약간 문제', '중국조선족 혁명 후쟁사'를 출판하였다.

○ 2004년 8월 : 본 협회의 창립 10주년을 맞아 연변시 정부, 연변 한국상회 등 많은 단체들이 참석하여 축하해 주었다.

국제공공관계협회는 지역의 한인단체와 친선교류, 투자 조언, 조선족 상조회 지원 등의 목적으로 네트워크를 형성하고 있다. 연대강도는 높지 않은 편이다. 외국인단체와의 교류를 보면 공동으로 조선족 관련 책자 발간, 경제 세미나 개최, 외부단체의 지원을 주선하는 등과 관련해 교류하고 있다. 국제공공관계협회의 정부기관 교류는 친목 차원에서 행해지고 있다.

(2) 국제연대

○ 1999년 : 재미한인상공연합회와 공동으로 중·미 조선족 기업인 련의회를 개최했다. 두 단체는 현재의 모임을 계기로 교류를 확대하기로 결정하였다.

국제공공관계협회가 미국의 한인상공연합회와 함께 세미나를 개최한 것이 계기가 되어 현재까지 상호간 정보교류 및 친선 차원에서 네트워크가 지속되고 있다. 교류의 지속성과 연대강도가 높은 네트워크를 갖고 있다.

(3) 모국연대

○ 본 협회의 주선으로 재외동포재단은 연변방송국, 연변대학교, 용정 공중, 연변사범학교, 연길시 중앙소학교, 연길시11중학교에 각각 50만 원을 기부하였다.

○ 1997년 : 본 협회의 주선으로 한국광명회사 국제본부가 룡정과 화룡에 문화회관을 설립하였다.

○ 2001년 8월 : 국제공공관계협회가 주도적으로 청산리항일대첩기념비 건립사업을 추진하였다. 한국광복회의 후원과 지원으로 기념비 건립이 성사되었다.

국제공공관계협회는 모국단체의 연길시 조선족 학교 및 방송국 지원, 문화회관과 윤동주 기념비 건립 등 다양한 형태로 모국의 단체와 교류하고 있다.

(4) 한민족연대

○ 2000년 1월 : 뉴욕에서 세계한민족포럼이 개최되었다. 한반도 통일, 21세기 통일시대를 위한 해외 한민족의 과제와 역할 등에 관한 세미나 발표가 있었다. 유엔주재한국대사, 유엔주재북한대사, 독일 나우만재단, 뉴저지 길벗교회, 한민족포럼재단, 재외동포재단, 월간 한민족, 연변 국제공공관계협회, 우리민족서로돕기운동본부 등의 단체 및 관계자들이 참석하였다.

○ 2005년 6월 : 재외동포재단의 주최로 열린 2005 한인회장대회에 참가하였다.

국제공공관계협회는 2000년 세계한민족포럼, 2005년 한인회장대회에 참석하는 등 한민족연대 구축에 적극성을 보이고 있다. 〈표 V-10〉은 연변 국제공공관계협회의 네트워크를 표로 정리한 것이다.

〈표 Ⅴ-10〉 연변 국제공공관계협회 네트워크 현황

구 분		연대단체
지역 연대	한인단체	중국 조선족상조회, 연변 한국상회, 쌍룡모방직회사
	외국인단체	연변해외문제연구소, 중국사회과학연구원, 연변작가협회
	정부기관	연변 조선족자치주 정부, 화룡시 정부, 연변시 정부
국제 연대	한인단체	미국한인상공연합회
	외국인단체 및 정부기관	
모국 연대	국내단체	한국광명회사 국제본부, 재외동포재단, 한국광복회
	정부기관	
한민족연대		2000 세계한민족포럼, 2005 한인회장대회

(5) 연대의 특징과 문제점

국제공공관계협회는 조선족 사회와 외부 단체와의 교류를 주선하는 데 최선을 다하고 있다. 물품 지원, 문화회관 건립, 윤동주 기념비 건립, 경제인 교류 주선, 투자 조언, 한민족연대 참여, 조선족 책자 출판 등 다양한 교류 활동을 보이고 있다. 국제공공관계협회는 단체 운영의 재정적 어려움에도 불구하고 조선족 단체와 외부 단체와의 교류 주선에서 괄목할 만한 결과를 만들어내고 있다.

3) 흑룡강성 하얼빈시 조선족사업촉진회

(1) 지역연대

○ 하얼빈시 기업가협회의 조선족 기업인과 한족 기업인들의 만남의 자리를 본 회가 주선하였다. 이들 간 협력의 네트워크를 구축하는 데 도움을 주었다.

○ 북경 조선족경제문화발전협회의 전문가들을 본 협회가 초청하여 조선족 발전에 대한 유익한 강의를 듣고 교류하고 있다.

〈표 V-11〉 흑룡강성 하얼빈시 조선족사업촉진회 네트워크 현황

구 분		연대단체
지역 연대	한인단체	하얼빈시 한국인회, 북경 조선족경제문화발전협회, 조선민족예술관, 흑룡강신문사, 노인협회
	외국인단체	하얼빈시 기업가협회
	정부기관	하얼빈시
국제 연대	한인단체	
	외국인단체 및 정부기관	
모국 연대	국내단체	
	정부기관	
한민족연대		

○ 2004년 8월 : 하얼빈시 조선민족예술관과 조선족사업촉진회가 공동 주관하는 '하얼빈 조선족민속제 및 전통운동회'가 열렸다. 하얼빈시 선전부, 문화국, 민족종교사무국이 공동 주최하였다. 이번 축제는 민속문화 행사와 전통 체육대회가 처음으로 함께 진행된 행사이다.

○ 2005년 12월 : '하얼빈시 교외조선족촌 경제발전연구 토론회'가 열렸다. 본 협회와 흑룡강신문사가 공동 주최한 회의에서 하얼빈 시도 시대개발의 기회를 포착해, 교외조선족촌 경제를 발전시켜야 한다는 주장이 대두되었다.

○ 2006년 3월 : 하얼빈시에 개관 예정인 조선족민속박물관 개설에 관한 연구토론회가 조선족사업촉진회, 노인협회, 조선족예술관 등 여러 조선족 단체와 인사들이 참여한 가운데 조선족예술관에서 열렸다.

조선족사업촉진회의 네트워크는 친선의 자리 주선, 친목 도모, 초빙 강연회 개최, 민족문화와 체육대회 행사 개최, 조선족 발전 관련 세미나 및 회의, 연구 토론회 개최 등으로 요약될 수 있다. 한인단체와는 연구 토론회, 세미나, 친선 도모를 목적으로 교류관계를 구축하고 있다. 하얼 빈시 기업가협회와의 네트워크는 협회 소속 회원들 간 협력 네트워크 발판을 제공하고 있다. 정부기관인 하얼빈 시와는 조선족 문화예술 및

체육대회와 관련해 하얼빈시의 후원을 받는 교류를 갖고 있었다. 〈표 V-11〉은 흑룡강성 하얼빈시 조선족사업촉진회의 네트워크이다.

(2) 연대의 특징과 문제점

조선족사업촉진회의 국제연대, 모국연대, 한민족연대는 없는 것으로 나타났다. 지역연대에 조선족사업촉진회의 모든 교류가 편중되어 있다. 경제, 조선족 민족문화 예술, 조선족 문제를 중심으로 단체 활동이 이루어지고 있었다. 단체 활동을 활성화시키기 위해서는 좀 더 많은 단체와 접촉할 필요성이 있다. 모국의 시민사회단체와 연결하여 단체 활동의 폭을 넓히는 것도 단체 발전을 위해 바람직한 방향이다.

4) 요녕성 조선족경제문화교류협회

(1) 지역연대

○ 1991년 8월 : 심양에 있는 세종조선어학원과 함께 조선족을 대상으로 조선족 문화 보급의 확대에 대해 협의하였다. 앞으로 두 단체가 보다 우호적인 협력관계를 갖기로 했다.

○ 1992년 8월 : 요녕성에 위치한 조선족 실험직업학교와 조선문화의 보존과 발전을 위한 교류협정을 체결하였다.

○ 1999년 : 조선족기업가협회와 경제문제를 주제로 일상적 교류를 갖고 있으며, 조선족기업가협회로부터 여러 가지 지원을 받고 있다.

○ 2003년부터 현재까지 요녕성 조선어학회, 요녕성 민족과학기술보급협회, 요녕성 조선족문학회, 조선족노인협회 등과 조선족 친목도모 및 화합을 목적으로 매년 일상적 교류를 갖고 있다.

○ 2003년 7월 : 심양 한국인회와 공동으로 요녕성에 거주하는 조선족과 한국인과의 경제부문의 교류 확대, 조선 문화의 보급 및 발전에 기여하기 위한 문제를 가지고서 일상적 접촉을 갖고 있다.

○ 1995년에 중한경제무역사전과 항일투쟁 반세기를 출판했으며, 1996년 생활과 예절 한글판을 출판하였다. 2002년 겨레의 꿈 출판, 2005년 영재록을 출판하였다.

○ 2006년에는 지난 3년간 준비한 중한사전을 출판할 예정이다.

요녕성 조선족경제문화교류협회는 문화예술단체로 분류된다. 조선족경제문화교류협회의 지역연대를 보면 첫째, 심양 한국인회와 경제부문, 조선 문화의 보급을 목적으로 일상적 접촉을 하고 있다. 심양한국인회 외에는 요녕성의 다른 한국인회와 일체의 네트워크가 형성되어 있지 않다. 세종한국어학원과도 일회성 접촉관계를 가졌다. 둘째, 조선족경제문화교류협회는 같은 조선족 사회단체와는 긴밀한 유대관계를 형성함으로써 강한 연대의 관계를 유지하고 있었다. 특히 조선족기업가협회로부터 물질적 지원을 받고 있다. 셋째, 지역연대에서 외국인단체, 정부기관과 전혀 네트워크가 형성되지 않은 것으로 나타났다. 단체 목적에서 알 수 있듯이 주로 조선족과 관련된 민족문화의 보급, 발굴에 역점을 둠으로써 국제연대의 필요성을 찾지 못하고 있다.

(2) 모국연대

○ 2005년 5월 : '한국주간'을 맞아 경기도 성남시 상공회의소가 본 협회를 방문하였다. 이를 계기로 두 단체는 경제 및 문화 부문에서 협력하는 교류를 지속적으로 갖자고 논의하였다.

○ 2005년 9월 : 제4차 세계한상대회가 열렸다. 재외동포경제단체가 주최, 재외동포재단, 경기도, 매일경제신문이 주관하였다. 재외동포경제단체의 초청으로 본 단체가 참가하였다. 37개국 697명이 참가하였다(재외동포재단, 2004).

조선족경제문화교류협회는 한국 정부기관과의 연대가 없었다. 국내단체와의 연대로는 유일하게 성남시 상공회의소와 1회의 접촉이 있었지만, 교류가 계속되지는 않았다. 세계한상대회의 주최기관인 재외동포 경제단체가 본 협회의 대회 참석을 위해 초청장을 발부하였다.

(3) 한민족연대

○ 2005년 9월 : 한국 경기도 고양시에서 제4차 세계한상대회가 열렸다. 재외동포경제단체가 주최, 재외동포재단, 경기도, 매일경제신문이 주관하였다. 재외동포경제단체의 초청으로 본 단체가 참가하였다. 37개국 697명이 참석했으며, 길림성조선족기업가협회, 연태조선족기업가협회, 재중국한국인회, 중국한국상회, 천진 한국상회, 청도 조선족기업협회, L.A.한인의류협회, 동남아한상연합회, 미주한인상공인총연합회, 세계해외한인무역협회(OKTA), 재일한국상공회의소, 캐나다한인실업인협회 등이 한상네트워크의 확대와 발전 등에 대해 의견을 나누었다(재외동포재단, 2004).

조선족경제문화교류협회는 제4차 세계한상대회에 참석하였다. 한상대회에 참석했던 관계자에 따르면 대회가 너무 형식적인 행사로 진행

〈표 Ⅴ-12〉 요녕성 조선족경제문화교류협회 네트워크 현황

구 분		연대단체
지역 연대	한인단체	심양세종한국어학원, 심양한국인회, 조선족실험직업학교, 조선족기업가협회, 조선어학회, 민족과학기술보급협회, 조선족문학회, 조선족노인협회
	외국인단체	
	정부기관	
국제 연대	한인단체	
	외국인단체 및 정부기관	
모국 연대	국내단체	경기도 성남시 상공회의소, 재외동포경제단체
	정부기관	
한민족연대		2004 제4차세계한상대회

됨으로써 다른 단체와의 교류 네트워크 형성에 아무런 도움이 되지 않았다고 말했다. 〈표 V-12〉는 요녕성 조선족경제문화교류협회의 네트워크 현황이다.

(4) 연대의 특징과 문제점

조선족경제문화교류협회의 지역연대는 한인단체인 심양 한국인회와 일상적 교류 관계를 형성하고 있었으며, 주로 조선족 사회단체에 집중된 네트워크를 가지고 있었다. 소수민족 또는 주류사회단체, 정부기관과의 네트워크가 없는 관계로 단체 활동의 활성화가 이루어지지 못하고 있다. 또한 단체의 열악한 재정 사정은 조선족경제문화교류협회의 대외 활동을 제약하는 요인으로 작용하고 있다.

국제연대는 없었으며, 빈약한 모국연대, 한차례의 한민족연대 참여가 조선족경제문화교류협회의 대외활동이다. 조선족경제문화교류협회는 조선족 관련 책자를 지속적으로 출판하고 있다. 보다 원활한 한민족 관련 책자의 출판, 그리고 단체 활동을 위해서는 조선족 중심의 사회단체 교류로부터 탈피하여야 한다. 재정적 지원을 받을 수 있는 한국정부나 기업을 모색하여 조선족경제문화교류협회가 현재 추진하고 있는 사업의 취지를 설명하는 등 적극적 네트워크 형성에 전력을 다 해야 한다.

5) 산동성 청도 조선족기업협회

(1) 지역연대

○ 1998년 2월 : 청도시 기업협회로부터 '조선족분회' 정식비준 문건과 집체 회원증을 수령하였다.

○ 1998년 5월 : 본 협회는 재청도 로조선족과학가 및 고급지식인들을 초청하여 간담회를 가졌다.

○ 1999년 4월 : 청도시 민족종교국이 주최한 '제1회(아협컵) 소수민족운동대회'에 본 협회도 참석하여 경기를 치루었다.

○ 1999년 11월 : 흑룡강신문 "연해소식" 창간 2주년 기념행사에 참가하여 회장단이 축사를 하였다.

○ 2000년 5월 : 청도시 민족종교국과 청도 조선족기업협회 회장단이 간담회를 진행하였다. 협회의 참가자들을 청도 조선족 현황과 지역경제 발전에 대한 공헌 및 어려움 등 문제 등을 건의하였다.

○ 2000년 6월 : 본 협회의 주최로 청도시 조선족문학회와 간담회를 가졌다.

○ 2000년 9월 : 청도시 이창구 조선족 소학교가 개학하였다. 본 협회 회장단이 참석하여 축하하였다.

○ 2000년 12월 : 청도시 정부의 "민족사업 및 제3회 소수민족단결표창대회"에 참석하여, 본 회의 황민국, 박태선 등이 청도시 민족단결진보선진개인으로 상을 받았다.

○ 2001년 3월 : 청도 조선족기업인과 청도 해양대학 조선족 재학생과의 만남의 장 행사를 개최했다

○ 2001년 8월 : 협회알선으로 청도시 조선족부녀협회원들의 부산 방문이 있었다.

○ 2002년 1월 : 연변 가무단을 초청해 청도시 조선족 "노인님 모시는 날" 특별 위문공연을 개최하였다.

○ 2002년 11월 : 청도시 소수민족경제발전촉진회가 설립되어 본 협회가 회원으로 가입하였다.

○ 2003년 6월 : 주청도총영사관 박종선 총영사, 연대 조선족 기업인 윤동법 사장을 초청해 세계경제와 중국, 한국경제발전 동향 보고회를 개최하였다.

○ 2004년 3월 : 청도 온주상회 상인들과 교류회를 가졌다.

○ 2004년 11월 : 청도 조선족노인협회와 교류 및 협력을 가졌다.

○ 2005년 5월 : 청도 조선족기업협회 주최, 흑룡강신문사 산동지사 주관으로 제1회 금영컵 청도 조선족 노래자랑이 성양구 인민회당에서 개최되었다.

○ 2005년 7월 : 청도 조선족기업협회 정경택 부회장과 청도 조선족 골프협회 황동길 회장이 청도 조선족학교에 장학금을 전달했다.

○ 2005년 12월 : 청도 조선족기업협회 주최, 흑룡강신문사 산동지사의 후원으로 "제1회 중국조선족기업 교류회"를 개최하였다. 북경, 광주, 대련, 단동, 연변 등지에서 200여 개 기업대표가 참석하였다.

○ 2006 4월 : 주청도총영사관이 신축 청사로 이전하였다. 청도시 외사판공실, 청도 조선족기업협회, 청도 한국상회 등이 함께 자리해 축하하였다.

청도 조선족기업협회의 한인 교류단체 9개 중 7개는 조선족단체, 2개만 한인회였다. 청도 조선족기업협회는 조선족단체와 친교, 공연, 방문 주선, 장학금 전달, 간담회 형태로 교류가 진행되고 있었다. 교류의 지속성과 연대강도가 높은 편이다. 한인회 단체와의 교류는 주로 친교차원에서 행해지고 있다.

외국인단체와의 연대는 소속 회원사, 각종 허가, 친선 도모, 노래자랑의 공동 개최 등의 문제로 네트워크가 형성되고 있다. 특히 흑룡강신문사 및 산동지사와 청도 조선족기업협회와의 교류는 연대의 강도가 높으며, 교류가 지속성을 띠고 있었다. 마지막으로 정부기관과의 연대에서 청도시 민족종교국과 청도 조선족기업협회 간의 연대는 기업간담회, 운동대회 개최, 경제발전 간담회 등 다양한 주제를 가지고서 긴밀한 유대관계가 형성되어 있다. 나머지 정부기관과의 교류는 친선, 초청강연, 축하 차원에서 교류가 있었다.

(2) 국제연대 및 모국연대

○ 2003년 11월 : L.A. 오렌지카운티 한인상공회와 본 협회가 자매결연을 맺었다.

○ 2002년부터 세계한상대회 참가하는 관계로 재외동포재단과 교류하고 있다.

미국 L.A. 오렌지카운티한인상공회와 청도 조선족기업협회 간 교류는 자매결연을 체결하는 강한 연대의 네투워크를 가지고 있었다. 청도 조선족기업협회는 세계한상대회의 주관, 그리고 주최기관과 지속적 교류관계를 갖고 있다.

(3) 한민족연대

○ 2002년 10월 : 제1회 세계한상대회 참석을 계기로 대회에 매년 참가하고 있다. 제2회, 제3회, 제4회, 제5회 대회에 참가하는 회원수가 증가하고 있는 실정이다.

청도 조선족기업협회는 한국에서 개최된 제1회 세계한상대회부터 2006년 제4회 세계한상대회까지 한민족연대에 적극성을 보이고 있다. 〈표 V-13〉은 산동성 청도 조선족기업협회의 네트워크 현황이다.

〈표 V-13〉 산동성 청도 조선족기업협회 네트워크 현황

구 분		연대단체
지역 연대	한인단체	이창구조선족소학교, 청도조선족노인협회, 청도조선족골프협회, 청도 조선족문학회, 청도 한국상회, 청도조선족부녀협회, 청도조선족학교, 연변가무단, 청도 온주상회
	외국인단체	청도시소수민족경제발전촉진회, 청도시기업협회, 흑룡강신문사 산동 지사, 청도해양대학
	정부기관	청도시정부, 청도시 민족종교국, 청도시 당위원회, 중국 대외무역부, 주청도한국총영사관
국제 연대	한인단체	미국오렌지카운티한인상공회
	외국인단체 및 정부기관	
모국 연대	국내단체	재외동포재단, 재외동포경제단체
	정부기관	
한민족연대		제1회·제2회·제3회·제4회·제5회 세계한상대회

(4) 연대의 특징과 문제점

청도 조선족기업협회는 국제연대에서 외국인단체 및 정부기관, 그리고 모국연대에서 정부기관과 교류가 없을 뿐, 모든 부문에서 폭넓은, 연대강도가 높은 네트워크를 구축하고 있다. 청도 조선족기업협회의 단체활동은 산동성 청도에 많은 기업들이 있으며, 또한 회원 다수가 사업하는 조선족들이다. 따라서 단체 활동을 가로막는 최대 장애요인인 재정상태가 다른 단체와 비교하여 매우 우수한 편이다. 이러한 요인이 청도 조선족기업협회의 외부 활동을 원활하게 만들고 있다.

4. 종교단체

1) 성삼북경한인교회

(1) 지역연대 및 국제연대

○ 2005년 4월 : 북경시의 종교국으로부터 정식 인가를 받고, 교회를 설립하였다.

○ 2005년 9월 : 상하이 한인교회의 수련회 및 부흥회에 이기동 목사님이 초빙 받아 부흥회에서 설교하셨다.

○ 2006년 1월 : 미주총신대학교 총장 일행이 방문하였으며, 두 단체는 자매결연을 맺었다.

성삼북경한인교회는 상하이 한인교회의 선교 집회에 담임목사가 초청 받아 강연해주었다. 친교 및 선교 차원의 교류가 있었다. 정부기관과의 교류는 북경 종교국의 교회 허가와 관련해 접촉하였다. 성삼북경한인교회의 단체 교류는 일회성, 연대 강도는 낮다. 소수민족 또는 주류사회단체와의 교류는 보이지 않았다. 국제연대는 1건으로 자매결연을 맺는 약한 연대이다.

(2) 모국연대

○ 2002년 7월 : SLTC(Spritual Leader Trainning Center) 훈련에 참여하는 한국인들을 위해 한국의 중국선교교회와 네트워크를 구축, 참가자들의 편의를 봐 주었다.

○ 2002년 7월 : 대구 남산교회의 동북3성 단기선교가 있었다. 이들은 동북3성을 둘러보고 북경 비전 트립에 나섰다. 본 교회가 미션 홈을 제공해 주었다.

○ 2004년 3월 : 본 교회는 한국의 기독교문화여행사의 중국 비전 여행을 지원하는 차원에서 여행자 일행이 예배를 볼 수 있는 장소를 제공하였다.

○ 2004년 7월 : 한국 목회자 축구대표단의 북경축구선교가 있었다. 이들 목사들은 본 교회에서 200여 명의 성도를 모아 놓고 기도와 설교를 하였다.

○ 2004년 12월 : 서울 나들목교회의 박원영 목사를 초청하여 설교를 들었다.

○ 2005년 6월 : 대한예수교장로회총회의 '제36회 교역자하기수양회'가 북경의 그랜드호텔에서 열렸지만, 중국 공안의 집회 불가 통보로 집회가 폐쇄되었다.

○ 2006년 2월 : 대구 영락교회의 초청을 받아 본 교회가 선교 집회에 참석하였다.

성삼북경한인교회의 모국연대는 선교 지원, 초청 강연, 선교 집회 등의 형태로 국내 교회 및 관련 단체와 네트워크를 갖고 있었다. 정부기관과의 연대는 없다. 한민족연대도 형성되지 않았다. 〈표 V-14〉는 성삼북경한인교회의 네트워크 현황이다.

<표 V-14> 성삼북경한인교회 네트워크 현황

구 분		연대단체
지역 연대	한인단체	상하이 한인교회
	외국인단체	
	정부기관	북경 종교국
국제 연대	한인단체	
	외국인단체 및 정부기관	미주총신대
모국 연대	국내단체	중국선교교회, 대구 남산교회, 대구 영락교회, 목회자축구대표단, 기독교문화여행사, 서울 나들목교회, 대한예수교장로회
	정부기관	
한민족연대		

(3) 연대의 특징과 문제점

성삼북경한인교회는 주로 기독교와 관련된 단체들과 접촉하고 있다. 이런 점에서 성삼북경한인교회의 단체 네트워크는 다양성을 갖고 있지 못하고 교회단체에 편향된 교류로 나타나고 있었다. 교회는 선교, 집회 외에도 지역사회에서 봉사 활동도 많이 하여야 한다. 교회가 접촉하는 교류 상대에 지역의 복지단체는 없었다. 또한 북경의 여러 한인교회와의 네트워크도 구축하여야 한다.

2) 길림성 연길교회

(1) 지역연대

○ 용정교회, 왕청교회 등 연변지역 교회들과 정기적인 교류관계를 갖고 있다.

연길교회는 지역 내에서 종교 활동을 펼치고 있는 용정교회, 왕청교회와 함께 지역의 종교적 현안, 상호 협력의 모색 차원에서 정기적인 만남을 갖고 있다. 교류의 지속성, 높은 연대강도를 보이고 있다. 외국인단체, 정부기관과의 연대는 없었다. 결국 연길교회의 지역 네트워크는 종교를 중심으로 종교단체와의 제한적 교류가 행해지고 있다. 연길교회의 국제연대는 없었다.

(2) 모국연대

○ 충남 아산교회, 서울 강북교회, 서울 중앙교회, 전남 해남교회, 인천 계양교회, 익산 양산교회, 경기도 오산교회 등과 매년 하느님의 복음을 전파를 위해 정기적으로 교류를 갖고 있다.

○ 1994년 1월 : 경북 안동교회 선교사들이 연길교회에서 협동 사역을 함으로써 교류관계가 형성되었다.

○ 1996년 : 광주 제일교회가 교회 신축 비용을 지원해 주었다.

○ 1996년 6월 : 국가와 지역을 넘어 예수그리스도 안에서 우리는 하나라는 인식아래 포항 중앙교회 목사님과 교인들이 연길교회를 방문, 자매결연 예배를 드림으로써 네트워크의 폭을 넓혔다.

○ 1996년 10월 : 본 교회와 한국 경기도의 시흥교회와 선교협력 관계를 맺었다.

○ 2000년 1월 : Xptour 회사는 개신교 신자들을 중심으로 독립 운동가들의 활동 코스를 관광 상품으로 개발하였다. 그 가운데 하나가 바로 연길교회이다. 연길교회, 동신교회, 백두산 등정, 도문국경, 대성중학교 등이 여행일정으로 되어 있다.

○ 2000년 8월 : 포항 중앙교회 청소년들이 교회를 방문하여 서로 교제를 나누며 자매의 정을 확인하였다.

○ 2000년 : 한국의 모국동포후원회가 교회에 대북지원금을 전달하였다.

○ 2004년 : 한국의 햇빛소금교회와 설교, 학술 등의 분야에서 교류하고 있다.

○ 2005년 2월 : 한국의 남선교회가 의료진 5명, 협력단 15명을 해외 의료선교 차원에서 본 교회를 방문하여 교인 및 주민들을 대상으로 진료해 주었다.

○ 2005년 : 한국순복음교회와 공동으로 본 교회에서 세미나 및 학술교류를 가졌다.

연길교회의 국내 종교단체와의 교류는 매우 활성화되어 있다. 친교 차원의 교류, 협동 사역, 건축비 후원, 자매결연, 선교 협력, 의료 선교, 설교 및 학술적 교류 등 다양한 영역에서 모국의 단체와 교류를 갖고 있다. 특히 포항 중앙교회와는 상호 방문 및 자매결연의 추진 등 강한 연대와 지속적 교류관계를 갖고 있는 것으로 나타났다. 연길교회의 한민족연대는 찾아볼 수 없었다.

(3) 연대의 특징과 문제점

연길교회의 모국연대는 활동이 활발한 반면, 나머지 연대는 아예 없거나, 또는 2개 정도의 교회 단체와 교류 관계를 형성하고 있다. 교회 중심의 네트워크가 구축된 반면, 종교단체 이외의 교류는 거의 없는 것으로 나타났다. 연길교회의 역사는 아주 오래되었음에도 불구하고 지역 내에서 2개 교회를 제외하고는 동북3성의 조선족 또는 한인회와 일체 교류가 없었다. 장기적으로 보면 연길교회의 발전, 지역사회에 대한 봉사, 교세 확장을 위해서는 지역 내 한인단체와도 교류의 기회를 만들어야 한다. 〈표 V-15〉는 길림성 연길교회의 네트워크를 표로 요약한 내용이다.

<표 V-15> 길림성 연길교회 네트워크 현황

구 분		연대단체
지역 연대	한인단체	용정교회, 왕청교회
	외국인단체	
	정부기관	
국제 연대	한인단체	
	외국인단체 및 정부기관	
모국 연대	국내단체	충남 아산교회, 서울 강북교회, 서울 중앙교회, 전남 해남교회, 인천계양교회, 경기 오산교회, 익산 양산교회, 경북 안동교회, 광주 제일교회, 경기 시흥 교회, 포항 중앙교회, 모국동포후원회, 햇빛소금교회, 남선교회, 순복음교회
	정부기관	
한민족연대		

3) 요녕성 심양시 중앙교회

(1) 지역연대

○ 2004년 1월 : 심양에 거주하며 활동하고 있는 한국인들 간 친목도모, 그리고 교회발전을 위해 재심양한국인회와 일상적 교류를 행하고 있다.

○ 2005년 : 한국에서 생활하고 있는 요녕성 출신 조선족의 귀국비용으로 4,000위안을 한국 서울에 있는 중국선교교회에 전달하였다.

○ 2005년 : 심양시에서 각종 종교단체의 활동을 인가해 주는 종교국이 있다. 본 교회는 심양시 종교국과 정기적으로 교류관계를 맺고 있다.

○ 2006년 2월 : 심양에 준비 중인 한국인국제학교 설립을 위해 국제학교준비위원회에 20,000위안의 기부금을 전달하였다.

중앙교회의 한인단체 교류는 한인회와 친선 교류, 국제학교 설립 후원금 제공 등의 이유로 교류하고 있었다. 중앙교회의 교인 대다수가 한국인인 관계로 심양 한국인회와 우호적 교류관계를 갖고 있었다. 외국인단체와의 교류는 없으며, 단지 정부기관 소속인 종교국과는 종교활동을 위한 차원에서 교류하고 있다.

(2) 모국연대

○ 2004년 : 서울에 있는 여의도 순복음중앙교회의 지원을 계기로 지속적인 교류를 갖고 있다.

심양시 한국인들을 위해 설립한 중앙교회는 개척교회로서 교회 운영에 필요한 지원을 모국의 순복음중앙교회로부터 받고 있었다.

(3) 연대의 특징과 문제점

중앙교회는 연혁이 짧은 관계로 지역연대에서 활발한 네트워크가 구축되지 못했다. 모국연대에서 여의도 순복음중앙교회의 지원을 받음으로써 교류 관계를 가졌다. 중앙교회가 지역에서 뿌리내리기 위해서는 지역 내, 그리고 모국과의 연대 기회를 확장시켜야 한다. 심양시 정부, 종교국, 외국인단체와의 접촉 기회를 확대하여야 하며, 심양지역의 각종 축제, 지역 봉사 등의 교회 외부 활동에 주력하여야 한다. 심양 중앙교회의 국제연대, 한민족연대는 없었다. 〈표 V-16〉은 요녕성 심양시 중앙교회의 네트워크 현황이다.

〈표 V-16〉 요녕성 심양시 중앙교회 네트워크 현황

구 분		연대단체
지역 연대	한인단체	심양 한국인회, 심양 한국국제학교 준비위원회
	외국인단체	
	정부기관	심양시 종교국
국제 연대	한인단체	
	외국인단체 및 정부기관	
모국 연대	국내단체	여의도 순복음중앙교회
	정부기관	
한민족연대		

4) 산동성 청도 한인교회

(1) 지역연대

○ 청도 한인교회는 2003년 9월 청양 한인교회, 2005년 12월 청도 오류한인교회, 2006년 4월 천태 올림픽교회 등을 지회로 갖고 있다.

○ 1995년 : 1995년부터 현재까지 청도 한국상회와 함께 재중 한인들의 사업에서의 고충, 일상생활에서의 어려움 등을 주제로 상담해 주고 있다.

○ 2003년 9월 : 중국 청도 성양지역 성도들을 위해 청도 한인교회의 지교회로써 청양 한인교회를 설립하였다.

○ 2005년 9월 : 청도 한국상회가 교회의 운동회에 참석하여 성금을 지원하였다.

청도 한인교회는 청도 한국상회와 한국인 관련 문제를 가지고서 친교 차원의 교류를 갖고 있으며, 교회의 체육행사에 성금을 지원해 주었다. 청도 한인교회는 3개 지회와 지속적인 교류 관계를 맺고 있다. 외국인단체, 정부기관과의 연대는 없었다. 청도 한인교회의 국제연대는 없는 것으로 나타났다.

(2) 모국연대

○ 1995년 : 한국의 사랑의 교회와 정기적 교류 관계를 갖고 있다.

○ 2004년 : 한국의 지구촌교회와 '세계 복음 전도화'를 주제로 세미나 개최 등 교류 관계를 맺었다.

○ 2005년 2월 : 대한예수교장로회 합동신학대학원대학교는 청도 한인교회와 공동으로 "제3회 목회자 자녀캠프"를 청도에서 가졌다. 다양한 프로그램을 통해 목회자 자녀로서 자부심과 하나님의 일꾼이라는 비전을 심어주었다.

○ 2005년 8월 : 청도 한인교회에서 동서울노회 화평교회의 "전도폭발 해외 전도봉사"가 실시되었다. 이 훈련에는 두 교회의 교인 70여 명이 참가하였다.

○ 2005년 10월 : 한국의 지구촌교회가 주최한 '제10회 교회내 중보기도 사역 세미나'에 청도 한인교회의 조관식 담임목사가 초빙 받아 설교와 강연을 했다.

복음 전도, 종교 세미나, 목회자 자녀 캠프, 전도 봉사 등을 목적으로 모국의 교회단체들과 네트워크를 구축하고 있다. 특히 지구촌교회와 청도 한인교회의 연대는 지속적 그리고 강한 연대를 형성하고 있다. 청도 한인교회의 한민족연대는 없다.

(3) 연대의 특징과 문제점

청도 한인교회의 교류 대상은 청도 한국상회를 제외하고 전부가 종교와 연관 있는 단체이다. 따라서 지역연대, 모국연대의 교류 형태는 종교단체로 편향된 네트워크가 구축되어 있다. 다른 교회와 마찬가지로 종교단체 중심의 네트워크에서 탈피하여 다양한 단체와 교류를 구

〈표 V-17〉 산동성 청도 한인교회 네트워크 현황

구 분		연대단체
지역 연대	한인단체	청양 한인교회, 청도 오류한인교회, 천태 올림픽교회, 청도 한국상회
	외국인단체	
	정부기관	
국제 연대	한인단체	
	외국인단체 및 정부기관	
모국 연대	국내단체	사랑의 교회, 지구촌교회, 협동신학대학원대학교, 화평교회
	정부기관	
한민족연대		

하여야 한다. 예컨대, 청도지역에서 한인들을 대상으로 선교를 하고 있지만, 지역의 조선족단체와 친교 차원에서 교류를 갖을 수 있다. 또한 조선족 노인협회, 부녀협회와, 양로원 단체와도 친분을 쌓을 수 있다. 〈표 Ⅴ-17〉에 산동성 청도 한인교회의 네트워크를 정리하였다.

Ⅵ
재러한인 사회단체 네트워크

1. 한인회

1) 블라디보스토크 고려인 민족문화자치회

(1) 지역연대

○ 2001년 9월 : 고려인 스스로의 정체성을 찾아가고 고려인의 단결과 주변 민족과의 우호적인 관계를 쌓아가고 있는 현장을 '고려인 문화의 날'로 보여주고 있다. 제1회 대회가 블라디보스토크 민족문화자치회, 우수리스크 민족문화자치회, 나호드카 민족문화자치회 등 고려인 민족문화자치회 주최로 열렸다. 2001년 행사부터 2005년 행사까지 지속적으로 참가하고 있다.

○ 2003년 10월 : 제3회 고려인문화의 날 행사가 나호드카에서 열렸다. 각 지역 민족문화자치회와 상시적으로 교류하는 차원에서 매년 10월에 개최되는 고려인 문화의 날에 참석한다.

○ 연해주 이산가족협회, 연해주 고려인 재생기금과 상시적 교류를 갖고 있다.

○ 블라디보스토크 총영사관과 고려인의 날, 각종 기념일, 축제 등과 관련하여 지속적 교류 관계를 형성하고 있다.

블라디보스토크 고려인 민족문화자치회는 지역의 한인단체와 친선

교류, 고려인 문화의 날 공동 개최, 후원 등의 이유로 상시적 교류 관계를 형성하고 있었다. 이들 단체와의 교류는 일회성 교류가 아닌 지속성과 강한 연대를 띠고 있다. 외국인단체와 교류가 없는 반면 한국정부의 블라디보스토크 총영사관과는 축제, 행사, 기념일 등으로 긴밀한 유대관계를 갖고 있었다.

(2) 모국연대

○ 2005년 : 한국방송공사의 인기프로그램인 전국노래자랑 연해주 촬영에 본 단체와 KBS가 교류하여 노래자랑에 참석하였다.

○ 2005년 : 북한과 교류 차원에서 북한의 조선태권도위원회와 국제태권도연맹의 초청으로 본 단체의 황제호랑이 태권도부가 평양의 국제대회에 참가하였다.

○ 동북아평화기금과 일상적 교류를 갖고 있으며, 동북아평화연대 한국방문단과 함께 신한촌 기념비 방문을 동행하였다.

고려인 민족문화자치회의 모국 단체와의 교류는 노래자랑 촬영 협조, 단체 간 친선과 후원, 그리고 북한의 태권도 단체와 경기 참가가 계기가 되어 교류 관계가 행해졌다. 특히 동북아평화연대와 민족문화자치회의 교류는 지속적, 자주 접촉하는 관계인 것으로 나타났다.

(3) 한민족연대

○ 2005년 10월 : 제5회 고려인문화의 날 행사가 우수리스크에서 열렸다. 우수리스크·블라디보스토크·나호드카 민족문화자치회, 한국의 전북 민예총, 동북아평화연대, 차이나코리안닷컴 등 러시아, 중국, 한국의 각종 단체가 참여하였다.

○ 2005년 10월 : 코리아NGO센터는 전 동포의 화합과 통일, 일본에서의 다문화 공생을 취지로 제21회 '원코리아페스티벌'을 일본 오사카

에서 개최하였다. 오사카시청, 한국관광공사가 후원하였으며, 연해주의 우수리스크 민족문화자치회, 브라디보스토크 민족문화자치회, 나호드카 민족문화자치회, 그리고 한국의 재외동포재단, 동북아평화연대, 일본의 재일동포 단체인 일본민단, 조총련 등이 자리를 함께하였다.

고려인 민족문화자치회는 연해주에서 개최된 고려인의 날, 일본에서 열리는 원코리아페스티벌에 참여하여 모국 및 다른 국가에서 활동하는 단체와 만남을 가지고 있다. 〈표 VI-1〉은 브라디보스토크 고려인 민족문화자치회의 네트워크 현황이다.

〈표 VI-1〉 브라디보스토크 고려인 민족문화자치회 네트워크 현황

구 분		연대단체
지역 연대	한인단체	우수리스크 민족문화자치회, 나호드카 민족문화자치회, 연해주 이산가족협회, 동북아평화기금, 고려인 재생기금
	외국인단체	
	정부기관	블라디보스토크 총영사관
국제 연대	한인단체	
	외국인단체 및 정부기관	
모국 연대	국내단체	한국방송공사, 동북아평화연대, 조선태권도위원회, 국제태권도연맹
	정부기관	
한민족연대		제5회 고려인의 날, 원코리아페스티벌

(4) 연대의 특징과 문제점

블라디보스토크 고려인 민족문화자치회가 지역연대에서 자주 접촉하는 단체는 거의 고려인 단체이다. 각 지역의 민족문화자치회는 도시별 조직의 핵심으로 자치회의 특수성을 인정받고 있다. 자치회는 한민족의 전통문화와 복고에 주력하며, 한국어 학습과 전통 무용에 많은 관심을 표명하고 있다.

고려인 민족문화자치회의 교류 상대는 한국의 단체가 월등히 많았지

만, 북한의 단체와도 교류함으로써 남북한 양쪽 국가의 단체와 네트워크를 구축하고 있는 특성을 보이고 있다. 고려인 문화자치회가 지역에서 단체의 위상을 높이고 영향력 있는 한인단체로 남기 위해서는 주류 사회단체 및 연해주 정부, 블라디보스토크 정부와 접촉 기회를 늘려, 이들과도 네트워크를 구축하여야 한다. 국제연대는 없는 것으로 나타났다. 고려인 민족문화자치회는 지역연대 중심의 교류에서 벗어나 일본 또는 미국의 한인회와도 교류할 수 있는 여건을 만드는 것이 단체 활동과 발전에 있어 유익할 것이다.

2) 우수리스크 고려인 민족문화자치회

(1) 지역연대

○ 2001년 9월 : 고려인의 정체성, 단결, 주변 민족과의 우호적인 관계를 쌓아가고 있는 '고려인 문화의 날'에 참가하였다. 제1회 대회가 블라디보스토크, 우수리스크, 나호드카 등 고려인 민족문화자치회로 주최로 열렸다. 2001년 행사부터 현재까지 매년 참여하고 있다.

○ 2003년 10월 : 제3회 고려인 문화의 날 행사가 나호드카에서 열렸다. 각 지역 민족문화자치회와 상시적으로 교류하는 차원에서 고려인 문화의 날에 참석한다.

○ 2006년 1월 : 연해주 고려인재생기금과 노인단이 본 자치회의 설날 행사를 후원해 주었다.

○ 아리랑가문단과 고려신문이 민족문화자치회의 열악한 운영을 고려하여 매년 단체 운영 전반에 대해 재정적 지원을 하고 있다.

우수리스크 고려인 민족문화자치회는 연해주 지역 자치회와 고려인 문화의 날 공동 개최, 고려인 공통의 문제 등으로 일상적 교류를 행하고 있다. 그 이외의 단체와는 행사·사업 추진과 관련된 경비 지원과 후원을 받는 교류가 주류를 이루고 있다. 지속성과 연대의 강도가 높으며, 자치회가 외부 단체로부터 주로 지원을 받는 관계로 적극적 네트워크를 추구하고 있다. 외국인단체와의 교류는 없으며, 고려인 행사와 관련하여 정부기관의 후원을 받고 있다. 국제연대는 없었다.

(2) 모국연대

○ 2000년부터 현재까지 동북아평화연대와 함께 연해주 고려인들의 발전을 도모하기 위해 정기적 교류 관계를 맺고 있다.

○ 2001년 7월 : 한국의 새마을운동중앙협의회가 대학생 봉사요원 36명을 우정마을 건설에 파견하였다. 본회의 회원 50여 명도 함께 우정의 농장 건설에 참여하였다.

○ 2001년부터 '고려인 문화의 날', 광복절 기념행사, KBS 노래 자랑, 우수리스크 고려인 민족문화자치회 15주년 행사, 2004년 러시아 한인 이주 140주년 기념관 설립에 동북아평화기금, 연해주 우수리스크 시청, 주블라디보스토크 총영사관, 한국의 동북아평화연대 등이 재정적 지원 및 후원을 제공하고 있다.

○ 2002년부터 재외동포재단의 후원으로 '한국문화의 날', '설날' 행사를 위해 일상적 교류를 하고 있다.

○ 동북아평화기금이 2004년 민족학교 운영을 위해 지원해 주었다.

○ 2004년 8월 : 이화영, 박계동 의원 등 국회 대표단 일행이 '제1회 동북아 의원 평화포럼' 회의에 참석하였다. 이들은 우수리스크에서 고려인 동포 간담회를 가졌다. 민족문화자치회 회장단 일행은 간담회에서 한인 러시아 이주 140주년 기념관 건립, 재이주 고려인의 법적 지위 및 국적회복문제, 연해주 한인민족학교 설립 문제 등에 대해 의견을 나누었다.

○ 2006년 4월 : 러시아 우수리스크에서 한국과 러시아가 합동으로 순국선열추모식을 가졌다. 시내 중심에 위치한 '영원의 불' 조형물 앞

에서 추모제가 열렸다. 국가보훈처, 총영사관, 한국외국어대학교의 후원이 있었으며, 우수리스크 고려인 민족문화자치회원들을 비롯해 500여 명이 참석하였다.

고려인 민족문화자치회의 모국연대에서 단체 간 네트워크는 방송촬영, 고려인에 대한 재정적 지원, 자치회가 추진하는 사업에 대한 협력, 단체 간 친선 차원의 교류 등으로 분류된다. 주로 모국단체가 자치회를 후원하고 있다. 재외동포재단과 동북아평화연대의 자치회와의 교류는 장기적이었고, 연대강도도 높은 편이다. 자치회가 후원을 받고 있다는 점에서 적극적 네트워크를 추구하고 있다. 정부기관과 교류는 동포 간담회, 고려인 행사와 관련해 교류를 갖고 있었다.

(3) 한민족연대

○ 2005년 10월 : 일본 오사카에서 개최된 '제21회 원코리아페스티벌'에 참가하였다. 코리아NGO센터가 전 동포의 화합과 통일, 일본에서의 다문화 공생을 목표로 개최하였다. 오사카시청과 한국관광공사가 후원했으며, 한국의 재외동포재단, 동북아평화연대가 동참하였다.

○ 2005년 10월 : 제5회 고려인 문화의 날 행사가 우수리스크에서 열렸다. 각 지역 의 고려인 민족문화자치회, 한국의 전북민예총, 동북아평화연대, 차이나코리안닷컴 등 3개국의 단체가 참여하였다.

고려인 민족문화자치회는 블라디보스토크 민족문화자치회와 같이 매년 연해주에서 개최되는 고려인의 날, 일본에서 열리는 원코리아페스티벌에 참여하여 모국 및 다른 국가에서 활동하는 한인단체와 교류의 장을 열어가고 있었다. 〈표 Ⅵ-2〉는 우수리스크 고려인 민족문화자치회의 네트워크 현황이다.

〈표 Ⅵ-2〉 우수리스크 고려인 민족문화자치회 네트워크 현황

구 분		연대단체
지역 연대	한인단체	블라디보스토크·나호드카 고려인 민족문화자치회, 고려인 재생기금, 아리랑가무단, 고려신문, 동북아평화기금, 노인단
	외국인단체	
	정부기관	연해주정부, 우수리스크시 정부, 블라디보스토크총영사관
국제 연대	한인단체	
	외국인단체 및 정부기관	
모국 연대	국내단체	새마을운동중앙협의회, 동북아평화연대, 재외동포재단, 한국외국어대 학교, 한국방송공사
	정부기관	국회, 국가보훈처
한민족연대		제5회 고려인의 날, 원코리아페스티벌

(4) 연대의 특징과 문제점

고려인 민족문화자치회의 네트워크는 지역의 한인단체 및 모국단체로 집중되어 있다. 자치회는 이들 단체와의 교류에서 지원하기보다는 지원을 받는 입장이다. 또한 외국인단체와의 교류가 없으며, 고려인 행사와 관련하여 정부와 네트워크를 갖고 있다. 고려인 행사 이외의 목적으로 러시아 정부기관과 교류하고 있지는 않았다. 주류사회단체 및 정부기관과의 교류 구축에 노력을 기울여야 한다.

자치회는 모국연대의 교류에서 동북아평화연대와 가장 밀접한 교류관계를 형성하고 있다. 자치회가 지역에서 더욱더 활발한 활동을 하기 위해서는 동북아평화연대 이외에도 모국의 다른 단체와 교류할 수 있는 기회나 여건을 조성할 필요가 있다.

3) 나호드카 고려인 민족문화자치회

(1) 지역연대

○ 2001년 9월 : '제1회 고려인 문화의 날'이 블라디보스토크, 우수리스크, 나호드카 등 고려인 민족문화자치회로 주최로 블라디보스토크에서 열렸다. 2001년 행사부터 2005년 행사까지 지속적으로 참여하고 있다.

○ 2003년 10월 : '제3회 고려인 문화의 날' 행사가 나호드카에서 열렸다. 본 나호드카 민족문화자치회가 중심이 되어 개최한 이 대회는 각 지역 민족문화자치회와 교류를 강화시켜주는 역할을 하고 있다. 나호드카시 정부의 후원이 있었다.

○ 재생기금과 교류하여 각종회의, 포럼에 참석하고 있다.

나호드카 고려인 민족문화자치회는 우수리스크 및 블라디보스토크 민족문화자치회와 공동으로 고려인 문화의 날을 개최하고 있으며, 이를 통해 지역 자치회 간 친목을 도모하고 있다. 이들 단체 간 연대는 지속적이며, 강한 연대를 띠고 있는 것으로 나타났다. 자치회는 동북아평화기금, 고려인 재생기금과도 네트워크를 구축하고 있다. 이들 단체로부터 주로 사업의 지원과 후원을 받고 있다. 비용과 편익 측면에서 보면, 자치회가 이들 단체와 적극적 네트워크를 추진하고 있다. 외국인단체와의 교류는 없었으며, 고려인 문화의 날 행사와 관련하여 나호드카시 정부와 교류가 있었다. 나호드카 고려인 민족문화자치회의 국제연대는 없었다.

(2) 모국연대

○ 2003년: 한국의 재외동포재단과 교류하여 문화의 날 행사에 참가하고 있다.

○ 2004년: 동북아평화기금 및 동북아평화연대와 교류하여 자매결연 사업을 하였다.

자치회가 고려인 문화의 날을 개최함에 있어 재외동포재단의 후원을 받았으며, 동북아평화연대와는 자치회가 추진하는 사업에 있어 지원을 받았다.

(3) 한민족연대

○ 2005년 10월 : '제5회 고려인 문화의 날' 행사가 우수리스크에서 열렸다. 블라디보스토크 민족문화자치회, 나호드카 민족문화자치회, 한국의 전북민예총, 동북아평화연대, 차이나코리안닷컴 등 러시아, 중국, 한국의 각종 단체가 참여한 이 대회가 성황리에 끝났다.

○ 2005년 10월 : 제21회 원코리아페스티벌이 일본의 오사카에서 개최되었다. 코리아NGO센터의 주최로 전 동포의 화합과 통일, 일본에서의 다문화 공생을 목표로 하는 성격을 지닌 축제이다. 지역의 민족문화자치회, 한국의 재외동포재단, 동북아평화연대 등이 참가하였다.

<표 VI-3> 나호드카 고려인 민족문화자치회 네트워크 현황

구 분		연대단체
지역 연대	한인단체	블라디보스토크·우수리스크 고려인 민족문화자치회, 동북아평화기금, 고려인 재생기금
	외국인단체	
	정부기관	나호드카시 정부
국제 연대	한인단체	
	외국인단체 및 정부기관	
모국 연대	국내단체	재외동포재단, 동북아평화연대
	정부기관	
한민족연대		제5회 고려인의 날, 원코리아페스티벌

나호드카 고려인 민족문화자치회는 지역의 민족문화자치회와 같이 매년 연해주에서 개최되는 고려인의 날, 일본에서 열리는 원코리아페스

티벌에 함께 참가하였다. 이들 행사에서 자치회는 모국 및 해외 한인단체와 활동하는 만남의 장을 가졌다. 〈표 Ⅵ-3〉에 나호드카 고려인 민족문화자치회의 네트워크를 요약하였다.

(4) 연대의 특징과 문제점

나호드카 고려인 민족문화자치회는 지역연대의 한인단체 교류에서 4개 단체와 네트워크가 구축되어 있어 아주 협소한 연대를 보여주고 있지만, 연대의 지속성과 높은 강도의 연대를 구축하고 있다. 2개 단체는 동일한 성격의 자치회이고, 나머지 단체와의 교류 목적은 주로 지원을 받는 그리고 친선 차원의 교류이다. 고려인 문화의 날 행사와 관련하여 시 정부와 약간의 교류만 있다. 모국연대는 재외동포재단과 동북아평화연대 단 2개 단체이다.

결국 나호드카 민족문화자치회의 네트워크는 행사와 사업추진의 지원을 받는 목적에서 교류가 행해지고 있으며, 교류 단체의 대상도 매우 제한적이었다. 나호드카 전체 인구가 20만 명 정도이며, 이중 고려인은 극히 소수에 불과하다. 이러한 점이 나호드카 자치회의 대외 활동을 제약하는 요인으로 작용하고 있다. 따라서 나호드카 자치회는 지역 내부뿐만 아니라 외부 네트워크 구축에도 각별한 노력을 기울여야 단체 위상과 발전을 기할 수 있다.

2. 노인단체

1) 우수리스크 노인단

(1) 지역연대

○ 우수리스크 고려인 민족문화자치회와 상시로 교류를 하여 '고려인 문화의 날'을 비롯한 크고 작은 행사에 참여하고 있다.

○ 동북아평화기금과 교류를 하여 자매결연 프로그램 진행 및 고국 방문 프로그램을 지원받고 있으며, 노인단 주최의 설날행사에도 보조금을 지원 받고 있다.

○ 고려인 재생기금으로부터 노인단 운영 지원금을 보조 받고 있다. 우수리스크 노인단은 3개의 한인단체와 교류하고 있다. 우수리스크 자치회와는 고려인 문화의 날과 관련하여 교류를 갖고 있다. 동북아평화기금과는 단체운영의 후원, 노인 프로그램 운영, 모국 방문 등으로, 그리고 재생기금과는 단체 운영의 재정적 지원을 받는 형태로 교류 관계를 형성하고 있었다. 자치회와 이들 3개 단체와의 교류 강도는 높으며, 지속적인 교류 관계를 유지하고 있다. 외국인단체, 정부기관과의 연대는 없었다. 노인단체의 특성상 이들 단체와 교류 기회가 별로 없기 때문이다. 우수리스크 노인단의 국제연대는 없다.

(2) 모국연대

○ 2005년 8월 : 재외동포재단과 교류하고 있으며, 광복 60주년 기념 행사에 참가하였다.

<표 Ⅵ-4> 우수리스크 노인단 네트워크 현황

구 분		연대단체
지역 연대	한인단체	우수리스크 고려인 민족문화자치회, 동북아평화기금, 고려인 재생기금
	외국인단체	
	정부기관	
국제 연대	한인단체	
	외국인단체 및 정부기관	
모국 연대	국내단체	재외동포재단
	정부기관	
한민족연대		

노인단의 모국단체 연대는 재외동포재단이다. 연해주에서 거행된 광복절 행사를 재외동포재단이 후원하고 있었다. 우수리스크 노인단의 한민족연대는 없었다. 〈표 Ⅵ-4〉에 우수리스크 노인단의 네트워크를 정리하였다.

(3) 연대의 특징과 문제점

우수리스크 노인단의 교류는 매우 지협적이다. 단체 운영에 있어 충분한 재원확보 및 후원이 없는 관계로 단체 활동이 적극적이지 못하다. 중국의 경우, 조선족 노인단의 활동도 이 같은 사정으로 활발치 못하였다. 따라서 노인단의 적극적 대외활동을 위해서는 먼저 여러 단체의 지원을 받을 수 있는 여건을 마련해야 한다. 그리고 한국 및 중국의 노인단체와도 교류를 가질 수 있는 기회를 만들어야 한다. 노인단의 국제연대, 한민족연대는 없는 것으로 나타났다.

3. 봉사단체

1) 동북아평화기금

(1) 지역연대

○ 각 지역 민족문화자치회와 연해주 고려인 단체로써 교류하고 있었다. 민족문화자치회 회의에 참여하여 사업 전반에 걸쳐 자문을 하고 있다. 특히 고려인문화의 날 행사는 연해주 고려인 사회의 가장 큰 축제로 정착되고 있으며, 현지 고려인 단체의 역할 증대와 연해주 고려인 사회의 문화 재창출에 기여하고 있었다. 2001년 10월의 '제1회 고려인 문화의 날'부터 현재까지 이 행사에 참여하면서, 후원도 함께하고 있다.

○ 2003년 6월 : 본 단체의 지원으로 고려인 중심의 우수리스크 의사단이 의료봉사 활동을 하였다.

○ 2004년 5월 : 연해주 소수민족 전체회의를 개최하였다. 이 행사에서는 소수민족 중에 가장 사회활동이 활발하고, 활동을 잘하는 민족으로서의 고려인 동포사회를 축하해 주는 분위기였다. 연해주정부, 우수리스크시 정부, 소수민족 각 사회단체 대표들이 참가하였다.

○ '러시아 한인이주 140주년 기념관' 건립을 우수리스크 민족문화자치회, 블라디보스토크 총영사관과 함께 공동 사업으로 진행하고 있다.

○ '한민족문화학교(舊 제3학교)'지원 사업을 우수리스크 민족문화자치회와 함께 민족학교 추진위원회를 구성하여 행하고 있다.

○ 고려인 재생기금과 본 단체는 국적문제와 관련하여 정보교류 및 네트워크 교류를 하고 있다. 두 단체 간 상호 친목을 위해 상시 교류의 문을 열어 놓고 있다.

○ 각 종교단체와의 교류이다. 먼저 우수리스크 성당과의 교류는 자매결연 사업을 진행함에 있어 대상자에 대한 신상 정보를 공유하고 있으며, 우수리스크시 당국과의 관계를 풀어 나감에 있어서 상호 조언 등 친목교류를 행하고 있다. 우수리스크 원불교 교당과는 모국방문행사 프로그램 인원선발과 관리 등에 대한 정보 교류 및 친목교류를 하고 있다. 기독교회와의 교류로써 은혜교회 등 일부 교회와의 교류활동을 통해 농업정착지원사업에 대한 정보교류 및 친목교류를 갖고 있다.

○ 우수리스크 한민족문화학교에 각종 교구재 지원 및 학생 교환방문 프로그램 준비 및 알선 활동을 하고 있다.

○ 노인단과의 교류이다. 자매결연 사업을 통해 우수리스크 노인단 회원의 생활지원 활동을 하고 있다.

○ 아리랑 가무단과의 교류이다. 운영자금 지원과 연 1회 이상 한국 정기 공연에 후원하고 있다.

○ 고려신문과의 교류이다. 고려신문의 운영자금과 한국어 번역 및 각종 자원봉사자의 지원을 제공하고 있다.

○ 외국인단체인 '러시아 평화기금'과 동북아평화정착을 위한 세미나를 공동 개최하였으며, 동북아청년캠프의 러시아 캠프를 공동으로 진행하였다.

○ 중국 아리랑창업협회와 결연사업을 공동으로 추진했다.

동북아평화기금은 연해주에서 고려인 단체를 대상으로 매우 다양한 활동을 펼치고 있다. 주로 행사 및 사업의 후원, 친선 교류를 행하고 있었다. 자치회와는 고려인 문화의 날 후원, 단체 운영에 있어 자문의 역할 등으로 교류하고 있다. 종교단체와는 친목 및 정보 교류, 나머지 단체와는 상호친목, 의료지원, 단체 운영비 지원, 학교 지원, 고려인 국적 회복 문제 등으로 교류 관계를 갖고 있다. 동북아평화기금과 이들 고려인단체와의 연대강도는 높으며, 교류의 지속성도 갖고 있다.

한편 동북아평화기금은 러시아 평화기금과 세미나 개최, 대학과는 학생 교류의 지원으로 네트워크를 구축하고 있었다. 러시아 정부기관과는 소수민족회의, 그리고 한국의 총영사관과는 연해주에서의 단체 활동과 행사 개최 관련 문제로 긴밀한 유대관계를 갖고 있다.

(2) 국제연대

○ 2003년 8월 : 동북아청년결연캠프 교류의 일환으로 한국캠프를 동북아평화연대가 주관하여 35명, 러시아캠프는 고려인청년회 '후대'가 주관하여 50명 참석, 중국캠프는 연변대학의 '조선족동아리연합'이 주관하여 89명이 참석하였다. 캠프를 통해 참가 청년 간에 존재하는 동질성과 이질성의 문제들을 논의하였다.

○ 2005년 3월 : 일본 국제NGO센터에서 열린 '동북아 코리안 네트워크' 실무회의를 연변 동북아협회와 공동으로 진행하였다.

동북아평화기금의 외국인단체 및 정부기관 연대는 없지만, 한인단체와의 교류는 활발하다. 주로 조선족 단체와 국제회의, 사업추진, 민족동질성 회복 등의 문제로 교류 관계를 형성하고 있다.

(3) 모국연대

○ 2001년 10월 : 연해주 우수리스크에 교육문화센터를 운영함에 있어 동북아평화연대의 지원을 받아 한글교실, 컴퓨터실, 독서실 등의 교육시설 운영하고 있다.

○ 2002년 동북아 각 국의 의료 협력단을 만들고, 각 의료 협력단이 연대하는 네트워크를 구축하고자, 1월에 한국에서 동북아평화연대와 함께 의료 협력단을 발족하였으며, 연해주 우수리스크 의사단을 6월에 발족시켜 의료봉사를 하였다.

○ 2003년 2월 : 광주·전남 동북아평화연대와 교류하여 동북아 민족현장 투어를 하였고, 우호협력을 다졌다.

○ 동북아평화연대와 함께 연해주물결운동을 전개하고 있다. 고려인을 돕는 프로그램인 '연해주 고려인 정착지원 5개년 계획'이다. 연해주가 갖는 동북아에서의 긍정적인 역할을 확대하여 한반도의 통일과 동북아의 평화로운 발전을 이끌어가는 동북아시민운동을 지향한 프로그램이다.

○ 재외동포재단과 수시로 연해주 고려인 문제를 가지고서 협의하고 있다.

동북아평화기금의 모국연대에서 정부기관과의 연대는 없었다. 국내단체와의 연대를 보면, 동북아평화기금의 모체인 동북아평화연대와 연해주물결운동을 추진하고 있었다. 연대강도는 매우 높으며, 교류의 지속성을 갖고 있다. 재외동포재단과는 연해주 고려인 문제, 고려인 문화의 날 후원 등으로 자주 접촉하고 있다.

(4) 한민족연대

○ 2005년 10월 : 오사카에서 코리아NGO센터 주최로 열린 '원코리아페스티벌'에 러시아 고려인 참가단을 조직하여 참가하였다. 페스티벌에는 연변 동북아협회, 한국 동북아평화기금, 우수리스크 고려인민족문화자치회와 같이 참가하였다.

한민족연대에서 동북아평화기금은 고려인 문화의 날, 원코리아페스티벌에 고려인 민족문화자치회와 함께 참여하는 적극성을 보여 주고 있다. 〈표 Ⅵ-5〉는 동북아평화기금의 네트워크 현황이다.

〈표 Ⅵ-5〉 동북아평화기금 네트워크 현황

구 분		연대단체
지역 연대	한인단체	우수리스크·블라디보스토크·나호드카 고려인 민족문화자치회, 고려인 재생기금, 우수리스크 한민족문화학교, 우수리스크 노인단, 아리랑가무단, 고려신문, 우수리스크 성당, 원불교 교당, 은혜교회, 고려인 청년회, 의사단
	외국인단체	러시아 평화기금
	정부기관	연해주 정부, 우수리스크시 정부, 블라디보스토크 총영사관
국제 연대	한인단체	연변 동북아협회, 중국 아리랑창업협회, 연변대 조선족동아리연합
	외국인단체 및 정부기관	
모국 연대	국내단체	동북아평화연대, 재외동포재단, 광주전남동북아평화연대
	정부기관	
한민족연대		제5회 고려인 문화의 날, 원코리아페스티벌

(5) 연대의 특징과 문제점

한국 동북아평화연대의 연해주 지부인 동북아평화기금은 연해주에서 고려인들을 위해 아주 폭넓은 활동을 하고 있었다. 한국정부도 하지 못한 사업을 고려인 단체들과 함께 수행하고 있으며, 연해주 고려인 문제에 적극적으로 도움을 주고 있다. 동북아평화기금이 연해주 고려인들에게 더 많은 도움과 지원을 주기 위해서는 모국 단체와의 교류 수준 및 단체 수를 현재보다 더 확대시킬 필요가 있다.

2) 연해주 고려인 재생기금

(1) 지역연대

○ 2004년 : 동북아평화기금과 함께 정기적으로 지역 현안, 연해주 고려인들의 공통 문제 등을 갖고 일상적 교류를 하고 있다.

○ 2005년 : 연해주 시청과 교류하면서 연해주 민중예술단을 지원하였다.

○ 우수리스크, 블라디보스토크, 나호드카 고려인 민족문화자치회와 문화의 날, 설날 행사 등과 관련하여 일상적 교류를 갖고 있다.

○ 매년 노인단과 교류하여 쌀 등 후원금을 지원하고 있다.

○ 블라디보스토크 총영사관과 일상적인 교류를 갖고 있다.

고려인 재생기금은 연해주 고려인들의 자활, 그리고 이들을 위해 자선활동을 하고 있다. 따라서 단체 교류에 있어 지원을 받기도 하고, 또는 다른 단체를 후원해 주기도 한다. 3개 지역의 자치회와 재생기금은 고려인 문화의 날 참석 및 친목 차원에서 교류 관계를 갖고 있다. 노인단에 대해서는 단체 운영비를 지원하고 있으며, 동북아평화기금과의 교류는 고려인 문제로 교류하고 있다. 고려인 재생기금은 이들 고려인 단체와 지속적, 강한 연대를 갖고 있다.

(2) 국제연대

○ 2005년 : 연해주 시청과 교류하면서 연해주 민중예술단을 지원하였다. 우즈베키스탄 고려인협회와 교류하면서 '김병화(구소련노동운동가) 100주년 기념일' 행사에 600달러의 후원금을 전달하였다.

고려인 재생기금은 김병화 행사를 계기로 우즈베키스탄 고려인협회와 교류관계를 갖게 되었다. 이 단체에 금전적 지원을 하였다.

(3) 모국연대

○ 2004년 : 경기도 안산시와 자매결연을 체결하였다. 또 한국의 새마을운동중앙협의회로부터 농사와 관련하여 비닐하우스를 후원 받는 등 교류관계를 갖고 있다. 한국의 한국농민회총연맹 및 고려인돕기운동본부와 교류하면서 쌀을 전달받았다.

국내의 3개 단체로부터 고려인 재생기금은 농자재, 쌀을 지원 받았다. 안산시청과 재생기금은 자매결연을 체결한 교류를 갖고 있었다. 고려인 재생기금의 한민족 연대는 없다. 〈표 Ⅵ-6〉은 연해주 고려인 재생기금의 네트워크 현황이다.

〈표 Ⅵ-6〉 연해주 고려인 재생기금 네트워크 현황

구 분		연대단체
지역 연대	한인단체	우수리스크·블라디보스토크·나호드카 고려인 민족문화자치회, 노인단, 동북아평화기금
	외국인단체	연해주 민중예술단
	정부기관	연해주시 정부, 블라디보스토크 총영사관
국제 연대	한인단체	우즈베키스탄 고려인협회
	외국인단체 및 정부기관	
모국 연대	국내단체	새마을운동중앙협의회, 한국농민회총연맹, 고려인돕기운동본부
	정부기관	경기도 안산시
한민족연대		

(4) 연대의 특징과 문제점

고려인 재생기금의 대외활동은 넓지 않지만, 지역의 고려인 자치회와 꾸준히 교류관계를 유지하고 있으며, 고려인들의 자활을 위해 모국단체로부터 지원을 받아, 이를 연해주 고려인들에게 전달해 주는 역할을 하고 있다. 또한 재생기금은 고려인 행사에 매우 적극적으로 참여하고 있으며, 특히 노인단에게 식량을 정기적으로 지원해 주고 있다. 재생기금의 한민족연대는 없었다. 고려인 재생기금이 연해주 고려인들을 위해 더 많은 봉사와 지원을 하기 위해서는 연해주 정부 및 모국의 단체와 교류를 활성화시키는 것도 하나의 방법이 될 수 있다. 따라서 이들 기관 및 모국단체와의 교류 기회를 모색하여야 한다.

3) 예딘스드보 기금

(1) 지역연대

○ 2001년 : 아르쫌시 사업자연합과 교류하여 미국, 중국, 한국, 동남아시아를 방문하였다.

○ 2001년 : 2001년부터 현재까지 KORTA(주 블라디보스토크 대한무역진흥공사)와 교류하여 방문 및 회의를 가졌고 상호 프로그램 협력에 관한 논의를 하였다.

○ 2003년 : 고려인통일연합과 교류하여 평양을 방문하였다.

○ 2005년 : 동북아평화기금과 교류하여 상호 방문 및 지원 활동을 하고 있다.

○ 2006년 : 한국의 블라디보스토크 총영사를 만나, 친목 도모 및 고려인 문제와 관련하여 상호 협력하기로 했다.

○ 고려인 재생기금, 아르쫌 민족문화센터 회장단과 본 단체 회장단이 상시적으로 만나 상호협력의 간담회를 갖고 있다.

○ 블라디보스토크, 우수리스크, 나호드카 등 각 지역 고려인 민족문화자치회와 교류하여 매년 고려인 문화의 날에 참석하고 있다.

예딘스드보 기금은 남북통일, 한민족 협력 체제, 고려인 간 협력 모색을 단체 활동의 주요 목표로 삼고 있다. 3개의 지역 자치회와는 고려인들 간 화합을 위해 교류하고 있으며, 코트라 지사와 교류는 무역 문제를 위주로 상호 협력관계를 구축하고 있다. 예딘스드보 기금과 동북아평화기금과의 교류는 지역의 고려인 문제 및 발전을 위한 만남이었다. 외국인단체인 사업자연합과 예딘스디보 기금은 무역투자와 관련하여 교류를 형성하고 있다. 남북한 총영사관 모두와 교류관계를 형성하고 있는 예딘스드보 기금은 한민족 협력과 남북통일 차원에서 남북한 양쪽 모두와 수시로 접촉하고 있다. 예딘스드보 기금의 국제연대는 없다.

(2) 모국연대

○ 1998년 : 북한의 블라디보스토크 총영사를 만났으며 김정일, 김일성 생일과 관련하여 북한정부로부터 초청받아 북한을 방문하였다.

예딘스드보 기금은 북한정부의 초청, 통일문제와 관련하여 고려인통일연합의 초청으로 북한을 방문하였다. 남한정부 및 단체와의 교류는 없었다. 예딘스드보 기금의 한민족연대는 없었다. 〈표 Ⅵ-7〉에 예딘스드보 기금의 네트워크를 요약하였다

〈표 Ⅵ-7〉 예딘스드보 기금 네트워크 현황

구 분		연대단체
지역 연대	한인단체	우수리스크·블라디보스토크·나호드카 고려인 민족문화자치회, 코트라 지사, 동북아평화기금, 고려인 재생기금, 아르쫌 민족문화센터
	외국인단체	아르쫌시 사업자연합
	정부기관	북한 블라디보스토크 총영사관, 한국 블라디보스토크 총영사관
국제 연대	한인단체	
	외국인단체 및 정부기관	
모국 연대	국내단체	북한 고려인통일연합
	정부기관	북한
한민족연대		

(3) 연대의 특징과 문제점

예딘스드보 기금은 남북한 정부 모두를 접촉하는 고려인단체이다. 한민족 협력 및 남북통일 차원에서 남북한 정부 및 단체와의 교류에 제한을 두고 있지 않다. 예딘스드보 기금이 남북한 통일을 위해 노력하는 단체라면, 북한 방문 외에도 객관적 시각을 지니기 위해 남한의 정부 및 단체와도 교류 활성화를 위해 노력해야 한다.

4. 문화 · 예술단체

1) 아르세니예프 고려인 민족센터

(1) 지역연대

○ 2002년부터 2005년까지 우수리스크 고려인 민족문화자치회와 함께 연해주 고려인 문화의 날 행사에 참여하고 있다.

○ 고려인 재생기금과 일상적 접촉을 통한 교류를 하고 있다.

고려인 민족센터는 자치회와 친선 도모 및 고려인 행사, 동북아평화기금과 재생기금과는 고려인 문화와 이주정착 문제를 가지고서 교류하고 있다. 고려인 민족센터의 이들 단체와의 교류는 지속적이며, 연대강도가 높다. 아르세니예프 고려인 민족센터의 국제연대는 없다.

(2) 모국연대

○ 2001년 : 한국의 동북아평화연대의 후원으로 고려인들의 모국 방문을 추진하였고, 또한 연해주에 거주하는 독립 유공자 후손들의 모국 방문 프로그램을 한국의 국가보훈처와 상의하여 주선하였다.

○ 2004년 : 동북아평화기금과 자매결연사업을 펼치고 있다.

고려인 민족센터의 모국연대는 연해주 고려인들의 모국 방문과 관련하여 동북아평화연대 및 국가보훈처의 지원과정에 대한 협의 차원에서 교류관계가 형성되었다. 아르세니예프 고려인 민족센터의 한민족 연대는 없다. 〈표 Ⅵ-8〉은 아르세니예프 고려인 민족센터의 네트워크이다.

〈표 Ⅵ-8〉 아르세니예프 고려인 민족센터 네트워크 현황

구 분		연대단체
지역 연대	한인단체	우수리스크 고려인 민족문화자치회, 동북아평화기금, 고려인 재생기금
	외국인단체	
	정부기관	
국제 연대	한인단체	
	외국인단체 및 정부기관	
모국 연대	국내단체	동북아평화연대
	정부기관	국가보훈처
한민족연대		

(3) 연대의 특징과 문제점

고려인 민족센터는 주로 5개 단체와 네트워크를 갖고 있다. 연해주 지역 단체와는 행사와 연해주 고려인 문제를 쟁점으로 교류하고 있었다. 모국연대는 고려인들의 한국 방문과 관련하여 교류가 행해지고 있다. 특히 고려인들의 연해주 이주 정착과 관련해서는 무엇보다 블라디보스토크 총영사관 및 연해주 정부, 아르세니예프시 정부의 도움이 절실하다. 이런 점에서 이들 단체와 접촉의 기회를 늘려야 한다. 국제연대, 한민족연대는 없는 것으로 나타났다.

2) 아르쫌 민족문화센터

(1) 지역연대

○ 2005년 7월 : 북한과의 교류를 기념하기 위해 '선도원' 캠프에 참가하였다.

○ 2005년 12월 : 블라디보스토크 주재 한국교육원으로부터 DVD, TV, 오디오를 지원받았다.

○ 2006년 3월 : 동북아평화기금의 도서관 기자재 지원으로 교류하고 있다.

○ 우수리스크, 블라디보스토크, 나호드카 고려인 민족문화자치회와 수시로 문화 및 교육사업으로 교류를 맺고 있다. 또한 문화의 날, 설날 행사 등을 함께 하고 있다.

○ 아르쫌시에 있는 고려인 단체인 에딘스드보 기금의 모든 행사에 참여하고 있다.

아르쫌 민족문화센터는 연해주 3개 자치회와 고려인 행사, 문화 및 교육 사업으로 교류관계를 갖고 있다. 한국교육원 및 동북아평화기금과의 교류는 물자 지원을 받는 형태이다. 비용과 편익 측면에서 보면 아르쫌 민족문화센터가 이들 2단체와 교류 결과, 편익의 측면이 높으므로 적극적 네트워크를 추구하고 있다. 같은 지역의 고려인단체인 예딘스드보 기금과는 친선 차원에서 일상적 교류를 갖고 있다.

(2) 국제연대

○ 2004년 : 중국 길림성 연변의 조선족문화발전촉진회 초청으로 본 단체의 칠성무용단이 연변을 방문하여 우리의 전통문화 공연을 선보였다.

아르쫌 민족문화센터는 중국의 길림성 연변의 조선족문화발전촉진회와 한민족의 전통 공연을 계기로 교류 관계를 형성하였다. 일회성 교류였으며, 연대강도는 낮다. 아르쫌 민족문화센터의 모국 연대와 한민족 연대는 없었다. 〈표 Ⅵ-9〉는 아르쫌 민족문화센터의 네트워크를 표로 정리한 내용이다.

〈표 Ⅵ-9〉 아르쫌 민족문화센터 네트워크 현황

구 분		연대단체
지역 연대	한인단체	우수리스크·블라디보스토크·나호드카 고려인 민족문화자치회, 한국 교육원, 동북아평화기금, 예딘스드보 기금
	외국인단체	
	정부기관	
국제 연대	한인단체	연변 조선족문화발전촉진회
	외국인단체 및 정부기관	
모국 연대	국내단체	
	정부기관	
한민족연대		

(3) 연대의 특징과 문제점

아르쫌 민족문화센터의 모국연대, 한민족연대는 없었으며, 한국의 단체 외에도 북한과도 교류를 갖고 있었다. 민족문화센터의 대외 교류는 매우 협소하다. 민족문화센터 산하에 칠성무용단이 있으므로 우리 민족의 전통 공연을 단체 간 교류의 매개체로 활용한다면 현재보다 더 많은 단체와 교류가 가능할 것이다.

3) 고려신문 민족문화자치회

(1) 지역연대

○ 2004년 : 동북아평화연대와 교류하여 신문 발행에 필요한 재원을 지원받고 있으며, 고려인 신문 발행을 위해 한국에서 자원봉사 활동을

하고 있다. 또한 한국과의 연대 활동을 위한 정보를 지원받고 있다.

○ 우스리스크·블라디보스토크·나호드카 지역 고려인 민족문화자치회와 교류하여 고려인문화의 날, 설날행사 등 각종 고려인 관련 프로그램을 취재하였다.

○ 고려인 재생기금, 연해주 시청, 우수리스크 사범대학과 문화, 인적 교류를 하고 있다.

○ 블라디보스토크 주재 한국교육원, 총영사관과 교류하여 재정지원 및 모국 공관의 소식을 취재하고 전달하고 있다.

고려신문 민족문화자치회의 지역 한인단체와의 교류는 기사 취재, 고려인 관련 인적·문화적 교류, 재정 지원 등으로 대별할 수 있다. 자치회와는 고려인 문화의 날 또는 각종 기념행사의 취재를 이유로 각별한 연대관계를 형성하고 있다. 고려인 재생기금과는 문화와 인적 교류를 목적으로 그리고 한국교육원으로부터는 신문 발행의 재정 지원을 받고 있다. 고려신문 민족문화자치회는 우수리스크 사범대학 및 연해주 정부와 고려인 문화 및 각종 고려인 문제를 중심으로 교류하고 있었으며, 블라디보스토크 한국총영사관과는 고려신문 발행에 있어 재정적 지원을 계기로 교류관계를 갖고 있다. 고려신문 민족문화자치회의 국제연대는 없는 것으로 나타났다.

(2) 모국연대

○ 2005년 7월 : KBS와 교류하여 노래자랑 수익금을 고려신문 발간 비용으로 지원 받았다.

○ 2005년 10월 : 한국 언론재단과 교류하여 컴퓨터 등 기자재 구입을 위한 후원금 5,000달러를 지원 받았다.

고려신문 민족문화자치회의 모국 단체와의 교류는 주로 신문발행의 재정적 어려움으로 인해 모국단체의 지원을 받는 형태로 교류가 행해

지고 있다. 고려신문 민족문화자치회의의 한민족 연대는 없다. 〈표 Ⅵ-10〉
에 고려신문 민족문화자치회의 네트워크를 요약하였다.

〈표 Ⅵ-10〉 고려신문 민족문화자치회 네트워크 현황

구 분		연대단체
지역 연대	한인단체	우수리스크 · 블라디보스토크 · 나호드카 고려인 민족문화자치회, 고려인 재생기금, 한국교육원
	외국인단체	
	정부기관	연해주시 정부, 블라디보스토크 총영사관
국제 연대	한인단체	
	외국인단체 및 정부기관	
모국 연대	국내단체	동북아평화연대, KBS, 한국언론재단
	정부기관	
한민족연대		

(3) 연대의 특징과 문제점

연해주 지역에서 소수민족 단체로 분류되는 고려신문 민족문화자치
회는 고려신문의 발행에 있어 많은 재정적 어려움을 겪고 있다. 따라서
교류단체로부터 신문 발행과 관련하여 주로 재정적 지원을 받고 있는
형태의 교류가 이루어지고 있다.

중국의 조선족 신문인 흑룡강신문사와 마찬가지로 연해주 고려신문
도 재정적 어려움을 갖고 있다. 지역에서 한민족의 정체성 보존을 위해
서는 신문 발행이 매우 중요한 역할을 한다. 따라서 신문사의 재정적
위기를 타개하기 위해 모국의 정부 또는 단체와 교섭하여 장기적으로
신문 발행의 지원을 받을 수 있는 교류를 모색해야 한다. 고려신문 민
족문화자치회의 한민족연대는 없었다.

4) 아리랑 가무단

(1) 지역연대

○ 2004년 : 전러고려인협회의 초청으로 모스크바에서 러시아한인이주 140주년 기념행사에 참가하여 공연을 펼쳤다.

○ 2005년 10월 : 러시아 민속예술단 '라두'와 함께 고려인 문화의 날에 참가하여, 공동으로 공연을 펼쳤다.

한민족의 전통 문화를 토대로 아리랑 가무단의 공연이 펼쳐지고 있다. 아리랑 가무단은 지역 한인단체, 특히 자치회의 고려인 문화 행사에서 우리 민족의 전통 공연을 선보이면서 교류관계를 형성하였다. 교류의 강도는 높으며, 지속적이다. 한편 주류사회단체인 러시아 민중예술단과 공동으로 지역 축제 및 한국 초청 공연을 함으로로써 이들 단체 간에는 지속적, 강한 연대의 네트워크가 구축되어 있다. 정부기관과 아리랑 가무단의 연대는 고려인 관련 행사의 주최 측인 이들 정부기관이 가무단을 초청함으로써 네트워크가 형성되었다.

(2) 국제연대

○ 2003년 : 미국 샌프란시스코 한인회와 교류하여 한인이주 100주년 기념행사에 참가하였다.

아리랑 가무단은 미국 샌프란시스코 한인회의 초청으로 미국 공연을 하였다. 이를 계기로 두 단체 사이에 교류가 맺어졌다. 그러나 이들의 교류는 일회성 접촉으로 종결되었다.

(3) 모국연대

○ 2002년 : 한국의 재외동포재단과 민족문화의 보급 등을 이유로 교류하고 있다.

○ 2002년 6월 : 한국의 동북아평화연대의 초청으로 한국을 방문하여 공연과 함께 월드컵 행사에 참가하였다.

○ 2003년 : 2003년부터 2005년까지 동북아평화연대와 교류하여 아리랑 가무단 운영자금을 지원받았으며 '다시 피는 꽃' 한국 정기공연을 기획 및 유치하여 이를 진행하였다. 이러한 공연 활동을 통해 연해주 고려인을 모국에 알리는 메신저 역할을 하고 있다.

○ 2005년 9월 : 러시아 이주 고려인 동포들의 140년 유랑사를 표현한 창작판소리 '연해주 길마중'이 용인시 야외공연장에서 공연되었다. 고려인 '아리랑가무단'과 러시아 민속예술단 '라두'로 공동 구성된 극단은 연해주 고려인 민족학교 후원기금 마련을 위해 입국하였다. 이번 공연은 용인시의 '낙생 저수지 살리기 운동본부'가 시민문화제를 개최하면서 이들을 초청해 이루어졌다.

○ 2006년 4월 : 한국과 러시아가 4일 항일무장 투쟁의 거점이었던 연해주 우수리스크에서 순국선열추모식을 공동 개최했다. 이날 우수리스크 시내 중심에 위치한 '영원의 불' 조형물 앞에서 열린 연해주 순국선열 합동추모제는 국가보훈처, 대한민국 블라디보스토크 총영사관, 한국외국어대학교 후원으로 한국과 우수리스크시 정부 양측이 공동 주관했다. 우수리스크 고려인 민족문화자치회, 연해주 참전용사회원 등이 자리를 함께 하였다. 한편, 500여 명의 우수리스크 시 및 인근 주민, 우수리스크 시내 초중고 학생들이 참석한 가운데 치러진 추모제에서 고려인 아리랑가무단과 러시아 민속무용단의 공연이 행해졌다.

아리랑 가무단의 모국단체 교류는 민족문화 보급, 가무단의 운영비 지원, 한국 초청 공연 등이 교류를 갖게 만들었다. 정부기관인 국가보훈처와 가무단의 교류는 우수리스크 고려인 순국선열추모식에서 아리랑 가무단의 추모제 공연이 펼쳐졌다. 아리랑 가무단의 한민족연대는 없다. 〈표 Ⅵ-11〉은 아리랑 가무단의 네트워크이다.

<표 Ⅵ-11> 아리랑 가무단 네트워크 현황

구 분		연대단체명
지역 연대	한인단체	전러고려인협회, 우수리스크 고려인 민족문화자치회, 연해주 참전용사회
	외국인단체	러시아 민중예술단 라무
	정부기관	우수리스크시 정부, 연해주 시정부, 블라디보스토크 총영사관
국제 연대	한인단체	샌프란시스코 한인회
	외국인단체 및 정부기관	
모국 연대	국내단체	재외동포재단, 동북아평화연대, 한국외국어대학, 낙생저수지살리기운 동본부
	정부기관	국가보훈처
한민족연대		

(4) 연대의 특징과 문제점

아리랑 가무단은 연해주 및 모국, 기타 해외지역에서 고려인의 전통 문화를 선보이고 있다. 지역에서 아리랑 가무단은 우수리스크 정부, 연해주 시청과 교류하여 우수리스크시 단위의 각종 공식행사에 초대되어 공연함으로써, 고려인을 대표하는 예술단으로 불리우고 있다. 아리랑 가무단은 우리 민족의 전통 문화를 공연으로 펼쳐 보이고 있다. 따라서 모국의 예술 문화 단체와도 상호 협력적 교류를 갖는 것이 가무단의 단체 발전에 유용할 것이다.

5. 종교단체

1) 사랑의 빛 교회

(1) 지역연대

○ 우수리스크 고려인 민족문화자치회, 고려인 재생기금, 동북아평화기금과 상시로 인적교류, 문화교류 등의 만남을 갖고 있다.

○ 우수리스크 시온교회, 블라디보스토크 고향은혜교회 목사와 주기적으로 활동의 어려움, 협조사항 등을 중심으로 교류하고 있다.

○ 2003년 10월 : 제3회 고려인문화의 날 행사가 나호드카에서 열렸다. 이 축제에 본 교회의 교인 다수가 자원봉사를 수행하였다.

○ 본 교회와 미르교회는 우수리스크 고려인들에게 봉사 활동을 펼치기 위해 교회 차원에서 도움을 줄 수 있는 여러 가지 방안 등을 논의하고 있다.

사랑의 빛 교회는 지역 한인단체와 고려인 문화 행사 참여, 인적·물적 교류를 갖고 있다. 지역 내 교회 사이에는 종교단체라는 특성을 고려하여 친선, 지역 사회봉사 논의 등을 목적으로 일상적 교류를 행하고 있다. 외국인단체 및 정부기관, 국제연대는 없는 것으로 나타났다.

(2) 모국연대

○ 2002년 : 한국의 동북아평화연대와 교류하여 자매결연 사업에 대한 네트워크를 공유하고 있으며, 고려인과 조선족 복음전파를 위해 동북아평화연대로부터 물질적 지원을 받고 있다.

<표 Ⅵ-12> 사랑의 빛 교회 네트워크 현황

구 분		연대단체
지역연대	한인단체	우수리스크 고려인 민족문화자치회, 나호드카 고려인 민족문화자치회, 시온교회, 고향은혜교회, 미르교회, 고려인 재생기금, 동북아평화기금
	외국인단체	
	정부기관	
국제연대	한인단체	
	외국인단체 및 정부기관	
모국연대	국내단체	동북아평화연대
	정부기관	
한민족연대		

동북아평화연대는 사랑의 빛 교회의 복음 전파, 자매결연 사업에 대한 지원 등을 목적으로 교류관계를 갖고 있었다. 사랑의 빛 교회의 한민족연대는 없다. 〈표 VI-12〉는 사랑의 빛 교회 네트워크 현황이다.

(3) 연대의 특징과 문제점

사랑의 빛 교회 네트워크는 고려인단체, 종교단체, 한국인단체 등을 중심으로 교류관계가 행해지고 있었으며, 국제연대, 한민족연대는 구축되지 않았다. 사랑의 빛 교회가 우수리스크에서 활발한 교회 활동을 하기 위해서는 모국의 종교단체와 교류협력 관계를 갖는 것이 바람직하며, 더불어서 러시아 연해주에 한인선교사협의회가 결성되어 있다. 이 단체는 연해주 목회자 간 네트워크이다. 이러한 단체의 도움을 받아 선교 활동을 펼쳐야 한다. 이러한 방법의 활용은 현재 사랑의 빛 교회가 갖고 있는 네트워크를 더 확장시켜 줄 것이다.

2) 가톨릭 성당 천주교회

(1) 지역연대

○ 연해주에 2개의 성당이 있는데 블라디보스토크 성당의 신부와 주기적으로 만남을 갖고 있다.

○ 우수리스크 고려인 민족문화자치회, 동북아평화기금과 상시로 문화교류와 정보교류를 하고 있다.

○ 인라리드 돔이라는 장애아동센터를 정기적으로 후원하고 있다.

○ 매년 Canitas, OFM과 종교 및 사회복지 관련 교류를 하고 있다.

우수리스크 천주교회는 블라디보스토크 성당과 종교 활동 및 고려인 문제로 일상적 만남을 갖고 있다. 이들의 연대는 지속성과 강한 연대라는 특성을 지니고 있다. 한편, 지역의 한인단체인 자치회 및 동북아평화기금과는 문화·정보 교류를 행하고 있다. 천주교회는 소수단체인 인라리드 돔, Canitas, OFM 등과 단체 후원, 사회복지 문제를 중심으로 교류관계를 갖고 있다. 성당의 국제연대는 없었다.

(2) 모국연대

○ 한국 동북아평화연대와 교민사회 및 지역한인 문제와 관련한 교류를 갖고 있다.

○ 한국 최대의 천주교 NGO단체인 한마음한몸운동본부와 사회복지 및 종교관련 교류를 갖고 있다. 1989년에 창설된 한마음한몸운동본부는 전 세계 52개국에 나눔운동과 생명운동을 전개하고 있다.

천주교회는 모국의 단체인 동북아평화연대, 한마음한몸운동본부와 고려인 문제, 사회복지 문제로 교류관계를 형성하고 있었다. 가톨릭 성당 천주교회의 한민족 연대는 없다.

(3) 연대의 특징과 문제점

우수리스크 천주교회의 네트워크는 넓지 않다. 지역 한인단체 및 복지관련 단체에 천주교회의 네트워크가 집중되어 있다. 천주교회는 지역 내 고려인 문제, 복지문제에 많은 관심을 갖고 한인단체와 협력하여 고려인 문제에 대처하고 있다. 가톨릭 단체인 천주교회는 국내의 천주교 단체와 전혀 네트워크가 구축되어 있지 않다. 지역에서 고려인을 상대로 보다 원활한 활동과 봉사를 하기 위해서는 모국의 가톨릭 관련 단체의 지원을 받아야 한다. 이를 위해 모국의 가톨릭 단체와 교류할 수 있는 기회나 방법을 적극적으로 모색해 보아야 한다. 천주교회의 국제연대, 한민족연대는 구축되지 않았다. 〈표 Ⅵ-13〉에 가톨릭 성당 천주교회의 네트워크를 정리하였다.

<표 Ⅵ-13> 가톨릭 성당 천주교회 네트워크 현황

구 분		연대단체
지역 연대	한인단체	블라디보스토크 성당, 우수리스크 고려인 민족문화자치회, 동북아평화기금
	외국인단체	인라리드 돔, Canitas, OFM
	정부기관	
국제 연대	한인단체	
	외국인단체 및 정부기관	
모국 연대	국내단체	동북아평화연대, 한마음한몸운동본부
	정부기관	
한민족연대		

3) 원불교 우수리스크 교당

(1) 지역연대 및 국제연대

○ 모스크바 원불교당과 정기적으로 교류를 갖고 있다.

○ 2003년 10월 : 제3회 고려인 문화의 날 행사가 열렸다. 나호드카 민족문화자치회가 중심이 되어 개최한 이 축제에 본 교당이 구슬치기, 굴렁쇠 돌리기, 제기차기 등 한국전통놀이 축제의 일부를 주관하였다.

○ 동북아평화기금과 일상적으로 정보교류와 네트워크 공유를 하고 있다.

○ 카자흐스탄 알마티 원불교당과 정기적으로 교류를 갖고 있다.

우수리스크 교당은 모스크바 원불교당과 교류관계를 갖고 있으며, 나호드카 고려인 민족문화자치회와는 고려인 문화의 날 행사 때, 원불교당이 한국의 전통놀이를 주관함으로써 교류가 이루어졌다. 원불교당은 동북아평화기금과 고려인 지원 문제를 중심으로 일상적 교류 관계를 갖고 있다.

(2) 모국연대

○ 2005년 8월 : 한국 원불교 청년회와 교류하여 고려인 어린이를 대상으로 민속잔치를 후원하고, 평화기행 계획을 수립하였다.

○ 한국의 원불교 여성회와 교류하여 연해주 고려인 돕기 활동을 펼치고 있다.

모국의 원불교 산하 단체인 청년회, 여성회와 함께 연해주 고려인 어린이 활동의 지원, 그리고 빈곤한 상태에서 생활하고 있는 고려인들을 돕기 위해 모국의 원불교 단체와 지속적인 교류를 갖고 있다. 원불교 우수리스크 교당의 한민족 연대는 없다.

〈표 VI-14〉는 원불교 우수리스크 교당의 네트워크 현황이다.

〈표 VI-14〉 원불교 우수리스크 교당 네트워크 현황

구 분		연대단체
지역 연대	한인단체	모스크바 원불교당, 나호드카 고려인 민족문화자치회, 동북아평화기금
	외국인단체	
	정부기관	
국제 연대	한인단체	카자흐스탄 알마티 원불교당
	외국인단체 및 정부기관	
모국 연대	국내단체	원불교 청년회, 한국 원불교여성회
	정부기관	
한민족연대		

(3) 연대의 특징과 문제점

우수리스크 원불교당의 종교 활동은 러시아 종교법의 제약, 고려인과의 언어적 한계 등으로 포교 활동에 많은 어려움을 겪고 있다. 원불교당의 포교 시점이 얼마 되지 않은 관계로 우수리스크 정부나 지역 사회단체와의 관계가 매끄럽지 않을 수도 있다. 원불교당은 우수리스크 고려인 민족문화자치회와 더욱 밀착된 교류를 통해 종교 활동의 어려움을 극복해 나가야 한다. 원불교당의 한민족연대는 없었다.

Ⅶ
재외한인 사회단체의 네트워크 비교

1. 지역연대

재미·재일·재중·재러한인 사회단체의 지역연대 활동을 기능별 비교를 통해, 즉 한인회, 권익·봉사단체, 노인단체, 직능단체, 종교단체 등 5개 영역으로 세분하여 이들 단체의 네트워크를 분석하였다.

먼저 한인들의 대외 활동에 있어 가장 활발한 그리고 다양한 네트워크를 갖고 있는 한인회를 보면 미국과 일본, 한국인 중심의 재중한인회 및 한국상회가 이 범주에 포함된다. 반면 연해주 고려인 민족문화자치회는 그렇지 못하였다. 재미 한인회와 재일 한인회는 각각 미국과 일본뿐만 아니라, 더 나아가서는 전 세계 한인회 활동에 있어 중심축을 구성하고 있었다. 재중한인회는 중국 내에서 단체 간 활발한 연대를 갖고 있지만, 해외 한인회 모임에서는 주도적인 역할을 하지 못하고 있는 것으로 나타났다. 고려인 민족문화자치회는 열악한 재정 때문에 다른 단체로부터 지원을 받아 한인회를 운영함으로써 국내 및 국외 활동이 빈약한 관계로 단체 네트워크 또한 부실한 것으로 드러났다.

한편 재미·재일·재러 한인회 구성은 연령이 많은 장년과 노년층 중심이지만, 재중 한인회는 한국 국적을 소유한 사람들이 중국에서 사업을 하고 있는 관계로 장년층 중심으로 한인회가 구성되어 있다.

미국 한인들을 대표하는 미주총련은 한인단체와의 교류에서 각 지역

본부 및 한인 직능단체와 집중적으로 연대를 형성하고 있는 반면 뉴욕과 L.A.한인회는 지역의 산하 한인회 및 종교, 언론, 향우회, 직능, 문화, 여성, 노인, 권익단체 등 다양한 한인단체와 교류하고 있다. 미국의 한인회는 일본, 중국과는 달리 미주총련을 중심으로 각 지역본부가 하나의 시스템으로 통합되어 재미한인들의 이익과 권리를 대변, 옹호하는 대표 단체로 자리하고 있다.

일본 한인들을 대표하는 단체는 3개이다. 한국을 선호하는 재일민단, 북한을 선호하는 조총련, 그리고 뉴커머를 대표하는 재일한국인연합회 등으로 나누어져 있다. 재일민단과 조총련은 각 지역 본부와 산하 직능단체를 중심으로 한인단체 간 네트워크가 구축되어 있었다. 뉴커머 단체인 재일한국인연합회는 민단과 조총련 단체 모두와 교류하고 있지만, 동경을 중심으로 활동함으로써 한인단체 간 교류는 빈약하다.

중국 한인들을 대표하는 단체는 크게 2개이다. 재중국 한국인회와 한국상회이다. 지역에 따라 한국인회, 한국상회의 회장이 각각인 경우 또는 회장 1명이 겸직하고 있는 경우이다. 재중국 한국인회는 한인단체 간 교류에서 지역 한인회 및 직능단체를 중심으로 네트워크를 갖고 있다. 동북3성 및 산동성 지역 한인회·한국상회는 각 지역 한인회, 중국에 지점을 갖고 활동하는 한국의 경제·직능단체, 조선족 단체와 교류하고 있는 것으로 나타났다.

연해주의 고려인 대표단체인 민족문화자치회의 한인단체 연대는 주로 지역 한인단체를 중심으로 연대를 갖고 있으며, 단체 운영의 재정부분에서 동북아평화기금, 고려인 재생기금의 지원을 받는 관계로 이들 단체와도 교류하고 있다. 재미, 재일, 재중 한인회에 비해 회원, 재정력, 단체 활동이 제일 빈약하다.

4개국에서 활동하고 있는 한인회는 각 지역에서 한국인 관련 축제를 주관하고 있었다. 교민들의 친목과 화합, 그리고 지방정부와의 우호증진을 위해 뉴욕한인회는 '코리안나이트볼', L.A.한인회는 '한국축제',

일본의 한인회는 '한인친선문화제·한일우정의 해·하나마두리 축제', 동북3성 및 산동성 한인회는 '한국주간', 연해주 한인회는 '고려인의 날' 등을 매년 주최하여 우의를 다지고 있었다.

재외 한인회의 활발한 연대 활동에도 불구하고, 지역의 외국인단체와 빈곤한 네트워크를 갖고 있는 것으로 나타났다. 미국 한인회는 참정권, 이민자, 평화문제, 일본의 한인회는 복지 후원과 탈북자 문제 등 특정 사안을 중심으로 교류하는 정책적 연대 형태를 보여 주고 있다. 특히 재일한인회는 소속 회원 다수가 자영업에 종사하는 관계로 상인회, 상점회, 마을단체, 상공회 등 11개 단체와 지속적으로 네트워크를 행하고 있었다. 중국과 러시아 연해주 한인회의 외국인단체와의 교류는 거의 없는 것으로 드러났다.

외국인단체 가운데 지역에서 주류사회단체로 분류되는 단체와 한인회의 연대는 연해주 지역의 고려인 민족문화자치회를 제외하고는 각 국가 및 지역에서 주류사회단체와 네트워크가 어느 정도 형성되어 있었다. 미국 한인회는 주류사회단체로의 편입과 영향력 확대를 위해, 재일 한인회는 한일친선의 확대 차원에서 주로 의원단체와 관계를 갖고 있다. 중국 한인회는 언론사, 경제와 예술단체와 연대를 맺고 있었다.

지역연대에서 재외 한인회와 한국 정부기관과의 교류를 보면 중앙 및 지역한인회는 교민 보호, 대외관계의 영향, 각종 축제 행사, 친목도모, 경제 관련 문제로 한국대사관, 총영사관과 긴밀한 유기적 연대를 갖고 있다. 각 국가 및 지역의 재외 한인회는 중앙 또는 지방정부와도 한인들의 권익과 지역사회에 대한 기여 차원에서 재외 한인회가 중앙·지방정부와의 교류에 적극성을 보이고 있다.

사회주의 국가인 중국에서 재중 한인회는 중국 정부로부터 공식 허가를 받아 활동하는 단체가 아니다. 단지 한인들의 친목 차원의 단체이다. 그러나 2006년 중국에서 활동하는 한국인회로는 처음으로 흑룡강성 하얼빈 한국인회가 하얼빈 정부로부터 외상투자기업 한상분회로 정식 등록되어 단체 활동을 하고 있다.

둘째, 재미·재일·재러 한인들의 권익·봉사단체는 지역 한인들을 대상으로 또는 전체 한인들의 공통 문제에 대해 견고한 네트워크를 바탕으로 봉사와 권익 신장을 도모하고 있었다. 예컨대, 미국의 반이민법 제정, 일본의 역사교과서 왜곡과 독도 문제, 러시아 고려인들의 국적회복 운동에서 이들 단체들은 연합 네트워크를 구성하여 대응하고 있었다. 사회주의 국가인 중국에서 재중한인들의 권익·봉사단체는 없는 것으로 나타났다.

재미 권익·봉사단체의 한인단체와의 연대는 이민자들의 권익, 인권, 유권자 등록과 참여, 평화, 불법 체류자 문제, 도덕성 회복운동, 건강, 복지, 노동자 착취 문제 등 미국에서 한인들이 겪고 있는 생활의 다양한 문제와 관련하여 지원과 상담, 캠페인 전개, 대정부 항의 등을 하고 있다. 특히 청년학교, 민족학교는 견고한 네트워크 속에서 한인들의 문제에 대해 공동 대처하는 모습을 보여주고 있다.

재일 권익·봉사단체는 재일동포 관련 국민연금, 지방참정권 개정, 교포사회의 현안, 북한에 대한 인도적 지원, 각종 문화행사, 한인단체 간 친목 차원에서 한인단체와 네트워크를 갖고 있다. 코리아NGO센터와 재일코리안청년연합은 교류의 지속성과 연대강도가 높은 연대를 형성하고 있다. 재일민단의 산하단체인 재일한국청년의 경우, 두 단체와 달리 민단과 강도 높은 교류를 행하고 있었다.

재러 봉사단체는 동북아평화기금, 연해주 고려인재생기금, 예딘스디보 기금 등 3개로써 공히 고려인 민족문화자치와 교류하고 있다. 이들 단체는 한인단체와 친선, 단체 지원, 행사 후원, 고려인 국적 회복 운동, 고려인 문화의 날 등에 적극적으로 참여하고 있다. 3개 단체 간 연대의 지속성을 갖고 있는 것으로 나타났다. 동북아평화기금은 3개 단체 중 한인단체와 가장 활발한 네트워크를 형성하고 있었다.

재미 권익·봉사단체의 외국인단체 교류는 주로 인권, 이민자 반대,

유권자 등록 운동, 직업 프로그램, 기금 지원, 복지, 노인 문제, 이민 노동자 문제 등 사회문제를 가지고서 뉴욕과 L.A.에서 연대하고 있다. 청년학교, 민족학교, 한인유권자센터, 재미한국청년연합, 뉴욕한인봉사센터, 남가주한인노동상담소 등이 이들 단체와 활발한 연대를 펼치고 있었다.

재일 권익·봉사단체의 외국인단체 교류에서 코리아NGO센터는 한·일 우정의 해, 우토로 문제 등으로 사회단체와 연대를 맺고 있었다. 나머지 2단체는 동북아 평화, 재일동포 문제로 포럼, 세미나를 통해 네트워크를 형성하고 있다. 재러 연해주의 봉사단체 3개 모두의 외국인단체 교류는 세미나 개최, 교류 지원, 예술단 초청, 무역투자 등의 문제로 약한 연대를 형성하고 있다.

결국 재미 권익·봉사단체는 한인들의 이익과 봉사를 위해 적극적으로 외국인단체와 연대를 갖고 있으며, 세미나 개최부터 항의시위까지 다양한 방법으로 활동을 전개하고 있다. 반면 재일 권익·봉사단체는 재미 권익·봉사단체에 비해 소극적 방식으로 외국인단체와 연대를 행하고 있었다. 재러 봉사단체는 외국인단체와의 교류가 없는 반면, 지역의 주류사회단체와는 일정 부분 연대를 갖고 있는 것으로 나타났다.

재외 권익·봉사단체의 정부기관 연대에서 재미단체는 주미대사관, 총영사관과는 거의 교류가 없었다. 그러나 이민자 권리 및 등록, 선거참여, 보건, 복지, 시민권 홍보, 교부금 보조, 노동자 권익과 권리 등의 문제를 가지고서 연방정부, 선거관리위원회, 노동청, 뉴욕과 L.A. 주·시 정부를 상대로 교류하고 있지만, 일회성 교류가 많았다.

재일 권익·봉사단체는 한국과 일본의 정부기관과 네트워크가 형성되지 않았다. 그러나 연해주 한인 봉사단체는 연해주·시 정부와 소수민족회의, 총영사관과 각종 행사 개최 문제로 연대를 갖고 있었다. 특히 예딘스드보기금의 경우, 남·북한 총영사관과 한민족 협력과 남북통일 차원에서 양국과 교류관계를 맺고 있었다.

셋째, 재미 노인단체는 노인들의 권익, 시민권 취득, 선거 참여 등의 문제로 한인단체와 교류하고 있으며, 이러한 단체로부터 노인회 운영의 지원을 받고 있었다. 특히 여러 단체 중 지역 한인회와 가장 긴밀한 네트워크를 유지하고 있는 것으로 나타났다. 재중 노인단체는 동북3성의 노인단체와 건강, 질병, 경제문제, 친목도모 차원에서 지속적인 교류관계를 갖고 있다. 그리고 재중 노인단체의 회원 전부가 조선족인 관계로 지역 한인회, 조선족 단체와 교류하면서 단체 운영의 지원을 받고 있다. 재러 노인단체인 우수리스크 노인단은 고려인 문화의 날, 단체 운영의 지원 관계로 우수리스크 고려인 민족문화자치회, 동북아평화기금, 고려인재생기금과 연대를 갖고 있었다.

재미·재중·재러 노인단체의 외국인단체와의 연대는 없었다. 재미 노인단체의 정부기관과의 교류는 노인회 자체 행사 및 장학금 지원과 관련해 총영사관과 연대하고 있으며, 뉴욕 한인노인상조회는 미 연방이민국과 시민권 문제로 교류하고 있었다. 재중 노인단체는 지역의 한국주 행사 문제로 총영사관 또는 지방정부와 교류하고 있다. 연대 강도는 높지 않았다.

재미·재중·재러 노인단체는 한인회를 비롯 각종 한인단체로부터 단체 운영의 지원을 받고 있으며, 이러한 관계를 거래비용론 측면에서 보면 노인단체는 다른 단체와의 거래에서 비용보다 편익이 많기 때문에 적극적으로 네트워크를 추구하고 있다. 거래비용 네크워크는 미국의 한인 노인단체보다는 중국이나 러시아 한인 노인단체가 더 적극성을 띠고 있다. 재미 노인단체는 상조회의 성격을 띠고 있는 반면 재중·재러 노인단체는 단체 회원들의 회비, 한인회의 후원, 그리고 노인단체 산하의 전통 예술단으로부터 단체 운영비 일부를 지원 받고 있었다. 이들 노인단체의 정부기관 연대는 없는 것으로 나타났다.

넷째, 재미·재일·재중 직능단체의 네트워크 대상은 주로 관련 직능단체에 집중되어 있으며, 지역연대에서 여러 단체 및 정부기관과 업무

관계, 친선 차원에서 단체 간 교류를 행하고 있었다. 이를 구체적으로 보면 다음과 같다.

재미 직능단체는 동종 업계의 단체와 강력한 연대를 결성하고 있으며, 사회봉사의 차원에서 한인단체와 연대하여 건강진료, 무료 결혼식, 평화운동, 복지, 이민법 반대 운동 등에 참여하고 있다. 한인단체인 한인회, 봉사단체와도 네트워크를 갖고 있었다. 재일 직능단체의 한인단체 간 교류는 경제부문에서 상호협력과 친선 도모, 재정이 어려운 한인단체 지원, 한국 관련 기념식 참석, 체육대회, 세미나 등의 목적으로 단체 간 연대를 갖고 있다. 특히 일본 재일민단의 산하 직능단체의 경우, 민단 중앙 및 지역본부와 지속적인 교류를 행하고 있었으며 조총련 계열의 직능단체와도 교류를 갖고 있다.

재미·재일 직능단체가 주로 경제관련 단체인 반면 재중 직능단체는 경제, 국제교류, 문화, 과학, 기업 등 다양하다. 한인단체 간 교류를 보견 직능단체의 목적에 따라 경제, 친선 도모, 세미나, 무역, 기업인 교류, 축제 참가, 투자 유치 등 여러 분야에서 연대가 이루어지고 있었다. 조선족이 중심이 된 재중 직능단체는 지역에 따라 약간의 편차는 있지만 조선족 단체와 집중적으로 연대가 형성되어 있으며, 중앙 및 지역 한인회와 교류는 빈약하다.

재미 직능단체의 외국인단체 교류는 건강검진 후원, 행사 후원 등의 이유로 연대를 맺고 있었다. 재일 직능단체는 중 동경한국청년상공회가 복지시설 지원, 조선족단체의 행사에 지원하는 형태에서 외국인단체와 연대를 갖고 있었다. 재중 직능단체 중 산동성 청도기업가협회만 유일하게 경제 분야에서 청도시 소수민족경제발전촉진회와 교류하고 있었다. 외국인단체와 재중 직능단체 간 교류는 부녀협회, 농업협회, 연구소, 기업가협회 등으로 알려져 있다.

재미 직능단체의 정부 간 교류는 협회의 업무, 자체 행사, 수출 지원, 노동법 준수 등의 문제로 연방정부, 주 및 시정부와 교류하고 있으며,

직능단체의 행사에 한국의 총영사관이 참여하고 있다. 재일 직능단체는 모국에 대한 지원금 전달, 한국 정부가 주최하는 기념식 행사 참석 등을 이유로 대사관, 총영사관과 교류하고 있다. 일본 정부와의 연대는 없는 것으로 나타났다. 재중 직능단체의 다수가 정부기관과 연대가 없었지만, 일부 기단체의 경우 지방의 투자유치, 친선차원에서 지역 정부기관과 교류하고 있었다.

다섯째, 재미·재일·재중·재러 한인들의 종교단체 네트워크이다. 재외한인들의 종교는 천주교, 불교보다 기독교가 가장 다수를 차지하고 있었다. 그리고 종교단체는 종교적인 사안을 중심으로 동종의 종교단체와 교류 관계를 유지하고 있으며, 지역 한인회를 제외하고는 다른 단체와 접촉하는 빈도가 매우 낮았다. 재중·재러의 한인 종교단체는 국가로부터 종교 활동의 규제를 받고 있는 관계로 대외 활동에 많은 어려움이 산재해 있으며, 포교 대상도 한국인, 고려인으로 제한되어 있었다.

재미 종교단체와 한인단체 간 교류는 주로 종교행사, 부흥회, 신년 행사, 지역사회 봉사, 이민법 반대 등의 쟁점을 가지고서 연대하고 있었으며, 지역 한인회와 교류 관계를 형성하고 있다. 한인회를 제외한 다른 단체와의 연대는 거의 없었다. 재미 종교단체는 동일 종교단체 간 연대는 강한 반면, 기독교와 불교, 가톨릭과 기독교, 불교와 가톨릭 단체간 교류는 거의 없는 것으로 드러났다.

재일 종교단체의 한인단체 교류는 지교회와의 친목 도모, 전도대회, 부흥회, 기념예배, 2·8기념식 참석과 관련하여 단체 간 연대를 갖고 있었다. 재미 종교단체와 유사하게 기독교회단체와 집중적으로 네트위크를 형성하고 있다. 재중 종교단체는 선교 및 친교, 지역의 종교적 현안 논의, 교육 지원, 한국인 행사 참여 등의 목적으로 교회단체와 교류하고 있다. 심양 중앙교회, 청도 한인교회는 지역 한인회와 한국인 문제로 교류 관계를 갖고 있었다.

재미 기독교단체의 외국인단체 연대는 선교 장소 제공, 상호 협력, 세미나, 통곡기도대회 등으로 교류하고 있지만, 일회성 연대가 많았다. 재미 가톨릭단체는 지역의 성당과 활발한 교류를 갖고 있으며, L.A.교구청과 지속적인 연대를 형성하고 있다. 재미 불교단체의 외국인단체 연대는 국제승가회와 교류를 갖고 있지만, 빈약한 네트워크로 나타났다. 재일·재중 종교단체는 지역의 외국인단체와 네트워크가 형성되지 않았다.

재미 종교단체 다수는 정부기관과의 연대가 없었지만, 일부 종교단체는 뉴욕총영사관과 친교 차원의 교류를 행하고 있으며, 미 연방정부의 노동부 장관을 교회가 초청하여 노동법 강의를 듣는 교류도 갖고 있었다. 그리고 나성 관음사는 사찰의 건축비 일부를 L.A.시 정부로부터 보조 받는 관계로 연대를 맺었다. 재일 종교단체는 일본의 중앙·지방정부와는 연대가 없었지만, 총영사관과는 기념식 참석관계로 교류를 갖고 있었다. 재중 종교단체는 지역에서 선교 활동과 관련해 시정부 산하의 종교국과 교류하는 정도였다.

미국의 재외한인 다수가 교회를 다니는 관계로 기독교회 수와 교회 신자가 재일·재중·재러에 비해 월등히 많으며, 이러한 관계로 미국의 한인 기독교회가 가장 활발한 교류를 갖고 있다. 현재 미국의 한인 기독교회는 지역 내 재미한인은 물론 제3세계 국가에 복음을 전파하기 위해 선교 네트워크 구축에 전력을 쏟고 있었다.

한편 일본에서 활동하는 재일 기독교회의 경우, 지역사회에서 재일교포를 대상으로 복음 활동에 주력하고 있으며, 본 교회가 각 지방에 개척교회를 신설하여 본 교회와 지교회 간 지속적이고 강한 연대의 네트워크를 구축하고 있었다. 재중·재러 지역에서 하느님의 복음을 전달하는 한인교회는 종교법상 각종 규제, 소수의 한국인 교인 등으로 말미암아 단체 간 교류의 활성화가 빈약하다. 또한 교회의 재정이 풍족하지 못한 관계로 한인단체의 지원을 받고 있다. 결국 재중·재러 한인교회의 교류에 비해 재미 한인교회의 교류가 가장 활발한 것으로 나타났다.

2. 국제연대

재미 한인회의 국제연대에서 한인단체 간 교류는 각 국가에서 활동하는 한인회를 중심으로 네트워크가 형성되어 있었다. 해외 동포들의 단합과 친교 목적에서 해외한민족대표자협의회를 재미 한인회가 재일민단과 공동으로 주최함으로써 많은 한인회와 교류를 갖고 있다. 특히 재미 한인회는 한민족 관련 회의 개최, 재일동포 지문날인 철폐운동 동참, 성금 지원 등을 이유로 재일민단과 가장 긴밀한 유대 관계를 갖고 있다. 그리고 독일한인회를 비롯해 유럽 한인회와는 한인회 차원의 친목도모, 한민족 회의와 관련하여 교류를 맺고 있었다. 이들과의 연대 강도는 높은 편이며, 지속성을 띠고 있었다. 재미 한인회는 독일과 재일민단을 제외한 다른 국가의 한인회와는 연대의 강도가 낮고, 주로 한민족 대회가 있을 경우, 접촉한 사례가 많았다.

외국인단체 및 정부기관과 재미 한인회의 네트워크는 중국의 길림성 연변 자치주와 네트워크가 있는 단선적 네트워크를 갖고 있다. 중국의 조선족 중 상당수가 연변의 조선족 자치구에서 생활하는 관계로 조선족들이 많으며, 또한 일부 조선족이 미국의 대도시에서 생활하면서 전미조선족동포회를 결성하였다. 조선족도 같은 한국동포이기 때문에 재미 한인회가 도움과 지원을 주고 있었다.

재일민단의 한인단체 연대는 해외 한인회 간 상호 협력과 정보 교류, 조국발전, 친선교류 차원 등 한민족대표자회의를 통해 만남이 행해지고 있다. 재미 한인회, 재독한인회 등과 한민족회의를 통해 정기적인 교류 관계를 갖고 있다는 점에서 지속성을 띠고 있었다. 특히 재일민단은 미주총련과 강한 연대를 갖고 있는 것으로 나타났다. 외국인단체 및 정부기관과의 연대는 없는 것으로 드러났다.

재일 조총련의 한인단체 교류는 단체 간 친목 도모, 한반도 통일을 목적으로 러시아의 조선통일촉진위원회, 국제고려인통일연합회 등과 교류관계를 맺고 있으며, 외국인 단체 및 정부기관과의 교류는 없었다. 재일한국인연합회의 한인단체 교류는 없는 반면, 아시아 고령자 문화제를 공동 주최하는 중화노인문화교류촉진회와 일회성 연대를 가졌다. 결국 재일 한인회의 국제연대는 일본 지역에서만 활동하는 재일조총련, 재일한국인연합회와는 달리 재일민단은 전 세계 각지에서 친한국적 성향을 갖고 활동하는 한인회와 네트워크를 형성하고 있기 때문에 이 두 단체에 비해 국제연대 활동이 활발한 것으로 나타났다.

재중 한인회 소속의 지역 한인회는 한인단체 및 외국인단체, 정부기관과의 국제연대는 없는 것으로 나타났다. 단지 재중 한국인을 대표하는 중앙의 재중국한국인회가 한인단체 간 교류를 행하고 있었다. 아시아 지역의 홍콩, 태국, 말레이시아, 인도 한인회와 상호 친목 측면에서 네트워크를 갖고 있었다. 그리고 미국의 미주상공인총연합회, 중남미한인연합회와 정보 교류와 친선 차원에서 교류하고 있다. 단체 간 교류 지속성과 연대 강도는 약한 것으로 나타났다. 한편 재러 연해주 지역의 3개 고려인 민족문화자치회 모두는 국제연대가 없다.

재미·재일 한인회는 전 세계 재외 한인동포들의 한민족 모임을 주도하고, 단체 재정, 조직 구성, 활동이 다른 한인회와는 달리 탄탄하고 튼튼한 관계로 이들 2개 국가의 한인회는 국제연대가 활발한 편이었지만, 재중·재러 한인회의 국제연대는 매우 빈약한 것으로 드러났다.

다음은 재외 한인단체 중 권익·봉사단체의 국제연대이다. 재미 권익·봉사단체 다수는 국제연대가 형성되지 않았다. 이는 재미 권익·봉사단체의 설립 목적과 활동에 따라 국제연대의 유·무, 즉 단체 활동이 주로 미국 국내를 중심으로 전개되고 있는 단체는 국제연대가 거의 없는 것으로 나타났다. 먼저 권익단체의 경우, 청년학교의 국제연대는 호주, 캐나다 한인단체와 상호 정보 교환을 목적으로 교류를 하고 있었으며, 외국단체는 일본의 평화운동단체와 1년에 한 번 정도 교류하는 지속성을 띠고 있다. 유권자센터는 단체 설립의 목적상 뉴욕의 재미한인들을 대상으로 유권자 운동을 펼치는 관계로 여타 국가에서 활동하고 있는 한인단체와는 교류가 없지만, 국제연합의 NGO인 국제이민자재단이 주최한 국제문화엑스포에 참가하여 한인들을 대상으로 유권자 등록 활동을 전개하였기 때문에 유권자센터와 국제이민자재단과의 네트워크는 일회성, 그리고 접촉 강도가 약한 네트워크였다. 재미한국청년연합은 캐나다, 호주의 한국인 청년단체와 진보적 평화운동을 주제로 세미나를 갖고 있으며, 캐나다의 한국청년연합과는 지속적 교류관계를 형성하고 있다. 국제연합과는 북한의 식량 지원, 그리고 나머지 단체와는 반전과 평화, 미국정부의 이라크 점령을 규탄하기 위해 정책연대를 펼치고 있었다.

봉사단체로 분류되는 뉴욕한인 YMCA는 세계 YMCA가 'YMCA 세계대회'를 개최하자 참가하였다. 재일본YMCA, 서울YMCA, 한국 YMCA연맹 등 YMCA 단체가 모여 친목도모와 YMCA의 세계적 역할 등을 논하였다. KIWA는 한국의 민주노총, 멕시코의 팩터 X, ENL.A.CE 등의 단체와 국제노동운동 연대를 결성였다. 노동자들의 권익 보호를 위해 결성한 연대로써 지속성, 그리고 단체 간 연대강도가 높다.

재일 봉사단체의 국제연대에서 재일코리안청년연합은 미국의 재미한국청년연합과 재외동포 권리보상 운동의 전개, '2005 한국재일일본청년포럼'을 통해 국제연대 성격의 포럼에 참여했다. 코리아NGO센터는 독일의 한스자이델재단과 재외동포 관련 세미나를 개최, 우토로 강제철거에 대한 권리 찾기 운동을 전개하면서 일본, 한국, 영국, 독일, 중국의 시민사회단체와 국제연대를 구축하여 성명서를 발표하였다. 재일 봉사단체는 운동, 포럼 형태의 국제연대를 펼치고 있었다.

재러 봉사단체의 국제연대에서 동북아평화기금의 외국인단체 및 정부기관 연대는 없지만, 한인단체와의 교류는 조선족 단체와 국제회의, 사업추진, 민족동질성 회복 등의 문제로 교류 관계를 갖고 있었다. 고려인 재생기금은 친선 행사를 계기로 우즈베키스탄의 고려인협회에 금전적 지원을 하면서 네트워크를 형성하였다.

재외 노인단체의 국제연대는 재미·재중·재러 모두 없는 것으로 나타났다. 이는 노인단체 설립 목적의 특성상 회원들 간 친목, 자선 봉사에 치중하고 또한 지역사회 중심의 단체 활동을 펼치고 있으며, 다른 단체의 도움을 주로 받고 있다. 뿐만 아니라 노인단체의 재정이 궁핍한 관계로 타 단체의 지원이 없으면 노인 관련 국제회의, 세미나가 개최되어도 참석할 형편이 되지 못한다.

재미 직능단체는 국제대회, 한상대회를 통해 국제연대를 모색하고 있다. 뉴욕 한인 네일협회 주최의 국제대회에 일본, 중국, 네팔, 베트남, 한국 등 6개국의 네일협회가 참여함으로써 네일업계의 국제 네트워크화를 추진하고 있다. 또한 한인 의류협회는 한국에서 열린 세계한상대회에서 '한상섬유벨트' 특화전을 계기로 한인 섬유·의류업자들의 국제 네트워크를 구축하고 있었다.

재일 직능단체 중 오사카 한국청년상공회만이 유일하게 국제연대를 행하고 있었다. 그러나 이 국제연대는 동종 업계의 정보교류 및 발전을 위한 것이 아닌, 단체 간 친선 차원에서 사할린 고려인 민족문화자치회와 자매 결연를 체결한 정도이다.

재중 직능단체의 국제연대는 각 직종을 대표하는 단체의 특성이 그대로 드러나고 있다. 즉 무역, 상공업, 농업, 과학단체는 동종 단체와 집중적으로 국제연대를 맺고 있었다. 재중 직능단체는 한인단체 간 교류에서 일본, 미국, 러시아의 한인단체와 그리고 외국인단체와의 연대는 일본, 멕시코 정도이다. 국제연대에서 정부기관과의 연대는 없었다. 대체로 재중 직능단체의 경우, 몇몇 단체를 제외하고는 국제연대가 일회성 교류가 많았다.

재외 직능단체의 국제연대는 단체 간 친선을 목적으로 행해지고 있는 교류는 거의 없었다. 직능 단체 간 상호 필요에 의해 국제연대가 형성되고 있었다. 그렇지만 연대의 지속성은 아주 약했으며, 또한 연대의 강도도 낮은 편이었다.

재미 종교단체 중 기독교단체는 국제연대에서 해외 선교 활동의 일환으로 개척교회 신설과 지원, 한인교회에 대한 기금 지원, 선교사 파견과 복음전파, 교회간 친선 도모 중심의 네트워크를 구축하고 있었다. 재미 교회가 다른 지역에 개척교회를 신설했을 경우, 교류의 지속성과 연대는 강하였지만, 기금 지원, 친선 도모의 교류는 일회성, 연대의 강도가 낮았다.

재미 천주교의 국제연대는 없었다. 재미 불교단체는 뉴욕에 있는 국제연합이 '부처님 오신날' 행사를 주최함으로써 스리랑카대사관과 교류를 가졌다. 또한 나성 관음사는 불교 관련 목조각품 전시회를 계기로 국제기구인 유네스코와 일회성 연대가 있었다.

재일 기독단체인 요한동경교회는 외국인단체 및 정부기관과의 교류는 없는 반면, 한인단체와는 몇 번의 교류가 있었다. 북방선교, 세미나 및 연수회, 단체 간 친선 차원의 교류 등으로 중국과 미국의 한인단체와 국제연대를 맺고 있었다. 오사카교회는 필라델피아교회와 친교 차원에서 자매결연을 갖고 있으며, 외국인단체인 독일교회와도 특별 선교가 계기가 되어 네트워크를 형성하였다. 그러나 단기성 교류였다.

재중 종교단체의 국제연대는 없는 것으로 나타났다. 러시아 연해주의 3개 종교 중 기독교와 천주교의 국제연대는 형성되지 않았다. 다만 우수리스크 원불교당이 거리적으로 상당히 떨어져 있는 카자흐스탄 알마티 원불교당과 정기적으로 교류를 갖고 있었다.

4개국에서 활동하고 있는 종교단체의 국제연대를 살펴본 결과, 다른 한인단체에 비해 국제연대는 활발치 않았다. 종교단체는 기본적으로 현재 소재한 위치에서 교인 포교 및 복음운동 전개에 주력하고 있다. 그리고 어느 정도 단체가 안정되면 비로소 대외 포교에 힘쓰고 있었다. 한편 재미동포 가운데 다수가 기독교 활동을 하고 있는 관계로 가톨릭,

사찰보다는 교회의 활동이 가장 왕성하였다. 반면에 일본, 중국, 러시아의 재외 한인종교단체는 국가의 종교 활동 규제, 종교에 무관심한 한인, 열악한 종교 재정 등으로 미국에 비해 단체 활동이 활발치 않았다.

3. 모국연대

재미 한인회의 국내단체 네트워크는 한민족 관련 회의를 주최하는 재외동포재단과 자주 접촉하고 있다는 점에서 지속성과 연대의 강도가 높은 네트워크를 갖고 있었다. 다른 단체와는 친선 교류, 통일문제를 중심으로 교류가 있었지만, 주로 특정 쟁점을 중심으로 연대가 행해지고 있었다. 이들 단체와는 연대 강도가 높지 않았다. 한국정부 기관과 재미 한인회의 연대는 긴밀한 유대관계가 형성되어 있다. 특히 재미 한인회 장단이 모국을 방문했을 때, 정부, 국회, 정당 관계자와 교류가 있었다. 정부와는 접촉 강도가 높지만, 국회와의 연대 강도는 낮은 편이다. 모국연대에서 지역 한인회는 미주총련과 함께 참여하는 관계로 독자적인 극내 네트워크는 빈약하다.

재일 한인회의 모국연대는 민단, 조총련, 재일한국인연합회 등 3개로 구분하여 살펴볼 수 있다. 먼저 재일민단은 모국연대에서 국내단체와 한·일 친선, 각종 기념식, 문화행사와 교류, 6·15 실천 운동, 자매결연식, 해외교포정책 세미나, 정당 관계자 만남 등을 통해 다양한 단체와 다양한 목적으로 교류를 갖고 있었다. 정부기관과 재일민단의 교류는 민단이 모국정부에 대한 각종 지원금과 성금 전달, 행사 참여, 재외동포 정책, 친선 차원의 목적에서 교류가 있었다. 주로 행정부를 상대로 연대가 집중되어 있으며, 시민단체와의 교류는 적었다.

남한의 사회단체와 조총련은 평화통일, 민단과 조총련의 협력, 남한 방문 등을 이유로 교류하고 있다. 북한의 조선노동당과 조총련은 친교 이상의 일상적 교류를 하고 있다. 조총련과 조선노동당의 교류는 지속적이며, 연대 강도가 높았다. 조총련의 북한 정부와의 교류는 정치·경제·문화·사회·체육 등 다양한 분야에서 강도 높은 연대를 갖고 있다. 반면 남한 정부와 조총련의 교류는 아시안 게임 경기단 응원, 조총련 회원들의 고향 방문 등이 계기가 되어 부분적으로 교류가 행해지고 있었다.

재일한국인연합회는 한국의 전통 문화의 계승과 보전, 한국 문화 탐방, 사회복지시설에 대한 지원, 단체 간 상호협력 등을 이유로 국내단체와 다양한 교류관계를 맺고 있었다. 재일한국인연합회는 교육부문의 협력을 위해 경남 교육청과 교류하고 있으며, 사회복지기관에 대한 후원이 계기가 되어 강릉시청과 자매결연을 맺게 되었다. 재일한인회는 재일교포 후세들의 한국문화 탐방과 관련해 한국정부의 지원을 받고 있었지만, 정부 교류를 재일민단과 비교하면 접촉 강도가 약하다.

재중 한인회는 한인회장대회, 한상대회를 주최하는 재외동포재단 및 재외동포경제재단과 접촉하고 있다. 이들 간의 네트워크는 지속적이었다. 무역투자 사절단 행사참여, 스포츠, 공연 행사, 친선 교류 그리고 국내의 시민단체와 일본의 역사교과서규탄 등으로 교류하고 있었다. 재중 한인회와 정부기관 연대는 한국 문화의 홍보 지원, 대통령의 중국 방문, 한국국제학교 설립 등과 관련해 정부와 교류하고 있다. 재중 한인회의 각 지역 한인회는 독자적으로 모국의 지방정부와 친선, 문화 교류를 갖고 있었다. 그러나 지역 한인회와 모국의 지방정부 연대는 일회성 교류가 많았다.

재러 한인회의 모국연대는 노래자랑 촬영, 단체 간 친선과 후원, 사업 지원 등으로 요약될 수 있다. 재러 한인회는 고려인 문화의 날 행사에 재외동포재단의 후원을 받고 있으며, 동북아평화연대는 민족문화자치회가 추진하는 사업에 적극적으로 지원하고 있었다. 재외동포재단, 동북아평화연대와 재러 한인회의 교류는 장기적이었고, 연대강도도 높은 편이다. 재러 한인회가 후원을 받고 있다는 점에서 적극적 네트워크를 추구하고 있다. 한편 재러 한인회는 북한의 태권도 단체와 경기 참여를 계기로 교류하고 있었다. 재러 한인회의 정부기관과 교류는 동포 간담회, 고려인 행사와 관련해 교류하고 있는 정도였다.

재미 권익·봉사단체의 모국연대를 권익단체와 봉사단체로 구분하여 살펴보면, 재미 권익단체의 모국연대에서 국내단체 교류는 인권 및 민주주의 문제, 인턴십 프로그램, 시민단체의 초청 강연, 위안부 문제 홍보 등의 쟁점으로 모국 단체와 네트워크를 갖고 있다. 재미 권익단체는 한국정부와 교류가 없는 것으로 나타났다. 이들 단체가 취급하는 문제는 미국 내 한인들의 권익과 인권, 이민자 권익, 불법체류 문제, 미국의 이라크 파병 반대 등 한국정부와 직접적 연관성이 적기 때문이다.

재미 봉사단체의 모국연대는 자매결연, 충효운동, 교환 프로그램, 복지단체 지원 등이 단체 간 교류를 갖게 하였다. 대다수 교류가 일회성이 많았으며, 연대 강도 또한 낮았다. 재미 봉사단체와 연방정부와의 네트워크는 형성되지 않았다.

재일 권익·봉사단체는 국내단체와 동북아 평화와 한반도를 주제로 한 청년 포럼 개최, 2·8 독립선언 기념비 건립, 재외동포 권리 보상과 지위 향상, 북한 기금 모금 활동, 한일교류와 평화운동, 민족정체성 프로그램 운영, 재외동포NGO활동가대회 참석, 인권을 주제로 한 NGO 단체 간 교류 추진, 동북아 네트워크 활성화, 학술대회, 세미나 개최, 시민단체 활동가 초청과 관련해 모국 단체와 연대를 갖고 있었다. 그리고 정부기관과 교류는 역사교과서 왜곡, 2·8 독립선언 기념식 등으로 국회, 국가보훈처와 교류하고 있었다. 재일코리안청년연합과 코리아NGO센터는 정부기관과 연대가 없는 것으로 나타났다.

재러 봉사단체는 연해주 물결운동의 지원, 고려인 국적 회복, 고려인 문화의 날 후원 등으로 동북아평화연대 및 재외동포재단과 가장 적극적인 네트워크를 갖고 있었다. 이 외에도 고려인 재생기금은 한국의 3

개 단체로부터 농자재, 쌀을 지원 받는 교류를 하고 있었다. 고려인 재생기금은 단체간 자매결연을 통해 경기도 안산시청과 교류를 갖고 있다. 한편, 예딘스드보 기금은 북한 정부의 초청, 통일문제와 관련하여 고려인통일연합의 초청으로 북한과 교류하고 있었지만, 남한 정부 및 단체와의 교류는 없는 것으로 나타났다.

재외 노인단체의 모국연대는 노인단체의 활동 영역이 좁은 관계로 다양한 네트워크가 형성되지 않았다. 특히 지역연대, 국제연대에 비해 모국연대의 활성화는 재외 노인단체의 공통적 과제이다. 재미 노인단체의 경우, 모국연대가 전혀 없는 것으로 나타났다. 재중 노인단체의 모국연대는 첫째, 지방정부의 초청으로 지역 노인단체와 교류하는 형태이다. 둘째, 노인단체의 산하 단체인 예술단 공연을 계기로 네트워크를 갖는 경우이다. 재중 노인단체는 모국의 정부기관과 연대는 없었다. 재러 노인단체의 모국연대는 재외동포재단이었다. 연해주에서 거행된 광복절 행사를 재외동포재단이 후원함으로써 재러 노인단이 재외동포재단과 교류하고 있었다.

재미 직능단체는 모국의 단체와 정보의 공유 및 기술 지원, 세미나 개최, 세계한상대회 참여, 한상섬유벨트 조성 등의 문제로 교류하고 있지만, 주로 국내의 동종 업계와 연대가 집중되어 있으며, 연대의 지속성과 강한 네트워크를 갖고 있었다. 모국의 정부기관과 직접적인 연대는 없었다.

재일 직능단체는 모국연대에서 국내의 복지단체에 후원금 지원, 친선 교류 및 단체 간 상호 협력과 정보 공유, 업무 제휴, 세미나 개최 등 다양한 목적에서 단체 간 교류를 갖고 있다. 정부기관과 재일 직능단체의 연대는 수재의연금 전달, 병영 체험, 대통령 리셉션 초대, 한국정부 주최의 대회 자원봉사 파견, 통일 프로그램 참여 등 연대 관계를 구축하고 있었다. 재일 직능단체 중 재일한국상공회의소는 한국정부와 네트워크를 갖고 있지만, 동시에 북한정부의 무역성 초청으로 회장단 일행이 북한 방문을 다녀옴으로써 남북한 정부 모두와 교류하고 있었다.

재중 직능단체의 국내단체 네트워크는 동종 단체 간 교류, 친선 교류, 한민족 관련 회의 교류, 정부기관 교류 등 4개로 대별될 수 있다. 먼저 동종 단체 간 연대는 무역·경제·컴퓨터 관련 세미나, 학술대회, 기업 간담회, 문화, 정보 공유, 예술공연 등 직능단체의 형태에 따라 다양한 교류가 행해지고 있었다. 한민족 관련 교류는 재외동포재단, 재외동포 경제단체와의 연대이다. 재중 직능단체의 정부기관 교류는 고려문화경 제연구회가 성북구청이 주최한 아리랑축제 참가를 계기로 그리고 중소 기업청이 주최한 무역박람회에 참가하면서 교류가 이루어졌다. 고려문 화경제연구회를 제외한 다른 직능단체의 정부기관 교류는 없는 것으로 드러났다.

재미·재일·재중 직능단체의 모국연대를 살펴본 결과, 이익단체인 재외 직능단체는 단체 간 친선 및 상호 이익 증대를 위해 모국의 정부 기관보다는 동종 단체 간 다양한 목적으로 교류에 집중하고 있었다. 그 리고 몇몇 직능단체는 남북한 정부 및 단체와도 네트워크를 갖고 있는 것으로 나타났다. 재외 직능단체는 한국에서 열린 한민족 회의를 통해 재외 직능단체 간 네트워크를 구축하는 기회로 활용하고 있다.

4개국에서 활동하고 있는 종교단체의 모국연대를 보면 다른 사회단 체와는 달리 정부기관과의 네트워크가 전혀 형성되어 있지 않았다. 이 는 한국이 다종교 국가, 종교행사에 정부 개입의 곤란 그리고 종교단체 의 기본 활동이 현지에서 복음 전파와 선교에 있기 때문에 굳이 개개의 종교단체가 모국정부와의 네트워크 구축 필요성을 느끼지 못하고 있다.

재미 종교단체 중 기독교는 모국의 모교회, 가톨릭 성당은 서울대교 구청, 불교는 조계종과 각각 정기적으로 교류함으로써 긴밀한 네트워크 를 구축하고 있었다. 이들 단체 간에는 연대의 지속성과 강도가 높은 연대가 형성되어 있다. 이 외에도 교회는 모국의 지방 교회에 선교비 지원, 강연 초청, 서울 통곡기도대회 참석 등으로 여러 교회 및 단체와 교류하고 있었다.

재미 불교단체는 한국의 큰스님을 초청하여 대법회를 갖고 있으며, 해외문화체험 프로그램, 해외 교구 설립 문제 논의, 불교 홍보, 북한 동포 및 방문, 통일합동 기도회, 불사 초청, 민족통일 세미나 개최 등으로 모국의 사찰 및 단체와 교류를 갖고 있었다. 재미 불교단체와 비불교단체 간 교류는 일회성 연대가 많았다.

재일 종교단체는 국내의 종교단체와 교회 선교, 자매결연, 해외유학생 선교, 자매결연, 특별 부흥회, 특별 초청강연, 음악예배, 각종 문화공연, 선교 체험 프로그램 등으로 교류하고 있었다.

재중 종교단체의 모국연대는 선교 지원 및 집회, 초청 강연과 세미나, 친교, 협동 사역, 건축비 후원, 자매결연, 의료 선교, 학술적 교류, 복음 전도, 목회자 자녀 캠프 등 다양한 형태로 국내 교회 및 관련 단체와 네트워크를 갖고 있다. 특히 재중 교회 중 일부 교회는 개척교회로서 교회 운영에 필요한 재원을 한국의 모교회로부터 지원받고 있었다. 재중 교회와 모국의 교회간에는 연대의 지속성, 그리고 강도 높은 연대를 갖고 있는 것으로 드러났다.

재러 종교단체의 모국연대 중 한국의 동북아평화연대는 연해주 사랑의 빛 교회에 대해 복음 전파, 자매결연 사업에 대한 지원 등을 목적으로 교류하고 있었다. 천주교회는 동북아평화연대, 한마음한몸운동본부 공동으로 고려인 국적회복과 사회복지 문제를 가지고서 연대하고 있다. 원불교 우수리스크 교당은 한국의 원불교 산하 단체인 청년회, 여성회와 함께 고려인 어린이 지원, 빈곤한 고려인 돕기 운동을 펼치고 있다.

재외 종교단체의 모국연대 결과, 모국 정부와의 연대는 찾아볼 수 없었다. 재외 종교단체는 종교적 색채가 다른 종교 집단과는 거의 교류하지 않는 반면 동일 종교 집단 간에는 교류의 지속성과 강한 연대를 지니고 있었다.

4. 한민족연대

한민족연대는 모국의 단체나 정부를 포함하여 국가를 달리하는 재외한인 사회단체 2개 등 최소한 3개 국가의 단체가 연대를 갖는 것이다. 즉, 다지역과 한국이 함께하는 모임을 의미한다. 재외한인들은 해외동포의 권익 옹호, 동포사회의 발전, 조국통일에 대한 기여 등 한민족연대를 통해 여러 국가의 한인단체와 네트워크를 갖고 있었다.

재미 한인회의 미주총련은 재일민단과 함께 한민족연대 구축에 있어 중심적 역할을 수행하고 있다. 재외동포재단의 설립 이전부터 해외 한민족의 협력과 단합을 위해 노력하였다. 2000년 이전까지는 재일민단과 미주총련이 주최한 '한인회장대회'가 재외한인 단체들의 네트워크 형성에 기회를 제공해 주었다. 2000년 이후에는 재외동포재단과 해외한인회장협의회가 공동으로 한인회장대회를 개최하고 있다. 다지역(국가)에서 활동하고 있는 한인단체와 한국과의 네트워크는 1년 또는 2년 주기로 열리는 회의를 토대로 교류나 연대가 이루어지고 있었다.

미주총련을 비롯해 뉴욕한인회, L.A.한인회는 한민족 관련 대회에 거의 참석하고 있었다. 한인회장대회의 특성은 각 국가에서 재외한인들의 대변자 역할을 하고 있는 한인회의 목적이 유사하다는 점이다. 단체의 목적과 활동이 비슷함으로써 재외한인회 상호간 교류가 쉽게 이루어질 수 있다. 한국 정부, 재외동포재단 및 해외한민족대표자협의회 주최의 각종 한민족 국제회의가 해외 한인들의 만남을 제공함으로써 한민족 네트워크가 주기적으로 이루어지고 있었다.

재일 한인회의 한민족연대에서 재일민단을 보면, 전 세계 한민족의 통합을 뜻하는 한인대회를 매개체로, 즉 한민족대표자회의, 한인지도자대회, 한인회장대회 등을 통해 여러 국가에서 활동하고 있는 한인단체와 접촉하고 있다. 재일민단은 한민족연대에 매우 적극성을 띠고 있었다. 조총련의 한민족연대는 남한 정부 및 단체가 배제된 북한 중심의 한민족연대이다. 범민족대회, 아리랑축제가 이에 해당된다.

한편 재일민단, 재일조총련은 오사카에서 개최된 원코리아페스티벌에도 모두 참여하고 있었다. 이 행사는 한국이 아닌 장소에서 남북한 단체 및 일본, 러시아, 중국 등의 한인단체가 참여하는 한민족연대의 또 하나의 새로운 모델이다. 재일한국인연합회의 한민족연대는 없는 것으로 나타났다.

재중 한국인회·한국상회의 중앙본부 및 지역 한인회는 한상대회, 한인회장대회, 한인지도자대회에 참여하면서 해외 한인단체와 지속적으로 강한 연대를 맺고 있었다. 또한 해외에서 열리는 한민족연대 성격의 회의에도 적극적으로 참석하고 있다. 재러 연해주 지역 한인회는 매년 연해주에서 개최되는 고려인의 날, 일본에서 열리는 원코리아페스티벌에 참여하여 모국 및 다른 국가에서 활동하는 한인단체와 교류의 장을 열어가고 있었다.

재외 한인회의 한민족연대를 본 결과, 한인회의 연혁, 활동, 재정이 풍부한 재미·재일 한인회가 전 세계 한인들의 한민족연대의 구축에 있어 재외동포재단과 함께 적극적이고 주도적 역할을 하고 있었다. 반면에 재중·재러 한인회의 경우, 재미·재일 한인회에 비해 연혁, 회원수, 재정이 풍족치 못한 관계로 한민족연대 활동이 빈약하였다.

재외 권익·봉사단체 중 대다수 단체가 한민족연대가 형성되어 있지 않았다. 각 국가별로 한민족연대가 구축되어 있는 단체를 중심으로 기술하면 재미 권익단체에서 한인유권자센터, 재미한국청년연합 등이 한민족 네트워크에 참여하고 있었다. 한인유권자센터는 제1회, 제2회 재외동포NGO활동가대회에 참가하여 일본, 독일, 영국, 중국, 그리고 한국의 동북아평화연대, 두레공동체운동, 우리민족서로돕기운동단체 등과 시민사회단체의 활동 어려움, 단체 간 협력 네트워크 확대 등을 논의하였다. 재미한국청년연합은 한·미 군사훈련 반대 성명 발표를 남북한 및 해외의 한인 진보단체들과 함께하였다. 이들 단체들은 쟁점을 중심으로 정책연대를 펼치고 있다. 재미 봉사단체의 한민족연대는 없었다.

재일 봉사단체의 한민족연대에서 재일한국청년회는 민화협의 주최로 미국·중국·일본·한국의 청년들이 한반도 통일 문제를 논의하는 '세계한민족청년교류한마당'에 참여하였다. 재일코리안청년연합은 재외동포NGO활동가대회, 일본의 유엔 안보리 진출 저지를 위한 성명서 발표 등으로 한민족연대에 참여하고 있다. 코리아NGO센터는 재외동포NGO활동가대회, 원코리아페스티벌 등의 한민족연대를 통해 한인NGO 간 협력 체제를 구축하였다. 그러나 대회 이후에는 단체 간 교류가 지속적으로 이루어지지 않고 있다. 재러 봉사단체의 경우, 동북아평화기금만 한민족연대를 갖고 있었다. 동북아평화기금은 고려인 문화의 날, 원코리아페스티벌에 참여함으로써 한민족연대를 갖고 있는 것으로 나타났다. 재외 권익·봉사단체는 주로 지역에서 한인들의 권익, 봉사 활동을 펼치는 관계로 재외 한인들을 대표하는 한인회에 비해 한민족연대가 부실함을 알 수 있었다.

재미·재중·재러 노인단체의 한민족연대는 없었다. 노인들은 사회활동의 주력으로서의 역할을 다한 결과, 노년에 편안한 삶과 휴식이 즐거야 하며, 노인회는 단체 설립 목적을 회원 상호간의 친목 도모와 지역 봉사를 근간으로 하고 있다. 또한 개개 노인들의 생활이 풍요롭지 못한 관계로 단체를 운영함에 있어 재정적 어려움이 많다. 일부 노인회는 한인회, 경제단체로부터 지원을 받거나 예술단을 운영하여 노인회의 경비를 마련하고 있다. 뿐만 아니라 한국정부, 재외동포재단, 재외동포 경제단체가 주최하는 여러 한인대회에 재외 노인단체를 초청하지 않는 관계로 한민족연대에 동참할 기회도 갖지 못한 실정이다. 이와 같이 단체 설립의 목적, 재정적 어려움, 비초청 대상 등의 요인이 작용한 결과, 재외 노인단체의 한민족연대가 구축되지 않고 있다.

재미 직능단체에서 한인의류협회는 한민족연대의 전형인 세계한상대회에 참석하여 각국의 무역, 경제 분야의 한인단체와 교류를 가졌으며,

섬유산업에 종사하는 한인단체 간에 섬유벨트 조인식 협정을 체결하였다. 재일 직능단체 중 재일한국상공회의소는 한인회장대회, 한상대회에 참석하여 한민족연대를 갖고 있었다.

재중 직능단체는 세계한상대회, 한인회장대회에 참석하여 한민족연대에 동참하고 있다. 이러한 한민족연대 외에도 고려문화경제연구회는 우리민족서로돕기운동본부가 주최한 8·15민족대축전, 국제공공관계협회는 2000년 세계한민족포럼에 참가함으로써 또 다른 한민족연대 참여의 기회를 갖고 있었다. 재중 직능단체 중 청도 조선족기업협회는 제1회 세계한상대회부터 2005년 제4회 세계한상대회까지 지속적으로 한민족 관련 회의에 참석하여 한민족연대에 매우 적극성을 보이고 있다. 그렇지만, 한상대회에 참석했던 일부 직능단체는 대회가 너무 형식적인 행사로 진행됨으로써 다른 단체와의 네트워크 형성에 아무런 도움이 되지 않았다고 평가하기도 했다. 재외 종교단체의 한민족연대는 구축되지 않았다.

재외 한인회, 권익·봉사단체, 노인단체, 직능단체, 종교단체 등 5개 재외한인 사회단체의 네트워크를 지역연대, 국제연대, 모국연대, 한민족연대 등 4개 항목에 걸쳐 비교 분석하였다. 그 결과, 재외 한인들의 대표 단체인 한인회의 네트워크가 다른 단체에 비해 가장 활성화되어 있었다. 둘째, 재외 한인단체는 주로 유사한 단체 설립 목적을 가진 단체 간 또는 동종 업계의 단체와 집중적으로 연대를 맺고 있었다. 셋째, 재미·재일 한인단체의 조직, 재정, 활동 네트워크가 재중·재러 한인단체에 비해 훨씬 안정적이고 역동적이었다. 넷째, 재러 한인단체는 적은 고려인, 재정적 어려움으로 단체 운영에 있어 모국 단체로부터 많은 지원과 후원을 받고 있었다.

Ⅷ
맺음말

　이 연구는 미국, 일본, 중국, 러시아에서 활동하고 있는 재외한인 사회단체의 네트워크 실태를 분석하여 재외한인들의 민족공동체 운영 패턴에 관한 다양한 사례를 찾아보았다. 4개국의 한인 사회단체를 기능적으로 분류한 후, 단체 활동을 중심으로 지역연대, 국제연대, 모국연대, 한민족연대로 구분하여 분석하였다. 재외한인 사회단체는 여러 국가 및 지역에서 단체의 기능에 따라 다채로운 연대를 구축하고 있었다. 먼저 지역별 재외한인 사회단체의 특징, 단체의 기능별 네트워크, 재외한인 사회단체의 네트워크 구축에 대해 살펴보겠다.

　재미한인 사회단체는 크게 한인회, 권익·봉사단체, 노인단체, 직능단체, 종교단체 등 5개의 범주로 분류된다. 이중 한인회가 가장 다양한 그리고 활동적인 네트워크를 구축하고 있다. 이는 재미한인 누구나가 기본적으로 한인회의 회원이 될 수 있으며, 한인회는 또한 한인 전체의 이익을 대변하고 있었다. 한인회가 대다수 단체들과의 교류나 연대 관계를 형성하고 있다는 사실은 한인회가 동포사회에서 신뢰를 토대로 제일 핵심적 역할을 하고 있음을 증명하고 있다. 재미 한인회는 여러 한인단체를 비롯해 5개 영역 모두에서 폭넓은 네트워크를 갖고 있다.

　둘째, 한인 사회단체의 단체 간 네트워크는 기능적 활동이 주류를 이루고 있다. 즉 한인회는 한인회, 권익단체는 권익단체, 종교단체는 종교단체끼리 주로 교류하고 있는 것으로 나타났다. 이는 기본적으로 단체 목적의 유사성이 봉사, 권익신장, 노인 복지, 복음, 이익대변 등 특정 분야에서 상호 협력과 정보 교류를 가능케 만들고 있다. 동일한 단체 목적을 갖고 활동하는 단체 간 교류는 장기적으로 단체 발전과 이익에 기여한다. 이들 단체 간에는 교류의 지속성과 강한 연대를 갖고 있었다.

셋째, 한인단체 간 교류에 네트워크가 편중되어 있다. 문제는 한인단체의 네트워크가 다양화되지 못하고 한인단체끼리 집중적으로 교류가 행해짐으로써 주류사회단체와의 교류가 매우 빈약하다. 주류사회단체와의 낮은 접촉 빈도는 결국 그 사회에서 영원한 비주류단체에 불과하며, 지역사회에서 한인단체의 위상, 사회적 영향력 행사도 미흡할 것이다. 한인단체는 한인 중심의 교류에서 탈피하여 지역의 주류사회단체와 교류할 수 있는 기회를 만들려고 노력해야 한다. 이를 위해 먼저 인적 교류를 가질 수 있는 네트워크를 구축해야 한다.

넷째, 재미한인 사회단체는 전체 한인들의 생존과 관련된 문제에 대해서는 한국인 특유의 단결력을 토대로 행동에 적극성을 보이고 있다. 예컨대 미국정부와 의회의 '반이민법' 제정에 맞서 한인 사회단체를 중심으로 반대 시위를 전개하고 있다(동아일보 06.03.27).

다섯째, 단체의 재정이 풍부할수록 대외 활동이 왕성하며, 또한 모국연대 및 한민족연대를 구축하고 있다. 재미 한인회의 경우, 단체의 재정이 풍부한 관계로 모국연대 및 한민족연대 네트워크를 갖고 있는 반면, 노인단체나 일부 봉사단체는 그렇지 못하였다. 한인 사회단체의 모국연대가 활성화되지 못한 단체는 모국의 정부기관과 교류도 거의 없는 것으로 나타났다.

여섯째, 재미 종교단체는 한인들을 서로 연결시켜 주는 공동체이다. 재미한인의 75% 이상이 교회에 등록하며, 이들 중 대부분이 개신교도들이다(나형욱 2004, 376). 한인들은 이질적인 문화, 정서, 언어 등으로 현지 사회에 쉽게 적응하지 못한다. 한인들은 종교단체를 통해 다른 한인들과 접촉하며, 민족문화를 배우고 보존하고 발전시키고 있다. 한인 거주지의 종교단체를 통해 한인들 간 인적 네트워크를 구축하고 있다.

재일한인 사회단체의 경우 첫째, 재일동포 사회 내에는 3개의 한인회가 존재하고 있다. 민단, 조총련, 재일한인회이다. 단체들 간에는 교류관계가 형성되어 있지만, 1990년 이전까지만 해도 서로 반목하면서 교류가 없었다. 재일민단과 재일한인회는 남한정부, 조총련은 북한정부와 긴밀한 유대관계를 갖고 있다. 재일민단과 조총련 회원 다수는 올드커머이며, 재일한인회는 뉴커머가 회원 다수를 차지하고 있다.

둘째, 재미한인 단체와 같이 재일한인 단체의 네트워크도 단체의 기능을 중심으로 한인단체 간 교류에 집중되어 있었다. 재일민단과 조총련은 각각의 산하단체 및 지역본부와 집중적으로 교류 관계를 갖고 있다. 또한 권익·봉사단체, 직능단체, 종교단체 등은 단체의 기능상 활동의 유사성을 갖고 있는 단체와 주로 네트워크를 구축하고 있었다.

셋째, 재일한인 단체 다수가 외국인 단체 및 정부기관과 교류가 없었다. 재일한인회, 코리아NGO센터, 재일코리안청년연합 등 3개 단체를 제외하고 나머지 단체는 국제연대에서 외국인단체 및 정부기관과 전혀 네트워크가 형성되지 않았다. 이는 단체 성격과 대외 활동 과정에서 외국인단체 및 정부기관과 연대 구축의 필요성이 없었던 관계로 이러한 현상이 나타난 것 같다.

넷째, 재일한인 사회단체들은 역사적으로 누적된 한·일의 갈등을 완화시키고자 노력하고 있었다. 이들 단체들은 한국과 일본의 문화, 예술, 체육 교류 등 한·일 양국의 단체 간 교류를 통해 갈등관계를 우호 관계로 변화시키고자 한다. 이를 위해 재일한인 사회단체들은 한·일 정부가 공적으로 추진하고 있는 '한·일 우정의 해' 행사에 적극적으로 참여하고 있으며, 한·일 간의 다양한 문화교류와 협력을 위해 일본정부 및 시민단체와 네트워크를 형성하고 있다.

다섯째, 일본에서 활동하고 있는 재일한인 사회단체는 일본정부의 역사 교과서 왜곡, 독도 문제에 대해 모든 단체가 일치단결하여 대응하는 네트워크를 형성하였다. 즉 민단, 조총련을 비롯해 뉴커머 단체들도 교과서, 독도 문제에 대해 공동연대를 구축하여 진정서를 제출하였다.

재중한인 사회단체의 네트워크 특징이다. 첫째, 한인회 또는 조선족 사회단체의 지역연대의 주요 대상을 보면 한인회는 다른 지역의 한인회와 매우 긴밀한 네트워크를 형성하고 있다. 조선족 사회단체 역시 조선족 사회단체를 중심으로 네트워크를 구축함으로써 두 집단 모두 편향된 네트워크를 갖고 있다. 한인회나 조선족 사회단체가 물론 서로를 배척하지는 않았지만, 한민족이라는 관점에서 보면 한인회와 조선족 사회단체의 교류 확대 및 협력 네트워크 구축은 궁극적으로 재중한인들의 정치적·사회적·경제적 영향력 확대에 있어 긍정적 요인으로 작용할 것이다.

둘째, 재중한인 사회단체의 연대를 보면 한인단체와의 연대는 활성화되어 있지만, 외국인단체와의 연대는 거의 없는 것으로 나타났다. 특히 주류사회단체와 교류가 없다는 사실은 지역에서 재중한인 사회단체의 위상이 미미함을 뜻한다. 재중한인 사회단체들의 주류사회단체와의 네트워크 형성은 재중한인들이 주류사회에 진입하는 토대가 될 수 있다. 따라서 한인 사회단체는 지역의 외국인단체와 네트워크를 구축하기 위한 예비 단계로서, 자주 이들 단체의 인사들과 접촉하여야 한다. 이러한 인적교류가 바탕이 되어 단체 간 교류로 전이되고 있다.

셋째, 재중한인 사회단체 모두는 국제연대가 아주 빈약한 것으로 나타났다. 교통과 통신기술의 발달은 정보의 유통을 촉진하고 있다. 정보화 시대에 국제적 교류 없이는 최신 정보의 입수가 불가능하며, 단체의 발전을 기약할 수 없다. 이런 점들을 고려한다면 재중한인 사회단체는 국제적 네트워크 형성에 관심을 가져야 한다.

넷째, 재중한인 사회단체의 모국연대는 일회성 교류가 많았다. 국내단체와의 연대 중 재외동포재단과의 교류는 한인대회 때문에 지속성을 갖고 있었다. 그러나 대다수 모국연대의 경우, 교류 상대가 국내단체 혹은 정부기관이 되었든지 간에 일회성 교류로 인해 단체 간 교류의 단절 현상이 발생하고 있다. 단체 간 네트워크는 상호 필요에 의해 맺어진다는 점을 고려해야 한다. 재중한인 사회단체는 모국과의 네트워크 활성화를 위해 노력해야 하며, 일회성 교류가 아닌 장기적 교류가 가능한 방안을 찾아야 한다.

다섯째, 재중한인들은 한민족연대 구축 필요성에 공감대를 표하고 있다. 문제는 한인 또는 한상대회가 너무 회의 일변도로 진행되어 형식적 교류의 장이 되고 있다는 사실이다. 대회에 참석한 한인들은 한인대회를 계기로 단체 간 실질적 교류를 원하고 있다. 따라서 회의 주최기관은 현재의 회의 중심의 진행 방식을 바꾸어 한인들 간 실질적 교류를 갖을 수 있는 환경을 조성하여야 한다.

여섯째, 재중한인 사회단체의 대외 활동 네트워크는 미국, 일본의 한인단체와 비교하면 활성화되어 있지 못하다. 중국 내 한인회 또는 한국상회를 제외하고는 거의 모든 단체가 이에 해당된다. 단체 활동의 제약은 중국 내 법규 그리고 단체 재정의 열악성에 근거한다. 다수의 단체는 회원들의 회비로 단체를 운영하고 있다. 문제는 회원의 숫자가 많지 않으며, 회원들의 회비 납부 실적도 부진하다는 점이다.

러시아 연해주 재러 한인 사회단체의 네트워크는 첫째, 연해주 재러 한인 사회단체는 5개 범주의 카테고리로 분류되어 있다. 한인회, 노인단체, 봉사단체, 문화·예술단체, 종교단체이다. 이들 사회단체는 지역연대에서 한인단체 간 교류가 집중되어 있으며, 각 지역의 고려인 민족문화자치회가 폭넓은 네트워크를 갖고 있었다.

둘째, 연해주의 재러한인 사회단체 대부분은 지역연대에서 동북아평화기금, 모국연대에서 동북아평화연대, 재외동포재단과 교류하고 있었다. 동북아평화기금은 동북아평화연대의 연해주 지부이다. 동북아평화기금과 동북아평화연대는 연해주 고려인 및 단체 활동의 운영 지원, 고려인 민속축제 지원, 복지시설 건설 지원 등 다양한 고려인 지원 활동을 펼치고 있는 관계로 대다수 고려인 단체와 네트워크가 구축되어 있다. 재외동포재단은 '고려인 문화의 날', 각종 민속축제 및 기념비 건립을 후원하고 있다.

셋째, 미국, 일본, 중국의 경우, 지역에서 한인회가 가장 폭넓은 네트워크를 갖고 있었다. 이와는 달리 연해주 지역에서는 고려인 민족문화자치회보다 동북아평화기금이 가장 활발한 대외 활동과 네트워크를 갖고 있는 것으로 나타났다. 그렇지만 다수의 사회단체는 지역의 민족문화자치회와도 지속적, 그리고 강도 높은 연대를 행하고 있다.

넷째, 블라디보스토크 고려인 민족문화자치회, 예딘스드보 기금은 남북한 양측과 네트워크를 구축하고 있었다. 이들 단체는 북한과 체육경기, 한반도 통일과 관련해 교류하고 있다. 다섯째, 동북아평화기금을 제외한 연해주 고려인 사회단체 다수는 국제연대에서 한인단체와 외국인단체 및 정부기관과 네트워크가 없었다. 이는 기본적으로 단체 운영에 있어 열악한 재정 상태가 대외 활동을 제약하는 요인으로 작용하고 있다. 연해주 고려인 사회단체는 거리적으로 가까운 사할린의 한인단체와도 전혀 교류가 없었다.

다음은 재미·재일·재중·재러한인 사회단체의 네트워크를 비교하였다. 먼저 한인들의 대외 활동에 있어 가장 활발한 그리고 다양한 네트워크를 갖고 있는 한인회를 보면 미국과 일본, 한국인 중심의 재중한인회 및 한국상회가 이 범주에 포함된다. 반면 연해주 고려인 민족문화자치회는 그렇지 못하였다. 재미 한인회와 재일 한인회는 각각 미국과 일본뿐만 아니라, 더 나아가서는 전 세계 한인회 활동에 있어 중심축을 구성하고 있다. 재중한인회는 중국내에서 단체간 활발한 연대를 갖고 있지만, 해외 한인회 모임에서는 주도적인 역할을 하지 못하고 있다. 고려인 민족문화자치회는 열악한 재정 때문에 다른 단체로부터 지원을 받아 한인회를 운영하고 있다.

둘째, 재미·재일·재러 한인들의 권익·봉사단체는 지역 한인들을 대상으로 또는 전체 한인들의 공통 문제에 대해 견고한 네트워크를 바탕으로 봉사와 권익 신장을 도모하고 있었다. 예컨대, 미국의 반이민법 제정, 일본의 역사교과서 왜곡과 독도 문제, 러시아 고려인들의 국적회복 운동에서 이들 단체들은 연합 네트워크를 구성하여 대응하고 있었다. 사회주의 국가인 중국에서 재중한인들의 권익·봉사단체는 없는 것으로 나타났다.

셋째, 재미·재중·재러 노인단체는 한인회를 비롯해 각종 한인단체로부터 단체 운영의 지원을 받고 있었다. 이러한 관계를 거래비용론 측면에서 보면 노인단체는 다른 단체와의 거래에서 비용보다 편익이 많기 때문에 적극적 네트워크를 추구하고 있다. 거래비용 네크워크는 미국의 한인 노인단체보다는 중국이나 러시아 한인 노인단체가 더 적극성을 띠고 있다. 재미 노인단체는 상조회의 성격을 띠고 있는 반면 재중·재러 노인단체는 단체 회원들의 회비, 한인회의 후원, 그리고 노인단체 산하의 전통 예술단으로부터 단체 운영비 일부를 지원 받고 있다.

넷째, 재미·재일·재중 직능단체의 네트워크 대상은 주로 관련 직능단체에 집중되어 있었으며, 지역·국제·모국·한민족연대 등에서 여러 단체 및 정부기관과 업무 관계, 친선 차원에서 단체 간 교류를 행하고 있었다.

다섯째, 재미·재일·재중·재러 한인들의 종교단체 네트워크를 보면 재외한인들의 종교는 천주교, 불교보다 기독교가 가장 다수를 차지하고 있었다. 그리고 종교단체는 종교적인 사안을 중심으로 동종의 종교단체와 교류 관계를 유지하고 있으며, 지역 한인회를 제외하고는 다른 단체와 접촉하는 빈도가 매우 낮았다. 재중·재러의 한인 종교단체는 국가로부터 종교 활동의 규제를 받고 있는 관계로 대외 활동에 많은 어려움이 산재해 있으며, 포교 대상도 한국인, 고려인으로 제한되어 있다.

미국의 재외한인 다수가 교회를 다니는 관계로 기독교회 수와 교회 신자가 재일·재중·재러에 비해 월등히 많으며, 이러한 관계로 미국의 한인 기독교회가 가장 활발한 교류를 갖고 있다. 한편 일본에서 활동하는 재일 기독교회의 경우, 지역사회에서 재일교포를 대상으로 복음 활동에 주력하고 있으며, 본 교회가 각 지방에 개척교회를 신설하여 본 교회와 지교회 간 지속적이고 강한 연대의 네트워크를 구축하고 있었다. 재중·재러 지역에서 하느님의 복음을 전달하는 한인교회는 종교법상 각종 규제, 소수의 한국인 교인 등으로 말미암아 단체 간 교류의 활성화가 빈약하다. 또한 교회의 재정이 풍족하지 못한 관계로 한인단체의 지원을 받고 있다.

마지막으로 재외한인 사회단체 간 네트워크 구축에 대해 살펴보면 재외한인 사회단체는 재외동포재단의 주최 또는 주관으로 한국에서 열리는 한상대회, 해외한민족 경제공동체대회, 한인회장대회, 한인지도자대회, NGO대회 등 각종 대회에 참가하여 여러 한인단체 간 교류의 장으로 이용하고 있다. 문제는 대회의 규모가 크고, 세미나·전시회, 견학 중심의 프로그램, 짧은 일정 등으로 인해 참여 단체 간 실질적 교류가 아닌 형식적 교류가 이루어지고 있었다. 이 같은 문제점을 개선하기 위해서는 먼저 대회의 외형에 치중하기보다는 교류의 내실화에 만전을 기하여야 한다. 즉 단체 간 실질적 교류에 도움이 되는 만남, 대화의 기회를 증대시켜야 한다.

둘째, 교류의 지속성이 유지되어야 한다. 재외한인 단체 간 교류를 보면 일회성 교류가 많았다. 특히 이러한 현상은 단체 목적과 활동이 서로 다른 단체 간 교류에서 많이 나타나고 있다. 단체 간 네트워크 구축은 상호 협력과 의존, 타 단체에 대한 후원과 지원, 친선과 친목의 도모 등 다양한 목적에서 행해지고 있다. 단체 간 교류가 강한 연대, 그리고 일회성이 아닌 교류의 지속성을 갖기 위해서는 무엇보다 먼저 교류에 있어 단체 간 이해관계가 합치되어야 한다. 즉 상대방 단체와의 교류 필요성 또는 교류 목적이 확고해야 하며, 더불어서 교류로 인해 얻을 수 있는 편익이 많아야 한다. 단체 간 교류에 있어 상대방 단체와의 교류 필요성이 적어진다면 이는 일회성 그리고 형식적 교류로 종결되는 경향이 많았다. 재외한인 사회단체의 네트워크를 분석한 결과, 동일 집단으로 분류되는 단체 간 교류는 지속성을 갖고 있었지만, 그렇지 않은 단체와의 교류는 일회성 교류가 많았다.

셋째, 재외한인 사회단체의 지역연대에서 한인단체 간 교류를 보면, 중국의 일부 조선족단체를 제외한 국가와 지역에서 한인단체들은 지역 한인회, 그리고 기능적으로 유사한 단체와 네트워크가 집중된 반면, 다른 단체와의 교류는 매우 빈약하였다. 현재와 같은 한인 사회단체의 네트워크 구조에서 지역의 한인단체를 하나로 결집시키는 요인은 한인과 관련된 문화·지역축제, 재외한인들의 공통 문제가 이들 단체들을 연합시키고 있다.

넷째, 각 국가와 지역에서 재외한인 사회단체 모두가 참여하는 정기적 모임의 결성, 활성화를 위해서는 일정 경비를 모국정부가 지원하여야 한다. 특히 중국과 러시아의 경우, 단체 운영의 가장 큰 애로 사항으로 열악한 재정이 대두되었다. 모국 정부 또는 재외동포재단이 일정 경비를 부담하여 지역 한인 사회단체 연합체가 구성되고, 이러한 모임이 국가 전체의 한인 사회단체 연합체로 확대되고, 재외한인 사회단체와 모국 정부 간 네트워크가 구축된다면 세계 차원의 한민족공동체가 형성될 것이다. 모국과 재외한인 사회단체 간 네트워크 형성은 본국의 동포정책에 관한 홍보의 파트너, 한인 간의 정보 교류의 장, 긴밀한 유대관계 구축, 한민족공동체 네트워크 구축의 토대 제공 등에서 아주 유용할 것이다.

다섯째, 정보화 시대의 흐름은 한인들의 단체 활동에도 영향을 미쳐 예전의 오프라인 중심에서 온라인 활동에 주력하게 만들고 있다. 온라인을 통해 국내외 한국인과 해외 한인과의 네트워크를 발전시키고, 단체 활동의 취지를 홍보하고 최신 정보를 제공해 주고 있다. 즉 온라인은 시간과 공간을 초월하여 한민족을 연결해주는 가교역할을 하고 있다. 그러나 아직도 한인 사회단체 중 일부 단체는 홈페이지가 없거나 또는 홈페이지가 있어도 온라인 연대조차 없는 단체가 있었다. 단체 활동이 점차적으로 오프라인보다는 온라인 활동 중심으로 변화할 것을 예상한다면 온라인 연대가 가능한 기반을 구축해야 한다. 한인 사회단체가 단체 홈페이지를 만들고 보다 많은 유저들이 단체 홈페이지를 통해 단체 정보, 지역 정보, 모국 정보 등 다양하고 최신의 정보 획득이 가능한 홈페이지를 만들어야 한다. 정보화 사회에서 단체의 생존과 발전을 위해서는 과거의 오프라인 중심의 네트워크에서 벗어나 이제는 온라인 중심의 네트워크 구축에 노력해야 한다.

참고문헌

1. 국내문헌

김동원(2005). "자원봉사지원 네트워크에 대한 참여 동기".『한국행정학보』. 제
    39권 2호, 159-180쪽.

김동춘 외 5인(2001).『NGO란 무엇인가?』. 서울: 아르케.

김영래·이화수·이기호(2001). "비정부조직(NGO)의 초국가적 네트워크와 시
    민사회활성화 전략에 관한 비교연구: 한국·일본·미국".『국제정치논총』.
    제41집 4호, 7-26쪽.

김용학(2004).『사회 연결망 이론』. 서울: 박영사.

김윤태(2002). "현대 중국 민간사회단체의 성장과 사회 변혁".『중국학연구』.
    제22집, 399-416쪽.

김현동·주인영(1999).『재중동포사회 기초자료집 Ⅱ』. 재외동포재단.

김혜경(2000). "OECD 회원국의 개발NGO는 어떻게 활동하는가". 조효제 편역.
    『NGO의 시대』. 서울: 창작과 비평사. 170-202쪽.

나형욱(2003). "재외한인네트워크 구축을 위한 사회단체의 역할".『동북아 평화
    번영과 재외한인』. 세계국제학술회의 자료집. 209-238쪽.

나형욱(2004). "재미 한인단체의 현황과 조직적 특성".『한국동북아논총』. 제9권
    2호, 359-380쪽.

뉴욕한인회. http://www.nykorean.org/intro/intro.asp(검색일 06.05.16).

마뉴엘 카스텔 저. 김묵한·박행웅·오은주 역(2003).『네트워크 사회의 도래』.
    서울: 한울.

미주한인회 총연합회(2003).『미주한인회 100년사 및 미주총연 25년사』. 미주동아
    일보사.

민관식(1990)의 『재일한국인』. 서울: 아세아정책연구원.

민병원(2003). "네트워크 사회의 속성－패러독스를 통해서 본 이론적 구조와 정책적제안". 『국가전략』. 제9권 3호.

민족화해협력국민협의회 http://www.kcrc.or.kr(검색일 06.05.02).

박상필(2001). 『NGO와 현대사회』. 서울: 아르케.

박용옥(1994). "미주 한인여성단체의 광복운동 지원 연구: 대한여자애국단을 중심으로". 『진단학보』. 제78호.

박재영(2003). 『국제관계와 NGO』. 서울: 법문사.

반 다이크 지음 배현석 옮김(2002). 『네트워크 사회』서울: 커뮤니케이션북스.

서용달(1987). "재일한국인의 장래". 『해외동포』. 제26권, 8-16.

성경륭·이재열(1999). "민족통합에 관한 네트워크 접근". 서대숙 외『민족통합과 민족통일』. 한림대학교 민족통일연구소.

손기섭(1999) "한민족네트워크공동체의 현실과 가능성: 제4장 타민족 사례연구" 한국방송공사.『21세기 한민족네트워크공동체의 비전과 전략』. 148-162.

손동원(2005). 『사회 네트워크 분석』. 서울: 경문사.

송승재(2004). "재일동포사회의 현실과 과제".『제1회 재외동포 NGO 활동가 대회』. 자료집. 35-43쪽.

송호근(2001). "신사회운동 참여자 분석". 권태환·임현진·송호근 공편.『신사회운동의사회학』. 서울: 서울대학교출판부. 223-254쪽.

오동일(2005). "조선족 교회의 현황과 가능성".『동북아시대 조선족사회 발전을 위한 귀향 아리랑 문화축제와 국제학술심포지엄』. 자료집. 49-58쪽.

윤민재(2004). "한국사회 사회(운동) 단체의 연결망과 민족주의". 송호근·김우식·이재열 편저.『한국사회의 연결망 연구』. 서울: 서울대학교출판부.

이계승(1998). "미주한인회 무엇이 문제인가".『Korean Journal』1월호.

이광규(1994).『재중한인』. 서울: 일조각.

이광규(1998).『연해주의 한인사회』. 서울: 집문당.

이구홍·안영진(2000).『재외동포관련 문헌자료 목록』. 재외동포재단.

이만우(1999). "한민족공동체 이론정립",『21세기 한민족공동체 형성과 과제』. 해외한민족연구소.

이민창·김정부(2002). "자치시대 NGO의 네트워크화 결정요인에 관한 연구".『한국지방자치학회보』. 제14권 2호, 55-76쪽.

이신행(1985). "미주의 한인사회를 통해서 본 공동체화와 자율성".『연세논총』. 제21권, 321-337쪽.

이유환(1971).『재일 한국인 60만-민단·조총련의 분열사와 동향』. 동경: 양양사.

이전(2003). "한인 이민 교회의 성장과 그 기능에 관한 연구: 미국 조지아주 애틀랜타 한인 교회를 중심으로".『문화역사지리』. 제15권 1호, 31-46쪽.

임성희(1983). "재미동포의 문화적인 생활과 사회활동의 실제와 이론".『해외동포』. 11권, 7-16쪽.

임영상·황영삼(2003). "CIS 및 발트지역 고려인 사회의 민간네트워크".『재외한인연구』. 제13권 2호, 124-163쪽.

임현진·공석기(2001). "한국 사회와 신사회운동". 권태환·임현진·송호근 공편.『신사회운동의 사회학』. 서울: 서울대학교출판부. 87-119쪽.

장윤수(2005). "재외한인사회와 (민족)문화네트워크: 이론적 시론".『한반도 평화체제 구축과 세계 한민족공동체의 발전』. 통일문제연구협의회 외 4개 단체 공동학술회의 자료집. 243-268쪽.

재외동포재단(2005).『제4차 세계한상대회 결과보고서』.

재외동포재단. http://www.okf.or.kr/bbs/bbs.jsp?bilD=stat&mode=V&blD=1795(검색일 06.03.20).

재일본대한민국대판부지방본부(1980).『民團大阪 30年史』.

재일본대한민국거류민단 편(1977).『民團 30 年史』.

전준(1972).『조총련연구』. 서울: 고려대학교 아세아문제연구소.

전형권(2004). "중국 한인사회단체의 현황과 특성".『한국동북아논총』. 제30집, 345-375쪽.

조영복·김성규(2004). "네트워크 조직과 경영전략에 관한 연구".『인적자원관리연구』. 제8집, 77-101쪽.

주선양총영사관 동북3성 개황 http://www.mofat.go.kr/ek/ek_a001/ek_cn(검색일 06.06.30).

최배근(2003).『네트워크 사회의 경제학』. 서울: 한울아카데미.

최이윤(2005).『중앙아시아 고려인의 재이주와 민족NGO의 활동』. 이화여자대학교대학원 지역연구협동과정 석사학위논문.

피터 반 토이질(2000). "NGO와 인권". 조효제 편역『NGO의 시대』. 서울: 창작과비평사. 81-82쪽.

하도형(2005). "중국 사회단체에 대한 통제방식의 변화".『국제정치논총』. 제45집 3호.

한국방송공사(1999).『21세기 한민족네트워크공동체의 비젼과 전략』.

한국외국어대학교 역사문화연구소 편(2003).『독립국가연합 지역의 신흥 고려인 사회 네트워크』. 서울: 다해.

한겨레. http://www.hani.co.kr/arti/international/america/114539.html(검색일 06.05.16).

한미동포재단과 미주한인 이민 100주년 남가주 기념사업회(2002).『미주한인이민 100년사』. 삼화인쇄.

허상림(2004). "민족공동체와 조선족NGO".『동북아코리안 네트워크』. 제3회 동북아코리안네트워크 국제학술회의 자료집. 36-42쪽.

홍성욱(2002).『네트워크 혁명, 그 열림과 닫힘』. 서울: 들녘.

홍승식·한배호(1977). "재일동포의 실태조사".『아세아연구』. 제57권, 1-52.『동아일보』.『미주동아일보』.『미주동아일보』.『미주세계일보』.『미주중앙일보』.『중앙일보』.『크리스천투데이』.

2. 국외문헌

Emerson, Richard M. (1962), "Power Dependence ReL.A.tions," American Sociological Review, Vol. 27(February), pp.31-41.

Granovetter, M.(1974), Getting a job: A Study of Contacts and Careers. Boston: Harvard University Press.

Kickert, Walter J. M., Klijn, Erik-Hans & Koppenjan, Joop. F. M.(eds).(1997). *Managing Complex Network: Strategies for the Public Sector*. London: Sage.

O'Toole, L.A.urence J., Jr.(1997). Treating Networks Seriously: Practical & Research-Based Agendas in Public Administration. *Public Administration Review*. 57(1), pp.45-52.

Serrano Isagani R.(1994). *Civil Society in the Asia-Pacific Region*. Washington, D.C.: Civicus.

Tilly, Charles(1978). *From Mobilization to Revolution*. Mass: Addison-Wesley Publishing Company.

Williamson, Oliver E(1985). *The Economic Institution of Capitalism*. New York: Free Press.

찾아보기

(ㄱ)

가교효과 45
가톨릭 성당 천주교회 19
거래비용론 40
고려신문 민족문화자치회 19
교류 33
국제연대 32
권익 · 봉사단체 38
길림성 38
길림성 연변 한국상회 18

(ㄴ)

나성 관음사 17
나성영락교회 17
나호드카 19
남가주한인노동상담소 17
네트워크론 42
뉴욕 38
뉴욕 불광사 17
뉴욕 한인 YMCA 17
뉴욕 한인 네일협회 17
뉴욕 한인노인상조회 17
뉴욕장로교회 17
뉴욕한인봉사센터 17
뉴욕한인회 17, 68

(ㄷ)

도쿄 38
동경 한국 청년상공회 18

(ㄴ)

동북3성 38
동북아평화기금 19

(ㄹ)

러시아 38

(ㅁ)

모국연대 33
문화예술단체 38
미국 38
미주총련 58
미주한인회총연합회 16
민단 167
민족학교 17

(ㅂ)

북경 38
북경 고려문화경제연구회 18
블라디보스토크 38
블라디보스토크 고려인 민족문화자치회 19

(ㅅ)

사랑의 빛 교회 19
사회단체 네트워크 23
산동성 38
산동성 청도 한국상회 18
성그레고리 한인천주교회 17
성삼북경한인교회 18

세계한인지도자대회 ·················· 66
세계한인회장대회 ···················· 66
시민(군중)단체 ························· 38
심양시 조선족노인협회 ··············· 18
심양시 중앙교회 ······················ 18

(ㅇ)

아르세니예프 고려인 민족센터 ········ 19
아르쫌 민족문화센터 ················· 19
아리랑 가무단 ························· 19
양자 네트워크(dyadic network) ······· 42
에고 네트워크(ego-network) ·········· 42
L.A. ·································· 38
L.A. 한국노인상조회 ················· 17
L.A. 한인회 ·························· 17
연고단체 ······························ 38
연길교회 ······························ 18
연대 강도 ···························· 50
연변 국제공공관계협회 ··············· 18
연해주 ································ 38
연해주 고려인 재생기금 ··············· 19
예딘스드보 기금 ······················ 19
오사카 ································ 38
외국인단체 ···························· 31
요녕성 ································ 38
요녕성 심양 한국인회 ················· 18
요한동경교회 ·························· 18
우수리스크 ······················· 19, 38
우수리스크 노인단 ···················· 19
원불교 우수리스크 교당 ··············· 19
일본 ·································· 38

(ㅈ)

자원의존론 ···························· 41
재러한인 ······························ 19
재미한국청년연합 ····················· 17

재미한인 ··························· 16, 57
재외동포재단 ·························· 66
재외한인 ······························ 23
재일대한기독교 오사카교회 ··········· 18
재일본대한민국민단 동경본부 ········· 17
재일본대한민국민단 오사카본부 ······· 17
재일본대한민국민단 중앙본부 ········· 17
재일조선인총연합회 ··················· 17
재일코리안청년연합 ··················· 17
재일한국상공회의소 ··················· 18
재일한국인연합회 ····················· 17
재일한국청년회 ······················· 17
재일한인 ······························ 17
재중국 한국인회 ······················ 18
전문가 단체 ·························· 38
전체 네트워크(total network) ·········· 43
정보획득효과 ·························· 44
정부기관 ······························ 36
조선족경제문화교류협회 ··············· 18
조총련 ······························ 167
종교단체 ······························ 38
주류단체 ······························ 31
중국 ·································· 38
지역연대 ······························ 31
지원효과 ······························ 44
직능단체 ······························ 38

(ㅊ)

청년학교 ······························ 17
청도 조선족기업협회 ················· 18
청도 한인교회 ························ 18
청도시 조선족노인협회 ··············· 18

(ㅋ)

코리아NGO센터 ······················ 18
퀸즈한인천주교회 ····················· 17

(ㅎ)

하얼빈 노년문화협회 ·················· 18
하얼빈시 조선족사업촉진회 ············ 18
한국정부 ···························· 33
한민족 ······························ 31
한민족공동체 ························ 23
한민족연대 ·························· 34

한인 의류협회 ······················ 17
한인건강정보센터 ···················· 17
한인단체 ···························· 36
한인유권자센터 ······················ 17
한인회 ······························ 38
해외한민족대표자대회 ················ 65
흑룡강성 ···························· 38
흑룡강성 재하얼빈 한국인회 ·········· 18